OS SEGREDOS DO TEMPLO DE SALOMÃO

OS SEGREDOS DO TEMPLO DE SALOMÃO

EDITORA Atos

KEVIN J. CONNER

Conner, Kevin J.
Os segredos do Templo de Salomão / Kevin J. Conner; [traduzido por Célia Regina Chazanas Clavello].
– São Paulo: Editora Atos, 2005.

Título original: The temple of Salomon
Bibliografia.
ISBN: 85-7607-050-2

1. Bíblia. A.T. – Estudo e ensino 2. Tabernáculos e Templos 3. Rei Salomão I. Título.

CDD: 243

CDU: 222.407

Índices para catálogo sistemático:
1. Templo de Salomão: Livros históricos:
Bíblia: Antigo Testamento: Comentários 243

Tradução para o português
Célia Regina Chazanas Clavello

Revisão
Rita Leite

Capa
Julio Carvalho

Ilustrações
Holy Design

Projeto gráfico
Rodrigo Ortega

1ª edição
Fevereiro de 2005

Editora Atos Ltda.
(11) 2122-0008
Av. Antônio Carlos, 1769 São Cristovão
31210-810 Belo Horizonte MG
www.editoraatos.com.br

SUMÁRIO

PREFÁCIO 7

1. POR QUE ESTUDAR O TEMPLO? 9
2. PRINCÍPIOS DE INTERPRETAÇÃO 13
3. OS TEMPLOS NAS ESCRITURAS 17
4. EXPLICAÇÃO SOBRE O TÍTULO E A FORMA DE ABORDAGEM 21
5. AS HABITAÇÕES DIVINAMENTE INSPIRADAS E OS MONTES 25
6. O REI DAVI, O REI SALOMÃO E AS HABITAÇÕES DE DEUS 29
7. O REI DAVI, A REVELAÇÃO E O PADRÃO DO TEMPLO 35
8. AS ORDENS DO REI DAVI COM RESPEITO À EDIFICAÇÃO DO TEMPLO 41
9. O REI SALOMÃO EM TODA A SUA GLÓRIA 45
10. DESCRIÇÃO GERAL DO TEMPLO 53
11. COMPARAÇÃO GERAL ENTRE O TABERNÁCULO E O TEMPLO 57
12. OS EDIFICADORES E OS TRABALHADORES DO TEMPLO 61
13. AS OFERTAS E OS MATERIAIS PARA O TEMPLO 67
14. O PROPÓSITO DIVINO PARA O TEMPLO 73
15. O LOCAL DA CONSTRUÇÃO DO TEMPLO 81
16. EDIFICANDO O TEMPLO DO SENHOR 87
17. AS PORTAS DO SANTUÁRIO E DO ORÁCULO 103
18. O VÉU DO TEMPLO 109
19. AS MEDIDAS DO TEMPLO 115
20. OS PÁTIOS DO TEMPLO 121
21. O ALTAR DE BRONZE 127
22. O MAR DE BRONZE 135
23. AS PIAS DE BRONZE E SEUS SUPORTES (CARRINHOS – NVI) 147
24. O PÓRTICO DO TEMPLO 155
25. AS DUAS COLUNAS DE BRONZE 159
26. OS CANDELABROS DE OURO 165

27. As mesas dos pães da presença ... 171
28. O altar de incenso ... 177
29. As janelas da casa ... 183
30. O oráculo santo ... 187
31. A arca da aliança ... 191
32. Os dois grandes querubins de oliveira ... 199
33. As câmaras (salas) superiores e as câmaras (salas) de tesouros ... 205
34. As câmaras (salas) dos sacerdotes ... 209
35. A dedicação do templo ... 213
36. Os vinte e quatro turnos e as ordens do templo ... 223
37. A visita da rainha de Sabá ... 231
38. Alguém maior do que o templo ... 235

CAPÍTULOS COMPLEMENTARES SOBRE O TEMPLO ... 237
1. O templo de Salomão – a história do templo ... 239
2. O templo de Zorobabel ... 241
3. O templo de Herodes ... 245
4. O ministério de Cristo e da igreja com relação ao templo ... 249
5. O templo na visão de Ezequiel ... 253
6. O templo em Tessalonicenses ... 267
7. O templo em Apocalipse ... 271
8. Problemas de um templo na tribulação ... 275
9. O tabernáculo e o templo em Hebreus e no Apocalipse ... 277
10. Os tabernáculos de Moisés e de Davi, o templo de Salomão e a igreja ... 279
11. O significado dos números nas escrituras ... 281
12. Bibliografia das escrituras sobre o templo ... 285

BIBLIOGRAFIA ... 287

PREFÁCIO

As Escrituras citam quatro estruturas especiais que foram dadas pela inspiração divina como modelo para os homens de Deus.

Todas essas estruturas foram planejadas para serem habitações de natureza temporária em relação ao povo redimido de Deus. O padrão de cada uma delas foi dado pela soberania divina, e todas foram edificadas de acordo com esse padrão, porém através da responsabilidade humana. O resultado final foi as evidentes Presença e glória de Deus vindo habitar com o seu povo.

Essas quatro estruturas distintas foram: (1) *A Arca de Noé;* (2) O Tabernáculo do Senhor, geralmente chamado de *O Tabernáculo de Moisés*, sendo Moisés seu edificador; (3) *O Tabernáculo de Davi*, indubitavelmente dado a ele por revelação e também conhecido por esse nome; e (4) O Templo do Senhor, geralmente chamado de *O Templo de Salomão*, sendo Salomão seu edificador sob a direção de Deus. É especificamente a respeito deste último que nosso texto discorre.

Através dos anos, muito tem sido escrito a respeito do *Tabernáculo de Moisés*, e há um número de bons e significativos livros de estudo que tratam dessa fascinante estrutura. Os cristãos estão muito mais familiarizados com essa habitação divina.

Contudo, pouco tem sido escrito a respeito do *Tabernáculo de Davi*. Este parece ter passado despercebido como uma verdade das Escrituras, embora ele contenha uma grande representação do Evangelho. Além disso, os comentaristas possuem opiniões divergentes sobre o Tabernáculo de Davi, como, por exemplo, se este Tabernáculo aborda o reinado davídico, a casa de Davi e sua dinastia ou se ele fala da ordem davídica da oração estabelecida por Davi em Sião. Alguns expositores vêem tanto o reinado quanto a adoração incluídas na expressão "*O Tabernáculo de Davi*".

Novamente, quando chegamos à estrutura do *Templo de Salomão*, encontramos muito pouco escrito a respeito. Essa também é uma área negligenciada da verdade.

Sem dúvida, uma das razões para a negligência a respeito dessa área da Palavra de Deus é que há muito mais detalhes completos concernentes à estrutura e à mobília do Tabernáculo de Moisés do que ao Templo de Salomão. Grande parte da mobília segue o padrão do Tabernáculo de Moisés e, portanto, detalhes exatos nem sempre são repetidos, uma vez que o padrão de Deus já havia sido dado.

Também há muito menos capítulos dando detalhes do Templo do que no caso do Tabernáculo de Moisés. O Templo inclui tudo o que havia no Tabernáculo e mais. Talvez, por causa desses fatos – o Templo ser basicamente semelhante ao Tabernáculo, só que em uma escala maior – o estudo a respeito desse tremendo assunto tem sido negligenciado.

Contudo, embora essas coisas sejam assim, o estudo do Templo é um campo rico e precioso das verdades concernentes a Cristo e à Igreja. Além disso, tanto Cristo quanto a Igreja são chamados de "O templo de Deus" pelos escritores do Novo Testamento. Portanto, todo simbolismo e profecia referentes a Cristo e à Igreja são dignos da nossa atenção.

Este é terceiro livro que escrevo em relação às habitações divinas, e ele completa a trilogia de estudos relativos aos lugares de habitação de Deus entre seu povo. O primeiro livro é "*Os Segredos do Tabernáculo de Moisés*"; o segundo, "*Os Segredos do Tabernáculo de Davi*". Agora, este terceiro livro, sobre "*Os Segredos Templo de Salomão*", é apresentado com a oração de que venha a ser uma grande bênção para o leitor, assim como tem sido para este escritor, através dos anos de pesquisas sobre essa divina habitação.

Todos os crentes olham para o perfeito cumprimento da habitação de Deus com os homens assim como é descrito no livro do Apocalipse. João disse: "Não vi templo algum" na cidade celestial, a Jerusalém celestial, "pois o Senhor Deus todo-poderoso e o Cordeiro são o seu templo". Seus redimidos deverão habitar para sempre com Deus e o Cordeiro na cidade de Deus!

Talvez uma palavra final seja necessária. Para aqueles que têm estudado os livros deste autor, como *Os Segredos do Tabernáculo de Moisés* e *Os Segredos do Tabernáculo de Davi*, peço certa paciência em alguns trechos por causa da repetição e do destaque das verdades. O estudo do *Os Segredos do Templo de Salomão* mostrará que este, realmente, incorpora as abordagens anteriores, incluindo o próprio *Tabernáculo de Moisés*, o *Tabernáculo de Davi* e até o projeto da *Arca de Noé*, além de possuir o próprio e rico depósito da verdade.

Kevin J. Conner
16 O'Brien Crescent
Blackburn South
Victoria, 3130
Austrália
Março de 1987

CAPÍTULO 1

POR QUE ESTUDAR O TEMPLO?

O Templo do Senhor, com sua descrição detalhada, sua mobília e medidas, prescrições dos sacrifícios e ministrações sacerdotais, é um estudo maravilhosamente rico e recompensador para aqueles que desejam aprofundar a vida espiritual.

Através da história, homens têm se esforçado para construir belíssimas estruturas e edifícios, magníficos em seu projeto arquitetônico, beleza e glória, com o objetivo de erigir um nome para si mesmos.

Contudo, nada pode se comparar com as estruturas que Deus, o sábio arquiteto, projetou. Essas estruturas foram dadas por Ele através de revelação e inspiração para seus servos, que as construíram de acordo com o modelo divino que lhes foi mostrado.

Reis pagãos edificaram templos para si mesmos ou para o seu povo e sacerdotes, mas todos se tornaram templos idólatras e, conseqüentemente, "morada de demônios". Mas o Templo de Deus tornou-se a habitação de sua glória, de sua Presença e de seu Espírito. Ali, Ele se comunicava com seu povo. O próprio Deus habitou nas estruturas, cuja construção foi comandada por Ele mesmo. O próprio Deus é o sábio arquiteto. Ele forneceu os planos para sua casa, na qual Ele queria habitar em meio aos seus redimidos.

Muitos crentes têm um conhecimento e uma compreensão razoáveis do Tabernáculo no deserto com suas inesgotáveis verdades. Porém, poucos pesquisam a respeito das mesmas gloriosas verdades encontradas no Templo do Senhor, verdades semelhantes, porém com uma maior amplitude, devido aos elementos adicionados por Deus.

Por que estudar o Templo? Por que estudar o Tabernáculo de Moisés? Por que estudar o Tabernáculo de Davi? A seguir, destacamos algumas razões pelas quais devemos estudar essa negligenciada porção das Sagradas Escrituras.

1. Porque o estudo do Templo é a porção mais negligenciada das Escrituras, contudo é parte da verdade de que "Toda a Escritura é inspirada por Deus e útil para o ensino, para a repreensão, para a correção e para a instrução na justiça" (2 Tm 3.16).

2. Porque "... tudo o que foi escrito no passado, foi escrito para nos ensinar" (Rm 15.4). Os escritores do Novo Testamento constantemente fizeram uso da linguagem do Antigo Testamento, fazendo tudo convergir para e através da cruz, do natural para o espiritual, do material para o espiritual e do temporal para o eterno.

3. Porque as coisas que aconteceram a Israel foram dadas como exemplos (no grego, tipos) e foram escritas como advertência para nós, sobre quem tem chegado o fim dos tempos (1 Co 10.6,11).

4. Porque as Escrituras nos dizem que "através de muitas revelações distintas, cada qual estabelecendo uma parte da verdade, Deus falou aos nossos antepassados pelos profetas..." (Hb 1.1,2 – tradução da Bíblia Ampliada). O Templo, assim como o Tabernáculo, é uma revelação distinta. E essa revelação estabelece sua própria porção da verdade pela qual Deus também nos fala.

5. Porque Cristo abriu os olhos e a compreensão dos discípulos, à medida que Ele lhes expunha as coisas relativas a si mesmo na Lei, nos Salmos e nos Profetas. Isso, sem dúvida, incluiu o Templo e seus cerimoniais (Lc 24.26,27,44,45).

6. Porque o escritor aos Hebreus disse: "No livro está escrito a meu respeito" (Hb 10.7; Sl 40.6-8). O Templo e seus cerimoniais são parte desse livro e falam de Cristo.

7. Porque a Lei foi um tutor (guardião) para nos levar a Cristo. Um estudo do Templo nos leva a Cristo que é o Templo perfeito de Deus e em quem toda a plenitude da divindade habita corporalmente (Jo 2.19-21; 1.14-18; Cl 1.19; 2.9).

8. Porque Jesus veio para cumprir tudo o que estava representado e profetizado na Lei e nos Profetas (Mt 5.17,18; 11.13). O Templo e todo o seu sistema sacrificial representava e profetizava os sofrimentos de Cristo e a glória que se seguiria (1 Pe 1.10-12).

9. Porque, enquanto estudamos a forma externa do Templo, descobriremos o conhecimento e a verdade oculta ali (Rm 2.20 – Bíblia Ampliada). O externo e o material podem ter passado, mas a verdade e o conhecimento permanecem ocultos nele. Ela é desvendada pela verdade e a revelação do Novo Testamento.

10. Porque o que é dito com respeito ao Tabernáculo de Moisés, também é aplicável ao Templo de Salomão.
O Tabernáculo foi "uma representação" (Hb 9.24), "uma cópia" (Hb 8.5), "uma parábola" (no grego, Hb 9.9), um "padrão" e um "tipo" das coisas celestiais. Assim também é o Templo de Salomão (Hb 9.23; At 7.44).

11. Porque o período do Antigo Testamento foi a "idade das sombras" e uma sombra das boas coisas vindouras. À medida que seguirmos a sombra, finalmente chegaremos à própria pessoa que a sombra representa, o Senhor Jesus Cristo (Hb 8.5; 9.9, 23, 24; 10.1; Cl 2.17; 1 Co 10.11). O propósito da sombra é nos levar à substância. O propósito da profecia é nos levar ao cumprimento. O propósito de um tipo é nos levar ao antítipo. Assim o Templo terreno, como uma sombra, deve nos levar ao Templo celestial, à substância e à realidade de todas as coisas.
O Templo, assim como o Tabernáculo de Moisés, é um modelo (grego, tipo) das realidades celestiais, do Templo celestial (Ap 11.19; 15.5).

12. Porque um princípio divino diz: "Não foi o espiritual que veio antes, mas o natural; depois dele, o espiritual" (1 Co 15.46,47). Nós olhamos para o natural, o material, o qual é temporal, com o objetivo de descobrir pelo Espírito aquilo que espiritual e eterno. O visível nos leva para o invisível; o visível nos ajuda a compreender o invisível (2 Co 4.18; Rm 1.20).

13. Porque o próprio homem foi criado para ser o templo, a habitação de Deus. O pecado arruinou o templo. Deus está agora restaurando o homem, através da redenção, para ser seu Templo, habitado pelo Espírito Santo de Deus (1 Co 3.16,17; 6.16-20). Os crentes, tanto individual quanto coletivamente, constituem o Templo de Deus hoje.

14. Porque o Templo é uma representação simbólica e um tipo, primeiramente de Cristo (Jo 2.19-21), e em segundo lugar da Igreja (1 Co 3.16, 17; 6.16). Os crentes são chamados de "pedras vivas", e edificados como uma "casa espiritual" e como o "templo do Espírito Santo" (1 Pe 2.5-9). O Templo era uma estrutura profética. Uma verdade imaterial estava oculta na forma material para ajudar-nos a compreendê-la. A estrutura material representou a revelação de verdades espirituais.

15. Porque, como nós veremos, o Templo terreno foi uma sombra do Templo celestial. Tanto o Tabernáculo de Moisés quanto o Tabernáculo de Davi eram sombras terrenas das coisas celestiais. O mesmo é verdade quanto ao Templo de Salomão. O verdadeiro Templo é eterno e celestial. João viu "... que se abriu nos céus o santuário, o tabernáculo da aliança" (Ap 15.5; 11.19). As coisas construídas na terra foram edificadas como "cópias das coisas que estão nos céus" (Hb 9.23). Tanto Moisés quanto Davi, que receberam a revelação do Tabernáculo e do Templo no céu, realmente viram essas mesmas verdades.

Essas, diríamos, são as principais razões bíblicas para um estudo do "Templo".

O próprio Jesus freqüentemente falou em parábolas para as multidões. Contudo, os discípulos sabiam que em meio e além da parábola se encontrava uma verdade eterna. Somente aqueles que têm ouvidos para ouvir e olhos para ver compreenderiam uma verdade oculta na parábola.

Assim o Templo tem muitas verdades ocultas em si e tais verdades são trazidas à luz pelo Espírito Santo que é o Espírito da luz e da verdade (Sl 43.3).

A multidão não pode enxergar essas verdades, pois a glória de Deus é ocultar certas coisas; e a glória dos reis é tentar descobri-las (Pv 25.2). A linguagem da criação se torna a linguagem da redenção. A linguagem da criação é, na realidade, o código secreto de Deus, tanto para ocultar quanto para revelar uma verdade, de acordo com a atitude dos ouvintes (Mt 13.9-17). A linguagem simbólica revela verdades eternas da Bíblia.

A ignorância espiritual pode encarar o estudo do Templo "como um mero tipo", mas, para o faminto em Cristo, o Espírito Santo tomará a Palavra, linha por linha, um pouco aqui um pouco ali, preceito sobre preceito, e revelará a glória de Cristo e da sua Igreja (Jo 14.6; 16.13-16). O ministério do Espírito Santo é glorificar a Cristo. Ele fará isso em nosso estudo do Templo de Salomão.

Ele mesmo disse: "Eu lhes digo que aqui está o que é maior do que o templo" e novamente "está aqui o que é maior do que Salomão" (Mt 12.6,42). O Tabernáculo celestial é um Tabernáculo maior e mais perfeito do que o Tabernáculo do deserto. Assim, o Templo celestial é maior e mais perfeito do que o Templo terreno que Salomão edificou.

Cristo é maior do que Salomão e do que toda sua sabedoria e glória, porque Cristo é a sabedoria e a glória de Deus personificadas. Ele é maior do que o Templo de Salomão em toda a sua grandeza, porque Ele mesmo é *o Templo*, e a sabedoria e a glória de Deus manifestas corporalmente (Jo 1.14-18; 2.19-21; Cl 1.19; 2.9).

O próprio Cristo é maior do que um edifício material, é maior do que artigos de mobília, maior do que sacrifícios e oblações, maior do que cerimônias sacerdotais, maior do que tudo. Ele é o próprio *Templo* personificado. Agora não nos dirigimos mais a um edifício, mas vamos diretamente à sua Pessoa para adorar. "Ajuntem os que me são fiéis", diz o salmista; "a ele as nações obedecerão", diz Jacó (Sl 50.5; Gn 49.10). Ele é o Templo vivo. O Templo vivo é maior do que o Templo material. O Templo eterno é maior que o Templo temporal.

O Templo de Salomão era local, geográfico e especialmente desenhado para uma nação, a nação escolhida de Israel. Cristo, como Templo de Deus, é um Templo universal, para o qual todas as nações podem vir para adorar.

Outra importante verdade para conservar em mente é esta: Muito embora Deus comandasse a edificação do Templo e habitasse nele através de uma manifestação visível da glória e da Presença divinas, Salomão reconheceu a verdade dos atributos essenciais de Deus.

Ele disse: "Visto que os céus não podem contê-lo, nem mesmo os mais altos céus? Quem sou eu, então, para lhe construir um templo..." (2 Cr 2.6; 6.18; At 7.49; 1 Rs 8.27).

Aqui, Salomão reconhece os atributos da espiritualidade, a imensidão do Ser, a onipresença, a onipotência e a onisciência de Deus. O Senhor não pode ser limitado a templos feitos por mãos, pois Ele habita na eternidade (Is 57.15).

Deus é espírito e não pode ser confinado ao material, contudo, em sua misericórdia e graça, manifestou-se em um templo material. "Assim diz o Senhor: 'O céu é o meu trono, e a terra, o estrado dos meus pés. Que espécie de casa vocês me edificarão? É este o meu lugar de descanso? Não foram as minhas mãos que fizeram todas essas coisas, e por isso vieram a existir?', pergunta o Senhor" (Is 66.1,2).

A tragédia é que, no tempo do Messias, assim como na época de Jeremias (Jr 7.1-4), os judeus terminaram adorando *o Templo de Deus* e se esqueceram de adorar o *Deus do Templo* (Mt 23.16-22).

É também digno de nota que Deus não pretendeu influenciar os homens, dando-lhes detalhes completos nas Escrituras a respeito do Templo. Deus sabe que o homem é um grande duplicador e imitador das coisas divinas. O homem simplesmente repetiria o desastroso erro da nação judaica e adoraria um edifício, esquecendo-se do *Edificador* de todas as coisas.

Contudo, Deus nos deu detalhes suficientes para compreendermos o projeto geral e a construção do Templo. Os diagramas e esboços fornecidos neste livro servem simplesmente para dar uma idéia da arquitetura exibida no edifício, na decoração e na mobília da Casa do Senhor.

Ao concluir este capítulo, é necessário mencionar que existem referências mais específicas à Igreja no Novo Testamento como "O Templo de Deus" do que como "O Tabernáculo de Deus", embora ambas sejam corretas (1 Co 3.16, 17; 6.16; Ef 2.20-22). A Igreja agora é a habitação de Deus na terra.

Assim, o Templo de Salomão foi um tipo, uma sombra, uma figura e estruturas proféticas: (1) de Cristo; (2) da Igreja, a qual é o seu Corpo, composto de membros individuais; (3) do Templo celestial e das realidades eternas; e, finalmente, (4) da cidade de Deus, a nova Jerusalém, a eterna habitação de Deus e de seus redimidos.

Esse Templo é abundante em verdades espirituais e jóias preciosas. Toda a glória do Templo de Salomão se desvanece diante da glória revelada no *Templo*, Cristo e sua Igreja!

CAPÍTULO 2

PRINCÍPIOS DE INTERPRETAÇÃO

Qualquer pregador, professor ou escritor, que se dispõe a interpretar as Sagradas Escrituras deve ser governado, guiado e controlado por certos princípios básicos de interpretação.

Isso é especialmente verdade quando se trata de interpretar as porções das Escrituras relacionadas com fatos históricos e tipos. Se esses princípios não são seguidos e usados de forma apropriada, então as Escrituras, mais particularmente os tipos, podem não dizer nada do que o expositor desejaria que eles dissessem.

Muitas vezes, quando uma exposição é baseada em tipos como os que estão sob a aliança mosaica, tais como o Tabernáculo, o sacerdócio, as ofertas e as festas do Senhor, o ouvinte perguntará: "Como o preletor chegou a tal conclusão?" A mesma pergunta pode ser feita com relação à interpretação do Templo de Salomão.

Por causa dessas perguntas sinceras e as fortes convicções do autor sobre ter uma base hermenêutica sólida, nós colocamos alguns dos princípios básicos de interpretação, os quais serão usados através desse texto, e pelos quais o autor chega a várias conclusões.

Para um tratamento mais completo desses princípios, o leitor deve consultar o livro *Interpreting The Scriptures* (Interpretação das Escrituras), de Kevin J. Conner e Ken Malmin, City Bible Publishing – EUA.

O GRUPO DE PRINCÍPIOS DE CONTEXTO

O grupo de princípios de contexto inclui o Princípio da Primeira Menção; o Princípio da Menção Comparativa; o Princípio da Menção Progressiva e o Princípio da Menção Completa.

O grupo de Princípios do Contexto se refere àqueles princípios pelo quais a interpretação de um versículo das Escrituras é determinada, levando-se em consideração o contexto, seja do próprio versículo, de uma passagem, do livro ou do Testamento.

Em nosso estudo do Templo, observaremos os versículos, as passagens, o livro e o Testamento ao qual o Templo está se referindo. Tudo será considerado à luz de toda a Bíblia. Consideraremos as circunstâncias históricas que envolveram o Templo, onde e o que estava se cumprindo literalmente através do mesmo na nação de Israel. Somente fazendo isso poderemos nos mover para os tipos e significados espirituais que podem ser encontrados em Cristo e na Igreja, o povo de Deus hoje.

Ao usar o Princípio da Primeira Menção, checaremos qual é o significado da primeira menção de qualquer aspecto pertencente ao Templo. Geralmente a primeira menção, seja uma palavra específica ou conceito, traz a verdade em forma de uma semente.

Ao usar o Princípio da Menção Comparativa compararemos texto com texto e apresentaremos, juntas, as passagens que podem ser contrastadas ou comparadas, com o objetivo de ajudar nossa compreensão do Templo. Isso ocorrerá especialmente à luz do Antigo Testamento e do cumprimento no Novo Testamento. Isso é "conferindo coisas espirituais com espirituais" (1 Co 2.13 – ARA). Isto é, vendo "o natural; depois dele, o espiritual" (1 Co 15.45,46).

Ao usar o princípio da Menção Progressiva consideraremos a revelação progressiva de Deus, com referência ao Templo. Essa revelação é dada linha após linha, um pouco aqui, um pouco ali, através das Escrituras.

Finalmente, pelo uso do Princípio da Menção Completa, teremos considerado todas as referências diretas ao Templo do Senhor na Bíblia. Ao unirmos todos os fragmentos, seremos capazes de ver plenamente a verdade que Deus distribuiu através de sua Palavra, tanto no Antigo quanto no Novo Testamento.

Princípios teológicos

Existem certos princípios que se destacam na Teologia, e estes princípios podem ser agrupados graças à sua função com relação aos propósitos de Deus. Esses princípios são os princípios de Eleição, Aliança, Divisão Étnica e o princípio Cronométrico. Eles são especialmente vistos com relação à nação de Israel nos tempos do Antigo Testamento, e então em Cristo e sua Igreja. Ao usar esses princípios, o intérprete trabalha da parte para o todo e do todo para a parte.

O Princípio da Eleição mostra como Deus elegeu Davi, Salomão e a nação de Israel para seus propósitos nos tempos do Antigo Testamento e, depois, Cristo e a sua Igreja nos tempos do Novo Testamento.

O Princípio da Aliança é especialmente usado com relação à antiga aliança ou aliança mosaica e em relação à nova aliança em Cristo. Moisés e Jesus representam essas duas alianças. O Templo se relaciona também com as promessas da aliança davídica. O sistema da antiga aliança, no qual o Templo foi edificado, encontra cumprimento espiritual e eterno no sistema da nova aliança, em Cristo e na Igreja. É importante reconhecer que Deus nada toma da antiga aliança para colocar na nova aliança, mas a faz convergir para a Cruz do Senhor Jesus Cristo.

A aliança davídica encontra pleno cumprimento no grande Filho de Davi, o Rei Messiânico, Jesus Cristo.

O Princípio da Divisão Étnica também é importante. Ele está relacionado com os propósitos de Deus referentes às nações, sejam judeus, gentios ou a nova etnia, a Igreja, composta de judeus e gentios. Essa é agora "a nação santa" de Deus (1 Pe 2.5-9). A aplicação apropriada desse princípio nos ajudará a compreender que o Templo do Senhor estava relacionado com Israel na antiga aliança, mas essa relação é pertencente à letra, à forma exterior. O Templo do Senhor no Novo Testamento pertence a Cristo e à Igreja, mas, segundo o Espírito, é uma realidade espiritual e interior.

Ao usar o Princípio Cronométrico, que é relacionado com o Templo, encontramos compreensão para discernir "os tempos e as épocas" de acordo com o que está relacionado ao Templo do Senhor. Isso é especialmente visto no mês da dedicação do Templo, na festa dos tabernáculos, a festa do sétimo mês.

O princípio cristocêntrico

As Escrituras mostram que Cristo é a Pessoa central da Bíblia. A Palavra escrita gira em torno dele que é a Palavra viva. Ele é o centro da roda da verdade e todas as verdades ditas na Palavra são relacionadas a Ele.

Portanto, veremos como o Templo aponta primeiramente para Cristo, o centro da revelação divina, e, depois, para a Igreja. "No livro está escrito a meu respeito", disse Jesus (Sl 40.6-8).

Assim, ao usar o Princípio Cristocêntrico, sempre veremos Cristo em seu Templo.

Princípio moral

O Princípio Moral está relacionado com as lições práticas ou princípios que podem ser aplicados à vida de uma pessoa, à sua conduta em geral e ao comportamento. Em nosso estudo do Templo haverá muitas lições práticas e princípios que podem ser vistos e aplicados para o crente em Cristo, que desfruta dessas verdades espirituais nele.

O grupo de princípios relacionados às figuras de linguagem

Há vários princípios específicos que podem ser agrupados porque eles têm a ver com figuras de linguagem ou extensões delas. Três desses princípios são especialmente observados aqui: o Princípio dos Símbolos; o Princípio dos Números e o Princípio dos Tipos.

O Templo é rico em coisas que são usadas no sentido simbólico, e só poderemos compreender esses elementos simbólicos ao usarmos o Princípio dos Símbolos. Pelo uso do símbolo, Deus empregou algo para representar uma outra coisa. Ao discernir o vínculo comum entre o símbolo e aquilo que ele representa, descobriremos a verdade que Deus desejava ocultar. No Templo temos os objetos simbólicos, vestes simbólicas, vasos, cores, criaturas, ações, medidas, etc. Tudo isso possui sua interpretação apropriada.

Ao usar o Princípio dos Números, descobriremos a verdade que Deus tem ocultado no uso de certos números. Os números pertencem também ao grupo dos símbolos. Assim, a edificação do Templo do Senhor teve lugar num mês específico, em dias específicos. Várias medidas são especificadas para a edificação do templo, assim como para a mobília. Todas essas coisas demonstram verdades que, pelo uso do Princípio dos Números, podem ser descobertas.

O Princípio dos Tipos é também de grande importância para nos ajudar a chegar à verdade demonstrada no Templo do Senhor. Os serviços no Templo eram tipos. De fato, toda a instituição do Templo é uma sombra figurada e profética das grandes coisas por vir. Um tipo é uma figura antecipada, um símbolo profético. No Templo, havia pessoas, ofícios, instituições e eventos que eram tipos. Não podemos edificar doutrinas sobre esses tipos, mas os tipos são usados para ilustrar doutrinas. O Princípio dos Tipos pode ser usado para interpretar porções do Templo na forma de uma analogia extensiva entre o próprio Templo e a pessoa e a obra de Cristo. Veremos no decorrer deste livro.

Esses são os princípios básicos de interpretação aplicados nesse texto, e o estudante fará bem em mantê-los em mente à medida que prossegue no estudo.

Este autor tem se esforçado para seguir esses princípios básicos e, portanto, evitar extremos, interpretações estranhas ou errôneas. Os profetas do Antigo Testamento e os apóstolos do Novo Testamento uniram-se ao Senhor Jesus Cristo na revelação do Templo e da verdade messiânica. Assim deve fazer também o crente nesse importante estudo do Templo do Senhor.

RESTAURAÇÃO DO TEMPLO DE SALOMÃO

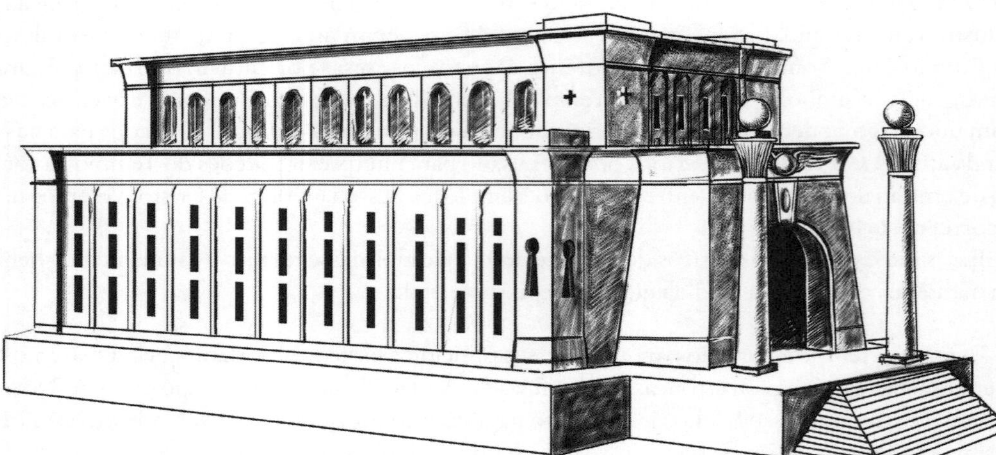

CAPÍTULO 3

OS TEMPLOS NAS ESCRITURAS

Há vários templos mencionados nas Escrituras, tanto no Antigo quanto no Novo Testamento. Contudo, há basicamente uma única interpretação de todos eles. Isto é, o Templo significava a habitação de Deus entre os homens.

As verdades relacionadas a esses Templos serão abordadas através de nosso estudo, usando o Templo de Salomão como nossa base.

Uma visão geral das principais referências dos templos será benéfica neste ponto do nosso estudo.

1. O Templo no céu

Essa é a realidade celestial, o protótipo, o Templo original e padrão. Todos os templos terrenos eram uma sombra, seja o Templo de Deus ou os falsos templos pagãos (Sl 11.4; Ap 3.12; 7.15; 11.19; 15.5; 16.1,17; Hc 2.20; Is 6.1-6).

2. O Tabernáculo no deserto

Êxodo 25 a 40 nos dá uma revelação do Tabernáculo no Deserto, o Tabernáculo do Senhor. Esse era um "templo" temporário e é chamado como tal em 1 Samuel 1.9; 3.3. Contudo, era uma habitação de Deus na forma de tenda e apontava para uma habitação permanente de Deus em pedras no Templo de Salomão. Esse lugar de habitação de Deus esteve com Israel cerca de 40 anos nas jornadas do deserto e, depois, por alguns anos, na terra da promessa. Esse Tabernáculo foi confeccionado conforme as coisas vistas nos céus.

3. O Tabernáculo de Davi

O Tabernáculo de Davi era uma tenda armada no Monte Sião para a arca do Senhor até a real construção do Templo do Senhor por Salomão. Os detalhes da ordem dos cantores e músicos estabelecida ali por Davi são tratados em 1 Crônicas 15 a 17, assim como em 2 Samuel 6.

Novamente, houve aspectos estabelecidos nesse Tabernáculo relacionadas às coisas celestiais.

4. O Templo de Salomão

1 Reis 5 a 9 e 2 Crônicas 1 a 7 lidam com o grande número de detalhes desse Templo do Senhor, cujo padrão foi dado ao rei Davi. Cerca de 400 anos mais tarde, esse templo foi destruído por Nabucodonosor, rei da Babilônia, devido às abominações e à idolatria que Israel trouxe para dentro dele (Ez 8-10; Jr 7.1-14; 2 Rs 25.8-17). O objetivo deste livro é tratar desse Templo.

5. O Templo de Zorobabel

Esse se refere ao Templo reconstruído no período da restauração, no final dos 70 anos do cativeiro babilônico. Os livros bíblicos sobre a restauração, tanto históricos quanto proféticos, enfatizam esse templo restaurado (Ed 1.3; 3.12, 13; 4.1-24; Is 44.28; Ag 2.15-18; Zc 6.12-15; Ml 3.1).

6. O Templo de Herodes

O Templo reconstruído no período da restauração era profanado e saqueado de tempos em tempos devido às guerras dos reis do norte e os do sul. Herodes, o idumeu, ajudou a restaurá-lo e o embelezou para ganhar o favor dos judeus durante o período do governo romano. Esse templo levou cerca de 46 anos para ser edificado e ornamentado (Jo 2.20).

Esse Templo foi maior que o Templo de Salomão e tinha áreas adicionais ao redor, conforme mostrado no diagrama. (Nota: O leitor poderá consultar a Bíblia Thompson para observar o diagrama desse Templo com seus vários pátios [átrios].)

Contudo, o Senhor Jesus, quando ministrou ali em seus três anos e meio de ministério, ainda se referia a esse Templo como "a casa de meu Pai". Ele ainda reconhecia a habitação da antiga aliança de Deus a despeito da condição hipócrita de seus tempos (Jo 2.16-20; 14.2; Mt 21.12-15).

Esse Templo foi destruído pelo exército romano sob o comando de Tito em 70 d.C., em cumprimento à profecia de Cristo com relação à sua destruição (Mt 23.38; 24.1,2; Dn 9.24-27; Lc 19.41-48). Então, a casa do Pai se tornou "deserta".

7. O Templo de Deus em Cristo

Todos os templos materiais apontavam para *o Templo* de Deus personificado no Senhor Jesus Cristo. Até mesmo enquanto Jesus era o cumprimento do "Tabernáculo" (Jo 1.14-18), Ele se declarou o verdadeiro "Templo de Deus" (Jo 2.19-21). Não há erro algum aqui. A plenitude da divindade habitava corporalmente nele. Ele era a habitação de Deus entre os homens na terra (Cl 1.19; 2.9).

Havia ainda o Templo material em Jerusalém no Monte Moriá, mas era onde Cristo andava, que estava o Templo corporal, a habitação de Deus na terra.

No devido tempo, os discípulos deixariam de lado o templo material da antiga aliança e passariam a adorar a Deus, através de Cristo, o Templo corporal da nova aliança, a habitação de Deus que se fez carne.

8. O Templo do Espírito Santo

A Igreja, o Corpo de Cristo com seus membros, tanto individual quanto coletivamente, é também chamada de Templo do Espírito Santo.

Esse é o templo da nova aliança na terra desde a ascensão de Cristo e do dia de Pentecostes com o contínuo derramar do Espírito. Deus vive no crente e na Igreja, pela habitação do Espírito Santo (Ef 2.19-22; 1 Co 3.16,17; 6.16-20; 2 Co 6.16-18).

9. O Templo do Anticristo

2 Tessalonicenses 2.1-12 relata a respeito do templo do homem do pecado, o anticristo, no qual ele se sentará, declarando-se deus e exigindo a adoração devida somente a Deus. Há divergência de opiniões entre os comentaristas sobre como seria este templo. Seria um templo materialmente edificado ou a própria Igreja? Comentários a respeito desse templo serão escritos numa próxima seção deste livro.

10. O Templo da visão de Ezequiel

O profeta Ezequiel recebeu uma visão de um templo e muitos detalhes dele são dados em seu livro nos capítulos 40 a 48. Há muita semelhança entre esse templo e o Templo de Salomão. Novamente, há muita divergência de opiniões entre os comentaristas: Se este era um templo literal reconstruído ou apenas uma visão simbólica.

Comentários também serão feitos com relação a esse templo em uma outra sessão deste livro.

11. O Templo de Apocalipse

Em Apocalipse 11.1,2, João recebeu uma visão de um templo. Deram-lhe uma vara de medir e lhe disseram para medir o Templo de Deus, o altar e os adoradores. Existe diferença de opiniões com relação a essa passagem também. Esse é um templo material ou uma visão a respeito da Igreja?

Isso também será considerado no devido tempo.

12. O Templo na Nova Jerusalém

A última referência com relação a um templo é encontrada na visão de João sobre a cidade santa, a nova e celestial cidade de Jerusalém (Ap 21,22).

A cidade de Deus não possui um templo material, pois "o Senhor Deus todo-poderoso e o Cordeiro são o seu templo" (Ap 21-23). Que necessidade haverá de um templo material, temporal ou terreno, quando tivermos o espiritual, eterno e celestial Templo em Deus, o Pai e no Cordeiro, seu Filho?

13. Os Templos da idolatria

É desagradável ter de mencionar esses templos, mas, à luz do Novo Testamento, é necessário lembrar-se de tais templos falsos.

As cidades da Ásia Menor, assim como o povo grego e o romano, seguiram o caminho de todas as nações idólatras. Em geral, todas tinham um templo ou templos dedicados a vários deuses.

Esses templos eram lugares de corrupção, idolatria e imoralidade, de um sacerdócio e de um povo corrompido. Eles se tornaram habitação de demônios e da religião pervertida (Ap 18.1,2), e formavam um completo contraste com a Igreja, Templo santo do Senhor, habitação do Espírito Santo.

A Babilônia tinha o grande templo de Bel (Dn 5; 2 Cr 36.7).

Éfeso possuía o grande templo da deusa Diana (At 19.27).

Os filisteus tinham a casa de Dagon, o deus-peixe (1 Sm 5.2,3). Praticamente todas as cidades tinham seus templos dedicados a deuses falsos, e todos eram uma imitação do Templo de Deus.

O nosso estudo do Templo do Senhor ajudará a compreender a verdade que Deus mostra através de sua habitação. Ele deseja que os crentes, em todos os lugares, sejam seu Templo santo. Ele deseja que todos sejam cheios de sua glória e de seu Espírito, e não que se tornem habitações de demônios.

A CLASSIFICAÇÃO DOS TEMPLOS NAS ESCRITURAS

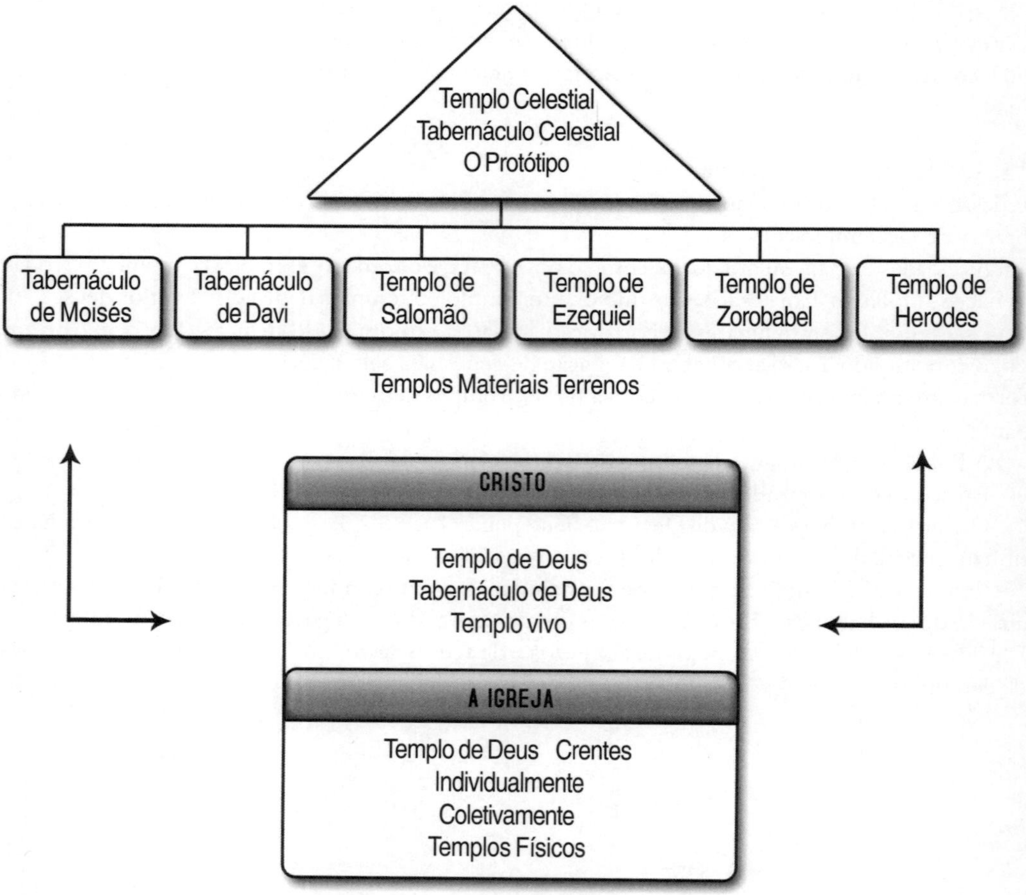

CAPÍTULO 4

EXPLICAÇÃO SOBRE O TÍTULO E A FORMA DE ABORDAGEM

Uma palavra de explicação com relação ao título

É claramente reconhecido que a expressão "o Templo de Salomão" não é encontrada nas Escrituras literalmente nesses termos, assim como "O Tabernáculo de Moisés" também não. A designação apropriada seria "O Templo do Senhor" ou "A Casa do Senhor".

Contudo, é também claramente reconhecido que "O Templo de Salomão" significa simplesmente que Salomão edificou esse Templo ao Senhor (1 Rs 7.51; 2 Cr 5.1; At 7.47). "O Tabernáculo de Moisés" também quer dizer que havia um tabernáculo edificado por Moisés, isto é, "O Tabernáculo do Senhor" (2 Cr 1.3).

Os termos "O Templo do Senhor" ou "O Templo de Salomão" serão usados neste livro alternadamente, como sinônimos.

Todos os templos citados subseqüentemente nas Escrituras – seja o Templo restaurado e edificado por Zorobabel; a visão do Templo de Ezequiel, ou o Templo restaurado e edificado por Herodes – têm suas origens, raízes e fundamentos no Templo original edificado por Salomão. Podem ter havido alterações, adições, diferenças e variações nas estruturas e cerimoniais desses templos, mas um estudo nos levará de volta ao primeiro templo edificado para Deus e feito pelo rei Salomão e seus trabalhadores.

Portanto, "o Templo de Salomão" será usado alternadamente como "o Templo do Senhor" simplesmente para propósito de identificação com seu construtor humano, ou seja, o rei Salomão. O templo de Salomão é o original e "o Templo base" para todos os outros.

Nossa forma de abordagem

O estudante deve familiarizar-se com as Escrituras que lidam com a vida de Davi e de Salomão, especialmente os capítulos relativos à revelação e à construção do Templo. As principais porções das Escrituras recomendadas para serem lidas são: 2 Samuel 6,7,24; 1 Reis 1 a 10, paralelamente com 1 Crônicas 13 a 17, 21 a 29 e 2 Crônicas 1 a 9.

À medida que o estudo se desenvolver, forneceremos referências baseadas em textos adicionais em conexão com os detalhes da construção do templo.

No estudo do Tabernáculo de Moisés, a abordagem poderia ser dupla: em direção a Deus, do Pátio até o Lugar Santíssimo. Isso representaria a caminhada do homem em direção a Deus. Ou uma abordagem alternativa seria em direção ao homem, do Lugar Santíssimo ao Pátio. Esta seria a representação de Deus vindo em direção ao homem. A forma anterior fala da fé, o homem vindo a Deus. A forma posterior fala da graça, Deus vindo ao homem.

A mesma abordagem é verdadeira quanto ao Templo. Em nosso estudo sobre o Templo, descobrimos que o posicionamento da arca de Deus no seu lugar e a retirada de suas varas é o ato final na conclusão e na dedicação do Templo. Esse ato foi selado pela descida do fogo-glória de Deus.

Portanto, nosso estudo será da seguinte forma:

1. A revelação e o padrão do Templo dados ao rei Davi.

2. A estrutura do templo, o local e a edificação.
3. Os Pátios e suas mobílias.
4. O Lugar Santo e sua mobília.
5. O Lugar Santíssimo e sua mobília.
6. A dedicação do Templo e a glória de Deus.
7. Os turnos sacerdotais no Templo e suas ministrações.

Portanto, pela conveniência do estudo, nossa abordagem será do homem indo em direção a Deus.

Contudo, não podemos nos esquecer de que era Deus que tomava a iniciativa. Foi o Senhor que veio ao homem, e não o homem que foi a Deus. Deus veio a Davi. O Senhor deu a ele a revelação do Tabernáculo de Davi e do Templo do Senhor. Deus apareceu a Salomão e deu-lhe sabedoria, compreensão, conhecimento e entendimento assim como habilidade para edificação do Templo. Foi Deus que deu o padrão da ordem do Templo. A graça é Deus vindo ao homem, e não o homem indo a Deus.

A estrutura total do Templo é uma revelação da graça, do governo e da glória de Deus, habitando entre seu povo redimido, em seus termos e na ordem divina.

SUPOSTA POSIÇÃO DO TEMPLO DE SALOMÃO

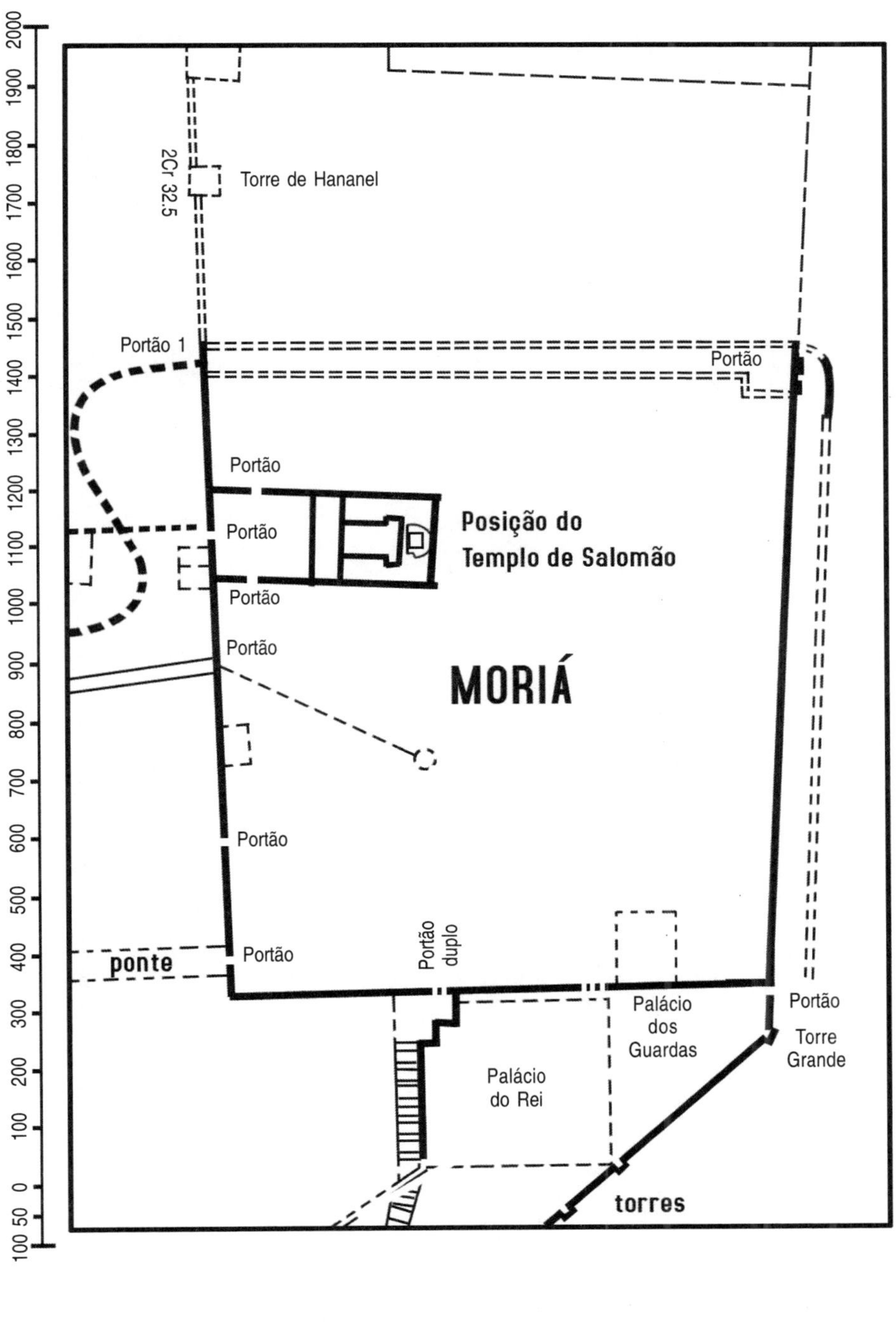

CAPÍTULO 5

AS HABITAÇÕES DIVINAMENTE INSPIRADAS E OS MONTES

Quando se trata da revelação geral das habitações de Deus nas Escrituras, descobrimos que havia cinco grandes estruturas que Deus deu por revelação ao seu povo. Quatro delas são encontradas na época do Antigo Testamento, na qual Deus, o sábio-arquiteto, envolveu o homem em sua construção. Uma outra é encontrada no Novo Testamento na qual o próprio Deus é o arquiteto e edificador. Essas cinco estruturas são: (1) A Arca de Noé, (2) O Tabernáculo de Moisés, (3) O Tabernáculo de Davi, (4) O Templo de Salomão e (5) A Nova Jerusalém, a cidade de Deus.

Que havia uma significativa ligação entre essas cinco habitações fica evidente numa observação geral.

As estruturas divinas

1. A Arca de Noé (Gn 6.14-16)

Esses versículos fazem uma breve descrição da arca da proteção nos tempos de Noé. Ela foi dada por revelação como padrão e propósito para Noé. Ela não se originou em Noé, mas no coração e na mente de Deus. Ela era local de salvação para o homem e os animais que entrassem pela porta dessa arca de três andares.

Ela simbolizava a salvação que a divindade tornara disponível:

	1) A Fundação: símbolo do Pai
UMA ARCA, MAS TRÊS ANDARES	2) A Porta: símbolo do Filho (Jo 10.9)
UM DEUS, MAS TRÊS PESSOAS	3) Janela (vão do teto): símbolo do Espírito Santo

Deus estava naquela arca com Noé, sua família e os animais.

É interessante verificar o que, no Templo de Salomão, correspondia à arca que Noé edificou sob as ordens de Deus. Estudaremos isso posteriormente.

2. O Tabernáculo de Moisés (Êx 25-40)

Não há dúvidas sobre o fato de que tudo que está nesse Tabernáculo, e ainda mais, pode ser encontrado no Templo de Salomão.

O Tabernáculo de Moisés com seu Pátio Externo e a mobília composta pelo altar de bronze e a bacia de bronze encontram um cumprimento mais amplo nos pátios do Templo. O Lugar Santo com sua mobília formada pelo candelabro de ouro, a Mesa dos pães da Presença e o altar de ouro de incenso encontra maior cumprimento no Templo de Salomão, no Lugar Santo.

O mesmo é verdade no Lugar Santíssimo com sua única peça da mobília, a arca da aliança. Este também encontra um cumprimento mais rico e completo no Lugar Santíssimo do Templo do Senhor.

3. O Tabernáculo de Davi (1Cr 15-17; 2 Sm 6)

A ordem dos cânticos de louvor, a ordem dos músicos ao redor da arca e a adoração estabelecida no Tabernáculo de Davi encontram seu completo cumprimento no Templo edificado por Salomão.

Foi também Davi que recebeu a revelação tanto do Tabernáculo de Davi quanto do Templo do Senhor, que Salomão edificou mais tarde de acordo com essa revelação.

Como veremos, aquilo que foi estabelecido no Tabernáculo de Davi, foi seguido de forma exata e incorporado na casa do Senhor, o Templo de Salomão. O Tabernáculo de Davi ou tenda foi, sem dúvida, edificado por Davi em Sião por revelação, enquanto ele servia sua própria geração pela vontade de Deus (At 7.45-50; 13.22,36).

4. O Templo de Salomão

O mais significante nessa estrutura final do Antigo Testamento é que o Templo de Salomão é a incorporação, numa só estrutura, de tudo o que foi feito antes. Ele inclui em seu projeto a arca de Noé, o Tabernáculo de Moisés e o Tabernáculo de Davi.

Os detalhes desse Templo serão estudados no decorrer de nossas meditações. A lição suficiente para nós no presente é ver que Deus, ao se mover na "verdade atual", nunca se esquece das verdades previamente estabelecidas, mas leva todas essas verdades ao seu cumprimento em Cristo, o Cabeça, e, depois, na Igreja, que é o seu corpo.

5. A Cidade de Deus, a Nova Jerusalém

Todas as quatro estruturas anteriores foram determinadas por Deus, que é o sábio edificador. Foi Deus que tomou a iniciativa em cada caso. Contudo, Deus sempre envolveu o homem e seu povo na construção dessas estruturas materiais. A soberania divina e a responsabilidade humana atuaram juntas nessas edificações. Mas, quando chegamos à estrutura final, à cidade de Deus, a nova e celestial Jerusalém, constatamos que apenas o próprio Deus, sem o homem, é o seu arquiteto e construtor. (Hb 11.10-16; 12.22-24; 13.14; Ap 3.12; 21,22).

Abraão, juntamente com Isaque e Jacó, herdeiros com ele das mesmas promessas, esperava por uma cidade, cujo arquiteto e edificador é Deus.

Quando analisamos os detalhes dessa cidade de Deus, descobrimos que ela engloba todas as estruturas terrestres em seu simbolismo e verdades ali representadas.

Essa é a cidade da salvação. É o Tabernáculo de Deus com os homens. Deus e o Cordeiro são o seu próprio Templo. E os detalhes interessantes do templo de Salomão poderão ser vistos como símbolos e sinais proféticos da cidade de Deus, a cidade quadrangular. Nela, Deus habitará com seu povo redimido para sempre, em eterno louvor e adoração.

Os Montes Santos

Se não falássemos da importância dos "montes", com os quais cada uma dessas estruturas ou modelos divinos estão associados, este capítulo seria incompleto.

Os "montes" são símbolos muito importantes na história da nação de Israel. O Senhor sempre pareceu estar fazendo algo especial relativo ao seu povo nos montes.

O salmista diz: "Como os montes cercam Jerusalém, assim o Senhor protege o seu povo, desde agora e para sempre" (Sl 125.1,2).

E também, "O Senhor edificou sua cidade *sobre o monte santo...*" (Sl 87.1,2). Nós podemos pensar no Monte Sinai, no Monte Gerizim, no Monte Ebal, no Monte Pisga e no Monte Hermom. Mas, aqui, falaremos de montes especiais relativos a essas estruturas divinamente inspiradas.

1. Monte Ararate (Gn 8.1-5)

Quando o dilúvio cessou, tendo cumprido o propósito do juízo de Deus sobre aquele mundo pecaminoso, a arca de Noé descansou no Monte Ararate. Assim, temos a arca e o monte! Dali, o "novo mundo" começou.

2. Monte Sinai (Êx 20; Hb 12.18-21)

Quando a revelação do Tabernáculo do Senhor foi dada a Moisés, ela veio de um monte, o Monte Sinai. Nós não podemos pensar no Tabernáculo de Moisés e na aliança da Lei sem pensar no Monte Sinai.

Assim, temos o Tabernáculo do Senhor e o monte. Dali, a "nova nação" de Israel começou sua história como nação sob a Aliança da Lei.

3. Monte Sião (1 Cr 15-17; 2 Sm 6.1-19)

Novamente, a revelação do Tabernáculo de Davi não pode ser separada de um monte – o Monte Sião. Este recebeu um significado especial dos dias de Davi em diante, por causa da ordem de louvor e adoração estabelecidas ali no Tabernáculo de Davi.

Assim, temos o Tabernáculo de Davi e o monte! Dali, o "novo reino" de Davi foi estabelecido, nessa aliança e glória davídica.

4. Monte Moriá (2 Cr 3.1)

Aqui, na edificação do Templo do Senhor, mais uma vez nos surpreendemos com a importância dada ao seu local. O Templo do Senhor foi edificado num monte, o Monte Moriá.

Novamente, vemos o Templo e o monte! O significado disso será estudado nos capítulos subseqüentes.

5. O Monte de Deus (Ap 21.9-10; Ap 21,22)

Nosso estudo seria incompleto e inconsistente se não víssemos a estrutura final de Deus associada com um monte. João foi levado pelo Espírito para um monte muito grande e alto. Ali ele viu a cidade da noiva, a santa e celestial Jerusalém.

Uma vez mais, nós temos a cidade de Deus e um monte!

Quem não consegue ver que Deus deu um significado muito especial à associação entre as estruturas e esses montes?

Freqüentemente, os profetas vinculam essas habitações de Deus com os montes num significado profético. Isaías, o profeta disse: "Nos últimos dias *o monte do templo do Senhor* será estabelecido como o principal; será elevado acima das colinas, e todas as nações correrão para ele. Virão muitos povos e dirão: 'Venham, subamos ao *monte* do Senhor, ao *templo* do Deus de Jacó'." (Is 2.2,3.)

Ezequiel, o profeta diz: "Esta é a lei do *templo*: toda a área ao redor, no topo do *monte*, será santíssima. Essa é a lei do *templo*" (Ez 43.12).

Ageu, o profeta, diz: "'Subam o *monte* para trazer madeira. Construam o *templo*, para que eu me alegre e nele seja glorificado', diz o Senhor" (Ag 1.8).

Aqui, os profetas destacam "os montes" e "o templo".

O significado e a interpretação desses símbolos devem ser deixados para os capítulos apropriados. Aqui, nesta visão geral, percebemos uma associação na mente de Deus e de seu povo, Israel, entre estruturas e montes. O padrão, as medidas e os detalhes originaram-se no coração e na mente de Deus. Nada foi deixado para a mente ou a imaginação do homem. A salvação e tudo o que é associado às verdades da redenção se originaram no coração de Deus, o único Salvador de todos os que crêem.

CAPÍTULO 6

O REI DAVI, O REI SALOMÃO E AS HABITAÇÕES DE DEUS

Antes de nos lançarmos especificamente num estudo mais detalhado do Templo do Senhor, é importante observar o relacionamento dos dois reis, Davi e Salomão, com cada uma das três habitações de Deus divinamente projetadas: o Tabernáculo de Moisés, o Tabernáculo de Davi e, depois, o Templo de Deus. Aqui, vemos Davi e Salomão se movendo, com Deus, do Tabernáculo para o Templo.

O rei Davi

1. O Tabernáculo de Moisés

Davi, como rei, conheceu a ordem divina demonstrada no Tabernáculo do Senhor e assim estabelecida pelo profeta Moisés desde o Monte Sinai.

Os Salmos de Davi trazem numerosas referências e alusões às coisas pertencentes a esse Tabernáculo.

O Tabernáculo de Moisés foi o único lugar ordenado por Deus para que os sacrifícios pelo pecado e pela culpa fossem oferecidos. Era nesse lugar que o sacerdócio de Arão e da tribo de Levi operavam. Ali, as verdades redentoras foram representadas.

Contudo, após o juízo do Senhor contra esse Tabernáculo em Siló, na terra de Canaã, a arca de Deus foi levada ao cativeiro pelas mãos do inimigo (Sl 78.55-64; Jr 7.1-15; 1 Sm 2 a 7). Desde então, o pleno serviço nunca mais funcionou como antes. O juízo caiu sobre a casa de Eli, o sacerdote, e sobre seus dois filhos, Ofni e Finéias. A arca de Deus nunca mais retornou ao Tabernáculo de Moisés. Sob o reinado de Saul, a nação esteve num estado de decadência espiritual e pouco se falava sobre os serviços do Tabernáculo do Senhor.

No reinado de Davi, encontramos o Tabernáculo do Senhor em funcionamento no Monte Gibeom com um grupo de sacerdotes e mesmo alguns cantores e músicos designados por Davi (1 Cr 16.39-42; 21.28-30; 2 Cr 1.1-6).

Davi conhecia o Senhor e, mesmo naqueles dias de grande transição, manteve um bom relacionamento com o sacerdócio e com o Tabernáculo do Senhor.

2. O Tabernáculo de Davi

Um estudo de 1 Crônicas 13,14,16, juntamente com 2 Samuel 6 revela o fato de que Davi colocou a arca do Senhor numa tenda (ou tabernáculo) no Monte Sião. Juntamente com a arca de Deus havia uma ordem de cantores e músicos para louvor e ações de graças ao Senhor continuamente em sacrifícios de louvor.

Depois que Davi ofereceu as ofertas voluntárias iniciais (o holocausto, a oferta de cereais, as ofertas pacíficas – *não* a oferta pela culpa e nem pelo pecado que tinham de ser oferecidas no altar de bronze do Tabernáculo de Moisés), somente sacrifício de louvor e ações de graça eram oferecidos diante da arca do Senhor.

2 Crônicas 1.1-6 mostra claramente a existência de dois tabernáculos funcionando ao mesmo tempo; um no Monte Gibeom, outro no Monte Sião. O Tabernáculo de Moisés e o Tabernáculo

de Davi estiveram ambos em funcionamento em dois montes diferentes ao mesmo tempo. O Tabernáculo de Gibeom tinha a ordem sacerdotal operando com relação ao altar de bronze, a bacia do Pátio Externo, assim como o altar de ouro de incenso, a mesa e o candelabro do Lugar Santo. Contudo, eles não tinham a arca da aliança; mas apenas um Lugar Santíssimo vazio!

O Tabernáculo em Sião tinha o sacerdócio funcionando com relação à arca de Deus, mas não possuía o Pátio Externo ou o Lugar Santo. Como tipo, ele foi a transferência do Lugar Santíssimo, simbolizando a adoração "além do véu", tipificando o acesso e a adoração diante da Presença do Senhor.

Os detalhes dessas coisas são descritos no livro *O Tabernáculo de Davi*, deste mesmo autor.

Assim, Davi também adorou diante do Senhor em Sião (2 Sm 6.1-23), após ter trazido a arca para a tenda, de acordo com a ordem divina.

Foi por causa dessa tenda, ou tabernáculo, que Davi desejou em seu coração uma habitação mais permanente para a arca de Deus.

O Senhor deu a Davi descanso de todos os seus inimigos. Quando Davi se estabeleceu numa casa de cedro, ele expressou ao profeta Natã seu desejo com relação à arca ou trono de Deus. Ele mesmo habitava numa casa de cedros, enquanto a arca de Deus estava em tendas. Natã encorajou o rei a fazer tudo o que estivesse em seu coração. Contudo, Deus ordenou a Natã que dissesse a Davi que este não poderia edificar uma casa a Deus. O Senhor se movera como peregrino de tenda em tenda e de um lugar a outro. Ele nunca pedira a nenhuma das tribos de Israel que edificassem uma casa permanente de cedro para que Ele habitasse nela.

Como Davi se interessou pela casa de Deus, o Senhor disse que Ele, o Senhor, lhe edificaria uma casa, e estabeleceria a descendência, o trono e o reino de Davi para sempre. Todas essas palavras fizeram parte da visão de Natã e foram dadas a Davi, envolvendo a aliança davídica, que, finalmente, apontou para o Messias, o maior Filho de Davi.

O Senhor claramente prometeu que o filho de Davi edificaria *uma casa* para o nome do Senhor. 2 Samuel 7 e 8, juntamente com 1 Crônicas, deveriam ser lidos e estudados com relação a essas coisas.

A lição para os crentes é clara. Se eles estiverem interessados na casa de Deus, o Senhor lhes edificará uma casa também.

3. O Templo de Salomão

Devido ao peso de Davi e à palavra profética da promessa através do profeta Natã, a revelação foi dada a Davi para a edificação do Templo, a casa do Senhor. 1 Crônicas 22 a 29 fornece muitos detalhes com relação à ordem do Templo, conforme foi revelada a Davi por escrito pelo Espírito.

Os detalhes do Templo foram repassados a Salomão para que este o edificasse de acordo com o padrão dado a Davi, o qual é o assunto do nosso estudo.

Salomão não projetou os planos para o Templo. Eles se originaram no Senhor, foram dados a Davi e, depois, apresentados ao rei Salomão para que este o edificasse de acordo com o modelo divino.

É adequado dizer que o rei Davi, em sua experiência diante do Senhor, tocou algo relativo a essas três habitações divinas. Ele conhecia as verdades redentoras do Tabernáculo de Moisés. Ele conhecia as verdades de adoração do Tabernáculo de Davi. Ele teve a visão da incorporação da redenção e adoração na ordem que seria estabelecida nos dias de Salomão, seu filho, o edificador do Templo, a casa de Deus.

O Rei Salomão

1. O Tabernáculo de Moisés

Assim como ocorreu com Davi, aconteceu com Salomão. Este também experimentou as verdades relativas a cada uma dessas estruturas divinas, até mesmo mais do que Davi. Quando Salomão se tornou rei sobre todo Israel, ele e toda a congregação foram a Gibeom, ao Tabernáculo do Senhor, o qual Moisés construíra nos dias das jornadas do deserto.

Ali, ele e a congregação buscaram ao Senhor no altar de bronze e, nele, ofereceram milhares de holocaustos.

Foi em Gibeom, durante essa visita, que o Senhor apareceu a Salomão em sonhos e disse-lhe que pedisse o que desejasse. Salomão pediu a Deus por sabedoria, conhecimento, compreensão e discernimento para governar o povo de Deus. Em Gibeom, Deus atendeu ao pedido de Salomão, dando-lhe também riquezas, prosperidade e honra como nenhum outro já experimentara (2 Cr 1.1-7; 1 Rs 3.3-14).

Assim, Salomão experimentou as verdades redentoras do Tabernáculo de Moisés.

2. O Tabernáculo de Davi

Salomão também conheceu algo da experiência da adoração na tenda de Davi, onde a arca de Deus fora colocada no Monte Sião.

Após a experiência com o Senhor em Gibeom, no Tabernáculo de Moisés e no altar de bronze, Salomão foi a Jerusalém, a Sião, ao Tabernáculo de Davi, onde a arca do Senhor estava colocada. Aqui, novamente, ele ofereceu holocaustos, ofertas pacíficas, voluntárias ao Senhor (2 Cr 1.4,13; 1 Cr 21.25-30).

Simbolicamente, Salomão tocou o *altar de bronze* (o primeiro artigo da mobília do Pátio Externo do Tabernáculo de Moisés), e, depois, a *arca da aliança* (o último artigo da mobília do "Lugar Santíssimo" no Tabernáculo de Davi).

De fato, aqui há uma divina revelação também para todos os crentes, pois devemos conhecer o sangue purificador da expiação na cruz (o altar de bronze), antes que possamos conhecer a glória e a presença de Deus no trono (arca da aliança).

3. O Templo de Salomão

Pouco precisa ser escrito sobre este ponto. É claro que, após as experiências no Tabernáculo de Moisés e no Tabernáculo de Davi, Salomão iniciou a edificação do Templo de Deus. Ele viu os dois tabernáculos combinados e os uniu numa única estrutura na edificação do Templo.

Os detalhes do Templo foram dados a ele através de seu pai, Davi, e ele edificou de acordo com o projeto divino. Nada foi deixado para sua mente, imaginação ou ingenuidade. Ele deveria edificar de acordo com o plano arquitetônico e com o esboço que Davi recebera do Senhor por escrito através do Espírito.

Os livros de Reis e Crônicas fornecem vários detalhes do Templo do Senhor.

O clímax dessa experiência para Salomão foi pegar a arca do Senhor no Tabernáculo de Davi e colocá-la no Lugar Santíssimo na conclusão do Templo. Aqui o Senhor coroou tudo isso com o seu fogo e sua glória, o selo divino de que tudo havia sido edificado de acordo com o padrão divino (1 Rs 8; 2 Cr 5.11-14; 7.1-4).

Assim, Salomão, como Davi – porém de uma forma plena – experimentou as verdades simbolizadas no Tabernáculo de Moisés, no Tabernáculo de Davi e no Templo do Senhor.

Para o crente, há uma verdade progressiva. Todos os crentes devem reconhecer e experimentar as *verdades redentoras* do Tabernáculo de Moisés. Todos os crentes devem conhecer e experimentar as *verdades da adoração* do Tabernáculo de Davi. E, finalmente, todos devem vir às *verdades governamentais* do Templo de Salomão. No Templo de Salomão, redenção, adoração e governo estão combinados.

Aqui, vamos de glória em glória, de graça em graça, de força e força, de verdade em verdade, de fé em fé, no relacionamento de Deus com o seu povo.

As verdades do Templo de Salomão, ocultas de forma simbólica, serão descobertas no desenrolar do nosso texto. É a glória de Deus ocultar uma verdade, mas é a honra dos reis descobri-la (Pv 25.2).

Como o Senhor se moveu de tenda em tenda e de um tabernáculo a outro, até seu descanso final no Templo, assim devem fazer os crentes que o seguem (1 Cr 17.5; 2 Sm 7.6).
"Deixemo-nos levar para o que é perfeito" foi a exortação do escritor aos Hebreus a todos os crentes (Hb 6.1,2 – ARA).

RESUMO

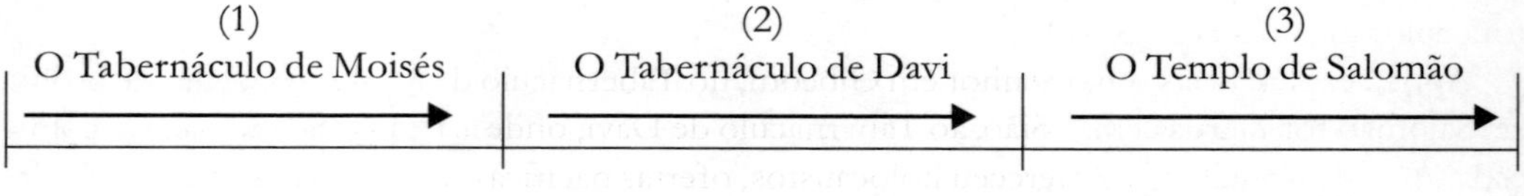

PLANTA GERAL DO TEMPLO E PÁTIOS

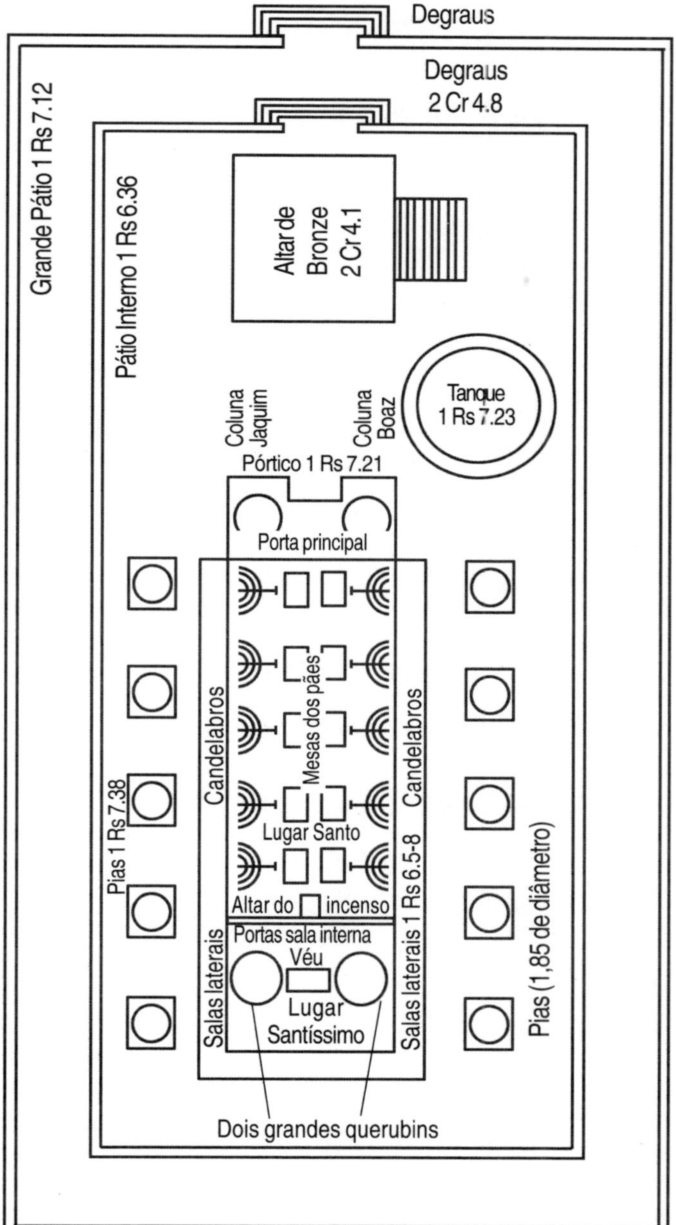

Medidas do Templo – comprimento: 27m – largura: 9m – altura: 13,5m (1 Rs 6.2)
Lugar Santíssimo – 9m (1 Rs 6.16)
Lugar Santo – 18m (1 Rs 6.17)

CAPÍTULO 7

O REI DAVI, A REVELAÇÃO E O PADRÃO DO TEMPLO

Neste capítulo, consideraremos os eventos que precederam e conduziram a revelação do padrão do templo dada ao rei Davi.

O Tabernáculo de Davi

Já nos referimos à edificação do Tabernáculo de Davi. Em 2 Samuel 6 e 1 Crônicas 15 e 16, encontramos o registro de Davi colocando a arca do Senhor numa tenda e estabelecendo a ordem de cantores e músicos, nunca vista antes na história de Israel, especialmente no que se refere à adoração ao Senhor.

Essa ordem de adoração e louvor foi estabelecida cerca de 30 anos antes da edificação do Templo do Senhor. Tal ordem foi também incorporada ao Templo mais tarde. Um dia, a arca do Senhor seria levada desse Tabernáculo e colocada no Templo. A tenda foi uma habitação temporária da arca do Senhor. É necessário lembrar-se de que essa ordem de adoração estava em operação no Tabernáculo de Davi, no Monte Sião, nessa época.

Descanso de todos os inimigos (2 Sm 7.1)

Davi foi um homem de guerra, e o Senhor o usou para derrotar os inimigos de Israel. Assim veio um tempo em que as Escrituras dizem que "o Senhor lhe dera descanso de todos os seus inimigos ao redor". Davi foi um adorador do Senhor, mas também um vencedor contra os inimigos do Senhor. Essa foi a razão pela qual Deus não permitiu que Davi edificasse sua casa: "Mas Deus me disse: 'Você não construirá um templo em honra ao meu nome, pois você é um guerreiro e matou muita gente'" (1 Cr 28.3; 22:6-8).

A casa do Senhor deveria ser edificada por um homem de paz, não por um homem de guerra. O Senhor usou o rei Davi para colocar seus inimigos e também os inimigos de Israel sob seus pés. Isso ocorreu em cumprimento às promessas de Deus dadas a Abraão, de que sua semente possuiria a porta dos seus inimigos (Gn 22.17; Êx 23.22,27; Lv 26.7,8; 2 Sm 7.9,11; 22.1,4,38,41,49; Sl 3.7; 110.1,2).

O desejo de Davi de edificar uma casa para a Arca de Deus

Como observamos previamente, Davi desejou edificar uma casa para a arca do Senhor. Um dia, quando o rei Davi se sentou em sua casa e Deus lhe deu descanso de todos os seus inimigos, subiu ao coração de Davi um grande desejo. Esse desejo está expresso em 2 Samuel 7.1,2 e 1 Crônicas 17.1,2, além do Salmo 132. Davi disse ao profeta Natã: "Aqui estou eu, morando num palácio de cedro, enquanto a arca da aliança do SENHOR permanece numa simples tenda".

Ele expressou a Natã seu desejo de edificar a Deus uma casa, um lugar mais digno para a arca do Senhor. Israel tinha vivido em tendas nas jornadas do deserto. Agora estavam habitando em casas e cidades. A arca da aliança também estivera no Tabernáculo e sob tendas nas jornadas do deserto. Mas, agora que Israel estava na terra da promessa, em casas, e os inimigos haviam sido subjugados, por que a arca do Senhor deveria permanecer em uma tenda e não numa casa?

O profeta Natã disse a Davi para fazer o tudo que estava em seu coração (2 Sm 7.3; 1 Cr 17.2).

A Aliança Davídica (2 Sm 7.4-29; 1 Cr 17.3-27)

Durante a noite, a Palavra do Senhor veio ao profeta Natã. Ela era contrária à palavra que Natã proferira no dia anterior. O Senhor enviou Natã a Davi e deu-lhe o que agora é chamado como a "aliança Davídica".

Nas promessas dadas nessa aliança, havia o fato de que Davi não edificaria uma casa para Deus. O seu filho, Salomão, o faria.

Contudo, como Davi desejara edificar a Deus uma casa, Deus lhe prometeu que Ele edificaria uma casa a Davi.

A lição é evidente aqui. Se o povo de Deus estiver interessado em edificar "a casa do Senhor", então o Senhor lhes edificará uma casa, uma casa de fé.

Nós resumimos as promessas da aliança davídica, destacando especialmente aquelas pertencentes a uma "casa" ou Templo do Senhor:

1. A promessa de um lugar designado, outra terra (2 Sm 7.10; 1 Cr 17.9).
2. A promessa de vitória sobre os inimigos (2 Sm 7.11; 1 Cr 17.10).
3. A promessa de reinado (2 Sm 7.11-16; 1 Cr 17.11-15). Isso envolvia a semente, a casa, o trono e o reino de Davi (Gn 17.6,16; 49.8-12; Sl 78.67-72; 89.3,4).
4. A promessa das fiéis bênçãos prometidas a Davi (2 Sm 7.15; 1 Cr 17.13; Sl 89.1-34; At 13.34).
5. A promessa da semente messiânica (2 Sm 7.11-16; 1 Cr 17.11-15; Hb 1.5; Is 7.13,14; Mt 1.1; Ap 22.16).
6. A promessa do Templo, da casa do Senhor (2 Sm 7.13; 1 Cr 17.11-15; 22.6-11).
7. A promessa de que a própria semente de Davi, Salomão, edificaria a casa do Senhor (2 Sm 7.12-15; 2 Cr 17. 11-15).

A aliança foi ratificada por sacrifícios de sangue e confirmada com um juramento como sendo uma aliança irrevogável.

A oração e as ações de graças de Davi (2 Sm 7.18-29; 1 Cr 17.16-27)

Com o estabelecimento da aliança com Davi, por intermédio do profeta Natã, o coração de Davi se encheu de oração e louvor.

Ele se colocou diante do Senhor, e toda a sua oração e ações de graça diziam respeito ao nome do Senhor, e às duas casas que seriam edificadas. Deus edificaria a Davi uma casa, porque Davi desejou edificar a Deus uma casa. Deus não permitiu que Davi a edificasse, mas o filho de Davi, Salomão o faria (2 Sm 12.24,25; 1 Cr 22.6-13).

Davi orou: "Por isso teu servo achou coragem para orar a ti" (2 Sm 7.27; 1 Cr 17.25).

A revelação e o padrão do Templo

Em 1 Crônicas 28 e 29, temos o relatório do rei Davi para a liderança da nação, assim como para a congregação.

Davi explicou o desejo que tinha de edificar uma casa para o Senhor. Contudo, ele havia sido um homem de guerra, por isso não lhe foi permitido edificá-la. Um homem de paz deveria ser o edificador. Este, é claro, seria Salomão, filho de Davi (2 Sm 12.24,25; 1 Cr 22.6-13).

Davi disse a Salomão e aos líderes como havia recebido a visão do Templo do Senhor por revelação, e que obtivera o padrão de tudo pelo Espírito Santo. Sob inspiração do Espírito Davi escreveu a visão a Salomão e aos que estariam envolvidos na edificação do Templo. Observem a ênfase na palavra "*planta*" nas seguintes breves menções:

"... Então Davi deu a seu filho Salomão a planta do pórtico do templo..." (1 Cr 28.11).
"... Entregou-lhe também a planta de tudo o que o Espírito havia posto em seu coração..." (1 Cr 28.12).
"... como também, segundo a planta, o ouro para o carro dos querubins..." (1 Cr 28.18-ARA).
"Tudo isto, disse Davi, me foi dado por escrito por mandado do SENHOR , a saber, todas as obras desta planta" (Cr 28.19 – ARA)

Deus foi o arquiteto, o projetista do Templo. Nada foi deixado para a mente, a imaginação ou a criatividade do homem. Tudo veio da sabedoria de Deus. Em 1 Crônicas 28.11-19, temos a seguinte descrição do modelo dado a Davi:

"... a planta do *pórtico*,
dos seus *edifícios*,
dos seus *depósitos*,
dos *andares superiores* e *suas salas*,
e do *lugar do propiciatório*.
Entregou-lhe também a planta de tudo o que o Espírito havia posto em seu coração
acerca dos *pátios* do templo do SENHOR
e de todas as *salas* ao redor,
acerca dos *depósitos dos tesouros* do templo de Deus e dos *depósitos das dádivas sagradas*.
sobre as *divisões dos sacerdotes e dos levitas*
e sobre a *execução de todas as tarefas* no templo do SENHOR
e os *utensílios* que seriam utilizados.
o desenho do *carro dos querubins de ouro*
Tudo isso a mão do SENHOR me deu por escrito, e ele me deu entendimento para executar todos esses projetos", disse Davi.

Assim, o pórtico, as casas, os depósitos, as salas, o propiciatório, os pátios, os turnos sacerdotais, a execução da obra, os vasos, o carro dos querubins, tudo foi dado para Davi em visão, e ele foi inspirado a escrevê-la conforme a visão que tivera.

Davi teve uma visão da casa do Senhor. Ele recebeu o padrão divino. Foi capaz de "escrever claramente a visão", e foi assim que Salomão e seus colaboradores puderam edificar de acordo com essa visão. Quando não há revelação divina, o povo se desvia (Pv 29.18; Hc 2.1-3). Todos os líderes precisam ter uma visão clara, para que o povo de Deus possa enxergar, compreender e seguir até o cumprimento dela.

1. O Tabernáculo de Moisés foi edificado de acordo com o padrão divino, e nada foi deixado para a mente de Moisés e seus colaboradores (Êx 25.9,40; Nm 8.4; Hb 8.5; 9.23).

2. O Tabernáculo de Davi sem dúvida seguiu o padrão divino no estabelecimento dos turnos dos cantores e músicos e na ordem do louvor e adoração ao Senhor. Essa ordem dos turnos foi mantida durante as ministrações no Templo.

3. O Templo de Salomão deveria ser edificado de acordo com o padrão revelado a Davi pelo Espírito, por escrito. É importante lembrar-se de que Davi recebeu tanto o projeto para o Tabernáculo com seu nome quanto para o Templo do Senhor (1 Cr 28.11,12,18,19).

4. O Templo de Ezequiel também foi baseado no padrão divino (Ez 43.10).

Por que Deus foi tão específico sobre os padrões dessas várias estruturas? A resposta é dupla.

Primeiramente, o Templo terreno nada mais era do que uma sombra na terra do Templo celestial. O Templo celestial é um protótipo, o original, o real, o eterno, enquanto o terreno é uma sombra, o temporário, o tipo.

As Escrituras distintamente falam de um Templo celestial (Is 6.1; 66.6; Ap 11.19; 14.15-17; 15.5).

Em espírito, Davi viu o Templo celestial, assim como Moisés, em espírito, viu o Tabernáculo celestial.

Tudo o que está na ordem celestial é perfeito e completo. Está de acordo com o projeto divino, o padrão de Deus, o arquiteto do Universo. Portanto, o templo terreno, a habitação terrena de Deus, deve estar de acordo com o padrão da habitação celestial (Is 57.15).

Em segundo lugar, o Templo na terra deveria ser o lugar de habitação de Deus, onde Ele poderia habitar entre seu povo através do seu Espírito. Ali, Ele poderia revelar sua glória, falar em voz audível com o sumo sacerdote que escolhera e ungira, com base na redenção.

Isso aponta para Cristo que é o *templo* de Deus corporalmente na terra (Jo 2.19-21). Deus estava em Cristo, seu Templo. O Espírito, a glória e a voz de Deus foram manifestadas em Cristo e através dele. Ele era o lugar da habitação de Deus, onde quer que estivesse. Ele era sem pecado e perfeito. Ele era "*o homem padrão*".

Portanto, o templo material terreno, o qual era o sinal profético do Cristo de Deus, deveria ser "de acordo com o padrão".

Como Templo de Deus, Cristo se ajustou aos padrões divinos e ao modelo de Deus.

O mesmo é verdade com relação à Igreja, o Corpo de Cristo. A Igreja, o Templo de Deus na nova aliança, deve ser edificado de acordo com o padrão estabelecido na Palavra de Deus, a santa Bíblia.

Deus somente pode abençoar em seu povo aquilo que vem inteiramente dele. Deus somente pode habitar entre seu povo na plenitude da glória, à medida que todos os seus padrões se ajustem ao padrão divino, pelo Espírito. Deus somente pode selar com seu fogo e glória aquilo que está de acordo com o padrão celestial.

Cristo e sua Igreja estavam na mente do Pai. Tudo isso está contido nas Escrituras, dadas pelo Espírito. É ministério da Igreja e de sua liderança edificar de acordo com o padrão (1 Tm 3.16; 1 Pe 1.11,12; 2 Pe 1.20,21).

Paulo, como um sábio edificador, recebeu o padrão divino e a ordem para a Igreja do Novo Testamento, o Templo de Deus, e advertiu a cada edificador: "Veja cada um como constrói" (1 Co 3.9-17; 6.19; Ef 2.20-22).

Se Deus foi específico sobre o templo material, para que fosse edificado segundo o padrão divino, muito mais Ele o será com relação a Cristo (o Cabeça), e à Igreja (seu Corpo), juntos constituindo o Templo de Deus! Certamente isso deve desafiar todo o ministério do Corpo de Cristo!

O TABERNÁCULO DO SENHOR

Revelação e padrão
dados a Moisés
dados a Arão
O sumo sacerdote
Tribo de Levi

O TEMPLO DO SENHOR

Revelação e padrão
dados a Davi
dados a Salomão
O rei de Israel
Tribo de Judá

A IGREJA

Revelação e Padrão
dados a Cristo
dados aos ministérios
A Ordem dos Reis-Sacerdotes
de Melquisedeque
Cristo – Tribo de Judá

O rei Davi e o rei Salomão

Sem dúvida, uma das coisas mais significativas com respeito à edificação do Templo é o fato de que o Senhor Deus deu a revelação e o padrão de tudo a *um rei*, o rei Davi!

Então, do rei Davi tal revelação foi dada ao *rei Salomão*! Tanto Davi quanto Salomão eram da tribo de Judá, a tribo real.

Em contraste, nós vemos a revelação e o padrão do Tabernáculo do Senhor, o Tabernáculo no Deserto, sendo dados a *um sacerdote*, Moisés, da tribo de Levi, a tribo sacerdotal.

Embora Moisés fosse chamado como rei e legislador, o seu principal ofício foi o de *sacerdote* e mediador da antiga aliança (Dt 33.4,5; Hb 3.1-5).

Davi, porém, era *rei* da tribo de Judá, embora tratasse de coisas relacionadas às ministrações sacerdotais, especialmente no estabelecimento do Tabernáculo de Davi.

No Tabernáculo de Moisés, é Arão, como *sumo sacerdote*, quem também se destaca ao ministrar. Contudo, no Templo do Senhor, é Salomão como *rei* quem se destaca. O sumo sacerdote não é mencionado durante toda a edificação ou a dedicação, e o fogo e a glória que vieram ao Templo naquele dia. Com certeza, isso é algo incomum.

Certamente há algo significativo em destacar esses dois ofícios e pessoas distintas, em duas habitações diferentes.

Contudo, isso não quer dizer que o ofício do sumo sacerdote não estava em operação, pois estava, mas nós temos tanto o ofício do *rei* como o do *sacerdote* manifestos no Templo de Deus.

Para maior ênfase, contrastamos esses ofícios.

A importância desse assunto é vista no fato de que, sob a antiga aliança, esses dois ofícios foram basicamente separados para duas pessoas de duas diferentes tribos. Havia o ofício sacerdotal da tribo de Levi, e o ofício real da tribo de Judá.

Vários homens operavam apenas em um desses dois ofícios, e cada um estava envolvido na edificação de uma habitação para o Senhor.

Moisés foi um *sacerdote*-rei que edificou o Tabernáculo do Senhor. *Davi* foi um *rei* e, de certa forma, também operou no ministério sacerdotal e edificou o Tabernáculo de Davi. *Salomão* também operou em ambos ofícios, embora fosse um rei, o rei de Israel.

O cumprimento dessas coisas e desses ofícios é visto no Senhor Jesus Cristo, que é o nosso Moisés, nosso Davi, e nosso Salomão, em uma única pessoa. Ele cumpriu e aboliu o sacerdócio levítico e araônico e os sacrifícios. Ele era da tribo de Judá, o grande Filho de Davi. Ele é o edificador do Templo do Novo Testamento, a Igreja, a grande casa de Deus. Ele combina em sua humanidade e divindade os dois ofícios – rei e sacerdote – segundo a ordem de Melquisedeque.

Ao concluir este capítulo, apresentamos tais coisas para estabelecer uma análise e ver como elas apontam para o grande Filho de Davi, Jesus Cristo.

O Rei Davi		**O Rei Jesus**
Edificou o Tabernáculo de Davi para adoração	—	Edificou a Igreja para os adoradores
Subjugou todos os seus inimigos	—	Subjuga todos os seus inimigos
Trouxe descanso	—	Traz descanso para seu povo
Desejou uma casa para a arca de Deus	—	Deseja estabelecer o trono de Deus
Recebeu a aliança davídica	—	Estabeleceu a nova aliança
Um homem de oração e de ações de graça	—	Um Homem de oração e de ações de graça
Recebeu a revelação e o padrão do Templo	—	Recebeu a revelação e o padrão da Igreja
É um rei operando como sacerdote	—	É rei e sacerdote segundo a ordem de Melquisedeque

CAPÍTULO 8

AS ORDENS DO REI DAVI COM RESPEITO À EDIFICAÇÃO DO TEMPLO

Após a revelação do Templo dada a Davi, nós o encontramos convocando Salomão, os príncipes e capitães da nação de Israel para uma grande assembléia. Aqui ele dá um comando com relação à edificação do Templo de Deus.

A preparação de Davi para o Templo

O verdadeiro coração de Davi é visto em sua preparação para a edificação do Templo. Embora o próprio Davi não tivesse a permissão de edificá-lo, e ainda que não vivesse para ver sua dedicação e glória, contudo, ele preparou de forma abundante os recursos para o Templo antes de sua morte.

Salomão, seu filho, receberia o louvor dessa construção. Mas não havia inveja e ressentimento no coração de Davi; ele nada negaria a Deus para a sua casa.

Muito freqüentemente Deus dá visões aos líderes que nunca viverão para vê-las cumpridas, pois elas encontram cumprimento em outra geração. Homens sábios, que têm um coração segundo os propósitos de Deus, prepararão provisão para seu cumprimento, muito embora eles nem vivam para vê-la. Uma geração prepara para outra geração (Sl 78.1-8).

Antes de sua morte, Davi providenciou em abundância o material para a construção do templo, porque ele tinha grande afeição pela Casa do Senhor. Os despojos de suas vitórias em batalhas foram dedicados à Casa do Senhor (1 Cr 22.1-5,14-16; 18.7, 8, 11; 29.1-5; 1 Rs 7.51; 2 Sm 8.10,11).

Davi também reuniu os estrangeiros da terra de Israel e os designou para prepararem as pedras para a edificação da casa de Deus.

O próprio Davi providenciou ferro, bronze, madeiras e pedras em abundância para o Templo. Ele disse ao povo que a casa a ser edificada deveria ser sobremaneira excelente, pois seria a casa para o Senhor habitar.

A lista dos materiais fornecidos será destacada num capítulo posterior.

As ordens de Davi a Salomão (1 Cr 22.6-16)

Após chamar seu filho, Salomão, Davi passou-lhe o encargo de edificar a casa para o Senhor, Deus de Israel. Ele lembrou-lhe de como estivera em seu próprio coração esse desejo, mas, como ele era um homem de guerra, não lhe foi permitido edificá-la. Davi lembrou a Salomão da Palavra de Deus que veio a ele com relação a seu filho. Salomão seria um homem de paz, e receberia descanso de todos os seus inimigos. A casa do Senhor somente poderia ser edificada num tempo de paz, não num tempo de guerra com os inimigos. Deus seria um Pai para ele, e ele seria seu filho. Seu trono seria estabelecido para sempre.

Davi o desafiou a obedecer a Lei do Senhor dada através de Moisés, e encorajou-o a buscar o Senhor para obter sabedoria e discernimento ao cumprir a tarefa que estava diante dele. Ele edificaria conforme a visão de seu pai, Davi.

Davi fez Salomão lembrar-se também do ouro, prata, bronze ferro, madeira e pedra que Davi providenciara para a casa do Senhor.

Davi falou a seu filho da abundância de trabalhadores disponíveis para ajudar na obra de pedra e de madeira, assim como dos outros metais preparados para a casa de Deus.

As ordens de Davi aos príncipes (1 Cr 22.17-19)

Para que Salomão não se sentisse sozinho diante da grande tarefa que estava à sua frente, Davi ordenou aos príncipes de Israel que o ajudassem. Deus estava com eles e lhes concedeu a paz. Os inimigos haviam sido subjugados. Portanto, eles deveriam buscar o Senhor com todo o coração e alma e edificar o santuário do Senhor. A arca da aliança e os utensílios sagrados de Deus tinham de ser trazidos para a casa edificada ao nome do Senhor. Então, a ordem foi dada aos príncipes, para que apoiassem Salomão na edificação.

As ordens de Davi aos levitas (1 Cr 23.3-32)

Davi também estabeleceu os levitas em seus vários grupos. Foi ordenado a eles que mantivessem o encargo das coisas do Senhor conforme Moisés lhes tinha ordenado com respeito às ministrações sacerdotais.

Davi também mandou que fossem responsáveis pela tenda do encontro, pelo Lugar Santo, e que ajudassem "os descendentes de Arão no serviço do templo do Senhor ".

Neste capítulo, vimos o rei Davi passando o encargo de edificar a casa de Deus a Salomão, aos líderes da nação, isto é, aos príncipes e aos levitas.

O povo não podia se levantar acima ou além da liderança. Se os príncipes e os levitas não tivessem o coração e o desejo de edificarem a casa do Senhor, também o povo de Israel não teria. O mesmo é verdade hoje. Nenhuma congregação pode se levantar acima ou além da liderança.

Moisés ordenou que Josué conduzisse Israel à terra da promessa e a dividisse em heranças para o povo. Josué completaria a visão que Moisés havia recebido, e que não veria cumprida. Esse encargo foi dado a ele diante de Eleazar, o sumo sacerdote, e confirmado pela imposição de mãos diante de toda a congregação (Nm 27.15-23).

Paulo ordenou aos anciãos da igreja de Éfeso que cuidassem do rebanho de Deus, e que se acautelassem para não atrair nem desviar os discípulos. Lembrou-lhes também de que deviam proteger o rebanho dos lobos ferozes que tentariam se infiltrar em seu meio e atacá-los (At 20.28,29).

Paulo também encarregou seus filhos, Timóteo e Tito, de manter a fé que fora entregue aos santos, guardando o depósito que Deus lhes havia dado, apegando-se à sã doutrina em meio à apostasia e à tribulação (1 Tm; 2 Tm; Tt).

Davi atribuiu a Salomão, seu filho, juntamente com os príncipes de Israel e os levitas, o dever de edificar o templo, e manter a ordem do Senhor. Os comandos de Davi eram na verdade os comandos do Senhor (1 Cr 22.17; 23.2,32).

Todo ministro do evangelho e os crentes têm o encargo de cuidar da casa do Senhor no Novo Testamento, sua Igreja.

O REI SALOMÃO NA PLATAFORMA DE BRONZE

CAPÍTULO 9

O REI SALOMÃO EM TODA A SUA GLÓRIA

O Senhor Jesus Cristo falou que nem mesmo "Salomão, em todo o seu esplendor" se vestiu como um lírio do campo (Mt 6.29).

Neste capítulo, consideraremos a glória de Salomão e o seu reino antes de estudarmos o templo que ele edificou ao nome do Senhor. Vamos estudar o edificador antes da edificação.

Em cada caráter estudado na Bíblia, seja de homens ou de mulheres, não podemos nos esquecer de que ninguém era perfeito. Todos foram concebidos em pecado, nasceram em iniqüidade, e eram imperfeitos. Contudo, agradou a Deus usar pessoas imperfeitas para tipificar seu Filho perfeito, Jesus Cristo.

Ao usar várias pessoas como representações de Cristo, vemos que, geralmente, eram o *ofício* e a *função* daquela pessoa, mais do que seu *caráter*, que falavam de Cristo.

É assim que Salomão, como pessoa, em seu ofício e função como edificador do Templo representou a Cristo. Essas são as coisas das quais nós falaremos aqui, não das quedas de Salomão. Suas falhas falam das falhas do homem pecador, e de crentes imperfeitos também. Seu ofício como *rei*, e sua *função* como edificador do templo representam a Cristo, acima das outras coisas relativas à sua personalidade.

Alguns expositores vêem Davi como um tipo de Cristo, como o guerreiro, o homem de guerra, que derramou seu sangue, derrotando todos os nossos inimigos e preparando a edificação da Igreja, o Templo de Deus.

Eles também consideram Salomão como um tipo do Espírito Santo, um homem de paz, um homem de sabedoria, que edifica a Igreja, o Templo de Deus.

Outros dão a entender que Davi é um tipo de Cristo em sua morte, após sofrer e ser rejeitado, e Salomão como um tipo de Cristo em sua ressurreição e na glória de seu reino, edificando sua Igreja.

Percebendo que não há "um tipo perfeito", pela corrupção da perfeição do ser humano ao ser usado como tipo, ambas podem ser usadas. O autor aqui apresenta Salomão como Cristo em sua ressurreição e glória do reino, edificando a Igreja pela sabedoria e o Espírito de Deus. Mas "está aqui o que é maior do que Salomão" (Mt 12.42). Nós destacamos alguns pontos principais de comparação e contraste em nosso uso do princípio dos tipos.

O NOME DE SALOMÃO

Salomão teve dois nomes, e ambos foram dados a ele pelo Senhor antes do seu nascimento (1 Cr 22.9,10; 2 Sm 12.24,25):

1. Salomão: "Pacificador, pacífico, perfeito, aquele que recompensa".
2. Jedidias: "Amado do Senhor, amado de Deus"; assim chamado pelo profeta Natã (2 Sm 12.25).

Esses dois nomes foram proféticos. Salomão era um homem de paz, seu reino foi pacífico. Salomão também foi amado do Senhor.

O Senhor Jesus Cristo também recebeu seu nome antes do seu nascimento, por intermédio do Pai celestial (Lc 1.30-33).

Ele é o Príncipe da paz. Ele estenderá o seu domínio e haverá paz sem fim sobre o seu reino (Is 9.6,7; Zc 9.10). Do céu, seu Pai celestial lhe disse: "Este é o meu Filho amado, em quem me agrado" (Mt 3.16,17).

Verdadeiramente "está aqui o que é maior do que Salomão" .

A UNÇÃO DE SALOMÃO

Salomão também recebeu duas unções como rei antes de ser estabelecido no trono de Davi, o trono da aliança.

1. Primeira unção (1 Rs 1.28-40; 1 Cr 23.1)

Essa unção ocorreu antes da morte de Davi. Salomão foi ungido com o chifre, que continha o óleo santo, fora do Tabernáculo do Senhor. A trombeta foi tocada, e todos gritaram: "Viva o rei Salomão!" (1 Rs 28.39.)

Zadoque, o *sacerdote*; Natã, o *profeta*; e Davi, o *rei*, estavam ali para essa unção de Salomão ao trono em meio à grande alegria. Essa unção aconteceu durante a rebelião e a tentativa de usurpação do trono sem a devida unção, por parte do filho rebelde de Davi, Adonias.

2. Segunda unção (1 Cr 29.22-25)

A segunda unção ocorreu através da mensagem de Davi para toda a assembléia de príncipes e capitães de Israel, enquanto ele anunciava que o Senhor tinha escolhido Salomão para edificar o Templo do Senhor (leia 1 Cr 28,29).

Essa foi uma grande unção pública e a posse de Salomão como rei sobre todo Israel.

É importante lembrar-se de que Davi também recebeu duas unções como rei. A primeira foi uma unção diante de sua família (1 Sm 16.13). A segunda foi uma unção pública para oficiar diante da nação (2 Sm 5.1-3).

O Senhor Jesus tornou-se "o Ungido", quando o Pai derramou sobre Ele o óleo do Espírito Santo. Jesus recebeu sua unção do Espírito para o ministério terreno no Rio Jordão, enquanto saía das águas do batismo (Mt 3.13-17). Os profetas, sacerdotes e reis do Antigo Testamento também eram ungidos e chamados de "ungidos do Senhor" (1 Sm 2.10). Quando Jesus ascendeu aos céus, Ele recebeu a promessa do Pai, a qual seria derramada sobre a Igreja, os cristãos (At 2.29-36).

No hebraico, o título "Messias" significa "o Ungido". O título "Cristo" no grego tem esse mesmo significado. Jesus Cristo é o Senhor Ungido, estabelecido no santo Monte de Sião (Sl 2.2,6). Ele é o Cristo, o Filho do Deus vivo (Jo 1.41; Mt 16.16).

Verdadeiramente, mais uma vez, vimos que "está aqui o que é maior do que Salomão".

O REINADO DE SALOMÃO

Eclesiastes 1.1,12 diz que Salomão, o filho de Davi, foi rei sobre todo o Israel em Jerusalém. Jerusalém é a cidade da justiça, a cidade da paz. Jerusalém é a cidade do grande Rei.

Jesus Cristo, o maior Filho de Davi e Salomão, é o Rei da justiça e o Rei da paz, segundo a ordem de Melquisedeque (Hb 7.1-4; Is 32.1,17; Jr 23.5; Sl 45.7; 85.10; Mt 6.33; 3.15). Ele reina a partir da Sião celestial, a Jerusalém celestial, que está acima da Sião e da Jerusalém terrenas.

Novamente, "está aqui o que é maior do que Salomão".

É significativo notar, através de toda a edificação do Templo, que o sumo sacerdote não é destacado (embora ele exercesse sua função), mas é *um rei*, o rei Salomão, cujo ofício está em destaque. Isso é profético de Cristo, que é tanto sacerdote quanto rei, mas que, na glória final, é visto como *o Rei dos reis e Senhor dos senhores* (Ap 19.16).

O trono de Salomão

As Escrituras nos dizem que Salomão sentou-se sobre o trono do reino de seu pai Davi. Ele sentou-se sobre o trono do reino do Senhor. Ele sentou-se sobre o trono do Senhor. Todo Israel obedeceu-lhe. Os líderes de Israel submeteram-se a ele. O Senhor concedeu tal majestade a ele como nenhum outro rei havia tido, e assim o reino foi estabelecido nas mãos de Salomão (1 Cr 28.5; 29.23-25; 22.9; Sl 72.11; 1 Rs 2.45,46).

1 Reis 10.18-20 e 2 Crônicas 9.17-19 fornecem uma descrição do trono de Salomão. W. W. Patterson, um notável professor da Bíblia, apresenta um belo comentário do trono de Salomão, o qual adaptamos neste livro. O trono de Salomão aponta para um trono maior, o próprio trono de Cristo, especialmente em sua segunda vinda como Rei dos reis, Senhor dos senhores e Príncipe da Paz (Is 9.6-9; Sl 72).

1. O Trono de Salomão foi um grande Trono

Nunca houve trono maior. O Senhor Jesus está assentado no maior trono do Universo, o próprio trono de seu Pai (Ap 3.21).

2. Esse foi um Trono singular

Nunca houve um trono como esse, mas os tronos terrenos passarão. O trono de Deus e do Cordeiro é um trono único, eterno, imutável, redentor (Ap 22.1,2). É um trono celestial, que rege todo o Universo.

3. Foi um Trono de marfim

O marfim do elefante fala de força. A brancura do marfim implica pureza e santidade. Cristo veio de um palácio adornado de marfim (Sl 45.8) à terra para nos redimir. O trono de Deus e do Cordeiro é um trono de santidade e pureza.

4. Era um Trono com seis degraus

O trono foi feito com seis degraus de ascensão. Isso pode nos falar dos 6.000 anos do Senhor (6 dias do Senhor, Sl 90.4; 2 Pe 3.8), que nos levarão ao trono do Senhor quando Ele regerá toda a terra no teino milenar.

5. Era um Trono com um estrado de ouro

O céu é o trono de Deus, a terra é o estrado dos seus pés (Is 66.1; Sl 132.7; 99.5; Mt 5.34,35; 1 Cr 28.2). O templo era o estrado dos seus pés nos dias do Antigo Testamento. Na era do reino, a terra será o estrado dos seus pés, coberta com sua glória (simbolizada pelo ouro). O Senhor habitará entre seu povo. O estrado deveria ser fixado no trono. O céu e a terra serão, de fato, ligados.

6. Era um Trono com um leão de cada lado

Dois leões estavam do lado dos braços do trono, um à esquerda e outro à direita. Isso pode nos falar das duas testemunhas, Moisés e Elias no Monte da Transfiguração. Cristo, o leão da tribo de Judá está assentado sobre o Trono, e há um lugar à sua direita e outro à sua esquerda, reservados para esses dois homens (Mt 20.22,23; Ap 11.4; Zc 4.14).

7. Era um Trono com doze leões, dois em cada degrau

Doze é o número do governo divino. Na revelação do Novo Testamento, o número doze fala do governo apostólico. Os doze leões do trono de Salomão, um de cada lado dos seis degraus, podem falar dos doze apóstolos, enviados por Jesus, de dois em dois, a cada cidade à qual Ele mesmo iria posteriormente (Mt 19.28,29). Esses doze devem reinar com Ele na regeneração, quando Ele se assentar em seu trono de glória. Cristo, alguém maior que Salomão, está assentado no trono de seu Pai e reina no Monte Sião, na Jerusalém celestial, sobre o seu povo, a Igreja, o Israel espiritual. Seu povo se submete a Ele, à sua majestade, enquanto seu reino é estabelecido em paz.

Os inimigos de Salomão

Para que Salomão reinasse em paz e seu reino fosse estabelecido em segurança havia alguns inimigos finais que deveriam ser subjugados. Davi derrotou inimigos externos e internos do reino, mas deixou alguns inimigos internos para que Salomão subjugasse. Antes que ele edificasse o Templo do Senhor, todos os inimigos do reino tinham de estar debaixo de seus pés (1 Rs 5.4; 4.24,25).

Quatro inimigos particulares tinham de ser combatidos: Adonias, Joabe, Abiatar e Simei. Nós relataremos a maneira de Salomão lidar com cada um desses inimigos de Davi.

1. Adonias – "O Senhor é Jeová"

É triste dizer, Adonias teve um nome piedoso, mas certamente não honrou seu nome. Ele descobriria que o Senhor é Jeová através do juízo de Deus contra ele. Adonias era o quarto filho de Davi (2 Sm 3.4). Em 1 Reis 1, há uma descrição de sua auto-exaltação, fazendo-se rei e usurpando o trono de Davi que deveria ser de Salomão. Quando Salomão foi ungido rei, Adonias correu ao Tabernáculo de Moisés e agarrou-se às pontas do altar, buscando misericórdia e refúgio em Salomão. Este concedeu-lhe a desejada misericórdia, desde que ele permanecesse em sua casa, em exílio. Contudo, mais tarde, ele deixou a "casa de refúgio" e foi condenado à morte pela palavra do rei. Quem poderia afirmar que ele não se levantaria novamente em rebelião e usurpação?

2. Joabe – "Deus é seu Pai"

Joabe foi comandante do exército de Davi (2 Sm 2.18-32, etc.). Ele teve uma carreira muito brilhante. Contudo, nos últimos dias da vida de Davi, Joabe deixou-se seduzir pela conspiração de Adonias e tentou ajudá-lo a usurpar o trono de Davi pela força. Como Adonias, ele se esqueceu da mensagem da interpretação de seu próprio nome. Joabe, seguindo a morte de Adonias, também fugiu para o Tabernáculo de Moisés e agarrou-se às pontas do altar de bronze, clamando por misericórdia a Salomão. Contudo, não encontrou nenhuma misericórdia. Ele foi morto ao lado do altar. Joabe foi enterrado em sua própria casa no deserto (1 Rs 2.34 – NVI, margem).

3. Abiatar – "O Pai da Abundância"

Abiatar foi o décimo primeiro sumo sacerdote na linha de sucessão de Arão. Ele foi o sacerdote que escapou de Saul e correu para juntar-se a Davi no deserto. Ele era sacerdote juntamente com Zadoque. Contudo, ele também se envolveu na usurpação de Adonias, juntamente com Joabe. Salomão sentenciou que ele não fosse morto, pois carregara a arca do Senhor no tempo de Davi. Contudo, ele foi enviado de volta à própria casa em Anatote e foi deposto de sua função sacerdotal até o dia de sua morte (1 Sm 22.19,20; 23.9; 1 Rs 2.26, 27, 35). Zadoque foi colocado no lugar de Abiatar no ministério sacerdotal.

4. Simei – "Minha reputação, afamado"

Em 2 Samuel 16.5-13, vemos Simei amaldiçoando o rei Davi. Este lhe permitiu tal atitude, pois não sabia se fora por ordem do Senhor ou não. Quando Salomão ascendeu ao trono, ele chamou Simei, que encontrou misericórdia por causa do juramento que Davi lhe fizera (1 Rs 2.8). Salomão ordenou que Simei fosse morar numa casa em Jerusalém e nunca saísse dela. Se ele o fizesse, seu sangue cairia sobre sua própria cabeça. Esse foi um teste de submissão e obediência. Contudo,

Simei, em certo momento, descumpriu a palavra do rei e a promessa que fizera, e foi morto (1 Rs 2.36-46). Assim Salomão lidou com seus inimigos internos, caracterizados pela desobediência, rebelião e usurpação contra o trono de Davi.

1 Reis 1 e 2 lida com esses quatro inimigos internos do trono. Antes de o Templo ser edificado teriam de ser estabelecidos descanso, paz e harmonia no reino.

Assim também ocorre com Cristo Jesus. Todos os inimigos devem ser colocados debaixo de seus pés quando Ele governar e reinar no reino de seu Deus e Pai (Sl 110.1,2).

Verdadeiramente, "está aqui o que é maior do que Salomão".

O reino de Salomão

O Salmo 72 é uma oração de Davi por seu filho Salomão, quando este assumiu o trono. É uma oração por justiça, retidão, juízo e paz. É uma oração para que todos os inimigos estejam debaixo de seus pés e seu domínio seja universal. É uma oração para que seu nome continue para sempre e todas as nações sejam abençoadas através de seu reino. É uma oração para que toda a terra esteja cheia da glória do Senhor.

Quem não consegue enxergar que o cumprimento pleno dessa oração é visto no Senhor Jesus Cristo e seu reino? Assim como o reino de Salomão foi caracterizado por justiça, retidão, sabedoria e domínio, assim o Reino de Deus e Cristo, seu Rei, será caracterizado por esses mesmos atributos para sempre.

Verdadeiramente "está aqui o que é maior do que Salomão".

O governo de Salomão

O reino de Salomão foi marcado pelo número doze, ou múltiplos do mesmo. Doze é o número do governo divino. No Novo Testamento, isso fala do governo apostólico, o governo perfeito.

Em 1 Reis 4.7-19, temos *os doze governadores distritais* sobre todo o Israel. Salomão dividiu seu reino em doze distritos, cada um tendo um oficial responsável, o qual forneceria provisão à casa de Salomão em cada um dos doze meses do ano.

O número doze e seus múltiplos serão estudados mais tarde no capítulo que trata d os turnos do Templo. Contudo, desde já, notamos vários números 12. Havia 12 leões nos seis degraus do trono de Salomão. Havia 12 oficiais nos doze distritos de Israel. Esses abasteciam a casa do rei nos doze meses do ano, sendo cada um responsável por um mês. Havia 12 bois de bronze no mar de fundição no Pátio.

O Senhor Jesus Cristo escolheu 12 apóstolos para estar sobre as 12 tribos de Israel na regeneração. Esses 12 são especialmente chamados os 12 apóstolos do Cordeiro. Esses 12 homens são ministros apostólicos, num governo apostólico, e reinarão com Cristo na glória de seu Reino (Mt 10.1-4; 19.28; Ap 21.14).

Novamente, "está aqui o que é maior do que Salomão".

A sabedoria de Salomão

O reino de Salomão foi estabelecido e conhecido mundialmente por sua sabedoria. "Gente de todo o mundo pedia audiência a Salomão para ouvir a sabedoria que Deus lhe tinha dado" (1 Rs 10.24; 4.29-34; 4.31).

Reis gentílicos da terra vinham ouvir da sabedoria que Deus dera a Salomão, sabedoria que excedia a toda a sabedoria humana e a das nações ao seu redor. Todas as nações tinham "homens sábios", astrólogos, mágicos, necromantes, etc., mas nenhuma conhecia a sabedoria de Deus. Freqüentemente, Deus confundia a sabedoria humana e levantava os seus próprios "homem sábios", assim como José diante de faraó, e Daniel perante Nabucodonosor.

A rainha de Sabá veio dos confins da terra para ver e ouvir da sabedoria de Salomão (1 Rs 10; 2 Cr 9).

Jesus disse: "Está aqui o que é maior do que Salomão" (Mt 12.42). Ele era a sabedoria de Deus personificada, mas os judeus não deram ouvidos à sua sabedoria. Eles não ouviram aquele em quem estão ocultos todos os tesouros da sabedoria e do conhecimento (Cl 2.3).

A Igreja também é chamada para manifestar a sabedoria de Deus ao mundo, e aos principados e potestades nos lugares celestiais (Ef 3.10,11).

O Tabernáculo de Moisés foi edificado através da sabedoria (Êx 35,36). O Templo de Salomão foi edificado através da sabedoria de Deus. O próprio Cristo é a sabedoria de Deus personificada. E a Igreja também deve ser edificada pela sabedoria de Deus (1 Co 1,2).

Ao concluir este capítulo, novamente destacamos tais coisas, à medida que elas apontam para o grande Filho de Salomão, o Senhor Jesus Cristo.

	O rei Salomão		O Rei Jesus
1.	*Seu nome* Salomão: Paz; Perfeito Jedidias: Amado do Senhor	—	*Seu nome* Príncipe da Paz Perfeita Meu Filho Amado
2.	*Sua unção como rei* Diante de Davi Diante de Israel	—	*Sua unção como Cristo* Diante de João Batista Diante de todo o céu
3.	*Seu reinado* Rei sobre Israel em Jerusalém	—	*Seu reinado* Rei dos judeus, Rei de Israel, Rei dos santos, Rei dos reis
4.	*Seu trono* Nenhum comparável.	—	*Seu trono* O Trono de Deus e do Cordeiro
5.	*Seus inimigos* Derrotados, sob seus pés	—	*Seus inimigos* Reina sobre os inimigos, sob seus pés
6.	*Seu reino* O maior reino da terra	—	*Seu reino* O maior reino do Universo
7.	*Seu governo* Doze oficiais	—	*Seu governo* Doze apóstolos do Cordeiro
8.	*Sua sabedoria* Insuperável na terra	—	*Sua sabedoria* A sabedoria de Deus personificada

De fato, "está aqui o que é maior do que Salomão" (Mt 12.42).

PLANTA TÉRREA DO TEMPLO DE SALOMÃO

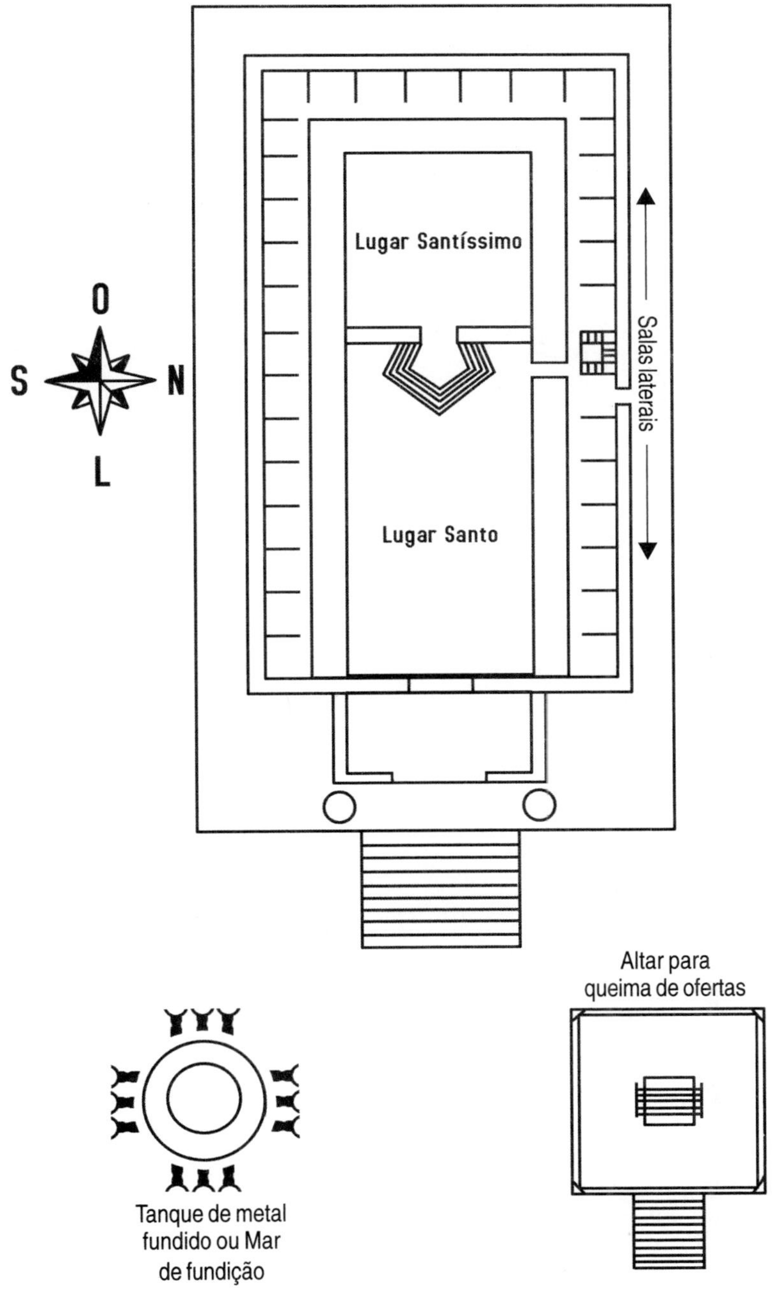

CAPÍTULO 10

DESCRIÇÃO GERAL DO TEMPLO

O local do Templo

O Templo estava localizado na eira de Ornã (Araúna), o jebuseu. Ali, Davi erigiu um altar para o Senhor, sob o comando divino, para que cessasse a praga enviada em conseqüência do recenseamento. Ali, Deus respondeu através do fogo do céu, recebendo as ofertas que Davi lhe havia feito. No devido tempo, Salomão edificaria a Casa do Senhor no Monte Moriá, em Jerusalém, no mesmo lugar da eira.

O Templo estava situado nos limites entre o território de Judá e Benjamim, formando uma ligação entre as tribos do norte e sul, quase no centro da nação de Israel.

A estrutura do Templo

O plano geral do Templo era o mesmo do Tabernáculo do Senhor edificado por Moisés, mas numa escala ampliada. Na realidade, suas medidas eram pouco maiores do que o dobro do Tabernáculo no deserto.

O Templo foi edificado com pedras lavradas. Essas pedras foram trabalhadas nas pedreiras antes de serem trazidas ao local do Templo, e, assim, durante a edificação não se ouviu nenhum som de martelo, de talhadeira ou de qualquer outra ferramenta. O Templo media 60 côvados de comprimento, 20 côvados de largura e 30 côvados de altura (1 Rs 6.3).

O Templo ou Santuário era dividido em dois locais, respectivamente chamados "o Lugar Santo" (1 Rs 6.3 – ARA) e "o Oráculo" (1 Rs 6.5 – ARC), ou "Lugar Santíssimo" (1 Rs 6.16 – NVI).

Esses dois lugares eram divididos por portas de folhas duplas articuláveis feitas de madeira de cipreste e ornamentadas com desenhos de querubins, palmeiras e flores abertas entalhadas. Elas estavam fixadas em dobradiças de ouro (1 Rs 6.31,32 – ARA).

Essas portas para o Lugar Santíssimo também tinham um véu associado a elas com material e ornamentação semelhantes ao véu do Tabernáculo de Moisés (2 Cr 3.14).

A entrada do Lugar Santo também possuía portas flexíveis feitas de madeira de cipreste e vergas (vigas) de madeira de oliveira e ornamentadas de maneira semelhante às portas do Lugar Santíssimo (1 Rs 6.33-35).

O Lugar Santíssimo era de formato cúbico, com 20 côvados em cada lado, e os dez côvados acima dele, na altura do restante do Templo era usado como um lugar do tesouro, formando o cenáculo (câmaras ou andares superiores) (1 Cr 28.11 – ARA, NVI).

O Lugar Santo ou Santuário tinha 40 côvados de comprimento, 20 côvados de largura e 30 côvados de altura (1 Rs 6.17 – ARA). As paredes do interior do Templo eram formadas com pedras revestidas de madeira de cedro; e o assoalho, com madeira de cipreste (1 Rs 6.15-16 – ARA). As paredes laterais eram cobertas com entalhes de querubins, palmeiras e flores abertas (1 Rs 6.29).

No alto das paredes havia janelas com grades estreitas, provavelmente para ventilação, iluminação e a fim de permitir a saída da fumaça do incenso e das lâmpadas (1 Rs 6.4 – NVI).

Tudo no Templo era recoberto com finas placas de ouro. O piso, o teto e as paredes eram todos revestidos com ouro (1 Rs 6.20-22).

O pórtico de entrada e as colunas (1 Rs 6.3 – ARA)

Diante do Templo, e unido ao mesmo, havia um pórtico com 20 côvados de largura, 10 côvados de profundidade e 30 côvados de altura como a altura do próprio Templo (em vez de 120 côvados de altura [2 Cr 3.4 – ARA] o que formaria uma torre e não um pórtico, de acordo com o *Unger's Bible Dictionary*.) Em frente ao pórtico havia também duas grandes colunas de bronze, chamadas "Jaquim" e "Boaz", ricamente ornamentadas, que permaneciam ali como monumentos, e não para apoio (1 Rs 7.21).

As câmaras (salas) dos sacerdotes (1 Rs 6.5-10)

Junto às paredes laterais e de fundo, no Templo, foi construída uma estrutura de três andares contendo salas para os sacerdotes. Essas eram usadas como câmaras sacerdotais, locais do Templo para armazenagem dos móveis e outros utensílios para os serviços no Templo.

Essa construção de três andares não era propriamente parte do Templo, mas ficava apoiada em suas paredes. Cada andar tinha cinco côvados de altura, totalizando assim metade da altura do Templo, e cada um dos andares tinha largura de cinco côvados, seis côvados e sete côvados respectivamente. O acesso a essas câmaras era através de uma entrada e de uma escada espiral (caracol) (1 Rs 6.8).

A casa toda era revestida com ouro, e o Templo resplandecia, deslumbrando o olhar de todos aqueles que se aproximavam dele.

Os pátios do Templo (átrios) (1 Rs 6.36)

Ao redor do Santuário havia dois grandes pátios chamados "Pátio Interno" e "Grande Pátio". O Pátio Interno circundando o Templo era reservado exclusivamente para os sacerdotes. Era formado por uma parede composta de três camadas de paredes lavradas e uma camada de vigas de cedro aparentemente apoiadas no topo das pedras para proteção e embelezamento (1 Rs 6.36).

Na parte de fora desse pátio, havia o "Grande Pátio" destinado ao uso do povo, os israelitas, aparentemente rodeado por um muro de pedras com portões. Em Jeremias 36.10, o pátio dos sacerdotes foi chamado de "Pátio Superior". Isso indica que ele estaria num nível mais alto do que o Grande Pátio. Muitos dicionários bíblicos sugerem que o Templo e seus pátios tinham o aspecto de uma plataforma para todos os que se aproximavam dele.

A mobília do Templo

No Lugar Santíssimo, ou Oráculo, foi colocada a arca da aliança com o propiciatório (trono de misericórdia), a qual foi levada do Tabernáculo de Davi e do Monte Sião.

A arca foi colocada entre dois grandes querubins, cada um com dez côvados de altura, feitos de madeira de oliveira e revestidos com ouro (1 Rs 6.23-28). Suas asas estavam estendidas, cada uma tendo cinco côvados de comprimento, tocando uma a outra e cobrindo a arca de Deus, enquanto as asas exteriores tocavam nas paredes laterais do Oráculo. Eles permaneciam em pé com as faces voltadas para o Lugar Santo (2 Cr 3.13 – ARA).

No Lugar Santo havia o altar de ouro de incenso, feito de madeira de cedro, revestido com ouro. Ele permanecia diante do Lugar Santíssimo para a queima diária de incenso e para o uso no grande dia da expiação.

Então foram feitos dez candelabros de ouro com suas sete lâmpadas. Esses foram colocados, cinco de cada lado, no lado direito e esquerdo do Lugar Santo.

Havia dez Mesas dos pães da Presença, sendo colocadas também cinco de um lado e cinco do outro no Lugar Santo.

No Pátio Interno, estava o altar de bronze, o altar para a queima das ofertas. Sua medida era de 20 côvados de comprimento, 20 côvados de largura e dez côvados de altura, (2 Cr 4.1) feito segundo o padrão do altar de bronze do Tabernáculo de Moisés. Os vários utensílios relativos a este altar eram também de bronze.

Entre o altar e o pórtico situava-se o grande tanque (tanque de metal fundido – NVI; mar de fundição – ARA), feito de bronze, isto é, uma imensa base redonda com água, em lugar da bacia de bronze do Tabernáculo do Senhor. Esse tanque era destinado aos sacerdotes, para que se lavassem antes de entrarem para as ministrações do Senhor no próprio Templo.

Então, de cada lado do altar de bronze, no lado direito e esquerdo do Templo, havia dez pequenas pias de bronze sobre suportes (com rodas), destinadas à lavagem dos sacrifícios para o altar.

A DEDICAÇÃO DO TEMPLO

O Templo foi dedicado na festa do sétimo mês, a festa dos tabernáculos, em meio a muita oração e ofertas de dedicação.

O Senhor selou a dedicação de sua casa com a descida da sua glória e fogo Shekinah habitando entre seu povo redimido.

Para uma maior e mais detalhada descrição do Templo, assim como evidências arqueológicas, o estudante pode se dirigir ao termo "*O Templo*" nos seguintes dicionários:

- *Unger's Bible Dictionary*
- *International Standard Bible Encyclopaedia*
- *Fausett's Bible Dictionary*
- *Westminster Dictionary*

CAPÍTULO 11

COMPARAÇÃO GERAL ENTRE O TABERNÁCULO E O TEMPLO

Devemos reconhecer que uma compreensão efetiva do Templo e de sua mobília é baseada no conhecimento funcional do Tabernáculo de Moisés. O Templo identifica-se com esse Tabernáculo e o substitui numa escala maior e mais abrangente.

As verdades encontradas no Tabernáculo, sua mobília, medidas e detalhes serão ampliadas numa luz, glória, beleza e harmonia mais amplas, no estudo do Templo.

À medida que o nosso estudo for se desenvolvendo, o Tabernáculo e o Templo serão comparados e contrastados, já que ambos foram estabelecidos pela ordem e pelo padrão divinos. O Tabernáculo terreno e o Templo foram apenas sombras do Tabernáculo e do Templo celestial, mas há somente *um único* padrão. Deus tinha *um único* propósito em mente.

Os mais intrincados detalhes serão desenvolvidos em seus respectivos capítulos. Contudo, será bastante útil no presente capítulo, destacar algumas comparações e contrastes entre o Tabernáculo e o Templo.

O temporário e o permanente

1. O Tabernáculo

O Tabernáculo fala do que é temporário e transitório. Como nação, Israel peregrinou pelo deserto por 40 anos. Eles eram peregrinos e estrangeiros na terra. No devido tempo, eles possuíram a terra da promessa e as tribos receberam suas heranças. O Tabernáculo atuou durante muitos anos na formação da jovem nação que estava sob a teocracia antes da monarquia.

2. O Templo

O Templo fala do que é permanente. A terra havia sido conquistada. As peregrinações tinham terminado. As batalhas haviam ocorrido e as vitórias foram alcançadas. Todos os inimigos haviam sido subjugados. Com o surgimento da monarquia e as tribos sendo estabelecidas como um reino unido sob a aliança davídica, o Templo se tornaria o centro da vida religiosa da nação e de sua adoração a Jeová. O Senhor tinha estado de tenda em tenda, de um tabernáculo a outro, mas agora Ele habitaria numa casa, num local permanente entre seu povo.

Cristo e Cristo em sua Igreja

1. O Tabernáculo

O Tabernáculo primeiramente fala de Cristo, e em segundo lugar aponta para a Igreja. No Tabernáculo havia apenas uma arca do Senhor, um altar de ouro de incenso, um candelabro de ouro, uma mesa de pães da presença, um altar de bronze e uma bacia de bronze.

Toda a ênfase é sobre o número *um*, tudo apontando para Cristo. Ele é o *único* caminho para o Pai (Jo 14.1,6; Hb 7.25; 1 Tm 2.5). Há somente *um* mediador entre Deus e o homem; Cristo é o *único* Salvador.

Havia apenas um único Tabernáculo no deserto e tudo testificava que havia somente um único caminho para Deus. Existia um único sumo sacerdote que ministrava no Santuário – Arão. Todos os outros sacerdotes eram auxiliares. Assim, Cristo é o único sumo sacerdote e todos os outros crentes são sacerdotes auxiliares do Corpo, do qual Cristo é o Cabeça.

O Templo

O Templo também fala de Cristo, mais especificamente de Cristo em sua Igreja. Havia coisas no templo, assim como no Tabernáculo, que falavam de um único Cristo, um único Salvador. Elas não poderiam ser duplicadas.

Mas também havia coisas que falavam da Igreja e das ministrações de Cristo multiplicadas na Igreja, a qual é o seu Templo santo.

No Templo havia uma única e mesma arca do Senhor, um único altar de ouro de incenso, um único altar de bronze e um único tanque (mar) de metal fundido. Tudo novamente fala de Cristo como o único caminho para Deus, o único Salvador, mediador e sacrifício em sua obra redentora.

Mas havia *dez* mesas dos pães da presença no Lugar Santo e *dez* pias de bronze no Pátio. Havia também *dez* candelabros de ouro no Lugar Santo.

Então, havia o Pátio para os sacerdotes e o Pátio para os israelitas, permitindo um grande número de adoradores.

E as medidas do Templo eram o dobro do tamanho daquelas do Tabernáculo do Senhor. O Templo, portanto, fala da porção dobrada. A porção dobrada aponta para Cristo e para a Igreja, o Cabeça e o Corpo formando apenas *um*.

Na ordem do Templo, havia 24 turnos sacerdotais estabelecidos, dia e noite, de acordo com seu turno. O Templo foi marcado com o significativo número 24. O contraste é visto no fato de que, no Tabernáculo de Moisés, o número doze era o número marcante e significativo. Novamente, 2 x 12 = 24, e isso fala da porção dobrada de Cristo e de sua Igreja na função sacerdotal.

O Tabernáculo e os materiais do Templo

1. O Tabernáculo

O Tabernáculo no deserto foi caracterizado pela madeira de acácia, revestida com ouro ou bronze. Outros materiais envolvidos eram a prata, o linho fino e pedras preciosas.

Os sacerdotes ministravam no "chão do deserto". Tudo isso fala da peregrinação e das jornadas no deserto a caminho da terra prometida do descanso. Tudo isso fala do que é transitório e temporário.

2. O Templo

Em grande contraste, o Templo foi caracterizado por pedra, madeira de cipreste, cedro e oliveira, revestidos com ouro e embelezadas com ornamentos. O ouro, a prata, o bronze e ferro, assim como pedras preciosas, também foram utilizados. Aqui, os sacerdotes ministravam sobre um "chão de ouro".

Certamente, isso aponta para a cidade quadrangular de Deus, onde as ruas são pavimentadas com ouro transparente. O Templo fala tanto do tempo quanto da eternidade. A cidade de Deus é ornamentada com doze pedras preciosas.

Pentecostes e os Tabernáculos

1. O Tabernáculo

Outro aspecto significativo é visto no fato de que a revelação do Tabernáculo do Senhor foi dada a Moisés no Monte Sinai. Essa revelação estava relacionada à festa de Pentecostes, a festa após a festa da Páscoa, que ocorria no terceiro mês.

Na dedicação do Tabernáculo do Senhor no Monte Sinai, a glória Shekinah de Deus veio e encheu o Tabernáculo, e assim ninguém podia ministrar no Santuário (Êx 40).

2. O Templo

Em contraste, a dedicação do Templo de Salomão ocorreu na festa dos tabernáculos, a festa do sétimo mês, e não na festa da Páscoa nem na festa de Pentecostes.

Novamente, a glória de Deus encheu a casa e ninguém podia entrar para ministrar no Santuário.

O significado disso pode ser encontrado no capítulo sobre a dedicação do Templo.

A oração-adoração e o louvor-adoração

1. O Tabernáculo

No Tabernáculo de Moisés, as ministrações diárias que subiam a Deus vinham dos sacrifícios ofertados no altar de bronze, do incenso que ascendia do altar de ouro e das lâmpadas que ardiam no candelabro. Por outro lado, nas ministrações do Santuário, tudo era silencioso.

2. O Templo

No Templo do Senhor, temos as mesmas ministrações diárias dos sacrifícios, do incenso e das lâmpadas que subiam ao Senhor. Mas aqui temos o turno dos cantores e músicos levitas em seus sacrifícios de louvor e adoração.

O Tabernáculo era o lugar de adoração através de oração. O Templo era um lugar de oração e adoração através do louvor nos turnos sacerdotais.

O sacerdote e o rei

1. O Tabernáculo

Como já dissemos num capítulo anterior, o Tabernáculo de Moisés está enfaticamente associado com o ofício do sumo sacerdote e dos sacerdotes levíticos.

Ninguém podia se aproximar do Senhor em seu Tabernáculo no deserto fora das ministrações sacerdotais.

2. O Templo

Em contraste, não podemos pensar no Templo do Senhor sem antes considerar o *rei* Salomão, e em seguida, os turnos *sacerdotais*. Os ofícios do rei e do sacerdote são unidos em maior ênfase na administração das tarefas do Templo.

Reis e sacerdotes tementes a Deus trabalharam juntos na manutenção da vida espiritual da nação através dos anos. Todos os reis foram julgados pelo Senhor, baseados no seu relacionamento com a casa do Senhor e com os sacerdotes. O rei representava o reino. O sacerdote representava o Templo. O governamental e o eclesiástico eram vistos atuando paralelamente nos ofícios do rei e do sacerdote.

Como conclusão, apresentamos abaixo esses contrastes e comparações:

O Tabernáculo de Moisés		O Templo de Salomão
1. Habitação no deserto O temporário	—	Habitação na terra da promessa O permanente
2. Três lugares, o Lugar Santíssimo, o Lugar Santo, o Pátio Externo	—	Três lugares: o Lugar Santíssimo, o Lugar Santo, os Pátios Externos

Tabernáculo de Moisés		Templo de Salomão
3. Madeira de acácia, ouro, prata, bronze, linho fino, pedras preciosas, especiarias	—	Cedro, cipreste, madeira de oliveira, ouro, prata, bronze, ferro, linho, pedras preciosas, especiarias
4. Uma arca da aliança Um altar de incenso Uma Mesa de pães da Presença Um candelabro de ouro Um altar de bronze Uma bacia de bronze	—	A mesma arca da aliança Um altar de incenso Dez Mesas de pães da Presença Dez candelabros de ouro Um altar de bronze Dez pias de bronze Um mar de fundição (tanque)
5. Um sumo sacerdote e casa Tribo levítica de sacerdotes	—	Um sumo sacerdote e casa 24 turnos sacerdotais
6. Adoração silenciosa	—	Cantores e músicos para adoração
7. O chão do deserto	—	O chão de ouro
8. A glória Shekinah Dedicação no Monte Sinai Festa de Pentecostes	—	A glória Shekinah Dedicação no Monte Moriá Festa dos tabernáculos
9. Moisés, o sábio edificador, juntamente com outros	—	Salomão, o sábio edificador, juntamente com outros

Veremos outros pontos de contraste e comparação nos vários capítulos a seguir. Por enquanto, é suficiente conhecer os pontos acima para enfatizar que Deus não duplicou simplesmente o Tabernáculo de Moisés, mas certamente ampliou tudo o que havia numa maior, mais rica, mais completa e mais significativa demonstração das verdades divinas.

O Tabernáculo do Senhor fala de Cristo e de sua caminhada terrena, de seu ministério terreno e de sua glória. O Templo do Senhor fala de Cristo em seu ministério celestial e em sua glória celestial.

CAPÍTULO 12

OS EDIFICADORES E OS TRABALHADORES DO TEMPLO

Neste capítulo, consideraremos as lições que podemos aprender sobre os edificadores e os trabalhadores da casa do Senhor.

Os edificadores e os trabalhadores do Templo tornam-se um tipo também, assim como na edificação do Tabernáculo de Moisés.

Moisés recebeu o padrão celestial como um sábio arquiteto, mas ele teve homens e mulheres de Israel envolvidos na edificação como colaboradores (Êx 31.1-6; 35.4-35; 36.1-4).

O mesmo é verdade aqui no Templo. Davi recebeu o padrão do Templo pelo Espírito. Ele deu essa revelação a Salomão. E, através do ministério de outros edificadores e trabalhadores, Salomão edificou de acordo com o padrão.

Vamos considerar esses colaboradores mais detalhadamente, pois eles se tornam tipos daqueles edificadores envolvidos na edificação do Templo da nova aliança, a Igreja, a qual é a casa de Deus.

1. Davi – o padrão de Deus

Como já comentamos antes, Davi, em muitos aspectos de sua vida e do seu caráter, é um tipo marcante de Cristo, o grande Filho de Davi.

O nome Davi significa "amado do Senhor" e aponta para o "Filho amado" de Deus, Jesus, no qual o Pai tinha prazer (Mt 3.17).

Davi foi primeiramente um pastor, e, depois, um rei. Entre essas duas funções, ele experimentou muito sofrimento e rejeição. Após sua unção como rei em meio a seus irmãos, e o Espírito do Senhor ter descido sobre ele (1 Sm 16), Davi sofreu um período de rejeição, humilhação, ódio e traição. Ele foi perseguido de lugar em lugar por Saul, que havia perdido a unção do Espírito de Deus. Em sua rejeição, Davi juntou-se a um grande grupo de pessoas, formando um poderoso exército. Eles compartilhavam de seus sofrimentos.

No devido tempo, Davi foi exaltado ao trono como rei. (Considere 1 Sm 16-31; e 2 Sm 1-5).

A analogia é evidente. Cristo, o Filho de Davi, após sua unção, experimentou rejeição e humilhação. Ele foi traído e sofreu sob as mãos do "sistema de Saul" de seus dias. No devido tempo, Ele foi exaltado para o trono de seu Deus-Pai e edificou sua Igreja com os discípulos que se juntaram a Ele. Aqueles que sofrem com Ele também reinarão com Ele, dizem as Escrituras.

Como já vimos, Davi foi também um homem de guerra e derramou muito sangue antes de sua morte. Em suas batalhas, ele ganhou grandes despojos das vitórias sobre seus inimigos. Desses despojos, ele proveu materiais para a edificação do Templo.

Davi também estabeleceu o Tabernáculo de Davi com sua ordem de cantores e músicos em adoração e louvor em Sião. Tudo desta ordem seria, no devido tempo, incorporado ao Templo do Monte Moriá (1 Cr 15,16).

Antes de sua morte, Davi recebeu a revelação do Templo, a casa do Senhor para ser edificada, e transmitiu essa mesma revelação para seu filho, Salomão, o homem de paz.

Quem não pode ver as muitas semelhanças na vida de Davi e Cristo? Cristo é o bom pastor. Cristo é agora Rei. Cristo sofreu muito por nós. Ele é o homem de guerra, e venceu Satanás e os inimigos de Deus por nós. Ele é o líder do nosso louvor e adoração. Ele recebeu a revelação da Igreja, que Ele mesmo disse que edificaria (Mt 16.15-19). Ele edificará esse Templo pelo poder do Espírito Santo.

Cristo, o Filho de Davi, em sua natureza humana, e Senhor de Davi, pela divindade, tem o padrão para a Igreja do Novo Testamento, o Templo de Deus. Por isso, nós o seguiremos!

2. Salomão – a sabedoria de Deus

Mesmo correndo o risco de ser repetitivo, observaremos novamente alguns aspectos referentes a Salomão.

O nome Salomão significa "paz, pacífico, pacificador, perfeito, aquele que recompensa".

Davi foi um "homem de guerra". Salomão foi um "homem de paz". Davi é destacado pelo derramamento de muito sangue e como o homem que proveu a preparação dos materiais do Templo, do qual ele recebeu, do Espírito, o padrão da edificação.

Salomão é destacado pela paz e sabedoria. Ele foi escolhido pelo Senhor para edificar o Templo de Deus de acordo com padrão recebido por Davi.

Davi precede a Salomão. Salomão completa a Davi. Um é incompleto sem o outro. Davi recebeu o padrão. Salomão edificou com base nesse padrão. Davi representa a revelação e o padrão. Salomão representa a sabedoria e a paz para edificar conforme o padrão. Um ministério abre o caminho para o outro ministério. Um rei abre caminho para o rei seguinte.

É claramente reconhecido que todos os homens são imperfeitos. Contudo, o próprio Deus usou homens imperfeitos para tipificar seu Filho perfeito, o Cristo que viria no plano e no ministério redentores. Davi e Salomão foram ambos imperfeitos, como todos os homens o são. Contudo, é evidente na escolha de Deus por esses homens, que há algo significativo e típico nos seus ofícios e ministérios com respeito ao Templo do Senhor. E é isso que nós descobrimos aqui.

Salomão, em relação à casa do Senhor, pode ser visto de duas formas. *Primeiro*, Salomão pode representar a Cristo em seu ministério ressurrecto. O próprio Cristo referiu-se a isso quando disse: "A rainha do Sul se levantará no juízo com esta geração e a condenará, pois ela veio dos confins da terra para ouvir *a sabedoria de Salomão*, e agora está aqui o que é maior do que Salomão" (Mt 12.42).

Ele também disse: "Aqui (isto é, no templo) está o que é maior do que o templo" (Mt 12.6).

Certamente, Cristo fala de si mesmo como "o que é maior do que o templo", pois Ele mesmo é o verdadeiro Templo de Deus. É claro que Cristo fala de si mesmo como "o que é maior do que Salomão", pois Ele mesmo é a sabedoria e a paz de Deus personificadas (1 Co 1.30; 12.8; Pv 8.22-36; Tg 3.17,18; Ef 3.9,10; Pv 9.1).

Nesse tipo, podemos ver Davi como Cristo em *sua morte*, como derramador de sangue e o vencedor de todos os inimigos. Cristo em sua vitória sobre nossos inimigos é o "homem de guerra".

Salomão pode ser visto como Cristo em *sua ressurreição*, como o "homem de paz e sabedoria". A casa do Senhor somente pode ser edificada num tempo de descanso e quietude, num tempo de paz, não num tempo de guerra. Cristo como rei-sacerdote e o ramo é o edificador do Templo do Senhor (Zc 6.12,13; Hb 3.2-4; I Cr 22.9,10; Sl 72.1-4; Is 9.6; Mq 5.2-4).

Por outro lado, alguns expositores comparam o ministério de Salomão, em relação à edificação do Templo, com o ministério do Espírito Santo.

Como a Bíblia caracteriza, nem sempre é pelo que eles eram, mas freqüentemente por aquilo que fizeram, é que Deus os usou para tipificar seus propósitos em relação a Cristo e à Igreja.

A obra de Salomão foi edificar o templo pelo Espírito da sabedoria. O Templo foi edificado por sabedoria, conhecimento, compreensão e revelação num tempo de paz (1 Rs 3.5-28; 4.29-34; e 2 Cr 1). Salomão orou por essas coisas.

Como Salomão (sabedoria e paz) edificou de acordo com o padrão transmitido por Davi (guerra e vitória), assim o Espírito Santo edifica a Igreja, o Templo da nova aliança, de acordo com o padrão que o Pai deu ao Filho.

O Pai opera através do Filho. O Filho opera através do Espírito Santo. Então, Cristo edifica a Igreja pelo ministério do Espírito Santo.

Paulo foi um sábio edificador. Ele dependeu do Espírito Santo para edificar a Igreja. Ele orou para que o Espírito de sabedoria, revelação e conhecimento viesse sobre todos os crentes nesta habitação de Deus (Ef 1.15-18). É através da Igreja que a multiforme sabedoria de Deus se manifesta junto a principados e potestades nas regiões celestiais (Ef 3.9,10).

Todos os reis da terra buscaram ouvir a sabedoria de Salomão (1 Rs 10). Todas as nações devem ver a sabedoria de Deus manifesta na Igreja. Isso somente ocorrerá quando o Espírito Santo, o Espírito da sabedoria, estiver sobre os edificadores desse Templo.

O Tabernáculo de Moisés foi edificado pelo Espírito de sabedoria sobre Bezalel e Aoliabe (Êx 31.1-6; 36.1-8; 35.10, 25,30-35).

O Templo de Salomão também seria edificado através do Espírito de sabedoria sobre os edificadores (1 Rs 3.12,13).

Da mesma forma, o Templo da nova aliança será edificado pela sabedoria de Deus (Pv 1.1-6; 9.1; 24.3,4; 1 Co 3.9-11 Ef 1.14-18). "Não por força nem por violência, mas pelo meu Espírito', diz o SENHOR dos Exércitos" (Zc 4.6).

3. Hirão, o rei gentio de Tiro

A terceira pessoa mais importante com relação à edificação do Templo foi Hirão. Hirão era amigo de longa data do rei Davi (2 Sm 5.11; 1 Rs 5.1; 1 Cr 14.1). Ele era gentio, um rei sírio, e forneceu materiais para a casa de Davi.

O nome Hirão significa "brancura, nobreza, exaltação da vida".

Salomão, o rei de Israel, enviou a Hirão, o rei de Tiro, uma mensagem sobre a Casa do Senhor que estaria edificando. Solicitou-lhe vários materiais para a edificação da casa do Senhor em troca de mercadorias de Israel (1 Rs 5.2-12; 9.11-14,27; e 10.11,22; 2 Cr 2.3-16; 9.10,21).

É significativo que Hirão fosse um gentio, contudo Deus usou esse homem a fim de suprir os materiais para sua casa. Hirão também tinha homens habilidosos trabalhando com os homens habilidosos de Israel (2 Cr 2.14). Assim, israelitas e gentios trabalharam juntos, lado a lado, na edificação da Casa do Senhor.

Salomão, o rei israelita especializado nos utensílios de ouro. Hirão, o rei gentio, especializado nos utensílios de bronze.

Certamente isso aponta para a vinda dos gentios juntamente com a Israel à Igreja da nova aliança, o Templo do Senhor, o Corpo de Cristo (Ef 2.11-22). Os gentios não mais seriam estrangeiros e peregrinos, mas concidadãos da casa da fé. Judeus e gentios se tornariam o material de Deus em sua casa espiritual após o Calvário e o Pentecostes.

4. Hirão, o edificador sábio

O quarto homem destacado de forma especial é um outro Hirão (2 Cr 2.7,13,14; e 1 Rs 7.13,14).

Como vimos acima, o nome Hirão significa "pureza, nobreza, exaltação da vida". Pelo que parece, este Hirão era em parte hebreu, em parte gentio. A mãe de Hirão era da tribo de Dã (juízo), seu marido seria da tribo de Naftali (luta, esforço).

Sua mãe ficou viúva e casou-se com um homem de Tiro. Jamieson, Fausett e Brown comentam sobre 2 Crônicas 2.14 com relação a uma aparente discrepância. "A mãe de Hirão, embora pertencente à tribo de Dã, tinha se casado com alguém da tribo de Naftali, e se casou depois com um cidadão de Tiro. Ela pode ser descrita como uma viúva de Naftali. Ou, se ela era nativa da tribo de Dã, pode ser chamada como uma das filhas de Dã, nascida naquele lugar, ou da tribo de Naftali como realmente pertencente a ela".

Hirão era cheio de sabedoria e de conhecimento para elaborar todas as obras de ouro, prata, bronze, ferro, pedras, madeira e materiais, como também para a obra de ornamentação. Ele foi enviado como resposta ao pedido de Salomão ao rei Hirão de Tiro para ajudar na edificação do Templo junto com os colaboradores de Salomão. Ele especializou-se em fazer utensílios de bronze, as colunas de bronze, o mar de fundição, as pias e as outras obras de bronze também (1 Rs 7.13,14).

Hirão, um rei gentio, especializado em utensílios de bronze, formados e elaborados numa base de barro. Salomão, um rei hebreu especializado em utensílios de ouro. O ponto principal a notar é que *Israel* e o povo *gentio* estavam envolvidos no Templo do Senhor. Esse é um grande contraste com a edificação do Tabernáculo de Moisés.

5. A multidão de trabalhadores do Templo

No Tabernáculo de Moisés, havia edificadores especializados, mas também existiam muitos israelitas que fizeram sua parte através da sabedoria de Deus. No final, todos submeteram suas obras a Moisés antes da construção do Tabernáculo. Tanto homens como mulheres estiveram envolvidos na edificação daquela habitação (Êx 31.1-11; 35.1-35).

Assim também na edificação do Templo havia uma multidão de trabalhadores que também tiveram parte na casa do Senhor. Essa multidão de trabalhadores apoiou os edificadores especializados na casa de Deus.

Nas seguintes referências, observamos essa grande multidão de cooperadores para a habitação de Deus (1 Rs 5.15; 9.1,2, 20,21; 2 Cr 7.17,18).

a. Estrangeiros em Israel
Os estrangeiros em Israel compunham o número de 153.600 pessoas.
70.000 tornaram-se "carregadores", ou que "levavam as cargas".
80.000 tornaram-se aqueles que "talhavam pedras nas montanhas", ou cortadores de madeira.
3.600 foram "chefes-oficiais" que davam ordens ao povo em suas obras.
Parece que havia 3.300 que eram oficiais principais e supervisores sobre o povo e suas obras. Possivelmente os outros 300 oficiais fossem capatazes.

b. Homens de Israel
Os homens de Israel escolhidos dentre as tribos totalizavam 30.000 pessoas. Desses, 10.000 foram enviados em seu turno a cada mês para o Líbano. Adonirão foi colocado sobre esses 30.000 em seus turnos (1 Rs 5.13-16). Adonirão significa "Meu Senhor é o Altíssimo" ou "O Senhor de poder e grandeza".
Nosso Senhor Jesus Cristo é o "o Senhor altíssimo", e "o Senhor de poder e grandeza" desde que foi feito Senhor pelo Pai em sua exaltação (At 2.34-37; Fp 2.5-11; Sl 110.1; Hb 1.3).
Nessa multidão de trabalhadores do Templo, havia:

Lenhadores
Cortadores de pedra e escavadores
Pedreiros
Carpinteiros
Peritos em toda obra

Todos os tipos de trabalhadores habilidosos, dispostos e talentosos estavam ali (1 Cr 22.14-16; 28.21).

Todos esses milhares de trabalhadores se uniram em um único propósito: edificar a Casa do Senhor. A despeito de sua diversidade e da variedade de habilidades, talentos, dons e ofícios, todos operavam harmoniosamente para a edificação do Templo do Senhor.

Lições espirituais

As lições espirituais para a Igreja, o povo de Deus, são evidentes. Cristo, pelo Espírito, é o edificador de sua Igreja. Ele estabeleceu na Igreja sábios edificadores, dotados e equipados pelo Espírito de sabedoria, conhecimento e entendimento (1 Co 3.9-17; Ef 2.19-22; 1 Co 12.1-13; Rm 12.1-8).

O quíntuplo ministério dos apóstolos, profetas, evangelistas, pastores e mestres são os supervisores especializados da casa do Senhor (Ef 4.9-16):

1. *Os apóstolos e profetas*, juntos, lançam os fundamentos da casa, edificando de acordo com o padrão mostrado a eles (Ef 2.19-22; 3.1-9; Lc 11.49,52; 1 Co 12.27,28).
2. *Os evangelistas*, como cortadores de pedras e lenhadores, obtém o material para ser preparado e embelezado para ajustar-se a essa casa do Senhor.
3. *Os pastores e mestres*, como pedreiros e lapidadores, cumprem o ministério de talhar e polir as pedras e tábuas para o Templo santo de Deus.
4. *Os anciãos e diáconos* estão envolvidos na supervisão e no serviço do Templo do Senhor, administrando o povo de Deus e cuidando dele, servindo-lhes da forma que podem (At 20.17-35; 1 Pe 5.1-5; 1 Tm 3; Tt 1; Fp 1.1).

5. *A multidão de crentes* no Corpo de Cristo, como pedras vivas de uma casa espiritual, também trabalham juntos para a edificação da habitação de Deus pelo Espírito (Ef 2.19-22; 1 Pe 2.5-9; 1 Co 12).

Os vários membros do Corpo de Cristo receberam dons, talentos, ofícios e várias habilidades para edificar a Igreja de acordo com o padrão divino. Paulo disse: "Eu, como sábio construtor, lancei o alicerce, e outro está construindo sobre ele. Contudo, veja cada um como constrói" (1 Co 3.9-17).

Os edificadores no Tabernáculo e no Templo foram designados por Deus, e eles designaram a outros. O Tabernáculo e o Templo foram edificados pela sabedoria de Deus, pelo Espírito de Deus, e de acordo com o padrão de Deus através da instrumentalidade humana (Êx 31.1-6; 35.30-35; 36.1-3, 2 Cr 1.3-12; 2.13,14).

O Tabernáculo de Moisés foi totalmente edificado pelos israelitas de várias tribos. Isso aponta para Cristo vindo para a nação escolhida de Israel.

Em contraste, o Templo de Salomão foi edificado pelos israelitas e estrangeiros gentios, o que fala da Igreja do Novo Testamento sendo edificada por judeus e gentios, estabelecidos em um único Corpo, um único Templo em Cristo. Embora a revelação do Templo fosse entregue à nação hebraica, contudo, os gentios partilharam da bênção na construção desse Templo.

Há numerosas profecias de bênção tanto para judeus quanto para gentios num único Corpo em Cristo. Judeus e gentios, bem ajustados, crescem unidos para um santo Templo ao Senhor, para a habitação de Deus no Espírito (Ef 2.11-22; Rm 9-11; At 10,11,15; 1 Co 12.13; Is 56.3-8).

É interessante comparar os trabalhadores especializados e outros, em relação à construção tanto do Tabernáculo quanto do Templo

O Tabernáculo		**O Templo**
1. Moisés: o recebedor do padrão Da tribo de Levi Um pastor, um sacerdote, um rei	—	1. Davi: o recebedor do padrão Da tribo de Judá Um pastor, um rei, envolveu-se com osacerdócio
2. Edificou o Tabernáculo do Senhor	—	2. Edificou o Tabernáculo de Davi
3. Bezaleel: sábio edificador Da tribo de Judá	—	3. Salomão: sábio edificador Da tribo de Judá
4. Aoliabe: trabalhador habilidoso Da tribo de Dã Um mestre em sabedoria	—	4. Hirão: trabalhador habilidoso Da tribo de Dã (pela linhagem materna) Sábio e habilidoso trabalhador
5. Muitos homens e mulheres colaboradores	—	5. Muitos milhares ajudaram na edificação
6. Edificado pela sabedoria de Deus	—	6. Edificado pela sabedoria de Deus
7. Edificado pelo Espírito de Deus	—	7. Edificado pelo Espírito de Deus
8. Edificado de acordo com o padrão de Deus	—	8. Edificado de acordo com o padrão de Deus
9. Materiais de ouro, prata, bronze, madeira de acácia, pedras preciosas e os despojos dos egípcios	—	9. Materiais de ouro, prata, bronze, ferro, madeira, pedras preciosas e os despojos dos inimigos de Israel
10. Edificado somente pelos israelitas	—	10. Edificado pelos israelitas e os gentios

O profeta Zacarias prenunciou a edificação do Templo da nova aliança por Cristo e o envolvimento tanto de judeus quanto de gentios: "Aqui está o homem cujo nome é Renovo, e ele sairá do seu lugar e construirá o templo do SENHOR . Ele construirá o templo do SENHOR , será revestido de majestade e se assentará em seu trono para governar. Ele será sacerdote no trono. E haverá harmonia entre os dois (isto é, os ofícios de rei e de sacerdote).

Gente de longe (isto é, os gentios) virá ajudar a construir o templo do SENHOR . Então vocês saberão que o SENHOR dos Exércitos me enviou a vocês" (Zc 6.12,13,15).

OS VASOS DA CASA DO SENHOR

Os vasos da Casa do Senhor

Havia muitos milhares deles (VEJA Esdras 1)

1. Colheres de Bronze (2 Rs 25.14)
2. Facas de bronze
3. Flores abertas
4. Cortadores de Pavio de ouro
5. Apagadores de ouro
6. Tampas de ouro para as taças
7. Dobradiças de ouro
8. Incensários de ouro
9. Vasos de ouro, prata e bronze
10. Taças de ouro e prata
11. Bacias de ouro e prata
12. Garfos de bronze
13. Pregos de ouro
14. Martelos de ferro
15. Pás de bronze

CAPÍTULO 13

AS OFERTAS E OS MATERIAIS PARA O TEMPLO

AS OFERTAS VOLUNTÁRIAS (1 CR 29.5-22)

Os materiais para o Templo, assim como para o Tabernáculo, foram obtidos através de ofertas voluntárias do povo, não através dos dízimos que eram separados para o ministério sacerdotal. O Espírito Santo moveu o coração das pessoas a darem das próprias posses.

A ênfase dessa passagem bíblica, concernente ao Tabernáculo de Moisés, é que as ofertas eram de "todo aquele cujo coração o compelir a dar" (Êx 25.1-9; 35.4-29).

As pessoas realmente levaram a Moisés mais do que suficiente para o Tabernáculo do Senhor e então receberam a ordem de parar de ofertar (Êx 36.5-7). Que tremendo espírito de doação estava sobre as pessoas; e isso sob a dispensação da Lei!

O mesmo espírito de ofertar foi manifesto na edificação do Templo: "O povo alegrou-se diante da atitude de seus líderes, pois fizeram essas ofertas voluntariamente e de coração íntegro" (1 Cr 29.5-22). Essa foi uma ação do Senhor, pois isso não é normal para o homem natural.

Davi orou ao Senhor: "Tudo vem de ti, e nós apenas te demos o que vem das tuas mãos" (1 Cr 29.14). As pessoas deram de volta a Deus o que Ele lhes tinha dado.

O próprio Deus é o maior doador e, quando Ele nos deu seu Filho Unigênito, deu-nos também todas as coisas livremente com Ele. O Pai deu seu Filho. O Filho deu-se a si mesmo. Ele também deu o Espírito Santo. O Espírito Santo também dá dons espirituais para a Igreja. Deus ama. O amor dá. E Deus de coração disposto dá a seu povo (Jo 3.16; Rm 8.31,32; Ef 4.11-16; 1 Co 12.1-13).

Esse mesmo espírito de doação deve ser manifesto nos redimidos. Tudo o que nós temos pertence a Deus, que é o dono supremo de todas as coisas. Estamos apenas devolvendo ao Senhor aquilo que já é dele (Sl 24.1). O Espírito de Cristo provocará nas pessoas o desejo de dar livre, pronta, generosa e alegremente, tanto em relação ao que é natural, quanto espiritual e material, para a edificação do seu Templo, que é a Igreja.

Tudo que é de fato edificado por Deus será edificado pelo Espírito e não por força ou violência. Deus somente pode levar as pessoas a darem à medida que Ele lhes dá, e Ele abençoa apenas aquilo que vem dele mesmo. Ele deu a si mesmo, e todas as coisas consigo. Nós damos a nós mesmos, e tudo o que temos, a Ele. O crente dá os dízimos e ofertas a Ele, além de apresentar-se como sacrifício vivo para o Senhor (2 Co 8.9-15; Lc 21.2-4; Rm 12.1,2; At 2.45; 4.37; Ml 3.8-10).

Quando Deus falou a Abraão sobre sua semente ser livre da escravidão com "grandes riquezas" do Egito (Gn 15.14), tal Palavra foi cumprida em Êxodo. Deus tinha em mente o Tabernáculo (Êx 3.21,22; 11.1-3; 12.35,36; Sl 105.37,38). Os israelitas receberam as riquezas e os despojos dos egípcios como pagamento pelas centenas de anos de trabalho escravo da nação escolhida. Eles receberam riquezas de ouro, prata, pedras preciosas e outros materiais. Eles devolveram a Deus, para a edificação do Tabernáculo, o que Ele lhes tinha dado. O que eles receberam dos egípcios não foi apenas para torná-los ricos, mas para darem a Deus para a obra dele.

O mesmo é verdade com relação ao Templo do Senhor. Quando Israel recebeu a riqueza da terra da promessa e das nações desapossadas, uma terra de ouro, prata, bronze, ferro e pedras preciosas, assim como outros despojos dos seus inimigos, Deus tinha em mente a edificação do seu Templo (Dt 8.7-20).

O povo devolveu ao Senhor as riquezas com que Ele os tinha abençoado. O Templo valia milhões. Ele era algo sem preço; mas bastante caro!

Nos anos seguintes, mesmo sob a liderança do rei Ezequias, houve um grande espírito de liberalidade no povo em dar ao Senhor para a sua casa e para a obra do Templo (2 Cr 31.8).

O povo de Deus ofertará voluntariamente ao Senhor no dia do seu poder (Sl 110.3). O povo de Deus deve ser despertado a dar ao Senhor e à sua casa.

A Igreja, o Templo de Deus da nova aliança, foi comprada por alto preço. Foi algo que não se pode calcular; mas bastante caro! (1 Co 6.16-21.) Ela, porém, é edificada inteiramente por pessoas que são "ofertas voluntárias" ao Senhor, primeiro de si mesmas, e, depois, de tudo que possuem.

Materiais e dádivas para o Templo

Houve basicamente três grupos principais de materiais trazidos para o Templo do Senhor: metais, pedras e madeira. Outros materiais envolvidos seriam os tecidos para as cortinas.

Destacamos aqui a grande quantidade de alguns dos vários materiais ofertados à Casa do Senhor pelo rei Davi, os príncipes e a congregação.

Mais uma vez observamos que, assim como no Tabernáculo de Moisés, Deus tomou materiais da *criação* para estabelecer as verdades da *redenção*. Os materiais listados aqui vêm do reino mineral, do reino vegetal e do reino animal. Todos os reinos deste mundo pertencem a Ele, que é o Rei dos reis e Senhor dos senhores. Ele pode usar todas as coisas dos reinos terrenos para a glória de sua casa e de seu reino.

1. Dádivas do rei Davi para o Templo

A preparação de Davi dos materiais para o Templo (1 Cr 22.1-5, 14-16; 28.11-21; 29.1-3)

Dádivas pessoais de Davi (1 Cr 29.3-5)
- 3.000 talentos de *ouro* de Ofir (ARA)
(105 toneladas – NVI)
- 7.000 talentos de *prata* refinada (ARA)
(245 toneladas – NVI)

Dádivas de Davi do Tesouro (1 Cr 22.14)
- 100.000 talentos de *ouro* (ARA)
(3.500 toneladas – NVI)
- 1.000.000 de talentos de *prata* (ARA)
(35.000 toneladas – NVI)

2. As ofertas dos líderes e do povo (1 Cr 29.5-9)

5.000 talentos de *ouro* e 10.000 dáricos de *ouro*
(175 toneladas de ouro e 10.000 moedas de ouro)
10.000 talentos de *prata* (350 toneladas)
18.000 talentos de *bronze* (630 toneladas)
100.000 talentos de *ferro* (3.500 toneladas) (Para as ferramentas e pregos – 1 Rs 6.7; 1 Cr 22.3)
Pedras preciosas

3. Dádivas do rei Salomão (em troca de madeira – 1 Rs 5; 2 Cr 2 – NVI)

20.000 coros (tonéis) de *trigo* batido)	Grãos, vinho e azeite
20.000 coros (tonéis) de *cevada*)	
20.000 coros ou batos de *vinho*)	
20.000 batos de *azeite*)	

Tudo isso foi dado em troca da madeira para os lenhadores e os edificadores.

Da mesma forma que Davi, Salomão e o povo amavam a casa do Senhor (1 Cr 29.3; Sl 26.8)! Eles foram motivados pelo amor à casa do Senhor para ofertarem da própria riqueza que Deus lhes dera, a riqueza das nações.

Muito do material dado para o Templo era semelhante às ofertas oferecidas para o Tabernáculo de Moisés, com algumas diferenças, que veremos na seguinte comparação:

Materiais para o Tabernáculo de Moisés (Êx 25.1-9; 35.4-9)		**Materiais para o Templo de Salomão** (1 Cr 22.2-16; 28.14-18; 29.1-8; 2 Cr 2.8-10).
1. *Metais*: Ouro, prata, bronze	—	Ouro, prata, bronze, ferro
2. *Pedras*: Pedras preciosas	—	Pedras preciosas, pedras lavradas
3. *Madeira*: Madeira de acácia	—	Cedro, cipreste, sândalo do Líbano e madeira de oliveira
4. *Tecidos*: Linho, azul, roxo e vermelho	—	Linho, azul, roxo e vermelho
5. *Comida*: Maná, água	—	Grãos, vinho e azeite

Todos esses materiais tinham algum aspecto da verdade, possuindo, portanto, algum simbolismo espiritual das glórias de Cristo e de sua Igreja. De fato, como o salmista diz: "E no seu Templo cada parte fala de sua glória!" (Sl 29.9 – KJV.)

Nós, como crentes da nova aliança, nos tornamos o "material" para o Templo de Deus. O Senhor está edificando a sua Igreja, uma casa espiritual. O material inclui o que é físico, espiritual, tanto quanto o material. Oferecemos tudo o que somos: espírito, alma e corpo; e tudo que temos, e isso se torna o tipo de material com o qual Deus edifica seu santo Templo (Rm 12.1,2; 1 Ts 5.23,24).

Os utensílios do Templo

Os utensílios da casa do Senhor foram feitos predominantemente de ouro, prata e bronze. Havia também outras ferramentas e instrumentos feitos de ferro, e as cortinas e véus feitos de tecido.

Antes de observarmos alguns dos significados espirituais dos materiais do Templo, listaremos os utensílios da casa do Senhor:

1. Flores de ouro (1 Rs 6.35). Flores abertas, totalmente desabrochadas.
2. Tenazes de ouro (1 Rs 7.49 e Is 6.6).
3. Bacias (taças – ARA) de ouro (1 Rs 7.50; 2 Cr 4.8). Uma centena de bacias, usadas para a aspersão do sangue sacrificial.
4. Espevitadeiras (cortador – NVI) de ouro (1 Rs 7.50). Essas ferramentas serviam para cortar os pavios das lâmpadas.
5. Apagadores de ouro: usados para as cinzas dos pavios queimados das lâmpadas (Êx 25.38)

6. Recipientes para incenso (1 Rs 7.50; Jr 52.19; Nm 7.86).
7. Incensários de ouro (1 Rs 7.50). Usados para incenso.
8. Garfos de ouro (1 Cr 28.17). Usados para os sacrifícios.
9. Jarros de ouro (1 Cr 28.17). Usados para a cobertura (hebraico: cobrir).
10. Taças de ouro (1 Rs 7.45; Ed 1.10 – ARA).
11. Bacias de ouro (Ed 1.9). Usadas para carregar parte das ofertas.
12. Escudos de ouro (1 Rs 14.26).
13. Taças de Prata (1 Rs 7.45; Ed 1.10).
14. Bacias de prata (Ed 1.9).
15. Utensílios de bronze (2 Cr 4.16; 1 Rs 7.45; Jr 52.18,20). Bronze brilhante, cujo brilho era conservado pelo polimento.
16. Vasos de bronze (Lv 6.28).
17. Pás de bronze (1 Rs 7.45). Usada remover as cinzas dos sacrifícios no altar.
18. Facas (Ed 1.9; Gn 22.6). Usadas para os sacrifícios.
19. Ferramentas e pregos de ferro (1 Rs 6.7; 1 Cr 22.3). Usados para as portas e portões do Templo.
20. Candelabros de prata e suas lâmpadas (1 Cr 28.14-17). Usados para as câmaras sacerdotais.
21. Mesas de prata (1 Cr 28.14-17). Usadas também nas câmaras sacerdotais.

Numerosos utensílios foram usados na casa do Senhor. A exortação do Senhor para seu povo e para o sacerdócio no Templo é dado em Isaías 52.11: "Sejam puros, vocês, que transportam os utensílios do Senhor". O Senhor quer que seu próprio povo, aqueles em sua grande Casa, seja um "vaso para honra, santificado, útil para o Senhor e preparado para toda boa obra" (2 Tm 2.19-21).

O Senhor escolhe aqueles que serão seus vasos para a casa e o povo dele (At 9.15). Ele quer ter vasos de misericórdia, vasos de honra, em vez de vasos de ira, vasos de desonra (Rm 9.20-24). Ele é o grande oleiro e não quer que seus vasos se quebrem em suas mãos (Jr 18.1-6).

A seguir, destacamos alguns significados espirituais dos vários materiais usados no Templo do Senhor.

1. *Ouro* – Tanto no Antigo quanto no Novo Testamento percebemos que o ouro nos fala da divindade, da natureza divina, da glória de Deus em sua santidade. O ouro sempre simbolizou a deidade, mesmo nas festas idólatras pagãs que corromperam a verdade que Deus deu a Israel.

Esse metal foi especialmente usado no Lugar Santíssimo, assim como em algum dos utensílios listados anteriormente.

2. *Prata* – A prata é sempre usada como símbolo da redenção, da expiação e do preço do resgate. Isso aponta para o Filho, assim como o ouro aponta para Deus Pai. A prata foi usada como dinheiro do resgates, a expiação por cada alma na nação de Israel (Êx 30.11-16). Jesus, assim como José, foi vendido por seus irmãos por moedas de prata (Zc 11.12,13; Mt 26.15).

A prata também foi usada para os candelabros de prata no Templo. (Observação: Sem dúvida, somente nas câmaras sacerdotais – 1 Cr 28.14-17.)

Outras referências à prata estão em Êxodo 38.26,27; 26.19-32; 27.10-17; 36.24-36; 38.10-27. Os crentes são redimidos, não por prata ou ouro, mas pelo precioso sangue de Cristo (1 Pe 1.18-20).

3. *Bronze* – O bronze é encontrado como símbolo do juízo contra o pecado, contra o "eu". O Espírito Santo é chamado de "o Espírito de julgamento e Espírito de fogo" (Is 4.4). Os céus se tor-

nariam como de bronze (e ferro) contra Israel se eles pecassem contra Deus e sua Palavra (Dt 28.13-23). Os pés de Cristo caminhando em meio à sua Igreja são como bronze refinado numa fornalha (Ap 1.12-15). A serpente de bronze foi usada para tratar do pecado de Israel (Nm 21.5-9). O bronze é observado especialmente tanto no Tabernáculo quanto no Templo em seus respectivos pátios.

4. *Ferro* – Freqüentemente, o ferro é vinculado com o bronze. Ele é símbolo de força e resistência. Também é símbolo de juízo e inflexibilidade. Davi preparou ferro em abundância para os pregos das portas e dos portões do Templo (1 Cr 22.3).

Os céus se tornariam de ferro e de bronze contra Israel, se o povo pecasse contra o Senhor (Dt 28.23,48; Lv 26.19).

5. *Pedras preciosas* – As pedras preciosas foram usadas nas paredes do Templo, assim como nas vestes do sumo sacerdote, em particular no peitoral do juízo. Elas falam dos vários dons do Espírito, da glória dos santos, e das preciosidades do povo de Deus e de seus atos de justiça (Ap 21.18-20; 1 Co 3.9-17).

6. *Pedras* – Pedras lavradas usadas para a edificação do Templo falam dos crentes que foram extraídos das pedreiras deste mundo, lapidados pelos vários ministérios para serem colocados na casa do Senhor (1 Rs 5.17,18; 1 Pe 2.5). Isso será observado mais detalhadamente no capítulo da Estrutura do Templo.

7. *Madeira* – Em contraste com a madeira usada no Tabernáculo de Moisés, que era de acácia, para o Templo usaram-se madeira de cedro, cipreste e oliveira mais especialmente.

As árvores nas Escrituras apontam também para Cristo e sua Igreja. O crente é relacionado com uma árvore plantada junto a ribeiro de águas (Sl 1.1-3). Muitos trechos das Escrituras falam das árvores e as usam de maneira simbólica. Detalhes maiores das árvores serão observados nos devidos capítulos (Sl 92.12,13).

Outros detalhes dos materiais e seu significado serão vistos em capítulos posteriores. Contudo, é suficiente observar o que foi mostrado aqui para perceber as verdades que Deus tinha em mente através dos simbolismos usados, quando especificou esses materiais em particular para serem usados em sua casa.

Ao chegarmos ao final deste capítulo, nós observamos as principais lições aprendidas. Como Israel deu livremente ofertas ao Senhor de suas próprias posses, assim o crente deve dar livremente ao Senhor. Ele também deve apresentar a si mesmo e tudo o que tem ao Senhor como oferta voluntária. No Templo, o Senhor usou materiais reais para edificar sua casa. O material que Ele usa hoje são pessoas. O povo de Deus é o material que Ele usa para edificar a casa espiritual, o Templo da nova aliança. Os vários materiais dos diversos reinos (mineral, animal e vegetal) simbolizavam algumas verdades redentoras, todos mostrando algum aspecto da glória divina. Assim, hoje, todos os crentes, de cada povo, língua, tribo e nação, são edificados como casa de Deus, manifestando algum aspecto da glória divina na verdade da aliança e da redenção.

O salmista escreveu: "Por causa do teu templo em Jerusalém, reis te trarão presentes" (Sl 68.29; Is 56.3-8). Assim, judeus e gentios, de todas as nações, oferecem-se como dádivas ao Senhor para a sua casa espiritual, a Igreja.

CAPÍTULO 14

O PROPÓSITO DIVINO PARA O TEMPLO

O propósito divino para a existência do Templo é bastante claro. Deus queria ter um lugar no qual registrasse seu nome, um lugar no qual Ele pudesse habitar entre seu povo em sua glória e Presença.

"O nome" nas Escrituras sempre fala da "natureza" de Deus, do seu caráter e de quem Ele é em sua própria essência.

Deus sempre desejou um lugar, na verdade, *uma pessoa*, na qual Ele pudesse estabelecer seu nome e tudo o que este nome representa.

Vamos observar a progressão do *nome do Senhor*, especialmente com relação aos lugares de habitação de Deus com Israel!

O NOME EM SILÓ

Siló tornou-se uma cidade central no tempo de Josué, e até o tempo de Samuel, o profeta, esse foi o lugar onde o Tabernáculo do Senhor esteve estabelecido. O estudioso deve ler estas passagens: Js 18.1-10; 22.9-13; Jz 18.31. Nesse tempo, a Casa de Deus estava em Siló (Jz 21.12-21; 1 Sm 1.1-24; 3.21). Ali, a Palavra do Senhor veio a Samuel.

Foi em Siló que a arca da aliança do Senhor foi capturada pelos filisteus após os atos presunçosos dos sacerdotes, filhos de Eli (1 Sm 4.1-12; 14.1-3). Foi em Siló que o profeta Aías habitou, trazendo ao povo de Deus a Palavra do Senhor.

Por causa da abundância do pecado, da iniqüidade e de várias abominações, a nação de Israel caiu na idolatria e na apostasia das outras nações pagãs. Deus "abandonou o tabernáculo de Siló", onde seu nome havia sido proclamado. Assim a Presença de Deus se afastou de Siló, e ela ficou abandonada. Ele abandonou o Tabernáculo em Siló (Sl 78.60).

O profeta Jeremias lamentou o fato de Israel profanar o nome do Senhor, devido à maneira em que eles viviam entre os pagãos. Deus abandonou seu povo pela "profanação do seu nome". Em Jeremias 7.1-16; 30, Deus fala a Judá: "Portanto, vão agora a Siló, o meu lugar de adoração, onde primeiro fiz uma habitação em honra ao meu nome, e vejam o que eu lhe fiz por causa da impiedade de Israel, o meu povo".

Parece que o nome "Siló" tem um significado profético e também aponta para o Messias, que traria "descanso" para o povo de Deus. Jesus Cristo é, de fato, "o lugar de repouso" para todos que vêm a Deus através dele (Mt 11.28-30).

Jacó profetizou: "O cetro não se arredará de Judá, nem o bastão de entre seus pés, até que venha Siló; e a ele obedecerão os povos" (Gn 49.10).

Há, portanto uma aplicação dupla do "nome" em Siló. Primeiramente em Cristo, que é o Siló de Deus, há o repouso de Deus e o nome de Deus está nele. Ele é a Palavra de Deus, o profeta de Deus, o Tabernáculo de Deus, a arca de Deus e o nome de Deus habita nele em plenitude (Cl 1.19; 2.9). Deus repousa na obra consumada de Cristo no Calvário. Todos os verdadeiros crentes se unem a Ele, à sua Palavra e à sua obra, em seu nome.

O outro aspecto é aplicável à Igreja, e é visto no fato de que assim como Deus abandonou a Israel por causa da iniqüidade, também Ele abandonará qualquer igreja que se torne idólatra. Quando o pecado e a corrupção se manifestam em Israel, ou entre o povo de Deus, sobre quem o seu nome é invocado, Deus permite que a arca da sua Presença seja removida. Eles são julgados através do afastamento de Deus assim como Ele se afastou de Siló.

Siló, abandonada pela glória de Deus, tornou-se deserta sem sua Presença, e isso é visto no simbólico nome de "Icabode" ("Foi-se a glória", ou "Onde está a glória?").

Qualquer ajuntamento do povo de Deus que "profane o nome do Senhor" pelo pecado e a apostasia perderá a Presença do Senhor. Deus remove a arca de sua Presença e julga seu povo e faz com eles o mesmo que fez com Siló. Ele age assim, pois seu nome foi profanado.

Paulo declara a Timóteo: "Afaste-se da iniqüidade todo aquele que confessa o nome do Senhor" (2 Tm 2.19). Eles devem se apartar da iniqüidade, senão Deus se apartará deles assim como aconteceu em Siló.

Isso é exemplificado na Igreja de Laodicéia, em que o Senhor estava do lado de fora, desejoso de entrar. Eles estavam tão envolvidos com a aparência da religiosidade do lado de dentro da Igreja, que não ouviam a gentil batida do Senhor do lado de fora.

Essa foi Siló, onde o Senhor registrou o seu nome, a princípio.

O nome no Tabernáculo

Muitos trechos das Escrituras falam a respeito do lugar da habitação de Deus, o Tabernáculo do Senhor. Geralmente ele é tão popular quanto o Tabernáculo de Moisés.

Com relação à criação do vasto Universo, o Criador passa por alto, relatando-a somente em poucos versículos, pois esta terra é a habitação do homem (Gn 1, 2). Mas, com relação ao Tabernáculo, que ocupou uma pequena parte desta terra, no deserto, Deus usou muitos capítulos e versículos, tanto no Antigo quanto no Novo Testamento, informando sobre seus detalhes e construção.

O propósito específico para sua existência é que Deus poderia ter um lugar onde seu Nome pudesse habitar. Isso é visto nas Escrituras com relação ao Tabernáculo:

> "Onde quer que eu faça celebrar o meu nome, virei a vocês e os abençoarei" (Êx 20.24).
>
> "E farão um santuário para mim, e eu habitarei no meio deles" (Êx 25.8).
>
> "Mas procurarão o local que o Senhor, o seu Deus, escolher dentre todas as tribos para ali pôr o *seu Nome* e sua habitação... para o lugar que o Senhor, o seu Deus, escolher como habitação do *seu Nome*" (Dt 12.5-12; 10.8; 14.23,24; 16.1-12; 26.2).

O Tabernáculo, que foi a própria habitação de Deus na terra, o próprio lugar do seu trono em Israel, em cada um dos seus móveis e detalhes teve uma estrutura profética. Ele apontava para Cristo e sua Igreja. Esse era o único lugar onde Deus registrou o seu nome, e todo Israel tinha que ir ao Tabernáculo, onde havia adoração e oração ao seu nome e outras celebrações estabelecidas pelo Senhor. Nenhum outro lugar era aceitável pelo Senhor, em que seu nome fosse lembrado. Seu nome significava sua Presença. Seu nome habitou no Tabernáculo. Seu nome representa o próprio Deus.

Aqui no Tabernáculo, onde seu nome era celebrado, Israel trazia seus dízimos e ofertas, seus sacrifícios, votos e ofertas voluntárias. Eles se reuniam para bendizer e adorar ao Senhor, pois seu nome fora registrado naquele lugar (Ed 6.12). Seu nome significava sua Presença. A Bíblia nos diz que Deus *estabeleceu* seu nome ali. Ele *colocou-o ali*. Ele o fez *habitar* ali. Ele *registrou* seu nome no Tabernáculo. As festas do Senhor ocorriam em função desse lugar. Tudo em Israel girava em torno do nome e desse lugar.

No Novo Testamento, lemos que "Aquele que é a Palavra tornou-se carne e viveu (literalmente, *tabernaculou*) entre nós. Vimos a sua glória, glória como do Unigênito vindo do Pai, cheio de graça e de verdade" (Jo 1.1-3,14-18).

Jesus Cristo é a expressão e o completo cumprimento de tudo o que foi tipificado no Tabernáculo do Senhor. Deus habitou em Cristo em sua plenitude. Toda a plenitude da divindade está nele, corporalmente (Cl 1.19; 2.9). Portanto, o nome de Deus habita nele em plenitude. Ele é o verdadeiro Tabernáculo, do qual o antigo era apenas um tipo e uma sombra.

É a *Ele* que todos os crentes do Novo Testamento se unem. A Igreja se reúne em *seu nome*!

Em Mateus 18.20, Jesus mesmo declara: "Pois onde se reunirem dois ou três *em meu nome*, ali eu estou no meio deles" (Mt 18.20).

É para Ele que todos nossos dízimos e ofertas, nossa adoração, oração, louvor e sacrifícios espirituais (e materiais) devem ser trazidos. A Igreja, como povo de Deus da nova aliança, celebra nele. Deus tem estabelecido, registrado e celebrado seu nome no Senhor Jesus Cristo. Ele é o único em que Deus habita em absoluta plenitude. Todos devem ir até Deus através dele.

O Tabernáculo foi posicionado "em meio" ao acampamento de Israel. Deus tem estabelecido seu Cristo "em meio" à sua Igreja, o acampamento dos santos, e é para Ele, e ao redor dele, que nos reunimos.

Nenhuma tribo ousaria colocar seu nome no Tabernáculo. Assim também os crentes não se reúnem em nome de denominações, que dividem o povo de Deus. Contudo todos se reúnem no nome revelado por Deus, o nome do Senhor Jesus Cristo, Aquele que une o seu povo e é a garantia da Presença de Deus (1 Co 1.10).

O NOME NO TEMPLO

O Templo de Salomão confirma a mesma verdade do Tabernáculo e de Siló.

O Templo substituiu o Tabernáculo numa escala mais gloriosa. Contudo, o propósito de sua existência foi o mesmo: Ali Deus celebraria *seu nome*.

Davi desejou edificar uma casa para o nome do Senhor (2 Sm 7.1-26). Deus tinha habitado em tendas até aquele momento. Contudo, o profeta Natã disse a Davi que seria o filho do rei, Salomão, que edificaria a casa para o nome do Senhor (1 Rs 5.3-5; 8.16-29, 33-44, 48). Salomão propôs-se a edificar essa Casa.

Na dedicação do Templo "o nome" é mencionado em vários versículos. Deus declara: "consagrei este templo que você construiu, para que *nele habite o meu nome* para sempre" (1 Rs 9.1-7).

Leia também estes textos: (1 Rs 10.1; 11.36; 2 Rs 21.7; 23.27; 1 Cr 22.7-19; 28.3; 29.16; 2 Cr 2.1-4; 6.1-28; 7.14-16, 20; 12.13; 20.8,9; 33.4-7).

Contudo, o mesmo fato trágico que ocorreu no Tabernáculo em Siló ocorreu também no Templo. Deus alertara Israel que sua casa se tornaria deserta por causa de suas abominações (Ne 9.28-37; Jr 7.10-14,30; 32.34).

E foi por essa mesma razão que Deus permitiu que o rei da Babilônia destruísse o Templo de Deus. Uma vez que a Presença de Deus se afastara, o Templo não tinha nenhum protetor. Era a Presença de Deus, através de seu nome no Templo, que tornava esse Templo a glória de toda a terra.

Novamente, vemos uma aplicação dupla da verdade relativa ao Templo e ao nome do Senhor.

Isso primariamente se cumpriu no Templo de Deus, o Senhor Jesus Cristo. Em João 2.20,21, Ele declara ser *o Templo* de Deus, o único Templo. Seu Corpo foi o Templo de Deus. A glória de Deus habitou nele. O nome de Deus estava também em Cristo. Tudo o que é aplicado ao Tabernáculo também se aplica ao Templo. Cristo é o verdadeiro Tabernáculo e Templo de Deus. Ele nos ensinou a orar: "Pai nosso, que estás nos céus! Santificado seja o *teu nome*..." (Mt 6.6-9).

Se o nome de Deus estava no Templo de Salomão, quanto mais deveremos encontrá-lo no verdadeiro Templo de Deus, em Jesus Cristo, nosso Senhor. Isso é o que o Novo Testamento ensina. Deus está em Cristo. O nome de Deus está em Cristo (Fp 2:9; Cl 1.19; 2.9; At 2.36-38).

A segunda aplicação é para a Igreja, a qual é também chamada de Templo de Deus (2 Co 6.16; 3.16). Agora, Deus tem seu Templo na Igreja. Deus tem registrado seu nome na Igreja. Esse é o nome do Pai, do Filho e do Espírito Santo (Mt 28.19). Esse nome trino é revelado na interpretação do nome trino do Senhor Jesus Cristo. Ele não é encontrado em nenhuma denominação nem em alguma igreja local em particular.

Se os crentes individualmente, como Templo de Deus, Templo do Espírito Santo, ousarem viver no pecado e na iniqüidade, então Deus fará a eles, como templos, assim como Ele fez com o Templo em Jerusalém, pois "seu nome foi profanado".

Ele permitiu que o Templo, após toda a glória ali presenciada, fosse abandonado e destruído pelo fogo. Por isso, o apóstolo Paulo alerta: "Se alguém destruir o santuário de Deus, Deus o destruirá". O nome de Deus está nos crentes, tanto individual quanto coletivamente. Tão certamente como Deus abandonou o Templo de Jerusalém porque o povo trouxe abominações para dentro dele, como Ezequiel 1 a 14 revela, da mesma forma Ele abandonará aqueles que trouxerem abominações em seus corpos-templos, profanando seu nome por não se apartarem da iniqüidade. O Templo do Senhor deve ser conservado limpo, pois seu nome está registrado ali (2 Tm 2.19; Tg 2.7; Mt 23.38,39).

O nome na Arca da Aliança

O ponto central e o local do nome de Deus no Tabernáculo e no Templo era o artigo da mobília chamado de *a arca da aliança*!

Essa foi a peça real da mobília na qual Deus escolheu habitar e registrar seu nome e sua Presença manifesta.

A arca da aliança foi a mais destacada e a mais importante peça da mobília de todos os objetos do Tabernáculo. De fato, toda a estrutura do Tabernáculo, com sua mobília, girava em torno desse artigo. Sem essa peça e tudo o que ela prefigurava simbolicamente, o Tabernáculo era uma mera tenda. Esse artigo dava significado e vida a toda a estrutura e à sua mobília.

Essa foi a primeira peça da mobília a ser feita, e isso é perfeitamente explicável, já que se tratava do próprio trono de Deus na terra. A própria Presença de Deus habitava ali. Sobre o propiciatório (trono de misericórdia) aspergido com sangue, a glória Shekinah de Deus habitou, entre as asas dos querubins (Sl 80.1; 99.1). Desse lugar de glória e de expiação, a voz audível de Deus era ouvida. Deus falou a partir da "glória" manifesta sobre o propiciatório aspergido com sangue (Nm 7.89).

A arca era feita de madeira de acácia, revestida de ouro por dentro e por fora. Sobre ela estava o propiciatório de ouro puro com os querubins. A beleza majestosa e a verdade dessa peça estavam no fato de que o propiciatório (trono de misericórdia) e os querubins foram forjados de uma única peça de puro ouro batido. Os dois querubins ficavam frente-a-frente, com as faces voltadas ao propiciatório aspergido com sangue. Em meio a essa trindade (a união de três em um), a própria glória Shekinah de Deus habitou em seu esplendor, na nuvem, e aqui a voz audível de Deus foi ouvida.

Não há como ignorar que a verdade oculta nesse símbolo e tipo encontra seu precioso cumprimento no Senhor Jesus Cristo.

Jesus é agora a *arca da aliança de Deus*, a nova e eterna aliança conforme revelada em seu Filho (Mt 26.26-28; Hb 13.20). O sangue incorruptível fala a Deus. A madeira incorruptível fala da humanidade perfeita, sem pecado e incorruptível de Jesus Cristo. O revestimento de ouro por dentro e por fora fala da divindade de Cristo. Ele é o Deus-homem, a união de Deus com o homem é vista nele.

No trono de misericórdia está o sangue da expiação que nos aproxima de Deus (Rm 5.1; Cl 1.20).

Mas a gloriosa verdade de sua união com o Pai e com o Espírito Santo é revelada na trindade do propiciatório e dos querubins. A trindade de Deus, a plenitude corporal da divindade em Jesus, é vista simbolicamente na arca do Tabernáculo. Um querubim aponta para Deus Pai. O outro fala do abençoado Espírito Santo. O trono de misericórdia fala do Filho de Deus. Três partes, mas uma única peça de ouro. Três personalidades divinas, porém, um único Deus, a eterna divindade. A divindade está envolvida na expiação.

Assim como os querubins observavam o trono de misericórdia aspergido com sangue, também o Pai e o Espírito contemplam com satisfação a obra realizada através do sangue derramado pelo Filho de Deus. Esses três são um (1 Jo 5.8-10); três personalidades divinas, contudo, um único plano e ministério redentor. Jesus Cristo, como o trono de misericórdia, é parte integrante da divindade, assim como o trono de misericórdia formava efetivamente uma única peça com os dois querubins.

Isso estabelece de forma definitiva a divindade do Filho, e sua co-igualdade com o Pai e com o Espírito Santo na obra da redenção. Isso também mostra que os querubins não eram criaturas angelicais, pois anjos não são *um com* e *nem parte* do trono de misericórdia que é Jesus Cristo em seu plano redentor. Em Jesus Cristo, contemplamos o esplendor da glória do Pai (Jo 1.14-18; Hb 1.1-3; Mt 17.1-9). Ele "tabernaculou" conosco. Nós contemplamos sua glória, glória como do Unigênito do Pai (Jo 17.1-4). É a glória eterna. É uma glória maior do que o brilho do sol (Ap 1.12-20; Jo 14.11; Cl 2:9; 2 Co 4.6).

E outra vez, nele vemos o nome de Deus como é visto habitando em e sobre a arca do Senhor.

Em 2 Samuel 6.2 e 1 Crônicas 13.6, lemos sobre "... A arca de Deus, arca sobre a qual é invocado o *nome*, o *nome* do SENHOR dos Exércitos, que tem o seu trono entre os querubins".

E novamente, "... a arca de Deus, sobre a qual o *nome*, o próprio *nome* do Senhor dos Exércitos foi invocado" (tradução do hebraico).

E ainda: "Para buscar a arca de Deus, o SENHOR, que tem o seu trono entre os querubins; a arca sobre a qual o seu *nome* é invocado".

Essas passagens mostram claramente que foi de fato sobre a arca da aliança que o inexprimível nome de YAWEH (ou Jeová) foi invocado. Isso ocorreu, sem dúvida, em Êxodo 40 quando a glória Shekinah encheu o Tabernáculo após a arca ter sido colocada no Lugar Santíssimo, em seu lugar designado.

O Tabernáculo, nesse tipo, torna-se uma maravilhosa sombra da Igreja, o Corpo de Cristo, habitação de Deus pelo Espírito (Ef 2.20-22). A arca torna-se uma magnífica representação de Senhor Jesus Cristo, o Cabeça da Igreja, "em meio" ao seu povo redimido.

E então, novamente, o Nome em e sobre essa arca torna-se uma maravilhosa profecia Daquele que é *a arca* da nova aliança, em quem, o nome de Deus, o redentor nome da divindade, habita. Esse nome habita de forma trina nele. É o único trino nome revelado em toda a Bíblia, o próprio nome do Senhor Jesus Cristo; verdadeiramente simbolizado nessa trina peça de ouro.

Seu nome certamente é o trono de misericórdia através do qual chegamos até o Pai. Ele derramou o próprio sangue. Invocar seu nome é confiar em seu sangue redentor.

O nome do Pai, do Filho e do Espírito Santo, o nome de Elohim (Deus em três pessoas no Antigo Testamento) é encontrado no nome do Senhor Jesus Cristo. O tri-uno nome do trino Deus cumpre assim alguns dos ricos simbolismos encontrados na peça trina dos querubins e do trono de misericórdia. É o nome em unidade e tri-unidade.

A plenitude do nome da divindade habita corporalmente no Filho, que habita em meio à sua Igreja, agora o Tabernáculo e Templo de Deus. A glória e a Presença de Deus são vistas na face do Senhor Jesus Cristo (2 Co 4.4-6).

Essa revelação do nome de Deus na arca da aliança é a mesma revelação do nome declarado na sarça ardente para Moisés. Na sarça havia uma chama ardente da glória e do fogo divinos. A voz de Elohim falou no meio da sarça. Deus em tri-unidade falou. Então, o nome de Deus foi revelado, o próprio nome redentor de "EU SOU O QUE SOU". Este é JEOVÁ (O SENHOR) e tornou-se entre os judeus um nome indizível e inexprimível. Aqui ocorreu o estabelecimento do ministério de Moisés.

No Tabernáculo, e mais especificamente no Templo, a libertação de Israel do Egito e do deserto foi cumprida. A glória que tinha estado no Monte Sinai, e, depois, no Tabernáculo do Senhor, logo entraria no Templo de Deus. Não mais numa sarça ardente, nem no Monte Sinai, nem no Tabernáculo, mas num Templo. Contudo, ela ainda se manifestava na arca de Deus. A voz falaria, não agora vinda de uma sarça, nem do Monte Sinai, mas do trono de misericórdia aspergido com o sangue sacrificial e expiatório.

A revelação é a mesma: Deus e seu nome!

Assim, Jesus Cristo, a arca da nova aliança, é o EU SOU, parte de Elohim (a divindade) e assim carrega o nome de Deus em e sobre ele, em meio a sua Igreja.

A Igreja também deve carregar o nome dele como uma testemunha na terra, assim como Ele o fez (At 9.14-16; 15.14-17; Ef 3.15; Tg 2.7). Nós somos um com o Pai, um com o Filho e um com o Espírito Santo (1 Co 1.10).

O NOME NA CIDADE DE JERUSALÉM

O nome de Deus foi também vitalmente ligado à cidade de Deus, Jerusalém. Deus habitou no tabernáculo em Gilgal, na entrada original na terra da promessa. Então, mais tarde, habitou no Tabernáculo que foi levado para Siló (Js 18.1; 8-10).

Quando o Templo substituiu o Tabernáculo, ele foi construído na cidade de Jerusalém, a cidade da paz, a cidade santa.

Podemos constar prontamente que alegria e glória estavam na cidade de Jerusalém, porque o *Templo* de Deus se encontrava naquela cidade. Isso a tornou a alegria de toda a terra. O Templo fez dessa cidade a glória de todos os reinos da terra.

Foi nessa cidade que Deus disse que seu nome seria celebrado. Ele foi celebrado não somente no Templo, mas também na cidade. A cidade e o Templo eram, portanto, unidos no nome de Jeová. Em 2 Crônicas 33.4, o Senhor diz: "Meu nome permanecerá para sempre em Jerusalém".

Daniel 9.18,19 fala "da cidade que leva o teu nome... pois a tua cidade e o teu povo levam o teu nome..."

Por fim, Deus teve de julgar a cidade juntamente com o Templo através da destruição por causa das corrupções e da iniqüidade da nação escolhida.

As visões do profeta Ezequiel revelam quantas abominações eram levadas para dentro do Templo de Deus e fizeram a glória de Deus apartar-se do Templo e da cidade (Ez 8,10).

Contudo, nos capítulos finais de Ezequiel (40-48), Deus dá a Ezequiel uma visão de um novo Templo e uma nova cidade. Aqui, a glória Shekinah retorna, e seu some é estabelecido nessa cidade, para sempre!

É no Templo e na cidade, conforme descrito nos capítulos finais de Ezequiel, que temos uma observação final com relação ao nome de Deus. O nome redentor revelado ali é "Jeová Shamá – O SENHOR está aqui, o SENHOR sempre presente".

Tudo isso encontra seu pleno cumprimento em Apocalipse 21 e 22; Hebreus 11.10-16; Gálatas 4.26 e Salmo 46.4,5. A cidade aqui é a *nova* Jerusalém. A cidade *velha* é passada (Ap 11.8). A nova Jerusalém é a cidade do Deus vivo. É a cidade celestial, cujo edificador e arquiteto é Deus. A antiga

Jerusalém foi corrompida pelo povo que levava o nome de Deus sobre si (2 Cr 7.14). Eles caíram em iniqüidade. A cidade celestial de Jerusalém é uma cidade santa, justa, a cidade de Deus.

Nessa cidade está *o Templo*. "O Senhor Deus todo-poderoso (o Pai) e o Cordeiro (o Filho, o sacrifício) são o seu templo". E *seu nome* está ali, no Templo, no Cordeiro, na cidade. Seu nome está também na fronte de todos os que entram na cidade de Deus. Seu nome é a sua natureza.

"O seu nome estará em suas testas" (Ap 22.4; 14.1-4). "Escreverei nele o nome do meu Deus e o nome da cidade do meu Deus, a nova Jerusalém, que desce dos céus da parte de Deus; e também escreverei nele o meu novo nome" (Ap 3.12). Essa é a promessa ao vencedor.

Em Ezequiel, a cidade e o Templo são chamados de *Jeová Shamá*, o Senhor está aqui, o Senhor sempre presente. A luz e a glória de Deus enchem a cidade dos redimidos. Essa cidade nunca será corrompida pelo pecado e iniqüidade, pois nela reinará a justiça eterna.

Assim, temos o divino propósito para a edificação do Templo. Deus queria ter um lugar no qual pudesse habitar, um lugar para a sua presença, um lugar para o seu nome. Toda a glória de seu nome redentor seria manifesta entre seus redimidos, enquanto eles o honrassem e santificassem entre as nações.

As Escrituras dizem: "Salomão deu ordens para a construção de um templo em honra ao *nome* do SENHOR" (2 Cr 2.1).

A Igreja é agora a casa de Deus. E deve ser edificada para o nome do Senhor, em nome do Senhor Jesus Cristo. Todos os nomes redentores do Senhor são compreendidos nesse nome redentor que tudo inclui. A Igreja deve viver e ministrar para os perdidos no poder deste nome para a glória do Pai.

A progressiva revelação do nome do Senhor a respeito dos lugares de habitação mostram que o Senhor estabeleceu seu nome, num lugar, num artigo de mobília, numa habitação e numa cidade, assim como entre seu povo.

A plena revelação é que Deus estabeleceu seu nome não mais num *lugar*, mas em uma *pessoa*, o próprio Senhor Jesus Cristo. E, por causa dele, seu nome é colocado sobre seu povo. Nele "recebe o nome toda a família nos céus e na terra" (Ef 3.14,15). A Igreja é o Templo de Deus, no qual o nome de Jesus habita para sempre!

CAPÍTULO 15

O LOCAL DA CONSTRUÇÃO DO TEMPLO

"Então Salomão começou a construir o templo do SENHOR em Jerusalém, no monte Moriá, onde o SENHOR havia aparecido a seu pai Davi, na eira de Araúna, o jebuseu, local que havia sido providenciado por Davi" (1 Cr 3.1).

Esse versículo estabelece a verdade com relação ao local de construção do Templo do Senhor. Nesse mesmo versículo, existem ricas sementes da verdade que devem ser consideradas neste capítulo com relação ao lugar que Deus escolheu para edificação de sua casa. Cada semente é rica em suas implicações proféticas também para a Igreja do Novo Testamento.

Nós dividimos esse versículo em partes para obtermos a compreensão das verdades nele contidas.

A CIDADE DO TEMPLO – JERUSALÉM

Num capítulo anterior, vimos que o Senhor escolheu a cidade de Jerusalém para colocar seu nome ali.

Jerusalém é a principal cidade no Antigo Testamento, relativa aos propósitos redentores de Deus. E é também a cidade santa, cidade justa, a cidade onde a Palavra do Senhor foi enviada para a nação escolhida e dali para todas as outras nações. Jerusalém é a cidade para a qual o Salvador viria no tempo apropriado. Todas as outras cidades em Israel e Judá, assim como as cidades pagãs, foram julgadas pela sua reação aos acontecimentos que tomaram lugar nessa cidade de Jerusalém.

Jerusalém é interpretada de várias formas, como, por exemplo, "cidade da justiça, cidade da paz". Salém é especialmente interpretada como "paz" (Hb 7.1,2).

Jerusalém foi a cidade de Deus, a cidade do grande Rei.

Quando Melquisedeque apareceu ao pai Abraão, parece evidente que ele revelou a Abraão algo sobre a cidade de Deus, aquela cujo arquiteto e edificador é Deus. Abraão, juntamente com Isaque e Jacó, procuraram por essa cidade com fundamentos (Hb 11.10-16).

O nome Melquisedeque significa "O rei da *justiça* e rei da *paz*". Ele é o rei-sacerdote, sacerdote do Deus altíssimo. Muitos comentaristas o vêem como o rei de Jerusalém (celestial). Contudo, a maioria o vê em relação à cidade terrena de Jerusalém.

Entretanto, um estudo do livro de Hebreus mostra que há tanto a cidade terrena de Jerusalém como a cidade celestial de Jerusalém, a Jerusalém que é do alto (Hb 12.22-24; Gl 4.26).

O apóstolo João viu essa gloriosa cidade em Apocalipse 21 e 22. Essa, sem dúvida, é a cidade que os patriarcas, juntamente com os crentes, procuram, e não uma cidade terrena.

Melquisedeque é o rei da justiça e o rei da paz. O reino de Deus é como o rei, um reino de justiça, paz e alegria no Espírito Santo (Rm 14.17). Como o rei é, assim será seu reino (Gn 14.17,18).

O próprio Salomão foi visto como rei de paz, executando justiça em Jerusalém, a cidade da justiça e da paz. Assim, ele se torna um adequado tipo do reino de Jesus Cristo, que é *o* Rei da justiça e *o* Rei da paz, governando em seu reino e em sua Igreja.

A cidade escolhida para o Templo foi Jerusalém, a Jerusalém terrena. Essa deveria ser a manifestação terrena da Jerusalém celestial, expressando a natureza, o caráter, a função e o ministério dessa cidade celestial.

A verdade suprema é vista na cidade santa e celestial, a nova Jerusalém, na qual Deus e o Cordeiro são o Templo. A cidade terrena com seu Templo foi a sombra na terra da cidade celestial e do verdadeiro Templo no Pai e no Filho, o Cordeiro de Deus. Essa é a cidade eterna, de justiça e paz eternas. É livre. É do alto. É edificada por Deus.

O MONTE DO TEMPLO – O MONTE MORIÁ

A parte significativa seguinte desse versículo nos mostra que a casa do Senhor foi edificada, não apenas em Jerusalém, a cidade de Deus, mas no Monte Moriá. Só poderemos compreender o tremendo significado disso se considerarmos a descrição bíblica do que aconteceu nesse monte.

Em Gênesis 22, temos a descrição de Deus chamando Abraão, pai de todos que crêem, para oferecer seu único filho, Isaque, como sacrifício num monte que Ele mesmo designaria.

Deus, *o* Pai, falou a Abraão, o pai. Ele pediu-lhe que entregasse seu único filho, que ele amava, e que o oferecesse como sacrifício num dos montes que Ele indicaria. Abraão tomou seu único e amado filho, Isaque, o filho em quem as promessas de Deus seriam cumpridas, e começou a viagem de três dias para o monte do sacrifício.

No decurso da jornada, Isaque perguntou a seu pai: "As brasas e a lenha estão aqui, mas onde está o cordeiro para o holocausto?" Abraão disse a seu único filho que o próprio Deus proveria o cordeiro no lugar e no tempo determinados. Após três dias de jornada, pai e filho chegaram ao Monte Moriá, o monte designado. Abraão disse às duas testemunhas, dois jovens homens, que esperassem enquanto ele e o seu único filho iriam, adorariam e voltariam a eles. Que fé! Que fé no Deus da ressurreição.

Abraão creu que Deus, de alguma maneira, ressuscitaria seu único filho da morte após o sacrifício, pois em Isaque estavam as promessas de Deus para abençoar as nações da terra.

Quando Abraão estava para sacrificar seu filho, com o altar de sacrifício e a madeira preparados, o Anjo do Senhor bradou do céu para que ele poupasse seu filho. Abraão ofereceu em lugar de seu filho um carneiro que ele apanhou entre os arbustos.

Por causa da absoluta e inquestionável obediência de Abraão, Deus confirmou as promessas da aliança para ele: da terra, da semente, da vitória sobre os inimigos, assim como as bênçãos sobre todas as nações.

Abraão recebeu a revelação e chamou aquele lugar de sacrifício de Monte Moriá. "*Jeová Jiré*, o Senhor proverá". E novamente: "No Monte do Senhor será visto" (KJV). Nós podemos perguntar: "O que será visto?" Sem dúvida, com a revelação desse nome redentor de Jeová, Deus viu que, no devido tempo, o *Templo do* SENHOR seria edificado no Monte Moriá. Isso é, sem dúvida, o que seria visto!

Moriá significa "visão de Jah", ou "visão do Senhor". O Senhor viu a disposição de Abraão em sacrificar seu único filho. O Senhor viu a fé de Abraão na ressurreição de seu filho. O Senhor viu a obediência inquestionável de Abraão à palavra divina. O Senhor viu a unidade entre Abraão e Isaque, o pai e o filho. Tudo isso apontava na terra ao que tomaria lugar no tempo designado entre Deus Pai e seu Filho Unigênito, Jesus Cristo. Isso ocorreria no Monte Calvário, não no Monte Moriá, mas certamente fora evidenciado no Monte Moriá.

O Pai também viu que, na ocasião apropriada, o Templo, a casa do Senhor, seria edificada no Monte Moriá. O Monte Moriá foi o lugar do sacrifício do filho unigênito, e sua figurada ressurreição. O Monte Moriá seria o local onde a casa do Senhor seria edificada. Os fundamentos da casa do Senhor seriam o Filho Unigênito, e sua morte e ressurreição figuradas, após três dias de jornada (leia Hb 11.17-19 e Jo 8.56-58).

Quem não pode perceber o tremendo significado na escolha do Monte Moriá como local no qual o Templo seria edificado?

A Bíblia mostra que há somente dois "filhos unigênitos", Isaque no Antigo Testamento e Jesus no Novo Testamento. Foi com base no filho unigênito sacrificado e ressurrecto do Antigo Testamento, Isaque, que as promessas abençoadoras da aliança relativas à semente, à possessão das portas dos inimigos, à salvação das nações, foram renovadas. Assim, é com base no unigênito Filho de Deus, no Novo Testamento, que as bênçãos da aliança estão disponíveis para todas as nações.

Jesus, após três dias e noites da obra de expiação no Monte Calvário, ressuscitou da morte e tornou disponível para todas as nações as bênçãos da nova aliança. Um sacrifício de animal foi oferecido em lugar de Isaque no Antigo Testamento. No Novo Testamento, Jesus foi oferecido no lugar de sacrifício de animais. Jesus é o Cordeiro de Deus que tira o pecado do mundo (Jo 1.29,36; Jo 3.16; Mt 12.39,40; Gl 3.16,29; 1 Pe 1.18-20). Sacrifícios de animais eram sacrifícios involuntários. Jesus voluntariamente deu sua vida por nós, fazendo a vontade do Pai.

Agora, com base em seu sacrifício no Monte Calvário, a Igreja, a casa do Senhor da nova aliança, pode e está sendo edificada.

O monte Calvário substituiu o Monte Moriá. A Igreja substitui o Templo. Jesus substitui Isaque. A Jerusalém terrena é substituída pela Jerusalém celestial. Ele remove o primeiro para que possa estabelecer o segundo. Ele remove o sistema da antiga aliança para estabelecer o sistema da nova aliança (Hb 10.9-14).

O LUGAR DO TEMPLO – A EIRA

O local exato do Templo era a eira de Araúna, o jebuseu, conforme observado em 2 Crônicas 3.1. Salomão começou a edificar a Casa do Senhor em Jerusalém, no Monte Moriá, "Onde o SENHOR havia aparecido a seu pai Davi, na eira de Araúna, o jebuseu".

2 Samuel 24 e 1 Crônicas 21 fornecem uma descrição desse terreno de chão batido, ou eira.

Satanás induziu o rei Davi, através do orgulho, a recensear o povo de Israel. Do ponto de vista de Satanás, havia seu ódio contra o povo de Deus. Do ponto de vista de Davi, havia seu orgulho pela nação, o orgulho pelos números. Eis por que as Escrituras dizem que a palavra do rei foi abominável a Joabe. Deus havia prometido que a semente de Abraão seria inumerável, assim como a areia e as estrelas. Contudo, o que é mais importante, Deus havia ordenado a Moisés que, onde quer que o povo fosse numerado, todos deveriam trazer o preço do resgate, o dinheiro da expiação, a metade de um siclo do preço da redenção, o preço de uma alma (Êx 30.11-16).

Do ponto de vista de Satanás, há um ódio contra a expiação e todo o plano de redenção. Então, ele levou Davi a desprezar o dinheiro do resgate e a numerar as pessoas. Deus havia prometido que nenhuma praga viria sobre a nação se eles trouxessem o preço do resgate. Sem o dinheiro da expiação, Israel estava aberto para as pragas e o juízo do Senhor.

Ricos e pobres deveriam dar de forma semelhante, de acordo com o padrão do Santuário (Êx 30.11-16).

Sem o dinheiro do resgate, a praga chegaria (1 Cr 21.7). Por causa da palavra do rei ser abominável a Joabe, os registros variam em seus relatórios sobre o número de pessoas atingidas, por Davi ter sido desobediente à Palavra de Deus (2 Sm 24.1-9; 1 Cr 21.1-7; Gn 15.5; 32.12; Êx 15.5; Sl 147.4). A semente de Abraão seria inumerável como a areia e as estrelas.

Davi recebeu a chance de escolher entre três castigos como punição divina pelo seu pecado:

1. Sete anos de fome na terra, os quais durariam mais três anos além dos anos de fome já ocorridos. (2 Sm 21.1).
2. Três meses de derrota diante de seus adversários; perda nas batalhas.
3. Três dias de praga na terra.

Davi preferiu cair nas mãos misericordiosas de Deus do que nas mãos sem misericórdia do homem. A pestilência veio e atingiu 70.000 pessoas (2 Sm 24.15,16; 1 Cr 21.14,15).

O Senhor enviou um anjo destruidor a Jerusalém. Davi lamentou por seu pecado e mostrou seu coração de pastor. Ele disse: "Estes não passam de ovelhas. O que eles fizeram?"

O Anjo do Senhor veio a Jerusalém, diretamente à eira de Araúna, com sua espada desembainhada. Com a oração de Davi, o Senhor cessou a praga e ordenou-lhe que edificasse um altar naquele mesmo lugar (2 Sm 24.16-18; 1 Cr 21.15-20).

Araúna (Ornã – ARC) estava debulhando trigo (1 Cr 21.20).

Imediatamente, Davi comprou de Araúna a eira e os bois para sacrifício por 50 siclos de prata. Aqui nós temos o preço da redenção, o preço de uma alma (2 Sm 24.20-25; 1 Cr 22.1). Davi edificou um altar, ofereceu sacrifícios de sangue ali como rei sacerdote, e a praga cessou com base nos sacrifícios de sangue. Esse foi o preço de sangue, o preço da expiação (Lv 17.11).

Depois disso, Davi comprou toda a área do Templo por 600 siclos de ouro (1 Cr 21.21-27). A *prata* foi o preço para o lugar do altar de sacrifício. O *ouro* foi o preço para o lugar do Templo! O Templo seria edificado sobre o fundamento do sacrifício. A glória de Deus somente pode habitar sobre uma base de redenção.

O Senhor confirmou esse ato ao responder do céu com fogo divino (1 Cr 21.38-30). O fogo veio do céu na dedicação do Tabernáculo de Moisés; e agora novamente aqui no sacrifício de Davi. Mais tarde, o fogo viria do céu sobre as ofertas durante a dedicação do Templo de Salomão (2 Cr 7.3).

Davi reconheceu a confirmação divina. Ele disse: "*Este é o lugar para o Templo de Deus*, o SENHOR, e do altar de holocaustos para Israel" (1 Cr 22.1).

Foi Deus que ordenou a Davi para edificar um altar sobre a eira em Jerusalém. O que Deus tinha em mente? Que um preço foi pago por esse lugar. Por que Deus escolheu o terreno de chão batido, a eira de Araúna (ou Ornã), o jebuseu? Porque aqui estava o monte da casa do Senhor.

O nome Ornã (1 Cr 21.20-ARC) significa "Aquele que alegra, arca". Ele também é chamado pelo nome de Araúna, que significa "arca", ou "cântico" de acordo com alguns escritores.

Sem dúvida, seu nome tem um significado profético. Seria nesse lugar que a "a arca" de Deus descansaria. No Templo também deveria estar "a canção" do Senhor e "aquilo que alegra", à medida que as pessoas se regozijam na Presença de Deus.

A eira era um lugar para separar a palha do trigo. Certamente é significativo que o Monte Moriá fosse um lugar de sacrifício e o lugar para Araúna debulhar o trigo. Desse fundamento surgiria a santa Casa do Senhor.

João Batista falou do ministério do Senhor, em que Ele limpará sua eira, juntando seu trigo no celeiro, e queimando a palha com fogo que nunca se apaga (Mt 3.11,12). Isso aconteceria no batismo com o Espírito Santo e com fogo. Nosso Deus é fogo consumidor (Hb 12.29).

O local do Templo

Assim, exploramos as riquezas de 2 Crônicas 3.1. Jerusalém tornou-se a cidade do Templo. O Monte Moriá tornou-se o monte do Templo. A eira tornou-se o local do Templo, e, enfim, chegamos à plena verdade daquele que foi o local do Templo.

Tudo isso se torna uma maravilhosa representação profética de Cristo e de sua Igreja:

1. *Monte Moriá*: o local do filho unigênito, sacrificado e ressurrecto, Isaque.
2. *Jerusalém*: o local onde Deus celebrou seu nome, sua cidade.
3. *A eira*: o local de separar a palha do trigo.
4. *O Templo*: o local da casa do Senhor, sua Presença, seu nome, sua glória e sua habitação, a arca de Deus.

Para a Igreja do Novo Testamento, temos as seguintes representações cumpridas:

1. *Monte Calvário*: o local onde Jesus, o Filho Unigênito foi crucificado, e, três dias mais tarde, ressuscitou dos mortos.
2. *Jerusalém*: a cidade celestial de Deus, a pátria pela qual os patriarcas buscavam.
3. *A eira*: o local de Deus lidar com a vida de seu povo, tirando fora a palha e conservando seu trigo.

4. *A Igreja*: a casa da nova aliança, o Templo do Senhor, o lugar de sua glória, da sua Presença e de seu nome.

Tipo e antítipo se encontram nessa gloriosa união, conforme evidenciado acima. A obra expiatória de Cristo cessou a praga da ira de Deus a todos os que aceitam a Deus em Cristo.

Para Abraão, o Monte Moriá significava o monte do sacrifício.

Para Davi, o Monte Moriá foi o monte da visitação.

Para Salomão, o Monte Moriá foi o monte da glória e da habitação de Deus.

Com relação à edificação do Tabernáculo em Israel, na primeira geração, vimos o seguinte, em contraste com a geração que viu o Templo do Senhor.

A Geração de Moisés		A Geração de Salomão
O Cordeiro pascal	—	Sacrifício de substituição
Três dias de jornada	—	Três dias de praga
Monte Sinai	—	Monte Moriá
O deserto	—	A terra prometida
Jornadas	—	Descanso
O Tabernáculo	—	O Templo

Concluindo, observamos o tipo do Antigo Testamento e o antítipo do Novo Testamento, à medida que a cena se desenrola diante de nós neste capítulo.

CAPÍTULO 16

EDIFICANDO O TEMPLO DO SENHOR

Introdução

Vamos agora para a efetiva construção do Templo do Senhor, a estrutura do Templo propriamente dita. A estrutura do Templo consistia basicamente nas mesmas partes do Tabernáculo de Moisés. O Templo tinha o Santo dos Santos, chamado também de o Lugar Santíssimo ou Oráculo Santo. Neste, ficava a arca da aliança. Imediatamente em frente a essa parte, estava um segundo compartimento chamado de Lugar Santo ou Santuário. Ao redor desses, ou seja, do próprio Templo, estavam os Pátios Externos, no mínimo dois pátios com seus respectivos artigos de mobília como Deus ordenara a Davi.

Toda a estrutura foi construída segundo o padrão do Tabernáculo do deserto, mas duplamente maior em suas medidas. A casa também era cercada por várias câmaras (salas) para os sacerdotes e outros utensílios sagrados, exceto, obviamente, na entrada do Lugar Santo. Toda a estrutura foi maravilhosamente elaborada, ricamente profética e abundante em jóias espirituais da verdade.

Nós consideraremos seus nomes, seu fundamento, as paredes, as tábuas e a ornamentação da casa.

Os nomes do Templo

O Templo do Senhor foi conhecido por vários nomes conforme listaremos aqui:

1. O palácio (1 Cr 29.1,19; Sl 45.8,15).
2. O Templo (1Rs 7.50 – ARA; 2 Cr 3.17; 4.7,8).
3. O Templo de Deus (Mt 21.12 – ARC; Ap 11.1).
4. O Templo do Senhor (2 Cr 27.2; Ed 3.6; Jr 7.4, Ag 2.18).
5. O santo Templo (Sl 5.7; 11.4).
6. A casa (1 Rs 6.7 – ARA).
8. Seu Templo (Ml 3.1).
9. A casa de Deus (2 Cr 3.3 – ARA; 4.11 – ARA).
10. A casa do Senhor (1 Rs 6.1 – ARA; 2 Cr 3.1 – ARA).
11. A casa de oração para todos os povos (Is 56.7; Mt 21.13).
12. A casa de meu Pai (Jo 2.16; 14.2).
13. A casa de vocês (Mt 23.38). Tornou-se desolada após a rejeição a Cristo.
14. O santuário (1 Cr 28.10; Dn 8.14).
15. O Templo e o Oráculo (1 Rs 6.5 – ARC). Isto é, o Lugar Santo e o Lugar Santíssimo.

Da mesma forma, Cristo e a Igreja são conhecidos por vários nomes, cada um com sua própria faceta da verdade. Nenhum nome é capaz de expressar a plenitude da glória de Cristo em sua Igreja.

A fundação da casa

O primeiro e mais importante aspecto da estrutura é o seu fundamento, sobre o qual toda a estrutura se mantém ou cai. O lugar de fundamento do Templo foi escolhido pelo Senhor, e vimos o significado desse local no capítulo anterior.

Aqui, temos o significado do material escolhido para ser o fundamento da casa do Senhor, sendo esse de pedras grandes, caras e lavradas.

Observemos alguns dos textos que falam da importância dos fundamentos:

"Quando os fundamentos estão sendo destruídos, que pode fazer o justo?" (Sl 11.3)
"Eis que ponho em Sião uma pedra, uma pedra já experimentada, uma preciosa pedra angular para alicerce seguro..." (Is 28.16).
"O Senhor edificou sua cidade sobre o monte santo" (Sl 87.1)
Abraão olhou para "a cidade que tem alicerces, cujo arquiteto e edificador é Deus" (Hb 11.10; Ap 21.14-19).
Paulo disse: "Porque ninguém pode colocar outro alicerce além do que já está posto, que é Jesus Cristo" (1 Co 3.9-12).

Observe também as seguintes passagens: Lc 6.48,49; 2 Cr 8.16; Sl 104.5; Is 48.13; 51.13,16; Zc 12.1;. Lc 14.29; Rm 15.20).

Para o Templo ser edificado de acordo com o padrão, um sólido fundamento, com pedras de fundação, tinha de se colocado.

Quando olhamos para a verdade das pedras fundamentais do Templo do Senhor, há vários aspectos que podem ser considerados.

1. Cristo, *o* fundamento

É absolutamente correto afirmar que o Senhor Jesus Cristo é *o* fundamento da Igreja, seu santo Templo. Ele é *a* rocha, *a* pedra, *a* pedra angular, em tudo que Ele é, em tudo que Ele disse, em tudo que Ele fez.

Paulo diz que outro fundamento não pode ser colocado além do que está posto, Jesus Cristo. É a *pessoa* de Cristo: quem Ele é. É a *obra* de Cristo: o que Ele fez. São as *palavras* de Cristo: o que Ele disse. Tudo isso junto constitui Cristo como *o* fundamento da casa do Senhor, a Igreja (1 Co 3.9-15; 1 Pe 2.4-9).

O profeta Isaías disse: "Eis que eu assentei em Sião uma pedra, pedra já provada, pedra preciosa, angular, solidamente assentada..." (Is 28.16 – ARA). Cristo é a pedra angular, provada pelos legisladores gentios, pelos sacerdotes e escribas do Sinédrio da nação judaica. Ele é a pedra provada. Ele é o fundamento seguro.

O tema da rocha/ pedra é salientado nas Escrituras. É a história da vida de Cristo:

- Cristo é a pedra ungida da escada de Jacó (Gn 28.11-19).
- Cristo é o pastor, a rocha de Israel para José (Gn 49.24).
- Cristo é a rocha ferida que provê águas do Espírito Santo para o povo de Deus (Êx 17.6; Is 53.4,5; Sl 78.15,16; 1 Co 10.4).
- Cristo é a rocha da nossa salvação (Sl 18.1,2; 62.2; 40.2,3).
- Cristo é a rocha da redenção e da revelação (Êx 33.21-23).
- Cristo é a rocha na qual nos abrigamos e ficamos seguros (Is 2.10; Dt 32.4,15).
- Cristo é a rocha que gera pedras vivas (Dt 32.18).
- Cristo é a rocha ferida, que se torna a rocha pela qual o reino é edificado (Dn 2.44,45; Lc 20.17,18; Mt 21.44).
- Cristo é a rocha sobre a qual a Igreja é edificada (Mt 16,16-19).
- Cristo é o fundamento para o homem sábio que edifica a sua casa sobre a rocha (Mt 7.24-29). Salomão foi um "homem sábio" que edificou a Casa do Senhor numa fundação de pedras.

- Cristo é a pedra viva devido à sua ressurreição (1 Pe 2.5-9).
- Cristo era a pedra rejeitada que se tornou a pedra angular (Sl 118.22,23; Mt 21.42).
- Cristo é a pedra com o nome dos salvos registrados nela (At 4.8-11).

Quando olhamos para as Escrituras, notamos Cristo em toda a sua glória como a rocha dos séculos, a rocha da nossa salvação, a pedra angular sobre a qual a Igreja será edificada. Quando tudo ao redor está desabando, em Cristo, que é a rocha sólida, nós nos abrigamos!

Ele é quem coloca e é o próprio fundamento dessa casa, e a concluirá (Zc 4.9; 6.12,13).

O Tabernáculo de Moisés teve seu fundamento sobre bases de prata da redenção. O Templo de Salomão teve seu fundamento no Monte Moriá sobre pedras lavradas. A Igreja de Jesus Cristo tem seu fundamento nele, a sua pessoa, sua Palavra, sua obra.

Para aqueles que o rejeitaram, Ele é pedra de tropeço e rocha de escândalo (Rm 9.30-33 – ARA; 1 Pe 2.6,7). Para aqueles que crêem, Ele é a pedra com sete olhos do Senhor (visão perfeita) (Zc 4.7,10 – ARA). A Ele aclamamos (Sl 95.1).

2. O fundamento dos apóstolos e dos profetas

O próximo aspecto dos fundamentos é aquele que diz respeito aos apóstolos e profetas do Antigo e do Novo Testamentos.

Paulo nos fala que a Igreja foi edificada sobre o fundamento dos apóstolos e dos profetas, sendo Jesus Cristo a pedra angular (Ef 2.19-22). É assim que a Igreja vem a ser um templo Santo, a habitação de Deus pelo Espírito.

O apóstolo Pedro nos lembra das palavras ditas antes pelo santos profetas (isto é, os profetas do Antigo Testamento), e os mandamentos dos apóstolos (isto é, os apóstolos do Novo Testamento) do Senhor Jesus Cristo (2 Pe 3.1,2).

Na visão que João teve da cidade de Deus, ele viu a cidade com seus doze fundamentos, e nos doze fundamentos, João viu os nomes dos doze apóstolos do Cordeiro (Ap 21.12-14).

Os crentes primitivos perseveravam na doutrina dos apóstolos, na comunhão, no partir do pão e nas orações (At 2.42).

Assim, temos esse aspecto dos fundamentos também. Cristo é *o* fundamento, mas as Escrituras e os ministérios dos profetas do Antigo Testamento e dos apóstolos do Novo Testamento também são fundamentais na edificação da Igreja, o Templo santo de Deus. Podemos dizer que Cristo é *o* fundamento, pessoal e redentivamente, como nenhum outro. Os apóstolos são os fundamentos, doutrinária e ministerialmente.

Jesus falou a Pedro que seu nome seria Cefas, que significa "uma pedra" (Jo 1.41,42). Contudo Pedro não é *a* rocha, *a* pedra. Cristo o é. Mas, como apóstolo do Cordeiro, Pedro é uma pedra fundamental na Igreja, na cidade de Deus, juntamente com os outros apóstolos do Cordeiro.

Paulo, um apóstolo, lançou o fundamento. Ele próprio foi um fundamento ministerial da Igreja e falou bastante a respeito da revelação da Igreja sendo o Templo do Senhor.

3. As doutrinas fundamentais de Cristo

Em Hebreus 6.1,2, encontramos outro aspecto que diz respeito aos fundamentos. Seu escritor lista os princípios fundamentais da doutrina de Cristo:

- O arrependimento de obras mortas
- Fé em Deus
- Doutrina dos batismos
- Imposição de mãos
- Ressurreição dos mortos
- Juízo eterno

Se essas doutrinas fundamentais não forem adequadamente colocadas, então Deus, como o Inspetor da construção, não pode dar "a licença" para prosseguimento rumo à perfeição, ou ao término da construção.

Muitos cristãos (e igrejas) não têm essas doutrinas fundamentais, contudo buscam edificar "uma igreja do Novo Testamento". Isso não pode ser cumprido sem o fundamento apropriado desses princípios apostólicos das doutrinas de Cristo.

O Senhor sabe quem possui uma fundação apropriada (2 Tm 2.19; 1 Tm 6.19; Jó 38.6; Lc 14.27-30).

É significativo que o relato de Lucas dos dois edificadores declara que "o homem sábio" lançou o fundamento sobre a rocha. Há um duplo pensamento aqui. Cristo é *a* Rocha, e as doutrinas fundamentais de Hebreus 6.1,2 surgem e são edificadas sobre Ele. Isto é, quem Ele é, aquilo que Ele fez e aquilo que Ele disse: sua pessoa, sua obra e suas palavras. Toda doutrina deve ser relacionada a Ele, de outra maneira tudo redundará num sistema filosófico de fatos históricos não relacionados à pessoa do próprio Cristo.

4. Os crentes como pedras vivas

O aspecto final tanto das pedras que eram fundamento quanto das pedras de edificação é que elas se relacionam a todos os crentes, tanto os membros da fundação da Igreja, como todos os membros subseqüentes, na edificação da casa do Senhor.

No Templo de Salomão, as pedras tinham de ser extraídas e lavradas nas pedreiras do rei Salomão pelo seus trabalhadores. Elas perdiam os contornos naturais. Elas eram originalmente pedras rudes, não lavradas, não cortadas e sem utilidade. As Escrituras nos dizem que essas pedras eram trabalhadas antes de serem trazidas para o local onde o Templo seria construído. Não houve som de martelo, nem machado, ou qualquer outra ferramenta de metal na casa enquanto ela era edificada (1 Rs 6.7).

Nós notamos algumas coisas sobre as pedras, não somente para a casa do Senhor, mas para a casa de Salomão, que também foi feita com pedras.

As verdades espirituais evidenciadas aqui podem ser aplicadas aos crentes que agora são as "pedras vivas" para uma casa espiritual. Sem dúvida, o apóstolo Pedro tinha essas coisas em mente quando escreveu para os crentes (1 Pe 2.5-9).

Um estudo de 1 Reis 5.17,18; 6.37; 7.11; 1 Crônicas 22.2; 22.14,15 fornece as informações observadas aqui.

As pedras para o Templo do Senhor foram:

- Pedras de valor
- Pedras grandes
- Pedras cortadas à medida
- Pedras brancas (de mármore)
- Pedras preparadas
- Pedras lavradas, desbastadas com serra no lado interno e externo.
- Pedras medidas. Para a casa de Salomão, elas deviam ter 8 por 10 côvados (o número da ressurreição e a lei e ordem)
- Pedras de fundamento
- Pedras encobertas, revestidas de madeira de cedro (1 Rs 6.18)
- Pedras ornamentadas com pedras preciosas para embelezá-las (2 Cr 3.6)

Todas essas pedras foram "desbastadas com uma serra nos lados interno e externo" (1 Rs 7.9). Após serem extraídas, foram lapidadas, cortadas, trabalhadas e ajustadas com o objetivo de serem colocadas em seu lugar na casa do Senhor. Tudo deveria se encaixar perfeitamente em sua casa pelos edificadores. Israel foi lapidado pelas palavras dos profetas (Os 12.10; 2 Rs 17.13).

Os escavadores tinham de trabalhar essas pedras, talhando, cortando, polindo e embelezando-as para se ajustarem à casa de Deus. Os lapidadores sabiam o que eles estavam fazendo com as várias pedras.

Toda essa preparação fala do trabalho e das disciplinas de Deus na vida de um crente. Ali estavam pedras materiais, trabalhadas externamente. Aqui, existem pedras espirituais, trabalhadas internamente, sendo edificadas numa casa espiritual (1 Pe 2.5-9). Havia muito barulho nas pedreiras e nas florestas, mas, quando o Templo foi erguido, não houve nenhum som de martelo ou de ferramenta (1 Rs 6.7).

Deus tem colocado na Igreja escavadores e lapidadores espirituais, que são os apóstolos, profetas, evangelistas, pastores e mestres, juntamente com os anciãos, diáconos e outros crentes. Deus usa a todos para nos moldar e nos ajustar à sua vontade e ao seu padrão.

Os *evangelistas* representam os escavadores de Deus, usados para obter as pedras das pedreiras do pecado e deste mundo. Eles são usados como ganhadores de almas.

Os *pastores* e *mestres* são usados para lavrar, desbastar, cortar, serrar, moldar e polir com martelo, serra e a talhadeira da Palavra, as pedras vivas trazidas diante deles. Eles devem trabalhar nessas pedras, e ver se elas se ajustam aos padrões de Deus para suas vidas, com o objetivo de encontrarem seu lugar no Corpo, sua Igreja, seu Templo.

Os *apóstolos* e *profetas* são como os "sábios edificadores", que posicionam as pedras em seu lugar designado no Templo do Senhor. Deus sabe onde as pedras devem ser colocadas. O encaixe na casa de Deus é a obra desses ministérios. Paulo foi um "sábio edificador" que descobria e encaixava as pedras vivas na casa do Senhor.

O Senhor Jesus, que também é o divino arquiteto, sabe onde as pessoas devem ser colocadas, onde elas se ajustam em sua casa, seu Templo (Ef 2.19-22; Jo 2.19-21; 1 Co 12.1-28; 3.16,17).

Quão triste deve ser quando o sábio-edificador encontra pedras que estão "mal encaixadas", e não querem se ajustar em sua casa, mas querem ser pedras individuais, sozinhas e sem ocupar o seu devido lugar.

Judas tornou-se "uma pedra rejeitada", lançada fora, recusada ao ser medida por dentro e por fora pelo sábio-edificador, o próprio Jesus Cristo. Ele rejeitou *a pedra* e tornou-se também uma pedra rejeitada.

Pedro permitiu que o sábio-edificador trabalhasse nele, e assim Pedro, "uma pedra", encontrou seu lugar e nome nos fundamentos da cidade de Deus.

Como o próprio Mestre foi uma pedra provada, uma pedra testada, assim será com todas as pedras que encontram seu lugar na casa do Senhor. Jesus nos chama para sermos como Ele (1 Jo 3.1,2). A obra da convicção, regeneração e santificação são todas partes do processo de nos tornarmos pedras vivas que Ele quer que sejamos. A Igreja é uma casa espiritual, um Templo santo, uma habitação de Deus pelo Espírito:

- O Templo é consumado em primeiro lugar no próprio Cristo.
- O Templo encontra cumprimento também na Igreja universal.
- O Templo encontra cumprimento nos crentes individualmente.
- O Templo também encontra expressão na Igreja local.

As paredes da casa

As paredes da casa, como também os seus fundamentos, foram feitos da pedra de mármore branco, ou simplesmente "mármore" (1 Cr 29.2).

Paredes e muros falam de segurança, proteção, abrigo e defesa. A cidade de Deus, na visão de João, tinha seus muros (Ap 21.12-19). Eles conservarão fora aqueles que são impuros e despreparados para entrarem na Presença do Senhor. Eles também protegem aqueles que estão dentro, os sacerdotes do Senhor.

Isaías fala dos "muros da salvação" (Is 60.18; 62.6; Jr 1.18; 15.20; Zc 2.5; Is 26.1). O Senhor prometeu ser um "muro de fogo" (Zc 2.5) ao redor do seu povo no tempo de tribulação.

Deus tem um lugar para todos em seu Templo. Nem todos os crentes são pedras de fundação. Muitos são pedras preparadas para se encaixaram nos muros da casa de Deus. Contudo, os muros dependem dos fundamentos (Ct 8.9,10).

Todas as pedras se ajustavam quando trazidas das pedreiras. Hoje, Deus tem milhões de crentes em várias "pedreiras", sendo cortados, serrados, moldados e polidos, sendo ajustados e preparados para se encaixarem no tempo final dessa edificação. Hoje é o dia da salvação. Agora é o tempo aceitável para se aprontar e preparar-se para ser ajustado ao Templo de Deus, sua Igreja. Algumas vezes, Deus usa pedras para polir outras pedras, assim como Ele usa crentes para polir outros crentes.

Deus é o grande arquiteto. Cristo, pelo seu Espírito, é o sábio-edificador. Cada pedra deve se submeter aos trabalhos de Deus. É a graça de Deus que remove a aspereza e a rudeza das pedras, pedras não atraentes, tornando-as belas em sua casa, seu lugar de habitação. Não haverá pedras disformes, brutas ou ásperas em sua casa.

Pedras recobertas com prata

De acordo com 1 Crônicas 29.4, as paredes do Templo eram revestidas com prata. O pensamento aqui é "rebocar as paredes" ou "revestir" as paredes de pedra com prata.

Um total de 7.000 talentos de prata refinada foram dados com esse propósito, assim como 3.000 talentos de ouro. Nós observaremos agora o total de ouro e prata que foram fornecidos para o Templo:

Ouro		**Prata**
1. Preparado: 100.000 talentos de ouro.	—	1.000.000 de talentos de prata (1 Cr 22. 14,16).
2. Dádivas de Davi: 3.000 talentos de ouro.	—	7.000 talentos de prata (1 Cr 29.4).
3. Dádivas dos príncipes: 5.000 talentos de ouro.	—	10.000 talentos de prata (1 Cr 29.7).
4. Extra: 10.000 moedas de ouro.		
Total: 108.000 talentos de ouro. 10.000 moedas de ouro.	—	Total: 1.017.000 talentos de prata.

Assim, o total da prata era dez vezes maior que o total do ouro. Tudo isso foi para o uso do Templo. Essa é uma quantidade maravilhosa, e tudo foi colocado à disposição de Salomão por seu pai, Davi.

As Escrituras dizem que havia prata em *abundância* nos dias de Salomão, e que ela não era, portanto, valorizada (1 Rs 10.21,22,25, 27; 2 Cr 1.15).

E onde foi usada toda essa prata?

1. Utensílios e instrumentos de prata: 1 Cr 28.14; 2 Cr 5.1; 1 Cr 29.2
   a) Candelabros de prata: 1 Cr 28.15

b) Mesas de prata: 1 Cr 28.16.
c) Taças de prata: 1 Cr 28.17. Artigos de prata

2. Revestimento de prata: 1 Cr 29.4
Revestimento ou reboco de prata para as paredes do templo.

Onde todo esse vasto montante de prata seria usado, além de no revestimento das paredes de pedra, pois não havia nada de prata no Templo, pois tudo no Lugar Santo e no Lugar Santíssimo era de *ouro*?!

Mesmo após a edificação ter terminado, a prata não tinha sido usada totalmente e o restante dela foi colocado nos tesouros da casa do Senhor (1 Rs 7.51; 2 Cr 5.1).

À luz dessa abundância de prata, parece evidente que essas pedras foram rebocadas e revestidas com prata. Dessa forma, nenhuma pedra podia ser vista. Tudo seria encaixado, ajustado e recoberto com prata. Que visão magnífica!

A prata, como já observamos, fala da redenção, o dinheiro da expiação, o resgate, o preço de uma alma.

José foi vendido por 20 moedas de prata pelos seus irmãos (Gn 37.28).

Sansão também foi vendido pelos seus irmãos por 13 quilos de prata (Jz 16.5; 17.2,3).

Jesus foi vendido por Judas por trinta moedas de prata, o preço de um escravo (Mt 26.15).

Os israelitas somente podiam ser contados entre os redimidos, se eles trouxessem meio siclo de prata, o preço do resgate, o preço de uma alma, ao Santuário (Êx 30.11-16).

Davi comprou a eira de Araúna por 50 siclos de prata (2 Sm 24.24).

O primeiro mandamento do Senhor pela expiação da alma foi a prata! O mandamento final do Senhor para a expiação da alma é o sangue! (Lv 17.11.) Assim nós temos a prata e o sangue.

Sem dúvida, muito da prata levada a Salomão veio do recenseamento dos filhos de Israel e do dinheiro do resgate. A prata representa os milhares de israelitas redimidos (Êx 30.12; Jó 33.24; Sl 49.7; Mc 10.45; Is 35.10; 1 Tm 2.5,6).

Pedro interpreta para nós essa simbólica verdade em sua epístola. Ele nos diz que "não foi por meio de coisas perecíveis como prata ou ouro que vocês foram redimidos... mas pelo precioso sangue de Cristo... conhecido antes da criação do mundo" (1Pe 1.18-21).

Nós não somos redimidos com coisas corruptíveis como prata e ouro, os quais foram usados no Tabernáculo e no Templo, mas com o incorruptível sangue de Cristo. Nós fomos comprados por alto preço (1 Co 6.19,20).

Como as pedras foram afixadas com prata, assim Deus vê "as pedras vivas", os crentes "em Cristo" redimidos neste mundo, mas não pertencendo a este mundo (Jo 17; Ef 1.6; 2 Co 5.17). A pedra envolvida com a prata simboliza o crente em Cristo.

Deus vê nosso Salvador, e então Ele nos vê, aceitos no amado (Ef 1.6). Tudo que a pedra era em sua natureza foi recoberto pela prata; da mesma forma, tudo o que nós somos por natureza é recoberto pela redenção de Cristo. As pedras revestidas com prata falam dos crentes revestidos com a redenção de Cristo, comprados nas pedreiras do pecado e desta terra, ajustados pelo padrão e medidas divinos, pela Palavra de Deus e seus ministros, e recebendo um lugar na casa do Senhor. Os crentes, como pedras vivas, podem se rejubilar!

As pedras foram afixadas juntas, pela prata. Assim os crentes são afixados juntos através da obra redentora de Cristo e colocados em seu devido lugar na casa do Senhor (Ef 2.19-22). Para encontrar um lugar na casa do Senhor, todos devem conhecer a verdade baseada na prata da redenção.

As paredes cobertas com tábuas

Um estudo a respeito de 1 Reis 6.9,14-16,18 mostra que as pedras, as pedras revestidas com a prata, foram em seguida revestidas com tábuas, tábuas de cedro. Não havia nenhuma pedra aparente. As paredes e o teto da casa eram cobertos com madeira. As principais vigas e tábuas eram de madeira de cedro.

O piso e o telhado foram forrados ou revestidos com tábuas de cipreste, e as paredes com madeira de cedro.

Ao compararmos 1 Reis 6.14-16 com 2 Crônicas 3-5, vemos que as principais vigas do assoalho eram de cedro, assim como as paredes da casa eram também alinhadas com cedro. As tábuas do assoalho e as vigas do telhado, porém, eram de madeira de cipreste.

Essas árvores vieram de Hirão, rei de Tiro, em troca de mercadorias enviadas pelo rei Salomão (1 Rs 5.1-10; 2 Cr 2.1-16).

Observe as madeiras usadas no Templo do Senhor e seu simbolismo e significado espirituais.

As árvores nas Escrituras são freqüentemente usadas no sentido simbólico, falando de pessoas, sejam santas ou pecadoras, ou de Cristo e sua Igreja. Como árvores eram usadas na casa do Senhor, elas se tornaram símbolos dos crentes em seus vários dons embelezando a casa de Deus.

Nabucodonosor foi relacionado em seu reino da Babilônia a uma árvore (Dn 4). A casa real de Judá é relacionada a uma árvore de cedro (Ez 17).

O reino dos céus é relacionado a uma semente de mostarda que cresce até se tornar uma grande árvore (Mt 13.31,32).

Os justos são relacionados a uma árvore plantada junto a ribeiros de águas, que, no devido tempo, dão seu fruto (Sl 1.3; Jr 17.5-8).

O salmista diz: "As árvores do Senhor são bem regadas" (Sl 104.16). Os justos são como os cedros do Líbano (Sl 92.12-14, Nm 24.5,6; Os 14.5,6).

Jesus disse: "Eu sou a videira verdadeira e vocês são os ramos" (Jo 15.1-16).

Salomão contou parábolas a respeito das árvores, desde o grande cedro até o baixo hissopo, da grandeza até a humildade (1 Rs 4.33)

Portanto, no Templo, as árvores representam os crentes em Cristo, diferentes em natureza das pedras, mas todos moldados para serem partes de sua habitação. A variedade das árvores fala da diversidade do povo de Deus, no entanto todos são um em Cristo, tornando-se parte da casa do Senhor.

A seguir, consideraremos as verdades simbólicas das várias árvores usadas no Templo.

1. A árvore de cedro

O cedro é a primeira madeira mencionada em conexão com o Templo (1 Rs 5.6).

Nas Escrituras, o cedro é símbolo de realeza, de majestade. É símbolo da incorruptibilidade. É uma madeira imperecível. Ela mata os vermes que procuram invadi-la.

Com relação a Cristo, isso fala de sua majestade, seu reino e sua incorruptível humanidade (Sl 16.10; 1 Co 15.33; 1 Pe 1.23).

Cristo é *o ramo*, que foi cortado pela morte, mas retornou à vida em ressurreição gloriosa e em poder como um rei eterno, imortal e invisível. Ele não é mais condenado à morte. Ele é o renovo (Is 11.1-4; Zc 6.12-14; Is 53.1,2; Rm 6.9; 1 Tm 6.13-16).

Davi, o rei, habitou numa casa de cedros. A casa do Rei dos reis é também uma casa de cedros (2 Sm 7.7; Sl 29.5; 80.10; 92.12-14; 148.9; Ct 1.17; 5.15; 8.9).

A madeira de cedro foi usada com relação à limpeza do leproso e à purificação dos israelitas (Lv 14.4-6; 49-52; Nm 19.6; 2 Sm 7.2).

O cedro é especialmente usado para falar da casa real de Judá, da qual Cristo veio (Ez 17).

O crente em Cristo é também um rei ou sacerdote (Ap 5.9,10; 1 Pe 2.5-9). O caráter da realeza está sobre ele.

Assim como árvores eram cortadas e separadas de sua beleza natural, e trabalhadas para se ajustarem à Casa do Senhor, assim o crente é cortado da forma natural de vida da terra, trabalhado e moldado para ser recoberto com a beleza do Senhor em sua casa.

As características do cedro são a incorruptibilidade, a fragrância, a força, a durabilidade e a imperecebilidade; é capaz de resistir à decadência e à decomposição. Essas são as características de Cristo em seu povo.

Outros textos com relação às árvores de cedro são: Is 41.19; Jr 22.7,14, 15,23; Is 9.10; Ez 31.1-11.

2. O cipreste

O pinho (ou cipreste) também foi usado na casa do Senhor. O cipreste forneceu as tábuas para o assoalho da casa do Senhor. As portas do Templo também eram feitas de cipreste (1 Rs 6.34), assim como as vigas do telhado (Ct 1.17).

O profeta diz: "Sou como um pinheiro verde" (Os 14.8). Observe estas passagens que falam do pinheiro (ou cipreste): (2 Cr 3.5; 1 Rs 5.8-10; 6.15,34; 9.11; Ct 1.17; Sl 104.17; Is 41.19; 14.8; 55.13; 60.13; Zc 11.2; Na 2.3).

O cipreste (pinheiro) é um símbolo de força, apoio e poder para sustentar. Cristo é a nossa força e o nosso apoio; Ele tem o poder de sustentar sua casa.

Essa mesma força, apoio e poder devem ser revelados também em seu povo.

3. A madeira de sândalo (ou junípero)

De acordo com os dicionários bíblicos, essa árvore era de madeira de sândalo *vermelho*. Ela era bastante pesada, rígida, composta de grãos finos e de uma bela cor vermelha. Uma veia de cor vermelha corre através dessa madeira. J. N. Darby a traduz como "sândalo vermelho".

No Templo e nos seus arredores, ela foi usada para as escadas e os degraus, para os corrimãos e colunas. Ela também foi usada nos instrumentos musicais, tais como harpas, saltérios e outros instrumentos para os cantores e coro do Templo. Não havia nenhuma madeira na terra comparável a essa. O sândalo era uma madeira perfumada.

Salomão requereu a Hirão que lhe enviasse madeiras de cedro, cipreste e de algumas árvores para o Templo. O sândalo era uma madeira bastante cara (2 Cr 2.8).

Com relação a Jesus Cristo, essa árvore fala da obra expiatória do Calvário. Ela aponta para o *sangue* de Jesus. Ele foi crucificado no "madeiro" (G 3.13). Ele tornou-se maldição no madeiro por nós. O tema da expiação de sangue corre em toda a Bíblia como uma "veia vermelha", conectando todos os 66 livros em apenas um.

Essa árvore foi usada também para fazer os instrumentos musicais com os quais os sacerdotes pudessem cantar e ministrar ao Senhor. É por causa da árvore do Calvário que todos os crentes, como sacerdotes do Senhor, podem cantar e fazer melodias em seu coração a Deus. O coração dos crentes é o verdadeiro "instrumento" do Senhor (Ef 5.18,19; Cl 3.16; 1 Cr 15.16; 2 Cr 5.11-14; 7.6; 1 Cr 16.42; 23.5).

Os crentes são também os sustentadores da verdade da expiação através do sangue na casa do Senhor, pois esse é o preço e o custo da nossa redenção. A morte de Cristo foi vicária.

4. A palmeira

A palmeira também foi vista nas tábuas do Templo. A palmeira era, na verdade, *gravada* na madeira de cedro onde quer que essa fosse usada no Templo.

A palmeira significa e simboliza a justiça, a retidão, a frutificação, a paz e a alegria, conforme é vista nas referências das Escrituras abaixo. A verdade é, como sempre, primeiramente aplicável a Cristo, e, depois, encontra cumprimento também na Igreja, os crentes em sua casa.

O justo deve florescer como uma palmeira, como aqueles que são plantados na Casa do Senhor (Sl 92.12,13).

Em Elim, havia doze fontes de água e 70 palmeiras (Êx 15.27). Isso encontra cumprimento no Novo Testamento através dos doze apóstolos e 70 outros que Jesus enviou em seu ministério de cura (Lc 9.1; 10.1,2).

Os ramos da palmeira eram usados na celebração da festa dos tabernáculos (Ne 8.15; Lv 23.40).

Os redimidos triunfantes segurarão as palmas de vitória diante do Trono de Deus e do Cordeiro (Ap 7.9).

Observem também estes textos: Ct 7.7,8; Jr 10.5; Jo 12.13.

A ornamentação da palmeira foi muito usada no Templo. Ela foi gravada nas pias dos pátios do Templo. Ela foi gravada sobre as paredes do Templo, no Lugar Santo e no Lugar Santíssimo. Também as portas do Santuário foram ornamentadas com palmeiras. Essa foi a árvore mais destacada na ornamentação do Templo do Senhor (1 Rs 6.29 – 36-ARA; 7.36 – ARA; 2 Cr 3.5).

Tudo isso aponta para Cristo como o justo, o vitorioso, o frutífero, tanto em sua própria pessoa como quando manifesto em seus santos.

A igreja primitiva usou a palmeira como símbolo do triunfo de Cristo sobre a morte através da ressurreição, assim como dos cristãos que foram martirizados. A noiva de Cristo é relacionada ao porte de uma palmeira (Ct 7.7).

5. A oliveira

A oliveira é realmente "a árvore do azeite". Ela foi usada para os batentes das portas do Santuário (1 Rs 6.23-33). Também foi usada para os dois grandes querubins do Lugar Santíssimo e para as portas desse Lugar.

A "árvore do azeite" é traduzida em hebraico como *shemen*, e essa palavra é também traduzida como "unção", "ungüento" e "azeite". É a palavra usada para a unção santa de azeite e para o azeite puro da oliveira utilizado nas lâmpadas de ouro do Tabernáculo de Moisés.

A oliveira é, portanto, um símbolo da unção do Espírito Santo na casa do Senhor, primeiramente sobre Jesus Cristo, *o Ungido*, e, depois, sobre os crentes, os cristãos, os ungidos, o Corpo de Cristo.

A oliveira é mencionada na parábola de Juízes 9.8,9, quando as árvores foram ungir um rei sobre elas. É a primeira árvore mencionada após o dilúvio (Gn 8.11). A pomba tinha um ramo de oliveira em seu bico. As duas testemunhas na visão de Zacarias e de João são vinculadas às oliveiras, pois a unção está sobre elas (Zc 4; Ap 11.4).

O azeite que vem do fruto dessa árvore foi usado em toda a unção do Tabernáculo de Moisés, na mobília e no sacerdócio (Êx 27.20; Lv 24.2).

A oliveira foi também usada para retratar o verdadeiro Israel de Deus, a nação espiritual na qual judeus e gentios são um e co-participantes da unção dessa árvore (Rm 11.17-24).

Cristo, segundo a carne, veio da "oliveira", a nação de Israel.

Cristo também sofreu no Getsêmani que significa "azeite" ou "oliva prensada". Ele também retornará para o Monte das Oliveiras, assim como dali ascendeu aos céus (At 1.12; Zc 14.4). Ele é o profeta, sacerdote e rei ungido.

Leia também estes textos: At 10.38; Lc 4.18; Sl 52.8; Jr 11.16; Os 14.6; Is 41.19).

Cada uma dessas árvores fala de Cristo e dos crentes. As árvores foram cortadas de seu ambiente natural, sua ex-fonte de vida na terra. Toda sua beleza natural foi removida. Então, elas foram cortadas, entalhadas, e aplainadas. Todas elas experimentaram a morte da "velha vida".

Em seguida, entraram no processo de preparação pelas mãos dos carpinteiros com o objetivo de encontrar seu lugar na casa do Senhor, e participarem da sua glória. Elas foram revestidas de uma beleza não-natural e ajustadas para permanecerem juntas (Ef 2.19-22). Cristo, como ramo, foi cortado da terra dos viventes. Não havia nele beleza natural que pudéssemos desejar. Em sua morte, Ele sofreu por nós. Mas ressuscitou em glória e beleza para o Templo de Deus no céu. Ele é o perfeito, o majestoso, o justo, o incorruptível (Is 11.1-4; Jr 23.6; Is 53.1,2; 1 Co 1.30).

Ele é o Carpinteiro-Mestre em sua obra na vida dos crentes. Ele nos ajusta para o Seu edifício. Cada parte do Templo fala da glória divina ou da glória dos santos. Essa preparação fala do trabalho do Senhor na vida daqueles que fazem parte do seu povo.

No Tabernáculo de Moisés, a principal madeira utilizada foi a de acácia, que era uma madeira do deserto. Ela florescia no deserto, por meio de uma raiz profunda abaixo da superfície de areia, mas também possuía uma profusão de raízes secas que apareciam na superfície.

Isso fala da humanidade de Cristo, a raiz de uma terra seca, na qual não havia aparência ou formosura. Sua humanidade foi incorruptível.

É significativo que a única peça de madeira de acácia que foi colocada no Templo foi a arca da aliança, que veio das jornadas do deserto. Era uma recordação da jornada para a terra do descanso, a terra da promessa.

Assim também Cristo, como a *arca de Deus*, tem levado a "madeira de acácia da sua humanidade incorruptível" ao próprio Templo celestial, e ali Ele está em sua humanidade glorificada, como uma lembrança da sua peregrinação na terra quando veio nos redimir.

A madeira de acácia foi usada no Tabernáculo para as colunas, a porta, as paredes e, também, para os artigos da mobília. Tudo isso era profético da encarnação de Jesus, a Palavra que se fez carne, de sua humanidade sem pecado e sem corrupção (Jo 1.14-18; Hb 10.5).

Isso fala primeiramente do seu ministério *terreno* antes de qualquer coisa, e, em seguida, de seu ministério celestial.

O Templo, porém, tinha o cedro, juntamente com o cipreste, o sândalo, a palmeira e a oliveira. O Templo era revestido com cedro, além de outras decorações e ornamentações.

Isso fala mais especificamente de Cristo em seu ministério *celestial*, embora diga respeito ao que ocorreu na terra. Ele veio do céu à terra para expiar nossa culpa, e depois retornou da terra para o céu a fim de interceder por nós.

Céu e terra são unidos em seu ministério. Resumindo o uso das madeiras do Templo, podemos afirmar:

- *O cedro*: Fala da humanidade incorruptível de Cristo e de Cristo como Rei.
- *O cipreste (pinho)*: Fala do poder e da força de Cristo para sustentar todas as coisas.
- *O sândalo*: Fala da obra de Cristo na cruz, de sua morte expiatória e do aeu sangue.
- *A palmeira*: Fala de Cristo como o reto, o justo e o vitorioso.
- *A oliveira*: Fala de Cristo como o Ungido, o Messias de Deus.

Com relação aos crentes, podemos afirmar que, quando as qualidades do caráter e dos atributos de Cristo estão envolvidos e operando no crente, essas árvores falam da posição dos crentes na Casa do Senhor. Cristo em nós, a esperança da glória, é a revelação (Cl 1.27-29).

Certamente Isaías 55.12,13 é bastante apropriado ao Templo: "*Todas as árvores do campo baterão palmas*".

"*Então as árvores da floresta cantarão de alegria*" (1 Cr 16.33). Com certeza, as árvores no Templo batem palmas e cantam na Presença do Senhor, em seu Templo. Não árvores literais, mas os crentes em Cristo!

As ornamentações das tábuas (placas)

"Nas paredes ao redor do templo, tanto na parte interna como na externa, ele esculpiu querubins, tamareiras e flores abertas" (1 Rs 6.29; 6.14-18; 2 Cr 3.5,7).

As tábuas de cedro foram então ornamentadas, de acordo com o comando divino, decoradas, trabalhadas e embelezadas com ornamentações e gravuras. Elas haviam perdido sua beleza natural, mas agora possuiriam a beleza do Senhor (Is 61.3). Essas eram árvores de justiça, plantação do Senhor e receberam beleza "ao invés das cinzas" de lamentação.

Isso fala de Cristo e do seu povo que perdeu a beleza do homem natural e recebeu a beleza dada por Deus, ou a beleza espiritual, uma beleza preciosa ao Senhor. Essa beleza interna e externa foi esculpida neles pela mão de Outro, não por si mesmos. Não era algo natural neles mesmos, mas dado e ordenado por Deus.

Assim, Deus esculpiu no crente, interna e externamente, pelos instrumentos de ornamentação da sua Palavra e de seu Espírito, a beleza do Senhor Jesus Cristo. Isso deve estar entranhado em nós e nos revestindo. A mesma beleza da porta do Santuário deveria estar sobre as paredes. A mesma beleza que está em Cristo deve estar em seus santos. O que Ele é nesse mundo, nós devemos ser.

Deixemos a beleza do Senhor Deus estar sobre nós (1 Jo 4.17; 3.1,2; Sl 90.17). Sua Palavra deve ornamentar-nos e embelezar-nos para o seu Palácio. Abaixo, listamos gravuras das paredes de cedro.

1. Frutos (1 Rs 6.18 – NVI)

A palavra traz o pensamento de figuras em forma oval, como colocíntidas (frutos de forma oval, pepinos selvagens). É a mesma ornamentação do mar de bronze no Pátio (1 Rs 7.24).

Isso nos fala do fruto do Espírito em Cristo (Gl 5.22; 1 Co 13). O fruto do amor encabeça todos os nove itens do fruto do Espírito. Dessa forma, o fruto do Espírito deve ser gravado interna e externamente na vida do crente, assim como foi manifesto em Cristo.

2. Flores abertas (1 Rs 6. 29,14-18)

Flores abertas falam da maturidade manifestada. Cristo é o lírio dos vales e a rosa de Sarom. Isso fala da beleza e da fragrância da vida de Cristo. Ele foi completamente amadurecido e floresceu para revelar seu Pai (Jo 1.14-18). Essa maturidade da beleza de Cristo deve também estar permeada no crente, gravada em sua experiência através do Espírito e da Palavra.

3. As palmeiras (1 Rs 6.29)

Como já observamos, as palmeiras falam de retidão, justiça, vitória e alegria. É a ornamentação mais freqüente de árvores vista na madeira de cedro (Sl 92.12-14).

Essas qualidades de caráter precisam ser gravadas na vida dos crentes, assim como estavam na vida de Cristo.

4. As correntes (2 Cr 3.5)

Parece que os frutos, as flores abertas e as palmeiras estavam todos vinculados por correntes também gravadas na madeira de cedro.

As correntes são constituídas de muitos elos. Essas correntes falam dos numerosos "elos" das promessas da aliança de Deus, em toda a Bíblia. Todos devemos prender a Palavra de Deus como cadeias (correntes) em volta de nosso pescoço para que possamos cumpri-la (Pv 1.9; Ct 1.10; Ez 16.8-11). Correntes sobre o pescoço foram dadas como um sinal de gratidão e honra a Daniel (Dn 5.7, 16,29). Sobre as portas do Templo também havia correntes.

Todas as verdades da Palavra de Deus são vinculadas numa revelação progressiva e, assim, formam uma única corrente da verdade divina, a teologia da aliança.

5. Os querubins (1 Rs 6.29; 2 Cr 3.7)

A palavra "querubim" significa "aquele que guarda". Essa é uma revelação progressiva dos querubins nas Escrituras.

Trataremos mais plenamente dessa verdade no capítulo sobre o Oráculo e os dois grandes querubins de madeira de oliveira protegendo os querubins na arca da aliança.

Contudo, destacaremos agora alguns aspectos a respeito dos querubins:

Os querubins são vistos no Éden, guardando a árvore da vida eterna com a espada flamejante (Gn 3.24).

Os querubins são vistos no véu do Tabernáculo de Moisés, guardando a entrada para o Lugar Santíssimo (Êx 26.31-34).

Os querubins são vistos protegendo o propiciatório da arca da aliança (Êx 25.10-22).

Os querubins são sempre associados com o Trono de Deus e sua santidade. A visão de Ezequiel mostra os querubins com quatro faces, assim como João viu em Apocalipse 4 (Ez 1,10).

Sua revelação predominante é a respeito da santidade de Deus relativa à expiação.

Note também estas referências dos querubins: 1 Sm 4.4; 2 Rs 19.15; 1 Cr 13.6; Sl 80.1; Is 37.16. O Senhor habita entre os querubins.

Assim, a santidade da divindade foi manifestada em Cristo e deve estar entranhada e estampada na vida dos seus santos, em sua Casa.

Paredes revestidas com ouro (2 Cr 3.4-9)

Como complementação do embelezamento e da ornamentação das tábuas de cedro nas paredes, *toda a casa* foi revestida com ouro, ouro puro (1 Rs 6.11-22).

Todas as paredes da casa, o Lugar Santo e o Santíssimo foram cobertos ou revestidos com ouro. O telhado e o assoalho também foram revestidos com ouro (1 Rs 6.20). O ouro embelezou todas as gravuras nas tábuas e nas paredes de cedro.

O ouro sempre fala de Deus, da natureza divina, seja em Cristo ou no crente. Ele também fala da glória de Deus. A cidade-noiva em Apocalipse é como ouro transparente (Ap 21,22). Ela está cheia da glória de Deus.

O ouro era de Parvaim, o ouro mais precioso conhecido na época. Até mesmo os pregos eram de ouro (2 Cr 3.6-9).

No Tabernáculo de Moisés, as paredes de tábuas também eram revestidas com ouro, mas as tábuas eram fixadas em bases de prata. Toda a mobília permanecia sobre o chão de terra, por assim dizer. Os sacerdotes ministravam no chão de terra, sobre a areia do deserto. O Tabernáculo apontava para Cristo em sua caminhada terrena.

No Templo, as pedras da parede eram revestidas com prata, e, depois, cobertas com tábuas ornamentadas, e, finalmente, revestidas com ouro, fixadas em fundamentos de pedra. Aqui toda a mobília permanecia no chão de ouro, por assim dizer. Ao ministrarem no Templo, os sacerdotes caminhavam no chão coberto de ouro. O Templo fala da glória de Cristo em seu Santuário celestial, assim como em seu ministério na Igreja.

O ápice da revelação, da consumação e da combinação, tanto do Tabernáculo quanto do Templo, é visto na cidade de Deus, na cidade de ouro. Ali os redimidos da terra, como reis e sacerdotes, caminharão em ruas de ouro. A cidade é cheia da glória de Deus e do Cordeiro (Ap 21.21).

A natureza divina deve ser plenamente manifestada na humanidade redimida, assim também como o caráter de Jesus Cristo, o eterno Deus-homem, glorificado pelo Pai.

Ornamentados com pedras preciosas (2 Cr 3. 6,7)

Aqui, constatamos que Salomão "ornamentou o templo com pedras preciosas".

O embelezamento final das paredes da casa foi com a ornamentação com pedras preciosas. As pedras deslumbravam com seu esplendor, brilhando com todas as cores do arco-íris, assim como as lâmpadas dos candelabros iluminavam o Lugar Santo e a glória de Deus iluminava o Lugar Santíssimo.

Essas pedras preciosas foram dádivas dos príncipes para o Templo, oferecidas voluntariamente ao Senhor (1 Cr 29.2).

O livro de Provérbios diz que "pedra preciosa é o presente aos olhos dos que o recebem; para onde quer que se volte, servirá de proveito" (Pv 17.8 – ARC). Observe também: Pv 3.15; Ez 28.13; Is 28.16; 1 Co 3.12-15; 1 Pe 1.7,19; 2 Pe 1.1-4; Sl 49.8; Mt 26.7.

Essas pedras preciosas refletiam beleza, glória e luz extraordinárias. Elas resplandeciam as várias luzes e cores do arco-íris.

Nós vemos o uso das pedras preciosas tanto no Tabernáculo quanto no Templo.

O peitoral do sumo sacerdote tinha doze pedras preciosas com os nomes das doze tribos de Israel gravados nelas.

Além disso, havia as duas pedras de ônix nos umbrais com os nomes das tribos gravados (Êx 28).

No peitoral haviam duas misteriosas pedras chamadas "Urim" e "Tumim", ou "Luzes" e "Perfeições". Por essas pedras, o sumo sacerdote recebia o pensamento do Senhor e a vontade de Deus para o povo.

O noivo e sua noiva são embelezados com jóias e ornamentos (Is 61.10). A cidade-noiva é também ornamentada com 12 formas de pedras preciosas em seus fundamentos (Ap 21, 22). A cidade, assim como o peitoral do sumo sacerdote, é quadrangular. As ruas são de ouro, e a glória Shekinah de Deus ilumina a cidade.

As pedras preciosas simbolizam os dons do Espírito nos santos, bem como suas boas obras que glorificam a Deus. Cada boa obra inspirada em Deus glorifica ao Senhor e mostra aspectos de sua glória nos santos.

As obras dos crentes são vinculadas (a) ao uro, (b) à prata e (c) às pedras preciosas; os mesmos materiais que foram usados na construção do Tabernáculo e do Templo (1 Co 3.9-15).

As pedras eram *"pedras preciosas"* (1 Rs 10.2, 10,11; 1 Cr 20.2; 29.2; 2 Cr 3.6).

Os pensamentos de Deus para nós são preciosos (Sl 139.17).

Ele tem nos dado preciosas promessas (2 Pe 1.4).

A cidade de Deus brilha como uma pedra preciosíssima (Ap 21.11,19). (Leia também 1 Pe 1.7,19; 2 Pe 1.1).

Dessa forma, as pedras preciosas nas paredes do Templo podem representar os dons do Espírito, as boas obras dos santos, obras de amor e fé feitas de acordo com a Palavra e o Espírito de Deus.

Comparemos o Tabernáculo e o Templo:

O Tabernáculo		O Templo
Bases de prata	—	Fundamentos da casa à base de pedras e prata
Tábuas de madeira de acácia	—	Tábuas de cedro, cipreste (pinho), oliveira e palmeira
Revestidas com ouro	—	Ornamentadas com frutos, flores abertas, correntes, palmeiras, tudo revestido com ouro
Querubins nas cortinas de linho	—	Querubins gravados nas paredes de cedro
Nenhuma tábua era vista, somente o ouro	—	Nenhuma pedra era vista, somente o ouro revestindo as tábuas
Luzes dos candelabros	—	Luzes dos candelabros
"Chão de terra"	—	"Chão de ouro"
Cristo no ministério terreno	—	Cristo no ministério celestial em sua Igreja

Resumo

1. As pedras eram escavadas nas pedreiras, cortadas e preparadas
2. Revestidas com prata
3. Cobertas com madeira de cedro
4. Ornamentadas com frutos, flores abertas, correntes, palmeiras e querubins
5. Revestidas com ouro
6. Ornamentadas com toda forma de pedras preciosas

Assim, os crentes, na casa do Senhor, experimentam redentivamente todas as verdades simbolizadas na preparação acima, na ornamentação e no embelezamento dos materiais para o Templo do Senhor. Eles são transformados de "glória em glória". Nós observamos a obra da graça no processo de Deus lidando com seu povo.

O crente é trazido, assim como uma pedra, das pedreiras deste mundo, redimido com o sangue de Cristo, tornando-se rei e sacerdote junto a Deus, experimentando a beleza interior do caráter de Cristo, as graças e os dons da natureza divina, e é ornamentado com dons e boas obras para a glória da sua Igreja.

Verdadeiramente, o salmista diz: "E no seu templo cada parte fala de sua glória!" (Sl 29.9 – KJV). A glória do Tabernáculo de Moisés era interna; a glória do Templo, interna e externa. Quanto esplendor, magnificência e glória na casa material de Deus! Contudo, isso nada é comparado ao esplendor, à magnificência e à glória de Cristo em sua Igreja. Isso nada é comparado à glória que deve ser revelada em seus santos, a habitação de Deus através do Espírito, e isso por toda a eternidade!

Como o salmista, podemos dizer: "Se não for o Senhor o construtor da *casa*, será inútil trabalhar na construção. Se não é o Senhor que vigia a *cidade*, será inútil a sentinela montar guarda" (Sl 127.1). Sem dúvida, isso fala do Templo e de Jerusalém. O Senhor edificou sua casa e vigiou sua cidade, e o seu trabalho e vigilância não foram em vão.

Agora, a casa de Deus na terra é a Igreja. Deus habita nela. A casa de Deus no céu é a cidade. Nós habitaremos nela. A casa e a cidade estarão unidas na revelação final de Deus com seu povo.

AS PORTAS ARTICULÁVEIS DO TEMPLO

As portas articuláveis (1Rs 6.35)

As portas com duas folhas duplas, cobertas de ouro, para a entrada do templo e também do Santo dos Santos.

CAPÍTULO 17

AS PORTAS DO SANTUÁRIO E DO ORÁCULO

Através de uma cuidadosa leitura de 1 Reis 6.31-35 e 2 Crônicas 3.7, descobrimos que a entrada ao Santuário ou Lugar Santo, e o Lugar Santíssimo, chamado de Oráculo Santo, era através de portas e cortinas.

Neste capítulo, estudaremos as entradas para o Santuário e o Oráculo Santo, ou Lugar Santo e o Lugar Santíssimo.

As portas para o santuário, o Lugar Santo (1 Rs 6.33-35)

Uma porta sempre significa acesso ou entrada para algum lugar. Assim, as portas do Santuário falam de acesso à casa do Senhor, junto à presença do Senhor, e aquela que dava o único acesso aos artigos de mobília do Lugar Santo.

Qualquer sacerdote que entrasse no Lugar Santo deveria vir através das portas. Tentar entrar por outro caminho faria dele um ladrão ou salteador.

Jesus disse: "*Eu sou a porta*; quem entra por mim será salvo..." (Jo 10.9). É através dele que temos acesso ao Pai pelo Espírito (Ef 2.18).

Observemos os desenhos e as ornamentações das portas do Santuário, e as lições espirituais que podemos obter dos elementos ali contidos.

1. Feita de madeira de cipreste

O cipreste fala de Cristo como *o poderoso*, poderoso para salvar. Trata-se de uma árvore suavemente perfumada, agradável ao olfato.

A madeira fala da humanidade sem pecado de Cristo. A humanidade, como já vimos num capítulo anterior, é retratada através de várias árvores, inclusive o cipreste (pinheiro) (Is 41.19, 55.13; 60.16; 14.8; Os 14.8; Sl 104.17). É Cristo, o Homem, em sua humanidade.

2. Dois batentes (ombreiras) de oliveira

Falam de Cristo como o Ungido, o Messias. Os dois batentes que apoiavam a porta falam das duas Pessoas da divindade que apoiavam Cristo em seu ministério, o Pai e o Espírito Santo. O Pai e o Espírito testificaram o fato de que Cristo é *a porta* de acesso à presença de Deus.

3. A quarta parte da parede

As portas mediam a quarta parte de uma parede. Quatro é o número da terra. Os quatro evangelhos apresentam Cristo em seu ministério terreno. Seu evangelho de salvação também deve ir aos quatro cantos da terra, a todas as criaturas, toda a humanidade (At 1.8; Mt 28.18-20; Mc 16.15-20).

De todo povo. língua, tribo e nação, os redimidos virão ao Pai, através de Cristo, a porta para Deus.

4. Portas de folhas duplas articuláveis

Havia duas portas com duas folhas ou duas partes articuláveis (semelhantes às antigas cabines telefônicas ou algumas lojas), totalizando assim quatro portas.

A mesma verdade acima é encontrada aqui. Nós temos os quatro evangelhos, os evangelhos de Mateus, Marcos, Lucas e João.

Cada um apresenta a filiação de Jesus de uma maneira específica. Mateus apresenta Cristo como o Filho de Davi. Marcos mostra-o como o Filho do Homem; Lucas, como Filho de Adão. João apresenta Jesus como o Filho de Deus.

E também, Jesus é o Rei em Mateus, o profeta em Marcos, o sacerdote em Lucas e o juiz em João; quatro ofícios juntos nele, os quais podem ser simbolizados pelas quatro portas para o Lugar Santo.

5. A ornamentação das portas

A ornamentação e o embelezamento das portas do Santuário eram os mesmos do Oráculo Santo e das paredes de cedro:

- *Flores abertas*: A beleza de Cristo em sua perfeita humanidade e maturidade.
- *Palmeiras*: A justiça de Cristo como aquele que é perfeito e justo.
- *Querubins*: O único em quem habita corporalmente toda a plenitude da divindade.

6. Portas revestidas com ouro

Essas portas, assim como as paredes da casa, foram também revestidas com ouro. O ouro sempre fala da deidade, a natureza divina, a glória de Deus em seus atributos. Assim Cristo, a porta, foi a Palavra que se fez carne, a plenitude da natureza e os atributos divinos foram manifestos nele, em toda perfeição.

7. As dobradiças de ouro (1 Rs 7.50)

Essas portas, tanto no Lugar Santo como no Lugar Santíssimo, foram apoiadas em dobradiças de ouro. As portas dependem dessas dobradiças para abrir e fechar, para permitir a entrada dos sacerdotes ou mantê-los do lado de fora.

Nós podemos dizer que todo o plano da redenção se apóia na revelação de aliança, envolvendo o Pai, o Filho e o Espírito Santo.

Novamente, o ouro fala do que é divino. O plano da redenção se apóia na revelação e no ministério da divindade. Sem isso, não há absolutamente nenhum acesso à glória de Deus e à sua Igreja.

As portas do oráculo, o Lugar Santíssimo (1 Rs 6.31,32)

Novamente nós temos outros dois jogos de portas articuláveis na entrada para o Lugar Santíssimo, ou Oráculo santo.

Elas apresentam a mesma verdade de acesso e entrada à presença de Deus. Contudo, como as portas do Lugar Santo davam aos sacerdotes acesso à mesa da proposição, às lâmpadas do candelabro, ao ministério do altar de ouro de incenso; aqui, essas portas davam acesso à própria glória Shekinah – a glória de Deus, à arca da aliança. Em outras palavras, essas portas davam acesso para "além do véu".

Observamos as mesmas verdades nas portas do Santuário.

1. Feitos de madeira de oliveira

Em contraste com as portas do Lugar Santo, que eram de madeira de cipreste, essas portas aqui são feitas de oliveira, ou a "árvore do azeite".

Não havia menção da oliveira na construção do Tabernáculo de Moisés, o lugar de habitação do Senhor no deserto.

A madeira de oliveira fala de Cristo como o Ungido, em quem a plenitude da unção divina foi manifestada (Jo 3.33,34; Mt 16.15-19). Nele estava o sacerdócio, a unção profética e real em plenitude. Sua vida era no Espírito, que é o "crisma", ou santo óleo.

2. A verga (Viga Superior) e os dois batentes de oliveira das portas

Essas portas tinham uma verga e dois batentes laterais que também foram feitos de madeira de oliveira. Na festa da Páscoa, Deus ordenou que o sangue do Cordeiro pascal fosse aspergido de forma trinitária na verga e nos dois batentes das portas, enquanto a família se alimentava do corpo deste Cordeiro sacrificado (Ex 12.21-22).

Todo o Egito encarava a porta, o sangue aspergido na porta, e aceitava-o ou rejeitava-o, para ganhar a vida ou perdê-la na morte.

Os batentes de oliveira falam do azeite do Espírito, e o sangue do Egito fala do sangue de Cristo. O sangue derramado de Cristo provê o óleo do Espírito Santo (veja também Ez 41.23,24).

3. Vergas e batentes das portas – uma quinta parte da parede

As portas do Santuário tomavam a quarta parte da parede. Já essas portas aqui tomavam a quinta parte da parede.

Sem dúvida, Deus tinha em mente cada faceta da verdade que Ele queria ver simbolizada. Mas as Escrituras revelam que cinco é o número da graça, o número da expiação, o número da vida.

Como a Porta, Jesus recebeu cinco feridas no Calvário em seu Corpo por nós, para prover acesso à glória de Deus, a qual está "além do véu".

4. Duas portas de folhas duplas articuláveis

Novamente, vemos duas portas articuláveis, cada uma contendo folhas duplas. Assim, temos duas portas dobráveis, ou um conjunto de quatro portas – aqui, como no Lugar Santo.

Como já observamos, quatro é o número da terra, o número do que é universal todo. O evangelho de Cristo e a mensagem de acesso devem ir a todo o mundo, a cada povo, língua, tribo e nação (At 1.8; Mt 28.18-20; Mc 16.15-20). Cristo deve ser apresentado como o caminho de acesso a Deus, pelos quatro cantos da terra, a toda a humanidade.

As Escrituras nos fornecem muitos aspectos do número quatro. Há quatro descrições de Deus na Bíblia. (1) Deus é luz (1 Jo 1-5); (2) Deus é amor (1 Jo 4.16); (3) Deus é Espírito (Jo 4.24); Deus é fogo consumidor (Hb 12.29).

As quatro portas provendo acesso à presença de Deus "além do véu" devem ser acessadas com a compreensão de que Deus é luz, amor, Espírito e fogo consumidor. Esses são os quatro atributos eternos do próprio ser e natureza de Deus.

5. A ornamentação das portas

A ornamentação dessas portas é a mesma das portas do Santuário e das paredes da casa. Cristo é o mesmo sob qualquer ângulo que seja observado. Ele é o mesmo ontem, hoje e para sempre (Hb 13.8):

- *Flores abertas*: A beleza e a fragrância de Cristo em sua perfeita e madura humanidade; revelando Deus, o Pai (Jo 1.14-18).
- *Palmeiras*: Cristo é o reto; o justo, o vitorioso que traz alegria a seu povo (Jo 12.13; Ap 7.9).
- *Querubins*: Cristo é aquele em quem habita corporalmente toda a plenitude da divindade (Cl 1.19; 2.9).

Todas essas ornamentações foram gravadas e esculpidas pela faca, por instrumentos de sofrimento. Assim, Cristo sofreu por nós em sua humanidade perfeita e sem pecado. E a beleza perfeita de sua humanidade é evidente.

6. Portas revestidas com ouro

Simboliza sua absoluta deidade, sua natureza divina, sua união com o Pai e o Espírito Santo. Ele é *Deus* que se fez carne. Sua obra, suas palavras e sua pessoa são divinas. Ouro = sua divindade. Madeira = sua humanidade. Dois materiais aqui, como duas naturezas na única pessoa de Cristo. O ouro nunca se torna madeira; a madeira nunca se torna ouro; contudo esses dois materiais foram feitos um. Cristo em sua deidade e humanidade, duas naturezas distintas, mas uma única pessoa.

7. Dobradiças de ouro (1 Rs 7.50)

As dobradiças, nas quais as portas se apoiavam, eram de ouro. As portas dependiam das dobradiças para abrir e fechar, para permitir a entrada dos sacerdotes ou mantê-los de fora.

O Pai e o Espírito sustentam a pessoa de Cristo em tudo o que Ele é, tudo o que Ele faz e tudo o que Ele diz.

8. Pregos de ouro para o Templo

De acordo com 2 Crônicas 3.9, os pregos de ouro seriam usados no Santuário.

Em 1 Crônicas 22.3, temos pregos de ferro para o pátio, mas para o Santuário propriamente foram usados pregos de ouro, com a mesma simbólica verdade daquilo que é divino.

Nas Escrituras, pregos e estacas também apontam para Cristo como a "estaca" fincada num lugar seguro. Os pregos unem as coisas e as conservam nos lugares; eles se fixam nas paredes nas quais apóiam objetos. Assim, Cristo é tudo para sua Igreja.

Ele é a estaca fincada num lugar seguro, enquanto a estaca do anticristo cederá e será arrebentada (Is 22.22-25). Toda a glória do Pai é apoiada sobre Cristo (Ap 5.9,12).

Ele é a estaca da tribo de Judá (Zc 10.4).

Ele é o prego, a estaca num lugar seguro (Ed 9.8)

Ele é o prego com as palavras de Deus. As palavras dele são como aguilhões para nos estimular a seguir seus caminhos; e, como pregos que nos fixam, são a coleção dos seus ditos, as palavras do Pastor (Ec 12.11). Nós podemos nos apoiar em todas as suas palavras, que são firmes e constantes.

9. Correntes de ouro diante do oráculo (1 Rs 6.21; 2 Cr 3.16)

Havia correntes de ouro colocadas diante do Oráculo como uma divisória. Provavelmente essas correntes serviam para abrir as portas do Oráculo.

Como vimos anteriormente, correntes são compostas de vários elos. Em Provérbios 1.9 e em Cântico dos Cânticos, as correntes são usadas como ornamentos ao redor do pescoço do povo de Deus.

Simbolicamente, podemos dizer que existem numerosas verdades que fluem através das Escrituras, de Gênesis ao Apocalipse, e que estão "vinculadas", formando uma corrente de revelação de Deus para o homem.

Sozinho, nenhum elo forma uma corrente. As Escrituras têm numerosas "referências vinculadas" em seus vários temas.

No Livro está escrito a respeito de Cristo (Hb 10.5-10). Talvez a maior corrente da verdade esteja na revelação da aliança. Alguém pode estudar a Palavra de Deus e captar os numerosos elos em sua grande corrente da verdade divina.

Ao chegarmos à conclusão deste capítulo, observamos nessas entradas do Lugar Santo e do Oráculo que havia oito portas ao todo; dois jogos de duas portas duplas.

Oito é o número da ressurreição. Portanto, não há erro algum em identificar a porta. Cristo é *a porta*, e as Escrituras o apresentam como "a porta" em várias passagens (Jo 10.9).

Através dele (a porta), temos acesso ao Pai pelo Espírito (as dobradiças de ouro) (Ef 2.18).

Os sacerdotes podiam entrar e sair por essas portas para ministrarem. Assim também, nós, os crentes, entramos por Cristo, a porta, e podemos "entrar e sair" e encontrar pastagem.

Cristo é *a porta*, não *uma* porta, como se houvessem muitas outras portas para Deus. A realidade de uma porta é que existem dois lados, interno e externo. Uma velha canção infantil diz o seguinte:

"Uma porta e somente uma, e contudo dois lados há.
Do lado de dentro e do lado de fora, de que lado você está?"

Observe estas portas nas Escrituras:

- Cristo é a porta da salvação da arca de Noé (Gn 6.16).
- Cristo é a porta aspergida com sangue na Páscoa (Êx 12.22,23).
- Cristo é a porta do Tabernáculo, o lugar de habitação de Deus (Êx 26.36; 29.4,32).
- Cristo é a porta que manteve os sodomitas do lado de fora e os cegou (Gn 19.6-12).
- Cristo é a porta do aprisco (Jo 10.1-9).
- Cristo é a porta das bodas (Mt 25.1-13).
- Cristo é porta do campo evangelístico (1 Co 16.9; 2 Co 2.12; Cl 4.3; Ap 3.8).
- Cristo é a porta para o céu e o trono de Deus (Ap 4.1,2).

Onde quer que olhemos, Cristo é a porta. No Templo, Cristo é a porta para os átrios do Senhor. Cristo é a porta junto aos pórticos da casa de Deus. Ele é a porta do Lugar Santo e do Lugar Santíssimo. Cristo é a porta para o Pai e todas as glórias eternas.Cristo é a porta para sua Igreja.

Veja também estas passagens: (Êx 33.9,10; 38.8; 40.12; Lv 1.3,4; 8.3,4, 31; 15.14; Nm 6.13, 18; 10.3; 20.6; 27.2; 1 Sm 2.22).

Continuamente, Israel tinha de encarar a porta do Tabernáculo ou a porta do Templo, com suas ofertas sacrificiais. Isso apontava para o fato de que nenhum acesso estava disponível para eles a não ser por meio do sacrifício de sangue ou do ministério do sumo sacerdote. Que lamentação deve ter havido quando os ornamentos gravados nas portas do Santuário foram destruídos pelos inimigos (Sl 74.1-10).

Assim é para o crente. Todo o acesso a Deus é feito através do sangue sacrificial de Cristo e de suas ministrações como sumo sacerdote.

Talvez o salmista estivesse se referindo a essas portas quando ele disse: "Levantai, ó portas, as vossas cabeças; levantai-vos, ó portais eternos, para que entre o Rei da Glória" (Sl 24.7).

O VÉU DO TEMPLO

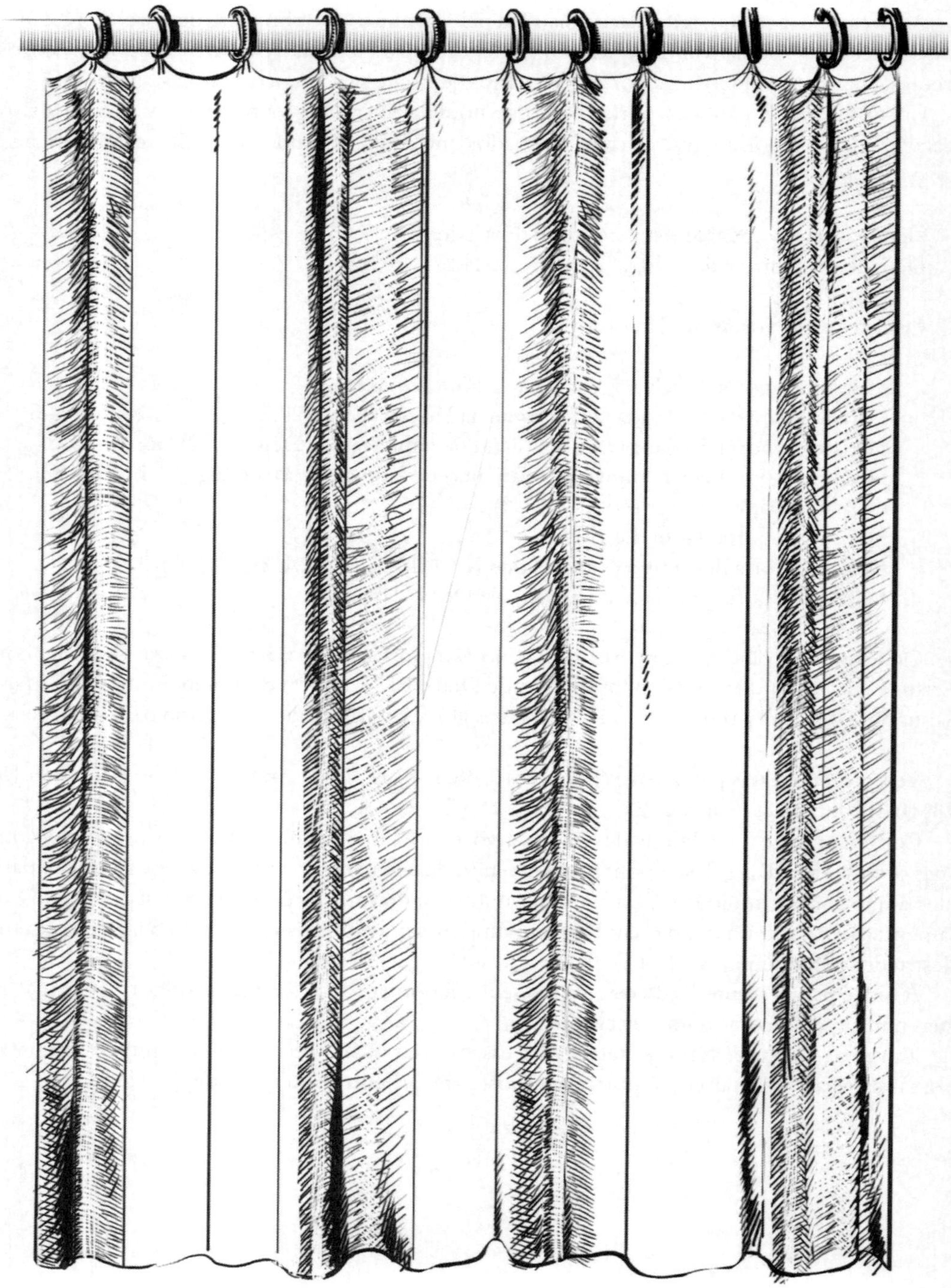

CAPÍTULO 18

O VÉU DO TEMPLO

Em 2 Crônicas 3.14, temos a única referência das Escrituras sobre o véu do Templo.

"Ele fez o véu de tecido azul, roxo, vermelho e linho fino, com querubins desenhados nele".

Por causa do significado desse véu, julgamos ser necessário dedicar um capítulo para essa entrada especial ligada ao Lugar Santíssimo, ou Oráculo Santo.

Somente Crônicas registra a feitura do véu. Ele não é mencionado em Reis.

Há um vasto número de véus mencionado nas Escrituras, cada qual com a própria e distintiva verdade. Nós temos os seguintes véus:

1. O véu sobre a face de Moisés, que ocultava a glória de seu rosto e que o povo de Israel não podia vislumbrar (Êx 34.33-35).
2. O véu do Tabernáculo de Moises (Êx 26.31-35). Esse foi semelhante ao véu do Templo, como veremos adiante.
3. O véu da cegueira sobre o coração da nação judaica (2 Co 3.13-16). Ele somente pode ser removido quando seu coração se volta para seu Messias
4. O véu da morte sobre todas as nações (Is 25.6-9).
5. O véu da carne de Cristo, a respeito do qual todos os outros véus são simbólicos e proféticos (Hb 10.19,20).
6. O véu do Templo de Salomão, que estudamos neste capítulo (2 Cr 3.14).

O véu estava ligado às duas portas dobráveis do Oráculo. Se eles foram colocados em frente ou atrás das portas é difícil afirmar. Contudo, parece mais plausível que estivesse em frente à porta, e os sacerdotes pudessem vê-lo, assim como os sacerdotes do Tabernáculo o faziam.

Nós consideraremos em plenos detalhes a feitura do véu e seu padrão. Eles seguem as mesmas verdades do véu do Tabernáculo de Moisés.

O material do véu

O material desse véu era de linho fino. Mais uma vez, o linho fino aponta para o Senhor, nossa justiça (Jr 23.6; 1 Co 1.30; 2 Co 5.21).

O linho fino retrata também a justiça ou os atos de justiça dos santos (At 19.7,8).

Cristo é *o* justo. Isso é descrito mais especificamente no Evangelho de Lucas.

As cores do véu

Havia três cores especiais entremeadas e estampadas nesse véu:

1. *Azul*: A cor do céu. Jesus é o "Segundo Homem..." o Senhor do céu. Ele é o homem celestial conforme revelado no Evangelho de João (1 Co 15.47; Jo 3.13,31). Ele originou-se no céu. Ele é o sumo sacerdote celestial (Hb 7.26).

2. *Roxo*: É a cor da realeza, da majestade e do governo. Freqüentemente, os reis se vestiam com vestes púrpuras ou roxas. A cor roxa é uma mistura do azul (celestial) e vermelho (sacrifício de sangue). Cristo é o Rei dos reis e Senhor dos Senhores. Ele é o Homem-Rei de quem o Evangelho de Mateus testemunha, e ocupa o Trono de Davi (Lc 1.30-33).

3. Vermelho: A cor do sacrifício, o sangue sacrificial. Jesus é o Cordeiro de Deus, nosso sacrifício. Ele veio derramar seu sangue e redimir a humanidade. O Evangelho de Marcos apresenta Jesus como o servo que se sacrifica. Observe também Jo 1.29,36; Mt 20.28.

Todas essas cores foram entretecidas no véu. Esse véu era uma obra feita com habilidade e esmero. Foi feito de acordo com o padrão divino. Como o véu do Tabernáculo de Moisés, ele foi feito através da habilidade do Espírito e da sabedoria de Deus. Assim também o maravilhoso projeto e os intricados detalhes na vida de Cristo foram entretecidos pela sabedoria e o Espírito de Deus. Cristo foi a *Palavra* que se fez carne pelo poder do Espírito (Jo 1.1-3, 14-18).

Filho do Homem e Filho de Deus (azul e vermelho) juntos em sua única pessoa são vistos no véu.

Mais uma vez, as quatro cores podem ser vinculadas aos quatro evangelhos que apresentam Cristo em sua caminhada terrena. Lucas apresenta Cristo como o linho fino. Mateus apresenta Cristo como púrpura (roxo). Marcos o apresenta como o vermelho; João, como o azul.

Ornamentação do véu

O desenho bordado nesse véu é o mesmo do véu do Tabernáculo de Moisés, ou seja, os querubins.

Mesmo correndo o risco de ser repetitivo, destacamos novamente a ênfase dos querubins nas Escrituras. Os querubins são sempre vistos nas Escrituras com relação à divindade. Em Gênesis 3.24, eles guardavam com uma espada flamejante o caminho de acesso à árvore da vida eterna. No véu do Tabernáculo de Moisés, assim como no véu do Templo, eles foram bordados no material de linho fino com suas cores. Sobre a arca da aliança havia dois querubins em cada extremidade do propiciatório, formando com este uma única peça de ouro (Êx 25.10-22).

Os querubins bordados no véu falam do Pai e do Espírito Santo e dos atributos da divindade envoltos na pessoa, na vida e no ministério de Cristo. Nele habita corporalmente toda a plenitude da divindade (Cl 1.19; 2.9).

Portanto, esse véu ensinou a mesma verdade contida no véu do Tabernáculo de Moisés, ou como as portas do Lugar Santo e do Lugar Santíssimo do Templo. Esse é o único acesso à glória Shekinah da Presença de Deus, isto é, através do véu. Parece que o véu ficava pendurado nas correntes entrelaçadas no alto das colunas (2 Cr 3.16).

O escritor aos Hebreus interpreta de forma especial este véu para nós. Ele diz: "Portanto, irmãos, temos plena confiança para entrar no Santo dos Santos pelo sangue de Jesus, por um novo e vivo caminho que ele nos abriu *por meio do véu, isto é, do seu corpo (sua carne* – ARA*)*... aproximemonos" (Hb 10.19-22).

A seguir, destacamos algumas das importantes lições aprendemos de um estudo do véu no Templo:

- *O véu era um divisor*, uma separação da presença de Deus. Essa é a mensagem que ele traz ao homem. "Mantenha-se afastado". A palavra "véu" realmente significa "aquilo que oculta", ou "uma separação, uma cortina". Assim, o pecado trouxe uma separação entre Deus e o homem. Há um véu entre Deus e o homem que tem de ser tirado e removido. Ele é o pecado que habita na carne do homem, na qual não habita bem algum.
- *O véu oculta Deus da vista humana*: A glória de Deus não pode ser vista por causa do véu. Se esse véu permanecer, não pode haver uma comunhão face a face. Assim como os filhos de Israel não puderam ter comunhão direta com Moisés por causa do véu que ocultava sua

face com a glória de Deus, assim o homem não pode ter comunhão face a face com Deus por causa de sua glória.

- *O véu foi "rasgado ao meio"* quando Cristo morreu no Calvário. Ele foi rasgado em duas partes através do poder sobrenatural de Deus, assim declarando que o acesso à sua Presença tornou-se disponível através de Cristo (Lc 23.45).
- *O véu foi rasgado "de alto a baixo"* quando Cristo morreu (Mt 27.51). Esse foi um ato de Deus, não do homem. Ele foi rasgado de alto a baixo, não da parte baixa até o alto. A graça de Deus vem ao homem. Ele toma a iniciativa. A graça de Deus vindo ao homem, não o homem vindo a Deus.
- *O véu foi partido em conexão com a morte de Cristo*: quando o "véu de sua carne" foi partido (Hb 9.8; 10.19,20). Cristo foi o Templo de Deus em carne, e, quando o véu de sua carne foi partido na crucificação, o véu do templo material também foi partido. Cristo crucificado é o véu partido permitindo o acesso a todos aqueles que vêm a Deus através dele.
- *O véu partido quer dizer que agora "o caminho" estava aberto*. Ele significou o cumprimento e a abolição da antiga aliança, a aliança mosaica com todos seus preceitos e cerimoniais, relativos aos rituais e sacrifícios de animais.

Assim, muitas preciosas verdades estão ocultas no significado do véu. Agora todos os crentes têm acesso à própria presença de Deus "além do véu". Do ponto de vista de Deus, não há nada se interpondo entre ele e o homem.

O *véu bordado* falava da beleza e da perfeição da vida de Cristo. Enquanto Ele viveu e o véu de sua carne permaneceu intacto, não havia acesso à Presença de Deus. Sua vida perfeita e sem pecado nos condenava.

O *véu partido* se refere à sua morte vicária, tornando disponível o acesso a Deus, o Pai. Isso fala de seu corpo quebrado e do sangue derramado. O véu tinha de ser partido. Cristo deveria morrer. Ele é o caminho ao Pai.

No véu partido, temos o encerramento da antiga aliança e a abertura da nova aliança. A "parede de inimizade" foi derrubada para nunca mais ser reconstruída. Tudo que perdemos em Adão é restaurado em Cristo. O homem perdeu o caminho, a verdade e a vida em Adão. Cristo restaurou e tornou-se caminho, a verdade e a vida (Jo 14.6).

Ele também, num outro aspecto, relativo ao Santuário celestial, foi "além do véu" e ministra ali como nosso sumo sacerdote (Hb 6.20; At 1.8-11; 1 Jo 2.1). Não é de se admirar que um grande número de sacerdotes araônicos e levitas aceitaram a "fé", quando eles contemplaram a verdade do "véu partido" (At 6.7).

Um dia, o véu celestial será partido, e Jesus virá "além do véu", mas num tempo de fogo flamejante e juízo sobre todos que não creram nele. Leia: 1 Pe 3.22; Hb 5.1-5; Mc 16.19; Hb 10.19-22; Ap 19.11-16. Embora, aqui na terra, não possamos vê-lo, contudo sabemos que como nosso grande sumo sacerdote, Ele ministra no Santuário celestial a favor de seu povo.

Ao concluirmos este capítulo, mostramos um foco, através de contrastes, das entradas do Tabernáculo de Moisés e do Templo de Salomão:

O Tabernáculo de Moisés		O Templo de Salomão
A porta do Pátio, a porta do Tabernáculo, o véu	—	As portas do Templo, o véu
1. Linho fino torcido	—	Linho fino
2. Azul	—	Azul

3. Roxo — Roxo
4. Vermelho — Carmesim
5. Querubins bordados somente no véu — Querubins bordados no véu
6. Colunas de madeira de acácia, ou bronze — Portas de cedro, ornamentadas com botões.
7. Véus nas colunas, acácia revestida com ouro — Flores, palmas, querubins. Revestidos com ouro. Véu pendurado em correntes de ouro.

Cristo é tanto a porta (Jo 10.9) quanto o véu partido (Hb 10.19,20). Isso é visto na sua vida e na sua morte.

Quando o véu foi partido no Templo em Jerusalém, isso representou um repúdio à Jerusalém como um lugar santo onde toda a adoração deveria ser direcionada ao Pai (Jo 4.20-22). Agora, temos acesso "além do véu" ao Templo celestial através da Sião celestial e da Jerusalém celestial (Hb 10.22-24).

As cores desse véu estavam também nas vestimentas do sumo sacerdote, vinculando, assim, o sumo sacerdote ao véu.

Cristo é o nosso véu partido e o nosso sumo sacerdote. O dia da expiação (Lv 16), quando apenas o sumo sacerdote entrava "além do véu", encontrou seu cumprimento em Cristo que "partiu o véu em duas partes" como nosso sumo sacerdote, dando-nos acesso ao Pai através de seu corpo partido e do sangue derramado.

O compositor de hinos cantou:

> "Contemple o homem de dores
> Contemple-o claramente
> Ei-lo! Ele é o grande vencedor
> Depois que o véu ao meio rasgou."

INTERIOR DO LUGAR SANTO

CAPÍTULO 19

AS MEDIDAS DO TEMPLO

Tendo considerado em detalhes o local, os fundamentos e a construção do Templo em capítulos anteriores, observaremos agora as medidas da casa do Senhor, dadas pela inspiração do Espírito como padrão para o rei Davi. Esse é o padrão pelo qual Salomão edificou o Templo.

Os detalhes de todas as medidas do Templo são encontrados em 1 Reis 6.1,2 e em 2 Crônicas 3.1-3, com medidas mais específicas para o Lugar Santo e o Oráculo Santo, como veremos posteriormente.

As medidas do Templo, assim como as do Tabernáculo de Moisés, devem ter algum significado divino a ser descoberto no uso de seus números. Nós contrastamos as medidas do Tabernáculo de Moisés e do Templo de Salomão. O Templo possuía o dobro de tamanho das medidas do Tabernáculo.

As medidas do Tabernáculo

As medidas totais do Tabernáculo eram:

Comprimento – 30 côvados
Largura – 10 côvados
Altura – 10 côvados

O Templo, com o dobro do tamanho das medidas do Tabernáculo, era também um pouco mais alto. Sem dúvida, suas medidas transmitem as mesmas verdades daquela edificação.

No estudo do Tabernáculo de Moisés, descobrimos que as medidas eram proféticas das dispensações de tempo relativas às "semanas da redenção".

As medidas do Pátio Externo, correspondentes à área do muro de linho fino (cortinas), equivaliam a 1.500 côvados quadrados. Isso foi profético dos 1.500 anos da dispensação da Lei, de Moisés até Jesus.

As medidas do Lugar Santo eram de 10 x 10 x 20 = 2.000 côvados cúbicos, e eram proféticas de 2.000 anos da era da Igreja, da primeira à segunda vinda de Jesus, que ocorrerá no tempo conhecido pelo Senhor.

O Lugar Santíssimo media 10 x 10 x 10 = 1.000 côvados cúbicos, profetizando os mil anos da era milenar do reino em sua plenitude de glória.

No total, cobrimos a dispensação do tempo em 4.500 anos. Dispensacionalmente, as medidas proféticas do Tabernáculo nos levam através da era da Lei, através da era da Igreja, encerrando nos 1.000 anos da era do reino, quando terão inicio os novos céus e a nova terra, ou a eternidade.

O período de tempo do "deserto", com cerca de 2.500 anos, pode ser coberto do período de Tempo de Adão até Moisés. O total cobre 7.000 anos da semana redentora de Deus em seu relacionamento com o homem na terra.

As medidas do templo (1 Rs 6.1,2; 2 Cr 3.1-3)

As medidas do Templo eram:

Comprimento – 60 côvados
Largura – 20 côvados
Altura – 30 côvados

Essas eram as medidas de toda a casa, inclusive do Oráculo e do Lugar Santo. Se as medidas do Tabernáculo de Moisés foram proféticas do tempo relativo ao plano da redenção, sem dúvida, o mesmo é verdade quanto às medidas do Templo.

1. O Lugar Santo (1 Rs 6.17,20)

As medidas do Lugar Santo eram de 40 côvados de comprimento, 20 côvados de largura e 30 côvados de altura. Essas eram as medidas totais. Elas variam, se considerarmos se havia ou não "câmaras superiores" sobre o Lugar Santo assim como havia no Lugar Santíssimo. As Escrituras não declaram especificamente a existência delas. O volume, portanto, equivaleria a 40 x 20 x 30 = 24.000 metros cúbicos. Os números 12 ou 24 são, portanto, destacados nesse triplo de milhares. O número 24 é também simbólico da ordem e do governo de Deus. Ele é especialmente visto nos turnos dos sacerdotes estabelecidos por Davi para a ordem do Templo. Um estudo de 1 Crônicas 23 a 38 revela essa verdade e serão considerados no capítulo apropriado.

O número 24 é o número das ministrações sacerdotais. Nas "ministrações diárias" havia 24 sacerdotes atuando nas 24 horas do dia, representando os 24.000 turnos sacerdotais e os milhares de Israel diante do Senhor em seu Templo. É o número fundamental da cidade de Deus, a Nova Jerusalém (Ap 21,22).

Portanto, o Lugar Santo no Templo é marcado com o significado do número 24 em seus múltiplos.

2. O Lugar Santíssimo (1 Rs 6.16, 20; 2 Cr 3.8)

As medidas do Lugar Santíssimo, ou Oráculo Santo, a própria sala do trono da glória de Deus, também apontam para essa verdade e, finalmente, para a cidade de Deus, onde o trono de Deus e o Cordeiro são encontrados.

As medidas do Lugar Santíssimo são:

Comprimento – 20 côvados
Largura – 20 côvados
Altura – 20 côvados

Em outras palavras, o local era quadrangular, um cubo perfeito. Esse era, portanto, de formas semelhantes às do Lugar Santíssimo do Tabernáculo de Moisés, o qual também era quadrangular. Ali, a arca da aliança permanecia no "chão de terra". Tudo dizia respeito, de forma profética, ao plano redentor de Deus referente a esta terra. A glória de Deus cobrirá toda a terra. .

Tudo, porém, que diz respeito ao Templo é pertinente ao "chão de ouro" e aponta, em seu aspecto final, à cidade de Deus, cujas ruas são de ouro, a cidade quadrangular.

O Tabernáculo e o Templo (dispensacionalmente)

Em consideração à revelação divinamente dada e as medidas do Tabernáculo no deserto e do Templo de Deus na Terra da Promessa, parece que, dispensacionalmente, a principal verdade diz respeito ao tempo e à eternidade.

1. O Tabernáculo

O Tabernáculo, em sua revelação, parece relacionar-se definitivamente com a terra e o tempo do plano da redenção. Conforme já mencionamos, tudo gira em torno do "chão de terra" das jornadas do deserto. A arca de Deus, assim como todos os outros artigos da mobília, permaneciam no chão do deserto.

As medidas proféticas das cortinas do pátio, o volume cúbico, tanto do Lugar Santo quanto do Lugar Santíssimo, apontavam para o plano da redenção relativo ao tempo da Lei até a era do reino. Mais uma vez, o estudante deve reportar-se ao livro sobre o Tabernáculo para maiores detalhes a respeito desse assunto.

2. O Templo

O Templo, em sua revelação, isto é, o Templo propriamente, e não seu pátio ou artigos de mobília, diz mais a respeito aos aspectos celestiais e eternos do plano da redenção.Tudo aqui se relaciona ao "chão de ouro" e às paredes ornamentadas com pedras preciosas. A Casa não possuía coisa alguma de bronze. O Templo também tinha uma estrutura quadrangular. A ênfase no Templo é o ouro, a santidade e a glória de Deus sendo reveladas.

A seguir, destacamos alguns dos aspectos do Templo que parecem apontar para a cidade celestial, a cidade quadrangular de Deus, cujas ruas são de ouro.

O Templo de Deus (Um tipo do Antigo Testamento)		**A cidade de Deus (Um antítipo do Novo Testamento)**
1. O Templo, a habitação de Deus.	—	A cidade, o Tabernáculo de Deus.
2. A arca de Deus permanecia no Lugar Santíssimo, o qual era quadrangular	—	A cidade de Deus era quadrangular
3. A glória de Deus era a única luz	—	A glória de Deus era a própria luz.
4. A Presença de Deus no meio do seu povo.	—	A Presença de Deus e do Cordeiro em meio aos seus redimidos.
5. As varas foram removidas, a jornada terminara.	—	O trono de Deus e do Cordeiro, jornada concluída.
6. Nenhum maná na arca	—	Cristo, o maná escondido (Ap 2.17).
7. Nenhuma vara que frutificara na arca.	—	Cristo e a Igreja têm a vara de Deus (Ap 2.26,27).
8. Somente as Tábuas da Lei permaneciam na arca.	—	A Lei de Deus agora escrita nas tábuas de carne do coração dos redimidos (Jr 31.31-34)
9. O Monte Sião e o Monte Moriá virtualmente ligados no Tabernáculo de e alta montanha como a eterna habitação de Deus.	—	A cidade de Deus está numa grandíssima Davi e no Templo de Salomão como habitação de Deus.
10. As paredes são ornamentadas com toda sorte de pedras preciosas.	—	As paredes ornamentadas com doze tipos de pedras preciosas.
11. Dedicado na festa do descanso e glória: festa dos tabernáculos.	—	Os santos experimentarão o descanso e a glória no Tabernáculo de Deus.
12. A festa do sétimo mês foi chamada de festa dos tabernáculos.	—	Apocalipse é um Livro de "setes", e termina com o Tabernáculo de Deus estabelecido com os homens para sempre.
13. Descanso, paz e estabilidade caracterizam o Templo.	—	Eterno descanso, paz e estabilidade, caracterizam a cidade de Deus.

14. Os sacerdotes ministram com sacrifício e incenso ao Senhor.	—	Os redimidos são reis e sacerdotes para Deus e o Cordeiro, oferecendo sacrifícios espirituais e incenso de oração e louvor eternamente.
15. Os sacerdotes ministram em seus 24 turnos, dia e noite.	—	Os redimidos ministrarão dia e noite, eternamente, em seus turnos.
16. A ordem de adoração de Davi com seus cantores e músicos foi incorporada à ordem do Templo	—	A ordem de adoração do Filho de Davi com cantores e músicos será estabelecida para sempre no Tabernáculo de Deus.

Um exame dessa comparação certamente aponta para a revelação final de Deus na Bíblia, a cidade quadrangular, e a eterna habitação dos redimidos. Ali eles governarão, reinarão e adorarão como reis e sacerdotes junto a Deus e ao Cordeiro. O estudante pode ver que uma compreensão dos Tabernáculos de Moisés e de Davi e do Templo de Salomão é a chave para entender a Carta aos Hebreus e o Apocalipse.

O significado dos números

Sem dúvida, o vínculo predominante entre o Tabernáculo de Deus e a cidade de Deus está relacionado com as medidas dadas divinamente. Uma comparação do Tabernáculo, do Templo e da cidade de Deus revela os múltiplos do número doze, o número 24 e do número 144, ou realmente, os múltiplos de 12.000.

1. No Tabernáculo

Nós podemos falar somente de poucos exemplos desses números nas estruturas proféticas:

- *Doze* – Havia doze pães na mesa da proposição (pães da Presença).
  Havia doze pedras no peitoral do sumo sacerdote.
  A haste do candelabro de ouro tinha 12 em sua ornamentação e unidade.
- *Vinte e quatro* – Os doze pães das mesas da proposição tinham cada um duas medidas de flor de farinha, totalizando assim 24 medidas.
  As quatro bases de prata do véu no Lugar Santíssimo representavam 4 x 6.000 = 24.000 israelitas redimidos.
  O mesmo é verdade com relação às 96 bases de prata nas tábuas do Tabernáculo. Essas 96 bases representavam 576.000 almas redimidas, ou 4 x 12 = 48 x 12.000 almas resgatadas.
  Cada tábua permanecia sobre duas bases de prata. Cada base representava 6.000 almas. Assim, temos 12.000 almas representadas em cada tábua do Tabernáculo.
- *Cento e quarenta e quatro*: Já falamos desse múltiplo de doze. Nas bases sob as tábuas, temos 4 x 144.000 israelitas redimidos (ou 48 x 12.000). Na cobertura de pêlos de cabra, no primeiro jogo de seis cortinas sobre o Lugar Santo, a medida era de 30 x 4 x 6 côvados quadrados, ou 5 x 144 côvados quadrados sobre o Lugar Santo.

2. No Templo

Novamente podemos falar apenas de alguns "doze" e de seus múltiplos:

- *Doze* – Havia 12 pães nas 10 Mesas de pães da Presença, ou 120 pães.

O sumo sacerdote também tinha doze pedras no peitoral do juízo.
Ele também tinha os doze nomes das doze tribos de Israel nas duas pedras de ônix em seus ombros.

- *Vinte e quatro* – O Templo é marcado destacadamente pelo número 24.
Havia 24 turnos de sacerdotes, operando 24 horas por dia.
Os turnos dos capitães, príncipes, sacerdotes e cantores levitas eram de 24.
Havia também os 24.000 israelitas, em suas responsabilidades por Israel e o Templo de Deus.

- *Cento e quarenta e quatro* – Isso pode ser visto nas medidas do Templo propriamente.
O Templo media 60 x 20 x 30, ou 144 x 5 x 10.
O Lugar Santíssimo, incluindo as câmaras sacerdotais, media 20 x 20 x 30 ou 12.000 côvados cúbicos.

3. Na cidade de Deus

A revelação final de cada um desses números bem como seus múltiplos são vistos no livro do Apocalipse e, finalmente, na cidade de Deus. Basicamente, notamos alguns deles:

- *Doze* – Há 12 estrelas na coroa da mulher em Apocalipse 12.1.
Na cidade de Deus existem 12 portões de 12 pérolas; 12 mensageiros permanecem nesses portões; 12 tipos de frutos nas 12 árvores da vida para os 12 meses do ano.
Há os 12 nomes das 12 tribos de Israel.
Há os 12 nomes dos 12 apóstolos do Cordeiro nos 12 fundamentos.

- *Vinte e quatro* – Em Apocalipse 4 e 5, vemos 24 anciãos vistos adorando a Deus e ao Cordeiro.
Há muitos números "doze" na cidade, os quais estão combinados em seu significado, ressaltando o número 24.

- *Cento e Quarenta e Quatro* – O muro da cidade de Deus tem 144 côvados de altura. Existem os 12.000 escolhidos de cada uma das doze tribos de Israel, perfazendo 144.000 que seguem ao Cordeiro aonde quer que Ele vá. Isso, sem dúvida, foi simbolizado nas 12.000 almas representadas nas 96 bases de prata do Tabernáculo de Moisés.
A cidade de Deus tem 12.000 côvados e é quadrangular, ou 4 x 12.000.

É impossível não perceber a importância dos números 12, 24, 144 ou 12.000, constatados no Tabernáculo, no Templo e, finalmente, na eterna cidade de Deus no livro de Apocalipse, o livro do final. Podemos ver a glória desses números carregada de forma tripla em seus milhares.

Isaías profetizou da cidade da noite em toda a sua glória e tudo foi confirmado pelo apóstolo João no Apocalipse (Is 54.1-7; 60.10-22; 61.10-44; 62.1-5; 10-12 com Ap 21,22).

Como já observamos nos capítulos anteriores, o Templo pode ser considerado de várias formas:

1. O Templo como um tipo do Senhor Jesus Cristo. Ele é *o* Templo de Deus (Jo 2.19-21).
2. O Templo como um tipo da Igreja, o Corpo de Cristo (1 Co 3.16; 6.19; 2 Co 6.16).
3. O Templo como um tipo do crente individual que é tido como sendo o Templo santo de Deus (1 Co 3.16; 6.19,20).

4. O Templo pode também ser visto como um tipo do reino eterno de Deus, como é visto na cidade de Deus, a qual é chamada de Tabernáculo de Deus com os homens (Ap 21.3).

Isso é o que constatamos nas medidas simbólicas e no chão de ouro do Templo, em seus muros ornamentados com pedras preciosas, assim como na casa cheia da glória e da Presença de Deus. Essa é a faceta da verdade que é enfatizada neste capítulo.

Deus sempre desejou habitar com e entre seu povo redimido. As habitações do Antigo Testamento prefiguravam a progressiva revelação desse tema redentor:

Ele habitou com o homem no jardim do Éden (Gn 3.8,24).
Ele habitou entre seu povo Israel no Tabernáculo de Moisés (Êx 25.8,22).
Ele habitou com Israel no Tabernáculo de Davi (1 Cr 17.1-3).
Ele habita com seu povo no Templo de Salomão (2 Cr 5).

A plena revelação estava no Senhor Jesus Cristo, que foi o Tabernáculo e o Templo de Deus personificado (Jo 1.14; 2.19-21; Cl 1.19; 2.9). Seu eterno lugar de habitação é a cidade de Deus, a nova e celestial Jerusalém (Ap 21,22).

"Vi também a *cidade santa*, a nova Jerusalém, que descia do céu, da parte de Deus, ataviada como noiva adornada para o seu esposo. Então, ouvi grande voz vinda do trono, dizendo: Eis *o tabernáculo de Deus com os homens*. Deus habitará com eles. Eles serão povos de Deus, e Deus mesmo estará com eles. E lhes enxugará dos olhos toda lágrima, e a morte já não existirá, já não haverá luto, nem pranto, nem dor, porque as primeiras coisas passaram" (Ap 21.2-4).

CAPÍTULO 20

OS PÁTIOS DO TEMPLO

Ao redor do Templo, havia dois grandes pátios (2 Rs 23.12). Eles eram chamados de:

1. *O Pátio Interno* para os sacerdotes (2 Cr 4.9; 1 Rs 6.36; 7.12).
2. *O Pátio Externo* para Israel, chamado de o pátio principal (2 Cr 4.9; 2 Rs 23.12).

Vamos considerar o significado desses pátios para Israel e para a Igreja, pessoal, espiritual e dispensacionalmente.

O pátio interno para os sacerdotes

O pátio interno era estritamente para os sacerdotes e suas ministrações no altar de bronze, no mar de bronze e nas pias.

Nesse pátio interno, estava o pórtico do Templo e o Templo propriamente dito, com o Lugar Santo e o Lugar Santíssimo.

Ezequiel fala desse pátio, chamando-o também de pátio interno. Nesse lugar, conforme Ezequiel, os sacerdotes cozinhavam a oferta pela culpa e a oferta pelo pecado para a purificação dos israelitas (Ez 46.20).

A ênfase desse pátio é com relação ao *sacrifício* (o altar de bronze) e à *limpeza* (o mar de bronze e as dez pias). Essa é a mensagem do pátio interno. Antes que qualquer sacerdote pudesse entrar na casa do Senhor, eles deveriam conhecer a limpeza pelo sangue sacrificial e a lavagem pela água purificadora. O mesmo é verdade para os crentes-sacerdotes do Novo Testamento. Antes de chegarmos à casa do Senhor, devemos conhecer a limpeza pelo sangue e pela água que fluíram do lado de Jesus no Calvário (Jo 19.33,34; 1 Jo 5.6-8).

O Pátio Externo para os israelitas

O Pátio Externo, mais conhecido como Pátio Principal, era destinado ao povo de Israel. Ezequiel chamou-o de pátio externo (Ez 40.17; 46.21; 2 Cr 7.3; 4.9). Na visão de Ezequiel, parecia haver várias portas nesse pátio. As pessoas poderiam entrar por uma das portas, mas tinham de sair por outra, a porta oposta (Ez 46.9). Se eles entrassem pela porta norte, tinham de sair pela porta sul, e vice-versa. Ninguém podia sair da maneira que entrou.

A ênfase desse pátio era *as ações de graças e o louvor*. O fato de haver dois pátios aponta para as distintas formas de aproximação de Deus. Os israelitas podiam entrar no Pátio Principal. Somente os sacerdotes podiam entrar no pátio interno. Mais tarde, no Templo de Herodes, foram construídos vários pátios. Havia o pátio para as mulheres; o pátio dos sacerdotes, o pátio dos gentios e o pátio para Israel.

Isso aponta para um sentimento étnico e racial, dividindo judeus e gentios, o povo circunciso e o incircunciso. Em Cristo, as divisões entre os grupos étnicos foram derrubadas na cruz, e, tanto gentios como judeus, podiam entrar no pátio do Senhor e tornar-se um em sua Casa, sua Igreja.

Medidas dos Pátios

Nenhuma medida foi fornecida com relação a esses pátios do Senhor (1 Cr 28.12; 19). Eles faziam parte do padrão divino dado a Davi por escrito. Em Apocalipse 11.1,2, João recebe uma visão da casa do Senhor, e lhe é dito para medir o Templo e o Altar. Contudo, o pátio não podia ser medido, e sim "pisado" por quarenta e dois meses. Certamente, essa visão aponta para aquilo que pertence ao tempo do fim e para o que não se enquadra ao padrão divino.

Em contraste, vemos que o pátio do Tabernáculo de Moisés media 100 x 50 côvados em comprimento e largura. Nesse caso, o pátio foi medido (Êx 27.9-19; 38.9-20). No caso do Templo, não temos nenhuma medida registrada.

Os materiais do Pátio

Os materiais dos pátios são mencionados, cada qual com seu significado divino:

1. Edificado com três fileiras de pedras (1 Rs 6.36; 7.12)

Três, como sempre, é o número da divindade, o número do testemunho completo e perfeito.

De acordo com a Lei, uma palavra deveria ser confirmada pela boca de duas ou três testemunhas (Dt 17.6; 19.15). Isso foi também confirmado no Novo Testamento (Mt 18.16; 2 Co 13.1; 1 Jo 5.7,8). Deus são três pessoas, contudo apenas uma. O Antigo Testamento é composto pela Lei, os Salmos e os Profetas (Lc 24.27; 44,45).

2.Edificado com pedras

A ênfase nos pátios eram as pedras. A antiga aliança ou dispensação da "Lei" era a dispensação da pedra. Os Dez Mandamentos foram escritos em duas tábuas de pedra (Êx 31.18; 34.1-4; Dt 4.13). A violação da Lei significava morte por apedrejamento (Dt 13.10; 17.5; Js 7.25; Lv 24.14-23; Jo 8.1-7). As Leis escritas nas tábuas de pedra eram uma ministração da morte (2 Co 3.7; Jo 10.31-33).

O próprio Templo foi edificado com pedras, mas essas eram rebocadas com prata e, então, cobertas com tábuas e revestidas com ouro.

No pátio do Tabernáculo de Moisés, tudo era feito com linho fino, pendurado em colunas de bronze ou madeira de acácia. O pátio do Tabernáculo destacava o linho (justiça) e o bronze (o juízo contra o pecado). O pátio do Templo enfatizava a pedra (a lei de pedra). As Escrituras falam também do "coração de pedra" que Deus removeria, e, em seu lugar, nos daria um coração de carne sob a nova aliança (Ez 36.25-29). Somente Cristo guardou a Lei perfeitamente.

3. Vigas de madeira

Vigas de madeira foram colocadas no alto das três fileiras de pedra, tanto no pátio interno quanto no pátio externo (1 Rs 7.12).

O cedro fala da humanidade incorruptível de Cristo. Ele também representa a realeza. Cristo é o incorruptível Rei dos reis e Senhor dos senhores. Essas fileiras de tábuas de cedro falavam da "linhagem real", da linhagem messiânica de Cristo, de Adão até Cristo. Essa esperança messiânica de Israel corre através da Lei, dos Salmos e dos Profetas.

Ela também aponta para a casa do Senhor, a casa de cedro, a casa real do Senhor que é o Rei do Universo (Ez 17; 2 Sm 7.2-7).

Cerimonialmente, sob a Lei, a madeira de cedro foi usada na purificação do leproso, trazendo de volta o leproso para o relacionamento e a comunhão com o acampamento dos santos (Lv 14.4, 6, 49, 51, 52; Nm 19.6).

4. As portas do Pátio (2 Cr 4.9)

Não há menção de quantas portas havia no pátio. Deveria haver ao menos duas, pois a palavra está no plural. Havia portas para o pátio dos sacerdotes e para o pátio dos israelitas.

Como sempre, portas falam de entrada em algum lugar. Elas falam de Cristo. Cristo é a entrada para as bênçãos e os benefícios da redenção e das coisas pertinentes à sua Casa. É através dele que devemos entrar. Sem dúvida, as portas também eram de madeira de cedro (Jo 10.9; Gn 49.9,10). Ele é da tribo de Judá, da casa real de Davi (Mt 1.1-17).

5.Revestidas com Bronze

As portas eram revestidas com bronze. O bronze é um símbolo do poder e do juízo contra o pecado (Dt 28.23; Nm 21.6-9). Elas se assemelhariam a "portas de bronze" aos olhos de todos os que se aproximassem delas ou do Senhor em seu Templo.

O salmista fala dos portões (no hebraico, portas) de bronze (Sl 107.6; Is 45.2). Assim, todos que quisessem entrar nos pátios (ou átrios) do Senhor teriam de passar por essas portas de bronze. Para poder entrar em seus pátios e em sua casa, todos teriam de enfrentar o juízo de Deus contra o pecado.

O pátio do Tabernáculo e os pátios do Templo declaram uma mesma verdade. O pecado deve ser castigado. Então podemos entrar em seus átrios com louvor e ações de graça, e encontrar purificação e limpeza através do sangue e da água.

No Tabernáculo de Moisés, havia apenas uma entrada, a porta do pátio. Essa porta era de linho fino com as cores azul, roxo e vermelho, com suas respectivas medidas. Quatro colunas sustentavam essa entrada e cada coluna estava fixada em bases de bronze. Essas colunas eram revestidas com prata, e o linho era pendurado nelas com ligamentos de prata.

Não importa qual parte de acampamento, se perto ou longe; não importa a qual tribo um israelita pertencia, todos deveriam entrar por aquela porta para se aproximar de Deus. Todos devem entrar através da justiça de Deus em Cristo. Todos devem enfrentar o julgamento contra o pecado e a redenção através do sacrifício de sangue de Cristo.

No Templo, nenhuma medida foi dada para os pátios, nenhum número de portas foi mencionado, nenhuma medida. Somente o material a ser utilizado: pedras, madeiras de cedro e bronze para os pátios e portas. Contudo, a mesma verdade do Tabernáculo é manifestada aqui, com materiais diferentes. Tudo era profético do ministério da dispensação da Lei, o tipo e a sombra sendo cumpridos em Cristo.

As portas dos pátios eram revestidas com bronze. As portas do Templo eram revestidas com ouro e ornamentações.Tanto as portas do Pátio quanto as do Templo eram de madeira de cedro, pinheiro e oliveira. Cristo é a porta, real, firme e ungida, conforme simbolizado por esses três tipos de madeira utilizados.

A seguir, comparamos os pátios.

Pátio do Tabernáculo		**Pátio do Templo**
Paredes de cortinas de linho	—	Paredes de pedras de mármore branco
Cinco côvados de altura	—	Altura de três fileiras de pedras
60 colunas no pátio	—	Nenhuma medida do pátio
Medida: 100 x 50 côvados	—	Nenhuma medida
Um pátio	—	Pátio interno e externo
Bases de bronze	—	Portas revestidas com bronze
Ligamentos e molduras de prata	—	Nenhuma prata (somente nas paredes do Templo)
Uma entrada de linho fino branco, azul, roxo e púrpura.	—	Portas de madeira de cedro

Os pátios do Templo eram de pedra, cedro e portas revestidas com bronze. As paredes do Templo eram de pedra, rebocadas com prata, cobertas com cedro e revestidas e ornamentadas com ouro.

Os pátios falam do juízo do pecado pela Lei e morte. O Templo fala da redenção e glória através de Cristo Jesus.

O SIGNIFICADO DOS PÁTIOS

Nas Escrituras e para a nação de Israel, os pátios têm um significado especial, o qual consideraremos de maneira tríplice:

1. Espiritualmente

O salmista fala de seu desejo pelos pátios (átrios) do Senhor. Ele desejava habitar nos átrios do Senhor (Sl 65.4). Ele suspirava pelos átrios do Senhor (Sl 84.2). Ele sentia que um dia nos átrios do Senhor era melhor do que mil em outra parte (Sl 84.10).

O salmista falou a respeito daqueles que eram plantados na Casa do Senhor e como eles floresceriam nos átrios do Senhor (Sl 92.12). Nós devemos entrar por suas portas com ações de graças em nosso coração, e em seus átrios, com hinos de louvor (Sl 100.4; 116.19; 135.2; 96.8).

O salmista também fala das portas do Senhor, portas de justiça. As tribos procuravam permanecer nos átrios do Senhor e entrar pelas portas na cidade de Deus (Sl 9.13,14; 24.7,9; 87.2; 100.4; 118.19; 122.2).

Para Israel, os pátios eram um lugar de purificação e sacrifício (Sl 96.8; 2 Cr 7.7; 6.13).

Para Israel, havia uma separação entre os sacerdotes e os israelitas em seus respectivos pátios (Sl 134.1-3; 135.1,2; 1 Cr 23.28; Zc 3.7-9).

No Novo Testamento, todos os crentes são sacerdotes e podem entrar e ministrar no ofício sacerdotal (Ap 1.6; 5.9,10; 1 Pe 2.5-9).

2. Profeticamente

Profeticamente, o pátio fala do período final da tribulação, quando aquela inumerável multidão de Apocalipse 7.9-17; 13.7, 10; 15.1-3 estará sobre o mar de vidro (isto é, o mar de fundição), após terem vindo da grande tribulação. Isso parece estar simbolizado no pátio sem medidas de Apocalipse 11.1,2. Isso fala do esmagamento e da aniquilação de todos os que estavam naquele pátio, pelo período de três semanas e meia, o período do ódio e da tribulação.

As almas sob o altar (Ap 6.9-11) e os mártires do período da tribulação encontram seus respectivos lugares sob o altar ou no mar de vidro. Ambos os artigos estão no Pátio Externo, a região imensurável do Templo. A ênfase aqui é no bronze. Certamente há um aspecto profético pelo fato de o pátio não ser medido pela vara!

3. Dispensacionalmente

Dispensacionalmente, os pátios falam da era da Lei, assim como o pátio no Tabernáculo de Moisés. A mobília de bronze e os cerimoniais de purificação pelo sangue e pela água, todos falam da era da Lei consumada na morte de Cristo, e do sangue e da água que fluíram de seu lado.

Os dois pátios separados apontam para os judeus e para os gentios. No Tabernáculo, eles apontavam para os israelitas e para os levitas. O Senhor Jesus derrubou qualquer parede de separação, tornando judeus e gentios em "um" nas ministrações sacerdotais.

Então, dispensacionalmente os pátios cobrem o tempo até a cidade de Deus, na eternidade, e suas "ruas de ouro", conforme simbolizado no chão de ouro do Templo. Isso foi observado num capítulo anterior e nas medidas do Templo especificamente.

ALTAR DE BRONZE COM FERRAMENTAS

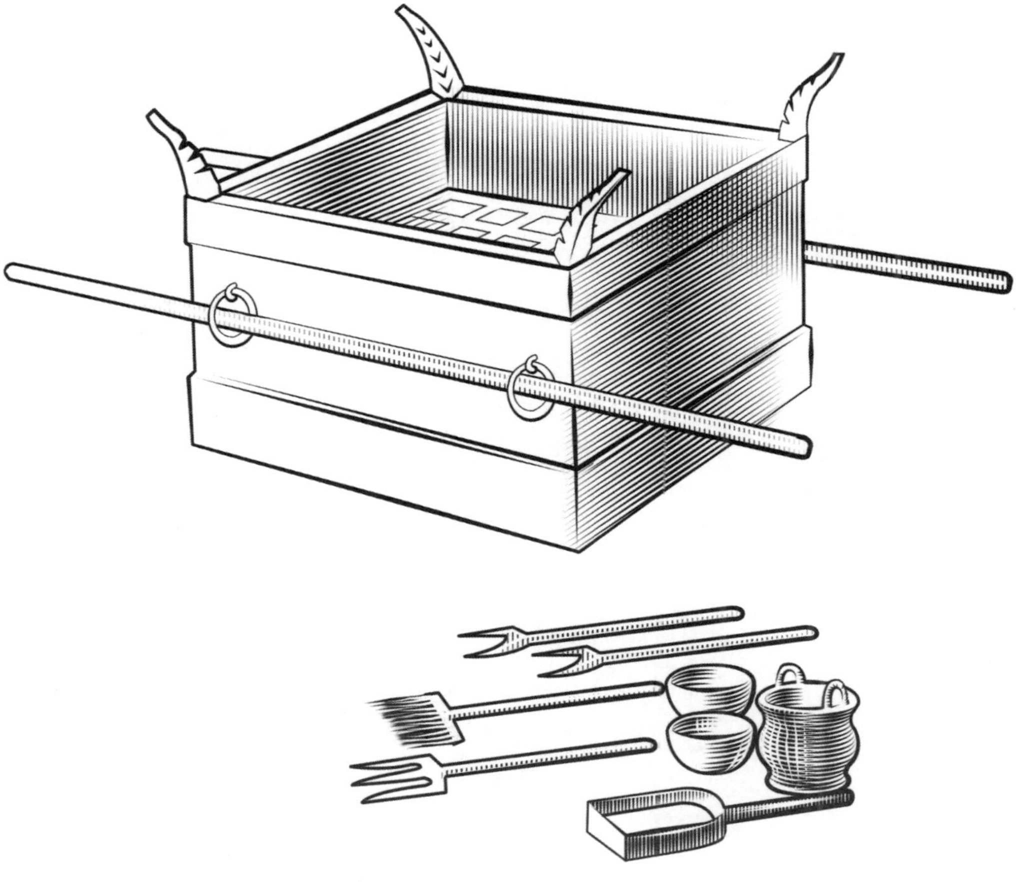

CAPÍTULO 21

O ALTAR DE BRONZE

INTRODUÇÃO

Nos próximos capítulos, consideraremos a mobília do Templo. Basicamente, a mobília do Templo segue o que foi estabelecido no Tabernáculo de Moisés, mas numa escala maior. Contudo, existem alguns aspectos importantes e significativos a serem notados na mobília do Templo. Isso é visto especialmente na ocorrência dos números "um" e "dez" no Templo. Havia apenas um altar de bronze no Pátio, assim como no Tabernáculo de Moisés. Existia apenas um mar de bronze fundido no Pátio. Havia apenas um altar de ouro de incenso no Lugar Santo, e apenas um candelabro. Havia apenas uma arca da aliança no Lugar Santíssimo.

Contudo, havia dez pias de água no Pátio do Templo, no Pátio Interno. Havia dez candelabros de ouro no Lugar Santo do Templo. Havia dez mesas dos pães da Presença no Lugar Santo também.

As verdades espirituais observadas nesses artigos de mobília serão vistas nos capítulos seguintes. Nossa ordem de consideração será, primeiramente, das mobílias do Pátio e, depois, do Lugar Santo; e, finalmente, do Lugar Santíssimo ou do Oráculo Santo.

O ALTAR DE BRONZE

"Um altar de bronze de nove metros de comprimento, nove metros de largura e quatro metros e meio de altura" (2 Cr 4.1).

O Espírito Santo dedica 15 versículos à revelação e aos detalhes do altar de bronze no Tabernáculo de Moisés. Significativamente, há apenas um versículo das Escrituras para a revelação e os detalhes desse altar do Templo de Salomão (referência: Êx 27.1-8; 38.1-7).

Nesse único versículo, temos os materiais e as medidas. Sem dúvida, a razão para os detalhes limitados é que a verdade do altar de bronze já tinha sido firmemente estabelecida na vida espiritual da nação e no ministério da Casa do Senhor. Contudo, existem verdades significativas a serem vistas na construção desse artigo.

A seguir, observaremos os altares que são especificamente mencionados nas Escrituras:

1. O altar de terra (Êx 20.24; 2 Rs 5.17).
2. O altar de pedra (Êx 20.25,26 e Js 8.30,31; 1 Rs 18.30-39).
3. O altar de bronze (ou cobre) (Êx 27.1-8; 38.1-7):

    - No Tabernáculo de Moisés
    - No Templo de Salomão (2 Cr 4.1).
    - No Templo de Ezequiel (Ez 43.13-18), o material não é mencionado.

Todos esses altares apontavam para a cruz do Calvário. Altares eram o lugar de sacrifício. Suas grades sustentavam a vítima sacrificada, enquanto o corpo e o sangue das ofertas eram apresentados ao Senhor.

O escritor aos hebreus diz: "Nós temos um altar..." (Hb 13.10). A cruz foi o altar onde o sacrifício do corpo e do sangue de Jesus Cristo foi oferecido a Deus Pai. A "cruz-altar" trouxe o fim para todos os altares anteriores. O Calvário cumpriu e aboliu todos esses altares simbólicos do Antigo Testamento.

Todos os homens de fé edificaram um altar de sacrifício e adoração ao Senhor, enquanto invocavam seu Nome. Noé (Gn 8.20); Abraão, Isaque e Jacó edificaram altares ao Senhor (Gn 12.7,8; 26.25; 35.1).

O termo "altar" tem dois significados principais. Ele significa "levantar" ou "subir" e "lugar alto". Jesus Cristo foi levantado na cruz, seu altar. Desde então, Ele ascendeu às alturas e está acima de todos (Jo 3.14; 8.28; 12.32-34; At 2.30-36).

Também temos a concepção hebraica do "lugar de morte". O Calvário foi o lugar onde Jesus foi morto como o Cordeiro de Deus pelos nossos pecados (At 8.32; Is 53.1-12). Portanto, o altar aponta para a cruz e o sacrifício do Calvário.

O altar em Israel era o único lugar indicado para o derramamento de sangue. Esse era o lugar da morte substitutiva. Não havia derramamento de sangue nem morte no Lugar Santo. O Pátio era o único lugar para a morte sacrificial. Contudo, o sangue daquele sacrifício consumado era levado do Pátio para o Templo e aspergido diante do Senhor.

As cinco ofertas (1 Rs 9.25; 8.64)

Em Levítico 1 a 7, encontramos os detalhes complexos das cinco ofertas que foram oferecidas nesse Altar. Esses mesmos sacrifícios, tanto obrigatória quanto voluntariamente, permanecem os mesmos no Altar de Deus, através do sacrifício do Calvário:

1. Os detalhes do holocausto são vistos em Levítico 1.
2. Os detalhes da oferta de cereais são vistos em Levítico 2.
3. Os detalhes da oferta de comunhão são vistos em Levítico 3.
4. Os detalhes da oferta pelo pecado são vistos em Levítico 4.
5. Os detalhes da oferta pela culpa são vistos em Levítico 5.

No dia da dedicação do Templo, Salomão, como rei-sacerdote, ofereceu milhares de sacrifícios nesse altar sob as bênçãos do Senhor. Esses mesmos sacrifícios foram selados pelo fogo consumidor de Deus (2 Cr 7.5-8). Ele já havia oferecido milhares de holocaustos (ofertas voluntárias) no altar de bronze no Tabernáculo de Moisés, algum tempo antes, no Monte Gibeom (2 Cr 1.3-13).

Os detalhes intricados dessas ofertas merecem um livro específico.

O Altar de Bronze

Esse grande altar era feito de bronze (cobre ou bronze). O altar de bronze no Tabernáculo de Moisés era um altar de madeira de acácia, revestido com bronze. Sem dúvida, o altar do Templo foi edificado segundo o padrão geral do altar de bronze no Tabernáculo de Moisés.

O metal em destaque nos pátios do Tabernáculo e do Templo era o bronze (2 Cr 4.16-18; 1 Rs 7.45-47). Esse era um bronze brilhante, cujo brilho era obtido através do polimento.

No Pátio do Tabernáculo havia o altar de bronze, a bacia de bronze, as colunas de bronze e suas bases.

No Pátio do Templo, no Pátio dos sacerdotes, havia o altar de bronze, o mar de fundição ou de bronze, as pias de bronze e as portas revestidas com bronze. Também havia as duas grandes colunas de bronze e o pórtico do Templo.

O bronze, conforme observamos, é sempre o símbolo do juízo contra o pecado e o egoísmo. Os céus sobre Israel seriam como bronze devido aos pecados de desobediência de Israel às Leis do Senhor (Lv 26.19; Dt 28.23). Na cruz, Cristo foi levantado como a serpente de bronze. Ali, Ele foi julgado por nosso pecado, e a desobediência e a morte que Adão trouxe sobre sua descendência (Rm 5.12-21; Jo 3.14-18; 2 Co 5.21; Nm 21.1-6).

A morte é o juízo de Deus contra o pecado.

Quando Jesus julga o pecado de sua Igreja, seus pés são como bronze numa fornalha ardente (Ap 1.15; Ez 40.3). O bronze é a justiça divina aplicada ao homem em juízo. William Kelly diz que "O *ouro* é a justiça de Deus para o homem se aproximar dele, onde Ele está. O *bronze* é a justiça de Deus para lidar com a maldade do homem onde o *homem* está".

O Espírito Santo vem para nos convencer do pecado, da justiça e do juízo. Ele vem como Espírito do julgamento e do fogo (Jo 16.8-11; Is 4.4).

O sangue foi levado do *altar de bronze* (o trono do juízo), para a *arca de ouro* da aliança (o trono de misericórdia).

As medidas do Altar

O altar do Templo era cerca de quatro vezes maior que o altar de bronze do Tabernáculo. Seu tamanho era surpreendente. Não havia outro móvel semelhante a este em tamanho. Certamente essas medidas eram também simbólicas e proféticas, como as do altar do Tabernáculo.

As medidas do altar eram de 10 côvados de altura, 20 côvados de largura e 20 de comprimento.

O número 10 é o número da Lei, o número da responsabilidade humana. O homem violou os Dez Mandamentos. O pecado é a transgressão da Lei de Deus (1 Jo 3.4). A morte é o salário do pecado (Rm 6.23). Assim, Cristo foi crucificado por nosso pecado e pela nossa transgressão à lei de Deus.

No Tabernáculo de Moisés, a grade do altar de bronze no Pátio Externo ficava a 1 ½ côvado de altura, a mesma altura do trono de misericórdia, com os querubins sobre a arca da aliança no Lugar Santíssimo.

No Templo de Salomão, o altar de bronze tinha dez côvados de altura, a mesma altura dos dois grandes querubins no Lugar Santíssimo, que protegiam a arca da aliança.

Portanto, os dois altares estavam relacionados aos querubins.

Essa verdade significativa é vista nos Salmos. O salmista falou sobre o pastor de Israel que habitava com esplendor entre os querubins (Sl 80.1). E, novamente, ele falou do Senhor que reina, sentado entre os querubins (Sl 99.1).

Certamente, os salmos são proféticos em relação a Cristo, o Filho de Deus, o pastor de Israel, que habita na divindade eterna, entre o Pai e o Espírito Santo. Ele veio a este mundo, através da encarnação, para morrer na cruz (o altar), e derramou seu sangue como o bom, grande e principal pastor (Jo 10.1-10; Hb 13.20; 1 Pe 5.1-5).

Após ter obtido por nós eterna redenção pelo sangue da expiação, Ele retornou ao trono de Deus "entre os querubins" e, ali, foi entronizado. Ele é maior que todos os anjos, que são apenas espíritos ministradores enviados em favor dos herdeiros da salvação (Hb 1.1-14; Jo 16.27,28).

Seu sangue foi derramado na terra, mas levado até o céu. Da cruz do Calvário para o trono celestial; do pátio externo da terra ao Lugar Santíssimo no céu; esse foi o caminho de Jesus. O Cordeiro no altar do pátio (a cruz na terra) torna-se o Cordeiro na arca do Oráculo Santo (o trono de Deus no céu).

Num significado profético, a medida de 20 x 20 x 10 côvados cúbicos do altar de bronze equivale a 4.000 côvados cúbicos de volume (20 x 20 x 10 = 4.000). De Adão a Cristo, temos, estimadamente, 4.000 anos nos quais ocorreu o sacrifício do sangue de animais, onde todo o sangue sacrificial foi derramado.

Tudo começou com a morte substitutiva em Gênesis 3.21 e terminou com a aliança de sangue de Jesus na cruz e altar do Calvário (Jo 19.34,35, 1 Jo 5.7,8; Lc 22.20).

Seu sangue é o sangue da cruz, o altar de sacrifício pelo pecado. Todo o pecado e pecados, de Adão a Cristo, foram julgados por Deus em Cristo, e contra Cristo, no Calvário.

Esses 4.000 côvados também correspondem aos quatro dias no qual o Cordeiro pascal era guardado, predestinado à morte (Êx 12.1-6). Um dia para o Senhor é como 1.000 anos e mil anos como um dia (Sl 90.4; 2 Pe 3.8). Seu sacrifício, uma vez por todas, aboliu o sacrifício de animais.

Ao observarmos as medidas do Templo propriamente dito, o Oráculo ou Lugar Santíssimo media 20 x 20 x 20, ou seja, ele era quadrangular (1 Rs 6.20). O altar de bronze media 20 x 20 x 10 (2 Cr 4.1). As câmaras do tesouro localizadas acima do Lugar Santíssimo mediam 20 x 20 x 10, as mesmas medidas do altar de bronze.

Quão aplicável aqui é o mandamento de Jesus ao jovem rico: "Vá, venda tudo o que você possui e dê o dinheiro aos pobres, e você terá um tesouro no céu (simbolizado pelas câmaras do tesouro)" (Mc 10.21).

O Altar quadrangular

O altar era quadrangular, 20 x 20 côvados quadrados. O altar no Tabernáculo de Moisés era também quadrangular.

Havia vários objetos "quadrangulares", tanto no Tabernáculo quanto no Templo:

- O peitoral do sumo sacerdote era quadrangular.
- O Lugar Santíssimo era quadrangular, tanto no Tabernáculo quanto no Templo.
- O altar de ouro era quadrangular.
- O altar de bronze era quadrangular, tanto no Tabernáculo quanto no Templo.
- O sangue era levado do altar sacrificial quadrangular para o Lugar Santíssimo quadrangular.

Tudo isso apontava para o fato de que o sangue de Jesus, disponível para os quatro cantos da terra, é o único meio de acesso à plena revelação daquilo que é quadrangular, a cidade de Deus (Ap 21,22).

Os chifres do Altar

Embora não fossem especificamente mencionados em 2 Crônicas 4.1, outros versículos das Escrituras confirmam o fato de que havia chifres (pontas – NVI) fixados nesse altar, assim como no altar de bronze do Tabernáculo de Moisés.

Os chifres têm várias lições e verdades significativas nas Escrituras:

1. Os chifres foram usados para prender os sacrifícios involuntários (Sl 118.27). "Levando ramos até as pontas do altar." Contudo, Cristo não foi um sacrifício involuntário, mas Ele se deleitou em fazer a vontade do Pai, até mesmo a morte de cruz (Hb 10.1-10; 9.28; Rm 5.3; Fp 2.5-8).

2. Os chifres falam de poder e força. Animais usam seus chifres para se defender. Os chifres representam o poder e a força do animal (Dn 7; Dn 8; Ap 13). O Cordeiro de Deus é visto com sete chifres, símbolos do poder do seu sacrifício, seu Corpo e sangue, e a onipotência do evangelho para todo o mundo (Ap 5.6; Mt 28.18-20).

3. Os chifres falam dos quatro cantos da terra. Sem dúvida, havia quatro chifres nesse altar, assim como no altar do Tabernáculo de Moisés (Êx 27.1-8).
Quatro é o número da terra. Isso fala do que é mundial, universal. Assim o poder do evangelho, conforme apresentado em Mateus, Marcos, Lucas e João, deve ser pregado em todo o mundo, a toda criatura (Mc 16.15-20, At 1.5-8).

Na visão de Ezequiel, o altar tinha quatro chifres (Ez 43.13-17).

4.Os chifres no altar eram também um lugar de refúgio, um lugar de vida ou morte.
Em 1 Reis 1.50-53, o rebelde Adonias correu para o altar e segurou nos chifres, pedindo por misericórdia. O rei Salomão agraciou-o com misericórdia, desde que ele cumprisse as condições de obediência.
Em contraste, em 1 Reis 2.28-24, Joabe, que tinha seguido Adonias, correu para os chifres do altar, buscando misericórdia. Contudo, por causa da grande luz que ele possuía, e como cometera pecados maiores, Joabe foi morto no altar.
Esse mesmo altar significou vida para um, e morte para o outro. No Gólgota, o ladrão arrependido encontrou vida em Cristo; e o outro, morte (Lc 23.39-43; e Mt 27.44).
Paulo diz que o evangelho tem perfume de morte para alguns e perfume de vida para outros (2 Co 2.14-16). O mesmo sacrifício de Cristo será vida para todos os que se arrependem e crêem, e morte para aqueles que o recusam.
Observe os chifres em Gn 22.13; 1 Sm 16.3 e Js 6.

Os degraus do Altar

Sem dúvida, um altar deste tamanho teria degraus ou até uma rampa de acesso. Com relação ao altar de bronze no Tabernáculo de Moisés, degraus foram proibidos para que não fosse vista alguma nudez como ocorria nos altares pagãos (Êx 20.24-26; 28.40-43).

As vestes sacerdotais incluíam calções de linho para cobrir a sua nudez. A visão de Ezequiel do altar mostrava degraus (Ez 43.17).

Deus não quer nada que seja pagão, associada ao sagrado altar da expiação.

A posição do Altar

O altar foi colocado no Pátio Interno, entre a entrada do Pátio e o mar de bronze (Jl 2.17). Parece que sua posição era do lado norte do Pátio. No Tabernáculo de Moisés, o altar estava posicionado entre a entrada do Pátio e a porta do Tabernáculo (Êx 40.6,29).

O holocausto era sacrificado no lado norte do altar no Tabernáculo de Moisés. Portanto, isso ocorria no mesmo local do altar do Templo (Lv 1.11).

Nas Escrituras, o norte aponta distintamente para a queda de Lúcifer, seu pecado e rebelião nos céus, juntamente com os anjos caídos. O norte foi o lugar onde os assírios e babilônicos vieram em juízo contra o Israel de Deus. O pecado começou no norte. O sangue de Cristo deve lidar com a origem do pecado e, por conseqüência, o sangue do sacrifício foi derramado no lado norte do altar. Observe: Is 14.13; Jó 26.7; Jr 46.6, Sl 48.1,2; Ez 1.4; Nm 2.25; Ct 4.16.

O altar de bronze seria o *primeiro* artigo da mobília que os sacerdotes e quaisquer israelitas teriam de encarar em sua aproximação de Deus. O sangue sacrificial através das ofertas substitutivas seria a única forma de se aproximar de Deus. Ninguém ouse desprezar o altar de Deus. O sangue deveria preceder a adoração. Assim ninguém ouse desprezar a cruz de Jesus e seu sacrifício para se aproximar de Deus (Jo 14.1,6; Hb 7.25,26). Cristo é tanto sacerdote (em sua divindade), quanto sacrifício (em sua humanidade). A cruz é o altar. A cruz é o único lugar de redenção (1 Pe 3.18-21; Hb 9.14; 10.1-12; Gl 1.4; 2.20).

O altar da cruz deve ser sempre o primeiro e o principal em toda a pregação, ensino e ministração ao Senhor. Paulo disse: "Quanto a mim, que eu jamais me glorie, a não ser na cruz de nosso Senhor Jesus Cristo, por meio da qual o mundo foi crucificado para mim, e eu para o mundo" (Gl 6.14).

Elias, o profeta, restaurou o altar de Deus no Monte Carmelo, um altar de 12 pedras. Deus consumou o sacrifício pelo fogo celestial (1 Rs 18).

Ezequias, o rei, restaurou o altar de bronze na purificação do Templo, no tempo da reformas em seu reino (2 Cr 29,30).

O Altar purificador (Is 6.1-8)

Isaías, o profeta, viu a glória do Deus "três vezes santo", a santidade do Pai, do Filho e do Espírito Santo. Ele sentiu a consciência de sua própria impureza e de que ele habitava em meio de um povo de lábios impuros. Seu clamor foi como de um leproso que tinha de gritar "imundo, imundo" (Lv 13.44-46).

O serafim, "aquele que queima", tomou uma brasa viva do altar e tocou seus lábios, limpando-os de toda impureza. Com base nisso, Isaías foi chamado pelo Senhor para ministrar como um profeta para sua nação. Ele respondeu ao chamado do Senhor e foi comissionado a falar por Deus a um povo hipócrita.

Sem dúvida, a brasa foi tirada do altar de bronze, pois este era o altar onde sempre deveria haver fogo, o qual nunca deveria ser apagado, e este era o altar que lidava com o pecado (Lv 6.12,13).

O Altar falso (2 Rs 16.1-16)

Esse capítulo da Bíblia registra os terríveis feitos do rei Acaz, de Judá. Ele não caminhou nos caminhos de Davi, mas tornou-se idólatra e pagão em suas práticas.

Ele tomou a prata e o ouro da Casa do Senhor e enviou-os ao rei da Assíria. Em sua visita comprometedora ao rei da Assíria, Acaz viu um altar pagão. Ele deu ao sacerdote Urias o padrão desse altar e confeccionou para si mesmo um exatamente igual. Ele, então, presunçosamente, retirou o grande altar do Senhor do seu lugar e colocou esse altar assírio em substituição no Pátio do Senhor. Como um rei, ele assumiu o papel de sacerdote e ofereceu sacrifícios em seu altar enquanto o sacerdote oferecia sacrifícios no altar de Deus.

Assim, a história da Igreja revela a existência de altares e sacrifícios falsos através das presunções sacerdotais. Há somente uma cruz-altar, um único sacrifício pelos pecados, um único grande sumo sacerdote. Tudo o mais é falso, substituto, pagão, e feito a despeito da cruz do Calvário. O relacionamento de Israel com Deus sempre dependeu da atitude da nação com respeito ao altar de Deus. Reis rebeldes e perversos sempre buscaram desfazer-se desse altar e colocar numerosos altares substitutos sobre cada montanha e árvores, enquanto eles adoravam deuses falsos. Jeroboão é um exemplo disso (1 Rs 12.25-33; 13.1-5).

Reis piedosos sempre restauraram o altar do Senhor e os sacrifícios designados, em tempos da restauração e de despertamento da nação.

Primeiramente, Esdras restaurou o altar do Senhor durante a reconstrução de Judá após o cativeiro na Babilônia (Ed 3.1-3). Na restauração da Igreja, na dispensação do Novo Testamento, a justificação pela fé no sangue de Jesus deve ter seu lugar prioritário.

Qualquer outro altar simplesmente é um "altar ao Deus desconhecido" (At 17.23).

O Altar no Apocalipse

As referências finais ao altar de Deus são encontradas no livro do Apocalipse. Em Apocalipse 6.9-11, João vê o sangue dos mártires sob o altar de bronze. Ali, o sangue das vítimas sacrificadas foi derramado como oferta ao Senhor. O sangue é a vida da alma. Essas almas estavam sob o altar. Seu sangue falava e clamava por vingança. No presente, o sangue de Jesus fala de misericórdia, mas em sua próxima vinda todo o sangue inocente dos santos será vingado (Hb 12.24).

Resumo

Concluímos este capítulo com um breve foco, comparando o altar de bronze no Tabernáculo e no Templo.

O Altar de Bronze do Tabernáculo		O Altar de Bronze do Templo
Altar de madeira de acácia	—	Altar de bronze
Revestido com bronze por dentro e por fora.		
Media 5 x 5 x 3= 75 côvados cúbicos.	—	Media 20 x 20 x 10 = 4.000 côvados cúbicos.
Quadrangular.	—	Quadrangular.
Cinco ofertas para ele.	—	Cinco ofertas para ele.
Primeiro artigo de aproximação a Deus.	—	Primeiro artigo de aproximação a Deus.
Único altar de sacrifício.	—	Único lugar de redenção.
Varas para o altar em trânsito nas jornadas pelo deserto.	—	Sem varas, Israel na terra prometida. Permanência, descanso, paz e ordem.

Tudo aquilo que diz respeito ao altar fala a Deus a respeito de Cristo e de sua obra redentora. Há apenas um *único* altar, um *único* lugar de redenção e salvação. Há e sempre haverá somente *um* Cristo, *um* Salvador, *um* mediador entre Deus e o homem, o Homem Cristo Jesus (Jo 14.1,6; Hb 7.26; 1 Tm 2.5-6).

O estudante deve se reportar ao livro *O Tabernáculo de Moisés* para obter verdades adicionais sobre o altar.

O MAR DE FUNDIÇÃO E OS DOZE BOIS

CAPÍTULO 22

O MAR DE BRONZE

Os versículos que tratam da revelação, do padrão e da construção do mar de fundição ou mar de bronze (ARA, ARC, ou tanque de metal fundido – NVI) estão em 2 Crônicas 4.2-6,

15; 1 Reis 7.23-26, 44 e 1 Crônicas 18.8. Esses versículos fornecem os detalhes do mar ou tanque de metal fundido, suas medidas e ornamentação.

A DESCRIÇÃO GERAL DO MAR (TANQUE) DE METAL FUNDIDO

O mar de fundição (ou bronze) parecia-se com uma grande bacia ou tanque, contendo uma vasta quantidade de água. O Dicionário Bíblico Unger diz: "Tratava-se de um imenso dique redondo, com cinco côvados de altura e 10 côvados de diâmetro de uma borda a outra, e uma linha de trinta côvados em sua circunferência. Ele era feito de bronze maciço, com cerca de um palmo de espessura. Sua borda era curvada como um cálice, com a aparência de um lírio, enquanto na parte inferior havia duas fileiras de frutos (colocíntidas, pepinos selvagens), dez para cada côvado (300 ao todo) cercando todo o mar para a ornamentação. A capacidade desse grande tanque era de 2.000 batos (40.000 litros – NVI). Ele era apoiado por doze bois de bronze, três voltados para cada ponto cardeal..."

A CONSTRUÇÃO DO MAR DE FUNDIÇÃO

1. Feito de bronze

O material do mar fundido era de bronze. O mar de fundição no Pátio do Templo, na realidade, tomou o lugar da bacia de bronze do Tabernáculo, embora houvesse pias adicionais no Pátio do Templo. Essas serão consideradas num capítulo posterior. O mar de fundição era um utensílio moldado pelo fogo.

O bronze, como sempre, fala do juízo contra o pecado. A justiça é a santidade de Deus em ação contra o pecado. O altar de bronze lidou com o pecado. O mar de fundição lidou com o "eu". É o autojulgamento.

A bacia de bronze do Tabernáculo de Moisés foi feita do bronze, tirado dos espelhos das mulheres (Êx 38.8). Aqui, o mar de fundição foi feito do bronze dos despojos das batalhas de Davi contra os inimigos do Senhor e de seu povo (1 Cr 18.8). O bronze é um símbolo de força, firmeza, perseverança e juízo contra o pecado e o eu. Nós temos o bronze em conexão com o seguinte:

- Portas de bronze (Sl 107.16).
- Trancas de bronze (1 Rs 4.13)
- Algemas de bronze (Jz 16.21).
- Os pés de Cristo como bronze polido (Dn 10.6; Ap 1.15).
- A serpente de bronze (Nm 21.8,9).
- Os incensários de bronze (Nm 16.36-40).
- Os céus seriam como de bronze devido ao pecado de Israel (Dt 28.23).

2. As medidas do mar

As medidas desse mar foram divinamente especificadas em contraste com a bacia do Tabernáculo de Moisés onde não havia medidas registradas.

Deus deu as medidas. O homem deve edificar de acordo com o padrão divino, de acordo com a especificação de Deus.

O mar de fundição media cinco côvados de altura, 10 côvados de diâmetro em sua orla, e 30 côvados de circunferência (quatro metros e meio de diâmetro e dois metros e vinte e cinco centímetros de altura). Era preciso um fio de treze metros e meio para medir a sua circunferência – NVI). As verdades espirituais devem ser descobertas no uso desses números simbólicos.

a. Forma arredondada

Em contraste com o altar de bronze, o qual era quadrangular, o mar de fundição possuía forma arredondada. Era circular. O círculo não tem começo nem fim. Isso fala das coisas eternas. Eternidade é o tempo sem começo ou fim. Assim, a limpeza pela lavagem da água da Palavra será eternamente suficiente para os santos.

b. Cinco côvados de altura

O mar fundido tinha cinco côvados de altura (2,25m – NVI). Cinco é o número da graça, o número da vida, o número da expiação. Jesus recebeu cinco feridas na cruz, para trazer vida, para trazer a expiação ou a reconciliação entre Deus e o homem.

Existem numerosos "cinco" mencionados nas Escrituras, dos quais destacamos os seguintes:

Jacó enviou cinco rebanhos de animais para efetuar a reconciliação com seu irmão Esaú (Gn 32.13-16).

Os israelitas saíram do Egito em cinco batalhões (Êx 13.18 – traduzido do hebraico).

O Tabernáculo de Moisés era repleto do número 5. O altar de bronze tinha cinco côvados quadrados As colunas do Pátio tinham cinco côvados de altura. O azeite ungido era composto por cinco ingredientes.

O Senhor estabeleceu cinco ministérios na Igreja para levá-la à maturidade: apóstolo, profeta, evangelista, pastor e mestre (Ef 4.9-11).

Cristo é a graça de Deus personificada. Ele traz vida através da sua obra expiatória.

c. Dez côvados de diâmetro (4,5m – NVI)

O mar de fundição tinha dez côvados de diâmetro, ao redor da sua borda.

Dez é o número da lei, ordem, governo e responsabilidade. Deus deu a Israel dez mandamentos, que deveriam cumprir.

Cinco é o número da graça, dez é o número da lei. Cristo, que é a graça de Deus personificada, nasceu sob a lei, para redimir aqueles que vivem sob a lei. Somente Ele guardou a lei perfeitamente (Gl 4.1-4; Sl 40.7,8). Ele morreu porque nós quebramos a lei de Deus.

Os dez côvados de diâmetro do bronze falam da lei que condena o pecado, mas que foi cumprida perfeitamente em Cristo; e agora, pelo Espírito, é guardada pelo crente que caminha segundo o Espírito (Rm 8.1-4; 10.1-5).

As Escrituras são repletas do número "10", dos quais destacamos as seguintes:

Em Gênesis 1, a expressão "Disse Deus..." é mencionada dez vezes, trazendo ordem ao caos.

O dízimo é 1/10 da nossa renda que é dado a Deus como um dever nosso (Nm 18).

As dez virgens tinham a responsabilidade de manter o azeite e estarem atentas à chegada do noivo (Mt 25.1-13).

No Tabernáculo de Moisés, o Lugar Santíssimo media 10 x 10 x 10 = 1.000 côvados cúbicos.

No Templo, temos dez Mesas de pães da Presença, dez candelabros de ouro no Lugar Santo, e dez pias no Pátio dos sacerdotes.

Os dois grandes querubins de madeira de oliveira tinham asas com medida de 10 côvados de extensão.

As duas tábuas de pedra continham os Dez Mandamentos escritos com o dedo de Deus.

d. 30 Côvados de Circunferência (13,5m – NVI)
O mar de fundição tinha trinta côvados de circunferência, sendo de forma arredondada.

Trinta é o número da consagração para o serviço, para o ministério diante do Senhor.

José tinha 30 anos quando se tornou o segundo no trono do Egito, abaixo apenas do Faraó (Gn 41-46).

Davi tinha 30 anos quando foi ungido para assumir o trono sobre Israel (2 Sm 5.4).

A arca de Noé tinha 30 côvados de altura para a salvação da casa do patriarca (Gn 6.15).

Os sacerdotes tinham 30 anos de idade quando começavam as ministrações sacerdotais (Nm 4.3).

O templo também tinha 30 côvados de altura.

O cumprimento de tudo isso é visto em Cristo Jesus que tinha 30 anos de idade quando começou seu ministério como profeta, sacerdote e rei, após o batismo nas águas do Jordão, e sua unção do Espírito Santo (Lc 3.23). O mar de fundição continha a água para a limpeza em sua circunferência de trinta côvados. Assim, Jesus tinha cerca de 30 anos de idade quando foi batizado nas águas!

Em resumo, podemos dizer que os números 5, 10 e 30 encontram cumprimento no próprio Jesus. Ele é a graça de Deus personificada, o único homem que guardou a lei perfeitamente, e foi o Filho consagrado ao Pai (Hb 7.26-28).

e. Espessura de um palmo (quatro dedos – NVI)
A espessura do mar de fundição era de "um palmo", ou "medida de uma mão" (2 Cr 4.5). A medida de uma mão nas Escrituras traz um significado de serviço e é usada numa grande variedade de formas e ministérios.

A bacia no Tabernáculo de Moisés era para o sacerdote lavar suas mãos e pés antes de ministrar nos lugares santos.

Nós falamos da doutrina de imposição de mãos (Hb 6.1,2).

A mão do Senhor estava sobre a igreja primitiva enquanto pregavam o evangelho (At 4.28-30; 11.21).

Elias viu uma nuvem do tamanho da palma da mão de um homem antes da abundante chuva (1 Rs 18 41-46).

Cristo impôs sua mão sobre João quando este caiu a seus pés como morto (Ap 1.17).

O ministério das mãos é essencial nos utensílios e na Casa do Senhor.

O fundamento do mar de fundição

Havia doze bois de bronze sob o mar, sustentando-o. Portanto, havia um fundamento para esse mar de fundição. Esses doze bois olhavam para o norte, o sul, o leste e o oeste. O significado dessas coisas é visto a seguir.

1. O mar de fundição

O mar de fundição fala primeiramente do Senhor Jesus Cristo, que fornece purificação para seu povo sacerdotal, pela lavagem da água pela Palavra (Tt 3.5; Ef 5.25-32). Havia somente um grande mar de fundição. Há somente um Cristo salvador, aquele que nos purifica do pecado e do eu.

2. Os doze bois de bronze (touros – NVI)

Os doze bois de bronze falam dos doze apóstolos escolhidos por Cristo (Mt 10; Lc 6.13). Os doze bois serviam para sustentar o mar de fundição e seu ministério de limpeza dos sacerdotes. Os doze apóstolos apóiam a Cristo em seu ministério de purificação da Igreja, a nova aliança sacerdotal. Seus nomes estão nos fundamentos da cidade de Deus (Ap 21.14).

Doze é o número do governo, especialmente do governo apostólico, o governo do Israel de Deus. Isso é visto nos numerosos "doze" mencionados nas Escrituras, alguns dos quais citamos aqui.

O sol e a lua governam, respectivamente, doze horas do dia e da noite (Gn 1.14-19).

Doze meses no ano governam o tempo do homem (Jo 11.9).

Jacó tinha doze filhos que se tornaram os nomes das doze tribos de Israel, natural e espiritual (Êx.1).

Doze fontes de água saciaram a sede de Israel em Elim (Êx 15. 27).

Doze colunas de pedra foram erguidas aos pés do Monte Sinai (Êx 24.4).

Doze pedras foram levadas para dentro do Jordão e, quando Israel entrou na terra de Canaã, 12 pedras foram tiradas dali para um memorial (Js 4.3-9).

Doze pedras com os nomes das doze tribos estavam no peitoral do sumo sacerdote (Êx 28).

Salomão tinha doze oficiais sobre Israel e 12.000 cavaleiros (1 Rs 4.7,26 – ARA).

O Trono de Salomão tinha doze leões em seus seis degraus, dois em cada degrau (1 Rs 10).

A noiva de Cristo possui uma coroa com doze estrelas em sua cabeça (Ap 12.1).

Os doze apóstolos do Cordeiro sentarão em doze tronos para julgar as doze tribos de Israel (Lc 22.30).

O livro do Apocalipse é repleto de "doze" e seus múltiplos. Pense nos 144.000 redimidos (12.000 de cada tribo) (Ap 7.1-8; 14.1-5).

Pense nos muitos "doze" na cidade de Deus em Apocalipse 21 e 22, a Nova Jerusalém. Ela tem doze portas de doze pérolas; doze nomes de doze tribos; doze fundamentos e 12 nomes dos doze apóstolos nesses fundamentos, e 12 tipos de frutos para os doze meses do ano, e seus muros com múltiplos de doze.

Em Apocalipse 4, temos os 24 anciãos como reis-sacerdotes.

No Tabernáculo de Moisés, havia a mesa da preposição com doze filões de pães. Os doze príncipes trouxeram seis carros com doze bois dedicação do altar de bronze (Nm 7).

Bois falam de Cristo como servo, e também, do ministério apostólico, que pisa o trigo da Palavra de Deus para seu povo (1 Co 9.9; 1 Tm 5.18; 1 Rs 19.19-21)

Jesus enviou os doze apóstolos, de dois em dois, como seus servos. Eles carregavam seu jugo (Mt 11.28-30; Lc 10.1; Mc 6.7).

Os seres viventes têm, entre seus quatro rostos, a face de um boi (Ez 1.10).

Assim, os doze bois falam dos doze apóstolos de Cristo, da lei e do governo apostólicos, com um espírito de servos, apoiando o Senhor Jesus Cristo no cumprimento do seu ministério purificador dos crentes-sacerdotes.

3. Os quatro cantos da terra

Esses 12 doze bois olhavam para as quatro direções: três bois para o norte, três para o sul, três para o leste e três para o oeste.

Quatro é o número da terra, daquilo que é universal, mundial. Seus rostos ficavam fora do mar e seu corpo para dentro.

Isso fala sobre o evangelho de Cristo sendo proclamado nos quatro cantos da terra, para toda criatura, língua, tribo e nação. O poder do evangelho é universal (Mt 28.18-20; Mc 16. 15-20; At 1.8; Ap 5.9,10).

No deserto, Israel tinha doze tribos posicionadas em quatro grupos de três: norte, sul, leste e oeste.

Podemos notar algumas das várias referências do número quatro nas Escrituras:

Há quatro tipos de solo no qual a semente da Palavra cai (Mt 13.1-8).

Há quatro evangelhos falando do ministério de Cristo na terra.

Havia quatro rios que saíam do Éden para regar a terra (Gn 2.10).

Existem quatro seres viventes, cada um com 4 rostos, e quatro rodas, na visão de Ezequiel (Ez 1).

O Tabernáculo de Moisés possui quatro chifres no altar, tanto de bronze quanto de ouro, que falam de uma mensagem mundial (Êx 27.12; 30.1-10).

São mencionados quatro lugares geográficos para os quais o evangelho deveria ser pregado (At 1.8).

Assim, o evangelho de Cristo, desde os primeiros doze apóstolos, tem ido aos quatro cantos do globo. Os redimidos da terra se juntarão ao trono de Deus e do Cordeiro, vindos de toda "tribo, língua, povo e nação" (Ap 5.9,10).

A ornamentação do mar de fundição

A ornamentação do mar de fundição consistia de flores de lírios (2 Cr 4.5 – KJV) e frutos em sua borda, e seu significado será visto agora.

1. Flores de lírio sobre a borda

O topo da borda estava ornamentado com flores de lírio. O mesmo trabalho com lírios estava sobre as duas grandes colunas de bronze no pórtico do Templo (1 Rs 7.19; 2 Cr 4.5). O lírio fala da pureza, da beleza e da fragrância do Senhor Jesus Cristo. Cântico dos Cânticos de Salomão menciona o lírio várias vezes, provavelmente em alusão aos utensílios e às colunas do Templo (Ct 2.1,2,16; 6.2,3; 7.2 com Os 14.5). Cristo nos disse para atentarmos aos lírios dos campos, pois nem Salomão em toda a sua glória não se vestiu como um deles (Mt 6.28; Lc 12.27) .Cristo floresceu para revelar a beleza do Pai.

2. Fileiras de Frutos sob a Borda

Assim como havia flores de lírio sobre a borda do mar de fundição, assim também haviam fileiras de frutos ornamentados sob a borda (1 Rs 7.24).

a. Os frutos

A concepção hebraica de "frutos" diz respeito ao fruto das colocíntidas (frutos de forma oval, também chamados de pepinos selvagens), os quais ficavam ao redor da circunferência.

Foram gravados também frutos na madeira de cedro das paredes do Templo, como nesse mar de bronze (1 Rs 6.18). Vemos a mesma ornamentação do mar de fundição nas duas colunas do pórtico (1 Rs 6.14-18, 29).

Aqui, "frutos" falam do fruto do Espírito, no qual está a semente da Palavra (Gl 5.22; 1 Co 13).

Cristo Jesus é Palavra que se fez carne. Ele é a semente incorruptível. Nele está o fruto do Espírito Santo manifesto em perfeição. A perfeição da beleza está sobre Ele (Jo 1.1-3,14-18; 1 Pe 1.23; Sl 16.10).

b. Duas fileiras de frutos

Havia duas fileiras com esses frutos, falando da porção dupla. Assim Cristo foi a porção dupla, ou a plenitude da operação do Espírito; tanto do *fruto* quanto do *dom* (Jo 3.33,34; Is 11.1-4; At 10.38; Lc 4.18).

c. Os dez frutos em um côvado

O padrão divino também mostra que havia dez frutos em cada côvado. Se o mar possuía 30 côvados de diâmetro, então dez frutos para cada côvado equivaliam a 300 frutos ao todo.

Trezentos nas Escrituras representam o número do remanescente fiel de Deus. A arca de Noé tinha 300 côvados de comprimento, preservando um remanescente do dilúvio mundial (Gn 6.14-16). O exército de Gideão tinha 300 homens como um remanescente dos exércitos de Israel, usados para derrotar os midianitas após o teste da água (Jz 7).

Sansão usou 300 raposas para destruir a plantação dos filisteus (Jz 15.4,5).

Enoque caminhou com Deus 300 anos e, depois, experimentou o arrebatamento (Gn 5.21-24).

E, aqui, temos 300 frutos relativos ao utensílio de purificação pela água no templo de Salomão.

Dez, como já observado, é o número da lei e da ordem. Trinta é o número da consagração. Trezentos é o número do remanescente fiel.

Então, podemos dizer que 300 é o número do remanescente, consagrado ao Senhor e em ordem divina. Assim, de fato, era o exército de Gideão, e assim será a Igreja como o exército do Senhor.

A posição do mar de fundição

Em 2 Crônicas, assim como em 1 Reis 7.39, descobrimos a posição divinamente designada do mar de fundição. Esse deveria ser colocado do lado direito da casa (lado oriental), no lado sul. Certamente, o significado dessa posição fala da posição de Cristo diante de Deus. Cristo está assentado à direita do trono de Deus nas alturas, na casa do seu Pai (Hb 1.3; Cl 3.1).

O "leste" é sempre significativo de sua glória tanto na primeira quanto na segunda vinda. Sua estrela foi vista no oriente em sua primeira vinda, e, em sua segunda vinda, Ele virá como um relâmpago que sai do oriente e se mostra até o acidente (Mt 2.2; 24.27).

O propósito do mar de fundição

O propósito do mar de metal fundido era a limpeza dos sacerdotes (2 Cr 4.6). Assim como no Tabernáculo de Moisés os sacerdotes tinham de lavar as mãos e os pés na bacia de bronze, para que não morressem quando entrassem no Tabernáculo do Senhor, também esse era o propósito do mar de bronze (Êx 30.17-21).

Somente aqueles que têm as mãos limpas (externamente) e um coração puro (internamente) podem subir ao monte do Senhor (Sl 24.4).

O mar de fundição servia para os *sacerdotes* se lavarem. As dez pias ao redor do Templo serviam para a limpeza dos *sacrifícios*.

O conceito completo do propósito do mar de Bronze era a limpeza, a purificação para o serviço, a libertação de toda a sujeira. A água nas Escrituras tem muitas imagens simbólicas. Ela é utilizada para falar de:

1. Salvação – Is 12,3; Jo 4.13,14.
2. Batismo nas águas – At 8.36-39; Mc 16.15-20; Mt 28.18-20; At 2.34-47.
3. Batismo no Espírito Santo – Jo 7.37-39. Alguns advogam a hipótese de que o mar de fundição era um grande reservatório de água e que havia algum tipo de cano e torneira que saiam da boca dos 12 bois. Se isso é verdade, era dessa forma que os sacerdotes eram limpos. Talvez Jesus tenha aludido a isso quando falou sobre "rios de água viva" fluindo do interior. Ele falava do Espírito que os crentes deveriam receber.

4. A lavagem da água pela Palavra – Tt 3.5; Ef 5.26,27; Ez 36.25. Em Tito e Efésios, a palavra grega para "lavagem" é "bacia". Essa é lavagem da regeneração (Jo 3.1-5), e a lavagem purificadora para o serviço sacerdotal (Êx 38.8).

Há muitos trechos das Escrituras que falam da necessidade da lavagem para que se possa servir ao Senhor em seu Tabernáculo, em seu Templo (Êx 30.18-21; 2 Co 7.1,2; 6.11; Hb 10.22; Jo 13.10; Sl 26.6; Ef 5.26; Tt 3.5; Sl 24.4; Lv 8.6; Jo 3.1-5; Sl 24.4; Lv 8.6; 2 Co 5.17).

Todos os crentes são chamados para serem sacerdotes, mas devem ser sacerdotes limpos para ministrarem ao Senhor em sua Casa (Ap 1.6; 5.9,10; 20.6; 1 Pe 2.5-9).

A água é a água da Palavra. Ela está disponível, mas é somente a aplicação da água da Palavra que torna alguém limpo. Deve haver uma lavagem diária para que alguém possa ministrar.

Numa outra figura simbólica, podemos ver o Senhor Jesus Cristo como o mar de fundição, a plenitude do Espírito Santo como a água e os doze apóstolos como os doze bois levando o evangelho de Cristo ao mundo inteiro.

A relação do Altar de Bronze com o mar de fundição

É significativo ver a relação desses dois primeiros artigos de mobília do pátio. Eles seriam os primeiros dois artigos que qualquer israelita poderia ver em sua aproximação de Deus, assim como os sacerdotes. Primeiramente, estava o altar de bronze e, em seguida, o mar de fundição, ou o sangue e a água; e sempre nessa ordem, não a água e o sangue (1 Jo 5.6-8).

Essa mesma verdade é vista no Tabernáculo de Moisés. Havia o altar de bronze, ou o sangue em primeiro lugar; e, depois, a bacia de bronze, ou a água. Esses eram os únicos dois agentes para a limpeza do pecado e da autocorrupção na história redentora da nação de Israel; e sempre nessa mesma ordem.

O *sangue* é visto continuamente na história de Israel diante do Senhor:

1. O sangue do Cordeiro pascal (Êx 12).
2. O sangue do dia da expiação (Lv 16).
3. O sangue das ofertas das festas do Senhor (Lv 23).
4. O sangue das ofertas levíticas (Lv 1-7).
5. O sangue da expiação pela alma (Lv 17.11-14).
6. O sangue falando a Deus (Hb 12.22-24).

A *água* também é vista continuamente na história redentora de Israel:

1. As águas de purificação das cinzas da novilha vermelha (Nm 19).
2. A água na consagração sacerdotal (Lv 8.6).
3. A água na limpeza do leproso (Lv 14.1-8).
4. As diversas lavagens da Lei (Hb 9.10).
5. Israel batizado na nuvem e na água (Êx 13,14; 1 Co 10.1,2).
6. Israel e as águas do Jordão (Js 4,5).

O significado espiritual desse fato é cumprido plenamente no Calvário. Quando Jesus morreu na cruz, um soldado perfurou seu lado e fluiu sangue e água de seu corpo (Jo 19.34,35). João, em sua primeira epístola, fala de Jesus, que veio pela água e pelo sangue, e o Espírito dá testemunho disso (1 Jo 5.7,8). Quando o sangue e água fluíram de Seu lado, isso cumpriu e aboliu para sempre o derramamento de sangue de animais e lavagens religiosas cerimoniais com água, como no pátio externo.

Todo os crentes da nova aliança podem ser limpos diariamente pelo *sangue* de Jesus e pela lavagem de *água* pela Palavra (Zc 13.1; Jo 13.1-13; Mt 26.26-28; Ef 5.26; Tt 3.5).

Nenhum sacerdote poderia entrar no Templo para ministrar, sem primeiro tocar nesses dois artigos da mobília (o altar e o mar).

Os animais feridos em Israel falam do altar de bronze e de seu sangue sacrificial. A rocha ferida fala da bacia de bronze e do mar de fundição, a água.

No altar e no mar, temos: (1) juízo do e contra o pecado, que é a morte. A evidência da morte é o sangue derramado, apresentado e aceito para nosso perdão; e (2) o juízo contra o eu e as aplicações da Palavra purificadora diariamente.

Ninguém ousava tocar na Mesa dos pães da Presença. no candelabro, ou no altar de incenso, sem primeiro experimentar a purificação através do sangue e da água. Todos devem ir primeiramente ao Calvário antes de exercitar seu ministério sacerdotal, seja na igreja ou no céu.

O sangue limpa do pecado. A água limpa da autocorrupção.

As medidas simbólicas e proféticas da água

Sem dúvida, não havia somente as medidas reais da água dadas por Deus, mas por trás dessa realidade existe aquilo que é simbólico e profético.

Em 1 Reis 7.26, é dito que o mar "levava 2.000 batos" (40.000 litros – NVI) de água. Em 2 Crônicas 4.5, lemos que o mar era "da capacidade de três mil batos " (60.000 litros – NVI). A aparente contradição é compreendida por uma leitura apropriada das palavras usadas. A explicação é que ele continha 2.000 batos de água quando em uso, mas continha 3.000 batos de água quando ficava cheio até a borda.

Novamente, vimos um significado no uso dos números 2.000 e 3.000. No Tabernáculo de Moisés e suas medidas, vimos a verdade profética relativa à dispensação do tempo no plano de Deus e a "semana da redenção". Havia 2.000 côvados no Lugar Santo e mais 1.000 côvados no Lugar Santíssimo, totalizando 3.000 côvados. Sem dúvida, os 2.000 mais 1.000 batos equivaliam à medida de 3.000 correspondentes ao Tabernáculo de Moisés.

O estudante pode se reportar novamente ao *O Tabernáculo de Moisés*, deste mesmo autor.

No Templo de Deus e suas medidas também temos o significado profético e simbólico relativo à redenção. Isso pode ser visto nas medidas pertencentes ao altar de bronze e ao mar de fundição:

1. No altar de bronze, as medidas equivaliam a 20 x 20 x 10 = 4.000 côvados. Esse era o lugar de derramamento de sangue. Isso nos fala dos 4.000 anos (4 dias do Senhor – Sl 90.4; 2 Pe 3.8) de Adão até Cristo, do primeiro Adão até o último Adão.
   Nesses 4.000 anos, temos todos os sacrifícios de animais divinamente ordenados. Eles foram consumados no perfeito sacrifício, uma vez por todas, do corpo e do sangue de Jesus.

2. O mar de fundição continha 2.000 batos de água quando em uso. Isso nos fala dos 2.000 anos da primeira vinda de Cristo até sua segunda vinda. Estes são os 2.000 anos da dispensação do Espírito Santo ou os dois dias do Senhor.

Quando não estava em uso, o mar de fundição recebia e mantinha 3.000 batos de água em sua plenitude. Esses são os outros 1.000 batos adicionais que estão no livro de Crônicas, além do que é relatado no livro de Reis Isso nos fala da dispensação da plenitude dos tempos, levando-nos para os 1.000 anos do reinado de Cristo, o reinado milenar.

Portanto, temos:

4.000 côvados no altar de bronze.
2.000 batos de água do mar de fundição quando em uso.
1.000 batos adicionais em sua plenitude, o que se torna simbólico de
7.000 anos da semana de redenção de Adão até Cristo, no primeiro advento.
Seu segundo advento e o encerramento da era milenar (Os 6.1,2; Jo 24.1; 2 Pe 3.8; Sl 90.4; Ap 20.1-10).

As verdades são distintas, contudo falam da limpeza pelo sangue e pela água. Tanto o altar de bronze como o mar de bronze falam de juízo. De Adão até o encerramento dos 1.000 anos da era do reino, vemos Deus executando juízos contra o pecado e Satanás.

O sangue e a água fluindo do lado de Cristo no Calvário foi o antítipo cumprimento do altar de bronze (sangue) e do mar de bronze (água).

A profanação e a destruição do mar de bronze

Dois reis na história de Israel se destacaram na ocasião da profanação e da destruição do mar de bronze: o rei Acaz, de Judá e o rei Nabucodonosor, da Babilônia.

1. O rei Acaz, de Judá

Em 2 Reis 16.10-16, vimos como esse perverso rei Acaz removeu o altar do Senhor e colocou em seu lugar seu próprio e falso altar assírio, no Pátio, agindo presunçosamente como sacerdote.

Em 2 Reis 16.17, esse mesmo perverso rei Acaz iniciou a destruição do mar de fundição. Ele removeu o mar de cima dos doze bois e o colocou sobre um pavimento de pedra. Ele também removeu as dez pias de bronze. Ele foi um rei perverso, destrutivo e presunçoso.

Ao colocar o mar de bronze num pavimento de pedras, ele removeu os doze bois e tudo o que era valioso em sua fundação. Um pavimento de pedras não é o fundamento da Igreja. Os doze apóstolos do Cordeiro são os fundamentos da verdadeira Igreja, pois eles lançaram *o fundamento*, o qual é Cristo.

Assim, o perverso rei Acaz menosprezou o altar de Deus (sangue) e o mar de Deus (água) como seu fundamento. Da mesma forma, existem líderes perversos na história da Igreja que menosprezam a limpeza do pecado através do sangue e da água na Casa do Senhor.

2. O rei Nabucodonosor, da Babilônia

Foi bastante ruim quando o rei de Israel profanou os utensílios do Senhor. E isso abriu o caminho para que reis pagãos e gentios destruíssem esses mesmos utensílios. O que os líderes da Igreja desprezam, os líderes do mundo destruirão.

Em 2 Reis 25.13,16, vemos o rei da Babilônia destruindo o mar de fundição, assim como outros utensílios da Casa do Senhor. Eles foram quebrados em pedaços, e o bronze levado para a Babilônia. Não significava nada para a Babilônia a revelação divina dessas coisas e seu uso ordenado por Deus. A Babilônia despreza e destrói as coisas da Casa do Senhor. Jeremias havia profetizado a vinda do cativeiro babilônico e a destruição desses utensílios por causa do pecado de Judá. (Jr 27.19-22).

O Livro do Apocalipse

O Livro do Apocalipse, o "Livro dos Finais", mostra-nos o cumprimento através do antítipo, tanto do altar de bronze quanto do mar de bronze em relação ao povo de Deus.

Nesses dois artigos da mobília, parece haver algo profético e especial no que diz respeito ao período de tempo relativo à segunda vinda de Cristo.

1. O Altar (Ap 6.9-11)

Os mártires das eras (ou dos tempos finais) encontram seu lugar sob o altar onde o sangue sacrificial foi derramado como uma oferta a Deus. O sangue é a vida da alma. Essas almas fizeram um sacrifício supremo. Eles estão sob o altar, e o seu sangue clama a Deus por vingança. O sangue fala a Deus sobre a vida derramada, assim como o sangue de Abel clamava ao Senhor.

O sangue de Jesus clama por misericórdia no presente (Hb 12.24). Ele fala de coisas superiores ao que falava o sangue de Abel. Contudo, chegará um tempo em que o Senhor Jesus Cristo virá como "vingador do sangue" e vingará o sangue de seus santos, o sangue dos inocentes (Nm 35.19-21, 33; Ap 17.6; 18.20,24).

2. O mar de bronze (Ap 4.6; 15.1,2)

Os mártires dos tempos da grande tribulação, no final das 3 ½ semanas do reino do anticristo, encontrarão lugar no mar de vidro. A bacia de bronze do Tabernáculo de Moisés era feito com os espelhos das mulheres (Êx 38.8). Israel derrotou a Faraó no Mar Vermelho. No Apocalipse, temos um mar de vidro. Isso é claro no capítulo 4. No capítulo 15 ele é ocupado e misturado com fogo. Nós pensamos no mar de fundição elaborado com o fogo e os fogos da tribulação que esses santos suportarão. Faraó representa o bestial anticristo que odeia os santos de Deus (Ap 7.9-17; 12.17; 13.7-10; 15.2).

Tanto o altar quanto o mar são de bronze. Ambos estavam no pátio dos sacerdotes. Assim os santos devem tomar suas respectivas posições em ambos artigos da mobília e receber a recompensa correspondente. Na visão de João, o pátio externo não era medido. Esses dois artigos estavam no pátio (Ap 11.1,2).

Resumo

A seguir, contrastamos a bacia no Tabernáculo de Moisés e o mar no Templo de Salomão.

Tabernáculo de Moisés		Templo de Salomão
Bacia de bronze	—	Mar de fundição (tanque)
Feito do bronze dos espelhos	—	Feito de bronze
Sem medidas especificadas	—	Medidas detalhadas
Nenhuma ornamentação mencionada	—	Ornamentado com lírios e frutos
Fundamento: uma base	—	Fundamento: 12 bois ao redor
Posição: entre o altar e a porta	—	Posição: entre o altar e o pórtico
Para os sacerdotes lavarem as mãos e os pés	—	Para os sacerdotes antes de ministrarem no Templo
Água purificadora	—	Água purificadora

Que tremendas verdades são vistas no significado desse grande mar de fundição!

AS PIAS DE BRONZE E SEUS SUPORTES

CAPÍTULO 23

AS PIAS DE BRONZE E SEUS SUPORTES (CARRINHOS – NVI)

Para descrever o altar de bronze, apenas um versículo foi escrito. Para a descrição do mar (tanque) fundição, cerca de oito versículos foram escritos em Reis e Crônicas. Mas, para a descrição das pias e dos suportes, há cerca de 16 versículos mencionados, tanto em Reis quanto em Crônicas.

Portanto, com o objetivo de esclarecer os projetos dessas pias de bronze, nós mencionaremos uma grande porção das Escrituras, assim como uma explanação das palavras hebraicas utilizadas.

As passagens específicas são encontradas em 1 Reis 7.27-40,43-47 e 2 Crônicas 4.6, 14-18. É a passagem de Reis que mencionamos aqui, especialmente os versículos 27 a 36. O Espírito Santo forneceu mais detalhes da revelação, do projeto e da utilização das pias do Pátio do Templo do que qualquer outro artigo da mobília.

Passagens das Escrituras com sua explicação – 1 Rs 7.27-36 (ARA)

27 – Fez também de bronze dez suportes; cada um media quatro côvados de comprimento, quatro de largura e três de altura;

28 – e eram do seguinte modo: tinham painéis, que estavam entre molduras,

29 – nos quais havia leões, bois e querubins; nas molduras de cima e de baixo dos leões e dos bois, havia festões pendentes.

30 – Tinha cada suporte quatro rodas de bronze e eixos de bronze; os seus quatro pés tinham apoios debaixo da pia, apoios fundidos, e ao lado de cada um havia festões.

31 – A boca dos suportes estava dentro de uma guarnição que media um côvado de altura; a boca era redonda como a obra de um pedestal e tinha o diâmetro de um côvado e meio. Também nela havia entalhes, e os seus painéis eram quadrados, não redondos.

32 – As quatro rodas estavam debaixo dos painéis, e os eixos das rodas formavam uma peça com o suporte; cada roda era de um côvado e meio de altura.

33 – As rodas eram como as de um carro: seus eixos, suas cambas, seus raios e seus cubos, todos eram fundidos.

34 – Havia quatro apoios aos quatro cantos de cada suporte, que com este formavam uma peça.

35 – No alto de cada suporte, havia um cilindro de meio côvado de altura; também, no alto de cada suporte, os apoios e painéis formavam uma peça só com ele.

36 – Na superfície dos seus apoios e dos seus painéis, gravou querubins, leões e palmeiras, segundo o espaço de cada um, com festões ao redor.

As dez pias eram de uma única peça de fundição, uma mesma medida e tamanho. Em contraste com o Tabernáculo de Moisés, que tinha uma bacia e sua base, o Templo possuía dez pias com muito mais detalhes relativos às mesmas, aos seus suportes e rodas.

Descrição geral das pias e seus suportes

Da porção acima das Escrituras, observamos uma descrição geral das pias, que, aproximadamente, seria a seguinte:

- Havia um pedestal ou suporte inferior – vv. 27, 28.
- Havia também um pedestal ou suporte superior – v. 29 – Ambos tinham molduras (armações) em seus quatro lados.
- Havia também painéis ou placas laterais quadradas que se encaixavam nessas molduras – v. 28.
- Essas placas eram ornamentadas e entalhadas de acordo com os versículos 29 e 36.
- A base inferior tinha quatro suportes abaixo dela, os quais sustentavam os eixos para as quatro rodas – v. 30.
- A base inferior tinha também quatro suportes superiores para o apoio das pias – vv. 30, 32.
- A abertura da base superior tinha formato arredondado e possuía também ornamentação, tendo um côvado de altura e era apoiada por uma peça circular, servindo como um assento para a pia que era também circular.
- Sem dúvida, essa peça circular tinha meio côvado acima do suporte superior na qual a pia se apoiava, como uma banheira de cobre para limpeza (vv. 31, 35). Ela tinha também apoio ou suporte em si para sustentar a pia, assim como a base inferior tinha também apoios para a parte inferior da pia. Essa peça circular seria, de fato, uma espécie de bocal, localizado entre meio côvado acima e meio côvado abaixo do topo. Nela a pia deveria ser assentada. A boca tinha um côvado e meio de diâmetro e também era ornamentada (v. 31). Os apoios do topo e da base tinham quatro côvados quadrados.

Assim, as pias e seus suportes realmente se pareciam com carrinhos de quatro rodas que seriam transportados pelos pátios do Templo para e da lavagem dos sacrifícios. Eles estavam sobre quatro apoios ligados aos eixos, sendo que os painéis laterais ornamentados eram consideravelmente maiores ou mais altos que as rodas. Do ponto de vista celestial, as pias eram vistas como um móvel quadrangular com uma pia circular, ou um vaso de purificação, estabelecida nesse móvel quadrangular.

Como já foi mencionado, no Tabernáculo de Moisés havia apenas uma bacia, e poucos versículos trazem sua descrição (Êx 30.17-21; 38.8). Aqui, temos 16 versículos dados pelo Espírito Santo na descrição dessas pias no pátio do Templo, e mais especificamente para seus suportes.

A bacia do Tabernáculo não tinha medidas registradas. As pias do Templo têm medidas bastante específicas.

Agora, faremos um estudo mais detalhado do simbolismo e do significado espiritual dessas pias e de suas bases.

As pias de bronze

1. Dez pias

No pátio dos sacerdotes, havia dez pias de bronze. O número dez é o número da lei e da ordem. É também o número em destaque no final dessa dispensação. Podemos pensar nos dez talentos, nas dez virgens, nos Dez Mandamentos, nos dez chifres do anticristo. Então, nós temos as dez Mesas dos pães da Presença, os dez candelabros de ouro, cinco de cada lado do Lugar Santo. Dez também é o número da responsabilidade diante do Senhor. As dez pias falam da responsabilidade dos sacerdotes de lavar sacrifícios naquele lugar antes de oferecê-los ao Senhor.

2. Pias de bronze

O bronze tem sido visto como o poder e o juízo contra o pecado. Tudo no Pátio dizia respeito ao bronze: o altar de bronze, o mar de bronze, as pias de bronze, as colunas de bronze e as portas. Leia novamente Dt 28.23; 1 Cr 15.19; Nm 21.6-9 e Jo 3.14. O Pátio é o lugar de morte. Morte é o juízo contra o pecado. Cristo foi julgado por nossos pecados através da sua morte (2 Co 5.21).

3. A altura das pias

Parece que as pias foram colocadas sobre uma peça circular, ficando 1 ½ côvado acima e 1 ½ abaixo dessa base circular. A própria base tinha apenas três côvados de altura. A altura total da pia em sua base seria, então, de quatro côvados. Quatro é o número da terra. Nós pensamos nos quatro cantos da terra, nas quatro estações, nas quatro direções do globo. Quatro é o número mundial. É também o número do Deus-homem. Deus veio à terra através do Homem-Cristo no final do quarto "dia do Senhor" (2 Pe 3.8; Sl 90.4). Ele ministrou na terra.

Ele ordenou a seus discípulos que levassem o evangelho para todo o mundo. Eles começaram em Jerusalém, depois na Judéia, Samaria e até os confins da terra (Mt 28.18-20; At 1.8). A purificação através do evangelho é disponível para todo povo, língua, tribo e nação.

4. Pias para os sacrifícios

O mar (tanque) de metal fundido servia para os sacerdotes se lavarem. As dez pias eram para os sacrifícios serem lavados (2 Cr 4.6).

Os sacrifícios foram lavados primeiramente nas pias, e, depois, oferecidos no altar de bronze.

Mais uma vez, a verdade aparente aqui é a que diz respeito ao "sangue e água" combinados, juntos continuamente. Sangue e água foram misturados aqui; mas, no altar de bronze, os sacrifícios eram queimados; embora nas pias de bronze eles fossem lavados com água.

Jesus Cristo é tanto sacerdote quanto sacrifício; sacerdote enquanto em sua Divindade e sacrifício enquanto em sua humanidade. Isso também é verdade para o crente que é também um sacerdote e um sacrifício (Jo 11.29,36). No Calvário, quando o soldado perfurou seu lado; dali fluiu sangue e água (Jo 19.34,35; 1 Jo 5.7,8; 1 Pe 1.18,19; Hb 10.1-12).

Sangue e água foram vistos distintamente nas limpezas cerimoniais da Lei. Na limpeza do leproso e na consagração dos sacerdotes, havia sangue e água misturados na limpeza na consagração (Lv 14.1-32). Em relação ao leproso, uma ave viva era mergulhada no sangue de uma ave morta e, depois, solta para voar no campo aberto, testificando que o leproso havia sido purificado.

Os sacrifícios da lei eram assim lavados em água e, a seguir, apresentados no altar de Deus. Essas pias eram de bronze; mas sangue e água estavam ali. Assim, Jesus Cristo foi julgado (bronze) em nosso lugar, no Calvário, e sangue e água purificadores fluíram de seu lado perfurado.

A Igreja – seus sacerdotes – é também sacrifício vivo junto a Deus. Como tal, devemos ser limpos no sangue e na água (Rm 12.1; Ef 5.2; 1 Pe 2.1-10). O pecado e o "eu" devem ser julgados. Nós devemos ser limpos pelo sangue e pela água através da água da Palavra.

5. Quarenta batos de água

Cada pia continha 40 batos de água. Aqui, temos um significado simbólico no número 40.

40 é o número da provação e da tribulação. É também virtualmente ligado ao número 40 (10 x 4) e ao número 120 (3 x 40).

Havia dez pias de 40 batos de água totalizando 400 batos de água. Assim nós temos o número quatro em seus múltiplos. A seguir, destacamos algumas das mais relevantes menções do número 40 nas Escrituras, relativos a Cristo e aos santos de Deus:

A mãe de Cristo, Maria, experimentou 40 dias de purificação cerimonial após o nascimento de Jesus (Lc 2.21-24; Lv 12.1-4).

Jesus experimentou 40 dias de tentação e provação do diabo no deserto (Mt 4.2; Lc 4.2).

Jesus, após a ressurreição, testemunhou do reino para seus discípulos durante 40 dias (At 1.3).

A chuva nos dias de Noé durou 40 dias e 40 noites (Gn 7.4).

Foram precisos 40 dias para que as águas do dilúvio baixassem (Gn 8.6).

Moisés experimentou vários períodos de 40 dias em sua vida. Ele também experimentou 120 anos de vida divididos entre três períodos de 40 anos (At 7.22,23, 30,36).

Israel peregrinou no deserto cerca de 40 anos em tempos de tribulação e provação que terminaram em queda (Nm 13,14).

Elias peregrinou 40 dias alimentado pela comida divina (1 Rs 19.8).

Jonas chamou Nínive ao arrependimento por 40 dias (Jn 3.4).

Os 6.000 anos de tempo permitido ao homem equivalem a 50 x 120 anos.

Há muitos outros "40" mencionados nas Escrituras. Esse é o número da provação e da tribulação que terminam em vitória ou derrota:

Assim, temos o número 400 no total de batos de água das dez pias.

Quatro centenas é o número de aflição, sendo 10 x 40.

A semente de Abraão seria afligida 400 anos e então seria liberta (Gn 15).

Abraão comprou dos gentios o terreno do sepulcro por 400 siclos de prata (Gn 23).

O exército de Davi era composto por 400 homens aflitos, endividados e descontentes (1 Sm 22.2).

O profeta fala das "águas de aflição" que viriam ao povo de Deus de tempos em tempos (Is 30.20).

Uma geração é de 40 anos; assim, dez gerações equivalem a 400 anos.

Para outras referências, leia Gênesis 32.6; Juízes 21.11,12.

Assim, os números 10, 40 e 400 são vistos na verdade simbólica das pias de bronze. As pias falam da lei, da ordem, da provação, da tribulação e a aflição que levam os sacrifícios de Deus e seus sacerdotes a uma limpeza plena.

As bases das pias

1. Os suportes das pias

Cada pia tinha seu próprio suporte ou pedestal (1 Rs 7.27-38). Os suportes eram responsáveis para sustentar as pias. Todas as dez pias tinham uma mesma fundição, uma única medida ou tamanho, e assim todas estavam de acordo com padrão de Deus. Cristo também se ajustou ao padrão de Deus e, da mesma forma, todos os crentes devem se ajustar a Cristo. Os suportes eram de bronze e totalizavam 10 suportes, e isso nos mostra as mesmas verdades simbolicamente vistas no juízo e na ordem da lei.

2. As medidas dos suportes

Cada suporte tinha quatro côvados de comprimento por quatro de largura e 3 côvados de altura. Novamente, vemos o número da terra, a limpeza ministerial mundial da água pela Palavra de Deus. As bases tinham aspecto quadrangular, como sempre, apontando para a visão quadrangular plena vista na cidade de Deus, a nova Jerusalém.

Três é o número da divindade. A água do batismo é dada em nome da eterna divindade; o Pai, o Filho e o Espírito Santo. O batismo é ministrado no nome trino da divindade (Mt 28.18-20; At 2.34-42). A limpeza pela água, simbolizada na água do batismo, é para todos os quatro cantos da terra.

A capacidade cúbica de cada suporte seria, então, de 4 x 4 x 3 = 48 côvados cúbicos em cada pedestal. Aqui, temos 4 x 12 = 48 em números. No Tabernáculo de Moisés havia 48 tábuas em 96 bases de prata (2 x 48). As verdades espirituais do número quatro e doze podem ser vistas aqui novamente. O evangelho dos doze apóstolos do Cordeiro deve alcançar todo povo, língua, tribo e nação (At 1.8; Is 9.6).

3. A ornamentação dos suportes

Juntas haviam cinco particulares ornamentações dos suportes (1 Rs 7.28-36). Cada uma delas tem a sua verdade simbólica demonstradas tanto em Cristo quanto na Igreja.

a. *Leões*: o símbolo da força, coragem, reinado. Cristo é o leão da tribo de Judá. Os justos são ousados como leão (Gn 49.9,10; Ap 4.7; 5.5; Pv 28.1; Ez 1.10). Cristo, como leão, é visto no Evangelho de Mateus.

b. *Boi*: O símbolo do serviço, o ministério apostólico. Pense nos doze bois sob o mar fundido falando dos doze apóstolos de Cristo (leia também 1 Rs 19.19-21; Nm 7; Hb 3.1). Cristo, como boi, é visto no Evangelho de Marcos.

c. *Querubim*: O símbolo da divindade; o que é divino; e natureza divina. A plenitude da divindade habitou corporalmente em Cristo. O Cristo, como Filho de Deus, é visto no Evangelho de João.

d. *Palmeiras*: O símbolo da vitória, da paz e da justiça. A ornamentação com as palmeiras estava também sobre as paredes de cedro do Templo. Pense nas 70 palmeiras de Elim. A palmeira foi usada na festa dos tabernáculos. Cristo como o único justo é visto no Evangelho de Lucas (Lv 23.40; 1 Rs 7.36; 2 Cr 3. 5; Êx 15.27; Sl 92.12; Ne 8.15; Nm 33.9).

e. *Grinaldas (Coroa) (v. 36 – NVI)*: O símbolo da vitória. A ornamentação com grinaldas era como uma coroa com flores, a grinalda da vitória, que coroa a cabeça de um vencedor. Cristo foi a vítima e é o vitorioso sobre todas as coisas. Ele é coroado com muitas coroas, como Rei dos reis e Senhor dos senhores.

Então, os suportes das pias apresentam as glórias do caráter de Cristo para o mundo inteiro. Ele é o leão da tribo de Judá com o cetro (Evangelho de Mateus). Ele é o boi, o apóstolo e o sumo sacerdote da nossa confissão, o nosso sacrifício (evangelho de Marcos). Ele é a plenitude corporal da divindade (o Evangelho de João). Ele é o justo (Evangelho de Lucas). Ele é o vitorioso (Apocalipse). Toda a ornamentação apresenta Cristo em sua glória. Essa mesma glória deve ser revelada na Igreja. Cristo é a pia. Ele é o purificador do pecado e do "eu".

4. As rodas nos suportes

"Cada suporte tinha quatro rodas de carro, que se tornavam uma única peça com o carro" (tradução de Moffat, 1 Rs 7.32).

Sob cada suporte foram colocadas quatro rodas de bronze com seus eixos (1 Rs 7.30-34).

A altura de cada roda era de um côvado e meio. Elas eram semelhantes a rodas de carruagens. Por essas rodas, era possível que as pias fossem transportadas de um lado a outro do Pátio. Rodas falam de locomoção.

Isso fala da carruagem do evangelho sendo transportada por toda a terra. Sem essas rodas, as pias ficariam estáticas.

Cada suporte tinha quatro rodas, quatro falam das quatro direções da terra. Em Daniel 7.9, o Ancião de Dias, branco como a neve, alvo como a lã sentou-se no trono como de fogo, com rodas ardendo como chama incandescente. As rodas do trono de Deus falam da rapidez de transporte. Elas falam de pressa, de agilidade. A carruagem de fogo transportou Elias para o céu (2 Rs 2.11,12; Sl 68.17).

Na visão que Ezequiel teve do querubim, ele viu o trono de Deus e "rodas dentro de rodas" e o Espírito estava nas rodas dando rapidez de transporte.

Isso está em contraste com o transporte da mobília do Tabernáculo de Moisés que era feito com varas nos ombros dos levitas e sacerdotes. O transporte era humanamente lento. Aqui, no Templo, as rodas dos carros são vistas nas pias do Pátio, e nos dois grandes querubins de oliveira no Oráculo.

A altura da roda, sendo de um côvado e meio, poderia ser relacionada àquilo que estava tanto no Tabernáculo quanto no Templo. No Tabernáculo de Moisés, a grade de bronze do altar de bronze estava a um côvado e meio de altura; a Mesa dos pães da Presença tinha um côvado e meio de altura; o propiciatório da arca era de um côvado e meio, assim como a própria arca; e as 48 tábuas do Tabernáculo eram de um côvado e meio de largura. Tudo isso está vinculado a uma mesma medida; portanto, a uma mesma verdade.

As rodas das pias tinham um côvado e meio de altura também.

Com base na água purificadora, podemos entrar no Lugar Santo e tomar o pão da Presença e vir ao trono de misericórdia de Deus.

Havia 48 rodas ao todo, cada qual com 1 ½ côvados de altura. Isso está relacionado com as medidas das 48 tábuas do Tabernáculo de Moisés; cada uma com 1 ½ côvado de largura. Embora a revelação plena estivesse no Templo, Deus não permitiu que eles se esquecessem das verdades do Tabernáculo.

Jesus Cristo é o cumprimento de tudo o que está simbolizado nas pias, em seus suportes e nas rodas. Ele foi transportado do céu para a terra, e moveu-se nesta terra em seu ministério, e, depois, foi transportado de volta ao céu pelo poder do Espírito (Hb 1.3; Mc 16.15-20).

Agora, a Igreja tem "a carruagem do Evangelho" para levar a mensagem "do sangue e da água" purificadores para toda a terra, trazendo convicção do pecado, justiça e juízo pelo poder do Espírito Santo (Jo 16.8-10). A Palavra do evangelho precisa de rodas!

A posição das pias e dos suportes

Em 1 Reis 7.39, temos a posição divinamente ordenada dessas pias. Havia cinco colocadas do lado direito da casa, e 5 pias com suas bases do lado esquerdo da casa. Portanto, haviam dois jogos de cinco no norte e no sul do altar.

O número dez já foi mencionado como o número da lei, ordem e responsabilidade. Nós podemos pensar no número cinco pertinente às mãos e aos pés do homem com cinco dedos em cada mão e cada pé. As mãos são responsáveis pelo serviço; os pés, pelo transporte. As mãos e os pés dos sacerdotes deveriam ser lavados antes de ministrar no Tabernáculo e no Templo do Senhor. Esse era o propósito da bacia no Tabernáculo. Aqui no Templo, as pias serviam para a limpeza dos sacrifícios. O mar de fundição era para a limpeza dos sacerdotes.

O propósito das pias

Não é necessário repetir a verdade básica do propósito das pias. O propósito tanto das dez pias quanto do mar de fundição era para a purificação pela água. A água do mar era para os sacerdotes se lavarem, e a água nas pias era para os sacrifícios serem limpos.

A verdade plena pertence à purificação (Ef 5.26,27; Tt 3.5).

O crente é tanto sacerdote quanto sacrifício e deve sempre conhecer a lavagem da água pela Palavra em seu ministério diante do Pai e do seu abençoado Filho.

As pias e o Trono de Deus

É digno de consideração comparar o que diz respeito às pias e às bases e ao que se relaciona com o trono de Deus em Ezequiel.

As pias e as bases do Templo		**O Trono de Deus na visão de Ezequiel**
A ornamentação do leão	—	As criaturas viventes com uma das faces como a de leão
O querubim	—	A face de uma águia
O boi	—	A face de um boi
Palmeiras	—	A face de um homem
Grinaldas	—	O arco-íris ao redor do trono
Forma quadrangular	—	4 querubins viventes com quatro faces
As quatro rodas de bronze	—	Rodas dentro de rodas
De bronze fundido	—	Pés como bronze ardente
Para a água purificadora	—	Voz como o som de muitas águas
Rodas de carro	—	O trono de Deus

Quem não pode ver que há uma relação entre o trono de Deus as pias e seus suportes? A verdade é que nós somente podemos chegar ao Trono de Deus através da purificação da Palavra de Deus em sua plenitude. A limpeza do Pátio nos leva ao trono do Oráculo Santo.

As pias de bronze profanadas

Novamente, como vimos nos capítulos do altar de bronze e do mar de fundição, vemos o perverso rei Acaz causando corrupção para essas pias e bases divinamente designadas.

Em 2 Reis 16.17, o rei Acaz cortou os belos painéis dos suportes e removeu as pias dos mesmos. A liderança impiedosa sempre ataca os fundamentos da redenção. A liderança piedosa restaurará esses fundamentos, pois "se os fundamentos são destruídos, o que poderá fazer o justo?" (Sl 11.3).

O perverso rei Acaz fez um altar falso, removeu os fundamentos de bois do mar de fundição e agora remove os suportes das pias. Ele tocou naquilo que pertence à purificação pelo sangue e pela água! Deus o julgou no devido tempo por essas obras perversas; e assim Ele fará com todas as lideranças que seguem tais passos perversos.

Resumo

O mar de fundição e as pias de bronze basicamente ensinam as mesmas grandes verdades, a necessidade de que tanto o sacerdócio como o sacrifício sejam purificados diante do Senhor. O sacerdote deve lavar-se antes de ministrar. O sacrifício deve ser limpo antes de ir para o Altar.

Assim como Cristo é tanto sacerdote quanto sacrifício, o crente é tanto sacerdote quanto sacrifício. Cristo não precisou de alguma limpeza porque Ele era perfeito e sem pecado. O crente precisa de limpeza contínua até que seja feito perfeito e sem pecado. Portanto, vamos sempre ter nossos corações e mentes purificados pelo sangue de Jesus e pela lavagem da água pela Palavra para sermos sacerdotes e sacrifícios puros junto a Deus e a seu Cristo.

PARTE FRONTAL DO TEMPLO E AS DUAS COLUNAS

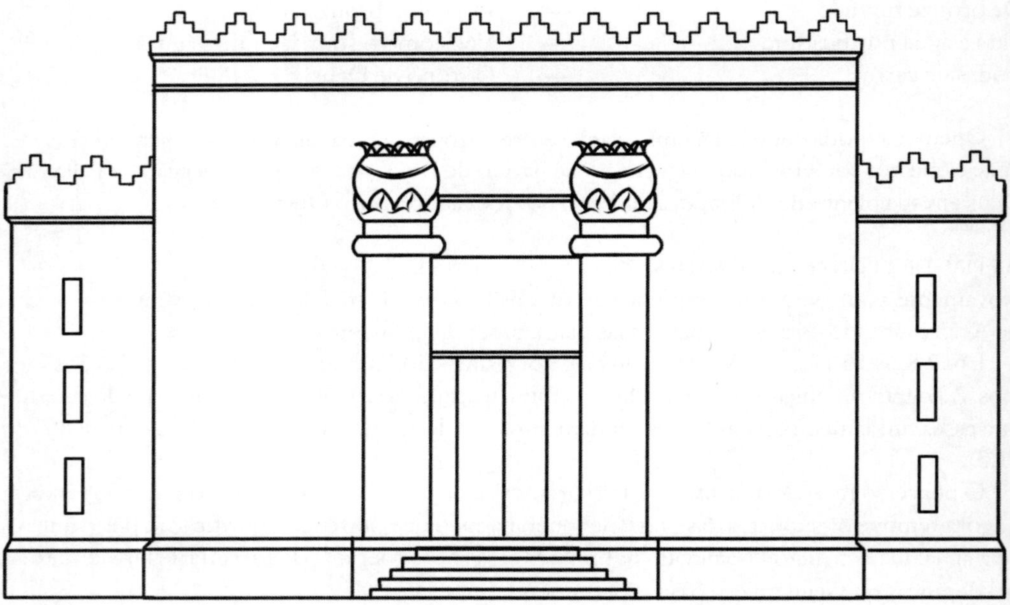

CAPÍTULO 24

O PÓRTICO DO TEMPLO

Em 1 Crônicas 28.11,19, lemos que Davi recebeu o padrão do pórtico enquanto o Espírito do Senhor estava sobre ele.

Esse pórtico se localizava imediatamente antes da entrada do Templo, ou junto ao Lugar Santo. O Templo tinha uma entrada ao oriente através desse pórtico. Ele era como um vestíbulo, pórtico ou saguão de entrada, não uma sala com portas. Era um pórtico com telhados, protegendo a entrada do Templo, apoiado em duas colunas, uma de cada lado dessa entrada.

Há alguma divergência entre a altura excessiva do pórtico conforme descrita na Versão Autorizada da Bíblia, pois, se esses 120 côvados eram a sua altura, então ele seria mais como uma torre do que como um pórtico. A Bíblia Ampliada diz: "O comprimento do vestíbulo à frente do templo era de 20 côvados, equivalente à largura da casa, e sua profundidade defronte da casa era de dez côvados" (1 Rs 6.3).

O pórtico do Templo (1 Rs 6.3; 2 Cr 3.4)

O comprimento do pórtico era de vinte côvados, equivalente à largura do Templo, e a sua extensão era de dez côvados, e a altura, propriamente dita, de vinte côvados; dez côvados menor do que as paredes.

Conforme vimos, Crônicas registram que a altura era de 120 côvados. Se isso era correto, então o pórtico teria a aparência de uma torre imponente, quatro vezes mais alta do que o restante do Templo.

Contudo, algumas versões antigas omitem o "cem" e registram "uma altura de 20 côvados". Isso seria mais ajustado para a medida do pórtico e do próprio Templo.

Tomando as medidas do pórtico de 20 x 20 x 10 côvados, essa seria a mesma capacidade cúbica do altar de bronze no Pátio, e também das câmaras superiores sobre o Oráculo Santo. Assim, teríamos 4.000 côvados cúbicos de volume. Essas medidas simbólicas seriam vinculadas com o altar e as câmaras superiores. O homem deve, primeiramente, tocar na verdade redentora do altar de sangue antes de poder entrar no Templo de Deus através do pórtico e ter acesso às câmaras superiores do Senhor!

Essas medidas proféticas novamente falam dos quatro dias de Adão até Cristo, ou 4.000 anos; quando Ele, que é o verdadeiro Templo, foi manifestado na terra (2 Pe 3.8; Sl 90.4; Jo 2.20,21). Ele também derramou seu sangue como consumação do sacrifício de sangue. Nenhum sangue foi derramado no Templo. O sacrifício de sangue de Cristo foi um ato definitivo para todas para todas as épocas.

1. Feito de tábuas de cedro (1 Rs 7.12)

O cedro fala de incorruptibilidade e realeza. Era como o pórtico da casa de um rei. Cristo é o incorruptível Filho de Deus ressurrecto dentre os mortos. Ele é o Rei dos reis. Ele é o único caminho para o Templo ou Igreja de Deus. Ele é o acesso a Deus. Ele é o pórtico de Deus, o caminho de Deus para a entrada em sua Casa santa (Sl 16.10; Jo 14.1-6).

2. Revestido com ouro (2 Cr 3.4)

O pórtico foi revestido com ouro puro. Ouro, como sempre, fala da divindade. O cedro fala da humanidade sem pecado e incorruptível de Cristo. O ouro fala de sua absoluta divindade. Assim, dois materiais sempre distintos, mas unidos em um, falam de suas duas naturezas, a humana e a divina, sempre distintas, mas inseparáveis.

O ouro relativo ao crente também fala de ser participante da natureza divina (2 Pe 1.3,4).

Subindo para a Casa do Senhor

Parece que havia degraus de subida para o pórtico e através do pórtico para dentro da casa do Senhor através das portas articuláveis (Ez 40.38,39).

A rainha de Sabá ficou maravilhada quando viu Salomão subir à casa do Senhor (1 Rs 10.4,5 – ARC).

Ezequias subiu à casa do Senhor após sua cura milagrosa (Is 38.22).

A linguagem dos profetas sempre fala de subir à casa do Senhor (Is 2.1-4). Espiritualmente falando, alguém sempre sobe em direção à casa de Deus, mas desce quando se afasta dela (Pv 7.27).

Os passos de um homem piedoso são confirmados pelo Senhor (Sl 37.23). A justiça está estabelecida no caminho aberto pelos passos do Senhor (Sl 35.13). Nós seguimos os passos da fé de Abraão (Rm 4.12).

O pórtico e o altar

Geralmente, o lugar entre o pórtico e o altar era um local de busca do Senhor em oração, choro, jejum, júbilo e oração, de acordo com a condição espiritual da nação.

Em certos momentos, o profeta convoca o povo de Deus, especialmente os sacerdotes do Senhor, para que "Chorem entre o pórtico e o altar" (Jl 2.17; 2 Cr 8.12; 15.8; 29.7, 17).

Cristo ministrou no pórtico de Salomão, como esse foi chamado posteriormente (Jo 10.23). O homem foi curado na porta chamada Formosa, e o seu testemunho foi visto no pórtico de Salomão (At 3.11; 5.12).

A casa de Salomão também tinha um pórtico, e nele estava o trono do julgamento (1 Rs 7.6-14). Assim, o Espírito Santo vem como o Espírito de fogo e juízo, o Espírito de convicção (Is 4.4; Jo 16.8-11). Outros textos podem ser lidos em Ezequiel 40.7-15; 39-49; 41.15,25,26; 44.3; 46.2 8; onde as portas do Pátio tinham seus pórticos especiais também.

O pórtico, portanto, fala de um vestíbulo na entrada do Templo do Senhor e de suas ministrações diárias. Cristo é a única entrada para as ministrações sacerdotais na nova aliança sacerdotal de todos os crentes.

AS COLUNAS DO TEMPLO
JAQUIM E BOAZ

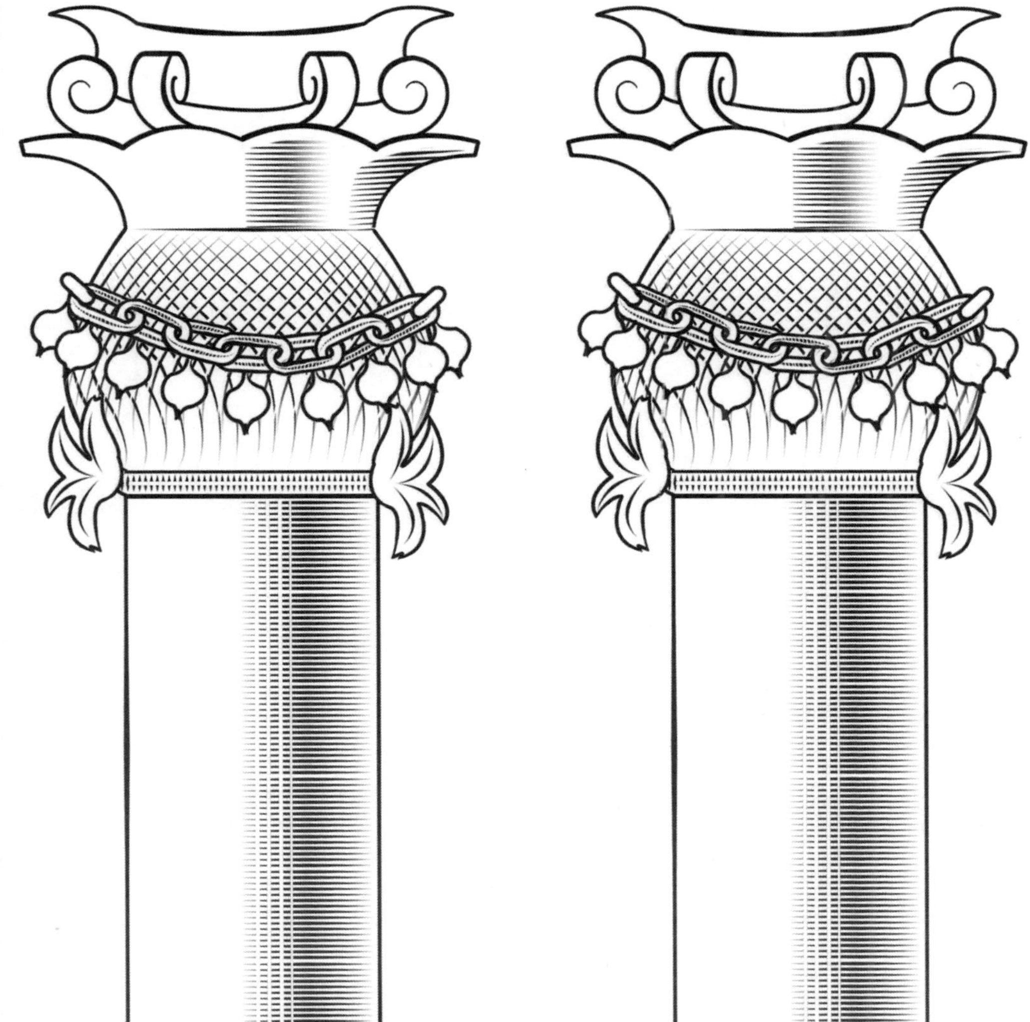

CAPÍTULO 25

AS DUAS COLUNAS DE BRONZE

Ligadas ao pórtico, ficavam duas colunas de bronze. Essas colunas estavam diante do Templo e, provavelmente, sustentavam o pórtico. Contudo, elas recebem um capítulo especial devido à sua revelação e ao seu projeto.

1 Reis 7.13-22,41,42 e 2 Crônicas 3.15-17 nos fornecem seus detalhes. Essas duas colunas eram também parte da revelação e do padrão dados ao rei Davi e, posteriormente, a Salomão.

As duas colunas de bronze

1. Feitas de bronze

As colunas eram feitas de bronze polido e brilhante (1 Rs 7.45; 1 Cr 18.8). O bronze fala do juízo divino contra o pecado. O polimento fala dos sofrimentos e da disciplina que os crentes experimentam, enquanto o Senhor lida com o pecado e o egoísmo (Hb 12.11).

2. Duas colunas

O número dois é significativo de testemunho. O testemunho de duas pessoas é requerido tanto no Antigo quanto no Novo Testamento (Dt 17.6; 2 Co 13.1). Essas duas colunas permaneciam como duas testemunhas no pórtico de entrada do Templo.

A Lei e os Profetas podem ser representados aqui: a Bíblia hebraica sendo dividida simplesmente nessas duas sessões do Antigo Testamento. Observem estes trechos das Escrituras sobre a ministração da Lei e dos Profetas (Lc 16.16; 24.27; At 24.14; 28.23; Rm 3.21). A lei os profetas testemunharam da justiça de Deus.

3. Colunas ocas

Jeremias 52.20,21 mostra que essas colunas de bronze eram ocas, com a espessura de um palmo.

Medidas das colunas

1. Sua altura

A altura das colunas era de 18 côvados, totalizando 36 côvados, mas permitindo um côvado em cada coluna para que o capitel se ajustasse nelas (2 Cr 3.15; 2 Rs 25.17; Jr 52.20,21).

Dezoito é o múltiplo de nove, e o número nove significa plenitude e decisão. É também o número do Espírito Santo.

São nove os frutos do Espírito, nove dons do Espírito e nove bem-aventuranças. Assim, as colunas falam do que é completo, aquilo que é o final do ministério no Pátio Externo e o passo final antes de entrar na casa do Senhor.

2. Sua circunferência

A circunferência das colunas totalizava 12 côvados. O número doze, como já foi visto, é o número do governo divino, o governo apostólico. O número dez é o número do tempo do fim, assim como os números onze e treze. Onze é um número menor do que doze enquanto treze é um número além de doze. Onze é o número da falta da lei, o espírito do anticristo, enquanto 13 é o número da rebelião. Doze é o número do governo divino sendo visto na cidade de Deus, na Nova Jerusalém (Ap 21,22). Ali tudo está de acordo com a ordem divina, a Lei e o governo de Deus.

Os capitéis das colunas

1. Capitéis

As colunas tinham capitéis, coroas ou coberturas sobre si. As colunas do Pátio Externo do Tabernáculo de Moisés também tinham coroas de prata sobre elas, assim como cinco colunas na porta do Tabernáculo (Êx 36.37,38). As coroas falam daquilo que é majestoso. Cristo é coroado com honra e glória. Os santos receberão suas coroas quando seu ministério terreno estiver completo (Hb 2.9; Ef 6.17; Tg 1.12; Ap 2.10; 3.11; 1 Pe 5.4).

2. Cinco côvados de altura

De acordo com 1 Reis 7.16, esses capitéis tinham cinco côvados de altura; mas, de acordo com 2 Reis 25.17, três côvados de altura. A discrepância parece estar no fato de que os capitéis tinham 3 côvados, e as taças que eles sustentavam completariam os outros dois côvados, totalizando os cinco côvados. Cinco é o número da graça de Deus, o número da vida, número da expiação. Essas colunas falam simbolicamente de que tudo isso está disponível a todos os que entram na casa do Senhor.

3. As taças

Em 2 Crônicas 4.12 e 1 Reis 7.41,42, lemos sobre as duas colunas e as duas taças dos capitéis que estavam sobre o topo dessas duas colunas. Elas também eram chamadas de maçanetas. Essas eram simplesmente vasos redondos para os capitéis.

Ornamentação das colunas

A ornamentação das colunas é especialmente significativa, conforme veremos a seguir:

1. Redes

Em 1 Reis 7.17,41,42 (ARA), fala-se de obras de redes. Parece que os dois capitéis em forma de taças foram colocados sobre as colunas, e essas redes ficavam sobre o topo dos capitéis.

A rede nas Escrituras nos lembra do chamado de Cristo a seus discípulos para se tornarem pescadores de homens e alcançarem homens pela rede do evangelho (Mt 4.19; Mc 1.17; Mt 13.47-50; Ez 47.10-14).

Cristo é o sábio pescador. Ele sabe o lugar certo para apanhar os peixes do mar da humanidade. A parábola do reino mostra a rede do evangelho trazendo todos os tipos de peixe. Deus disse que Ele enviaria muitos pescadores e pescaria seu povo (Jr 16.16).

2. Correntes (KJV, ARA)

Na Bíblia, as correntes são geralmente um símbolo de exaltação. Essas correntes entrelaçadas (ARA) são feitas de numerosos elos. Tanto José quanto Daniel foram adornados em exaltação com correntes de ouro e colocados próximos ao rei (Gn 41,42; Dn 5.29).

O sumo sacerdote tinha correntes de ouro em seu peitoral do juízo (Êx 28). O Oráculo Santo no Templo também tinha correntes de ouro em suas portas (2 Cr 3.16).

Aqui, as colunas tinham correntes entrelaçadas de bronze. Justiça e juízo são exaltados diante do Senhor.

3. Sete elos entrelaçados

De acordo com 1 Reis 7.17, cada capitel tinha sete elos entrelaçados. Sete, como já vimos, é o número da perfeição; da plenitude. Assim, essas duas colunas tinham o número cinco, três, doze e sete, estampados sobre elas, de acordo com o padrão divino.

O sete é o número do final dos tempos, o número do livro do Apocalipse.

4. Romãs nas correntes

Em 2 Crônicas 3.16 e 1 Reis 7.18-20,42 juntamente com 2 Crônicas 4.12,13, notamos que havia romãs aparentemente entrelaçadas com as correntes no topo das colunas e nas suas correntes.

Um estudo dessas passagens mostra que havia no total 400 romãs, 200 em cada coluna, em duas fileiras de 100 ao redor das colunas. Sem dúvida, tais romãs estavam penduradas nas correntes e redes. Uma fileira de romãs estava sobre o alto da coluna com suas 100 romãs e a outra também. Cada coluna tinha 200 romãs.

A romã é um fruto da terra prometida. É um fruto com semente de cor vermelho-sangue. As vestimentas de glória do sumo sacerdote tinham sinos de ouro e romãs de cor azul, roxa e vermelha (Êx 28). Essas estavam ao redor da orla das vestes, e esse foi o lugar em que a mulher com o fluxo de sangue tocou nas vestes de Jesus e recebeu o fruto do seu ministério de cura (Mt 9.20-22).

Nas colunas, os frutos ficavam na parte superior. As romãs falam de frutificação, o fruto do Espírito nas duas colunas (Nm 13.23; Dt 8.8; Ct 4.3, 13; 6.7,11; 7.12; 8.2; Êx 28.33,34).

O número 400 já foi mencionado em relação aos 400 batos de água nas dez pias. 400 é o número de aflição e sofrimento. O fruto do Espírito, freqüentemente, nasce em tempo de aflição e sofrimento. Ele é a manifestação da vida da árvore (Jo 15.1-16).

5. Lírios nos Capitéis

Nos capitéis também eram vistos belíssimos lírios, num total de cinco côvados de altura. A figura do lírio era usado no Templo para ornamentação (1 Rs 7.19, 22; Ct 2.16; 4.5; 5.13; 6.3; 2.1,2; Mt 6.28). Ele fala da amabilidade, da pureza e da fragrância de Cristo.

Jesus disse que nem Salomão em toda sua glória se vestiu como um dos belos lírios do campo (Lc 12.27). O significado hebraico para a palavra "lírio" é "brancura"; e também "uma trombeta", devido a sua forma tubular. Assim, Cristo é a brancura absoluta, a perfeita pureza por dentro e por fora. Seus santos devem também ser lírios, brancos também! Eles também devem levantar sua voz como a trombeta e alertar as pessoas (Is 58.1, Ez 33).

Posição das colunas

Essas duas colunas estavam diante do Templo, colocadas no pórtico do Templo, uma do lado direito e outra do lado esquerdo. Elas se voltavam para o mar de bronze, o altar de bronze, e para os sacerdotes e adoradores nos Pátios do Senhor.

Nós pensamos em Cristo falando das posições ao seu lado direito e ao seu lado esquerdo, sendo reservadas para aqueles a quem o Pai escolheu. Eles seriam como essas duas colunas do Pórtico. Elas permaneceriam como sentinelas, como dois guardas da casa do Senhor.

O nome das colunas

O nome das colunas são especificados em 1 Reis 7.21 com 2 Crônicas 3.17 como Jaquim e Boaz. Jaquim significa "Ele estabelecerá"; enquanto Boaz significa "Nele está a força". Como em tudo, isso aponta primeiramente para o Senhor Jesus Cristo. Cristo é aquele que estabelece o seu povo, e nele está a força de seu povo. Estabilidade eterna e força para Israel seriam encontradas no Senhor Deus. Ele é a força salvadora do seu ungido (Sl 28.8; 18.1; Dt 33.25). Deus também estabelecerá sua Palavra, pois ela está firmada para sempre no céu. Ele disse tanto no Novo quanto no Antigo testamento que "pela boca de duas ou três testemunhas toda a palavra seja estabelecida" (Dt 17.7; 2 Co 13.1). Quando nós cremos em seus profetas, nos tornamos seguros (estabelecidos) e fortalecidos (2 Cr 20.20; Is 9.6,7; Sl 99.4; 1 Sm 2.10).

Destruídas pela Babilônia

A menção final dessas colunas ocorreu quando o rei da Babilônia veio contra Jerusalém e o Templo de Deus e destruiu essas belas colunas, levando-as como refugo de metais para a Babilônia (2 Rs 25.13-17; 2 Cr 18.8; Jr 52.17; 27.19-22). Tudo tinha sido anteriormente previsto pelo Senhor através de seus profetas.

Se os sacerdotes do Senhor não manterem a casa santa junto ao Senhor, a Babilônia sempre destruirá as colunas da casa do Senhor. A Babilônia considera todas essas coisas como refugo de metais.

O significado das colunas

A Bíblia mostra o significado das colunas. Uma coluna fala de estabilidade, de retidão e de solidez na obra do Senhor, na posição em que Deus a estabeleceu. A outra fala de fidelidade:

1. Havia 60 colunas no pátio externo do Tabernáculo de Moisés. Elas sustentavam o tecido de linho fino que era como um muro ao redor do Tabernáculo do Senhor. Essas colunas se apoiavam sobre bases de bronze, coroadas com um revestimentos de prata em seu topo e unidas com ligamentos de prata e cortinas de linho fino penduradas nelas (Êx 27.10-17). Quatro dessas colunas eram especialmente escolhidas para a entrada do Pátio com suas cores especiais de azul, roxo e vermelho.
2. O Senhor Jesus é descrito como tendo pernas como colunas de mármore (Ct 5.15; Ap 10.1).
3. Jeremias, o profeta, foi feito como uma coluna de ferro e um muro de bronze em meio ao povo ao qual foi enviado (Jr 1.18).
4. Pedro, Tiago e João eram colunas da igreja em Jerusalém (Gl 2.9).
5. A Igreja é a coluna e o baluarte da verdade (1 Tm 3.15).
6. A promessa para o vencedor é de que ele será feito coluna do Templo do Senhor (Ap 3.12).
7. Salomão tinha 60 valentes que foram comparados a colunas (Ct 3.6,7).

Os templos pagãos e idólatras tinham várias colunas dedicadas a homens ou a seus deuses, freqüentemente com seus nomes inscritos sobre elas. Tudo era uma falsificação do Templo do Senhor e dessas duas colunas com seus nomes divinamente designados.

Jacó estabeleceu uma pedra como coluna e ungiu-a com azeite, chamando-a de Betel, a casa de Deus (Gn 28.18-22; 31.13,45).

Moisés estabeleceu doze colunas no Monte Sinai representando as doze tribos da nação de Israel (Êx 24.4).

O próprio Deus guiou a Israel como uma coluna de nuvem de dia e uma coluna de fogo à noite (Êx 13.21,22; 14.19-24).

Assim, as colunas falam de posição, segurança, força, estabilidade e responsabilidade. As coisas são sustentadas por elas. A visão de Ezequiel do Templo menciona duas colunas também (Ez 40.49).

Cristo é *a* coluna. Os ministérios apostólicos são colunas. Os crentes vencedores também são colunas.

A IMPORTÂNCIA PROFÉTICA DAS COLUNAS

Há algo que diz respeito às duas colunas de bronze, que parece ter alguns significados proféticos, especialmente quando aparecem no livro do Apocalipse.

O número 2, já observado, é o número do testemunho, o número das testemunhas. Pela boca de duas ou três testemunhas, toda palavra deve ser estabelecida. O testemunho de dois homens decidia o caso.

Jesus enviou seus doze apóstolos, de dois em dois. Ele também enviou os outros 70 discípulos, de dois em dois para cada cidade em que Ele estaria em seguida (Mc 6.7; Lc 10.1). Em Apocalipse, vemos Cristo falando de suas *duas* testemunhas (Ap 11). Há algo nas duas colunas de bronze do Templo de Salomão relacionado com o ministério das duas testemunhas do Apocalipse

Duas colunas do Templo de Salomão		As duas testemunhas de Cristo
Duas colunas	—	Duas testemunhas
Duas colunas de bronze	—	A lei e os profetas
No Pátio Externo do Templo	—	No pátio não medido
O Templo é medido	—	O Templo e o altar são medidos
Uma do lado direito, outra do lado esquerdo	—	As duas permanecem, respectivamente, à direita e à esquerda de Cristo (Mt 20.20-28)
O bronze fala de juízo	—	As duas testemunhas trazem castigo à terra com pragas e seca
As duas colunas estavam relacionadas aos números 5, 12, 7 e 9	—	As duas testemunhas representam a graça de Deus, o governo de Deus, no tempo final, na plenitude dessa dispensação
Seus nomes eram Jaquim e Boaz	—	O Senhor estabelecerá e fortalecerá a essas duas testemunhas
As colunas eram ornamentadas com uma beleza divina	—	As testemunhas são ornamentadas com poder, unção e dons divinos
A Babilônia destruiu as colunas	—	O anticristo vencerá os duas testemunhas, mas Deus as ressuscitará da morte
Tudo o que diz respeito a elas era de bronze	—	As testemunhas ministram o castigo do Senhor

Quando consideramos as colunas, seu número, o tamanho, o material, a ornamentação, a coroa, as correntes, as redes, as romãs e os lírios, aprendemos muitas lições à medida que essas colunas apontam para Cristo, sua Igreja e os crentes na casa do Senhor.

O CANDELABRO DE OURO

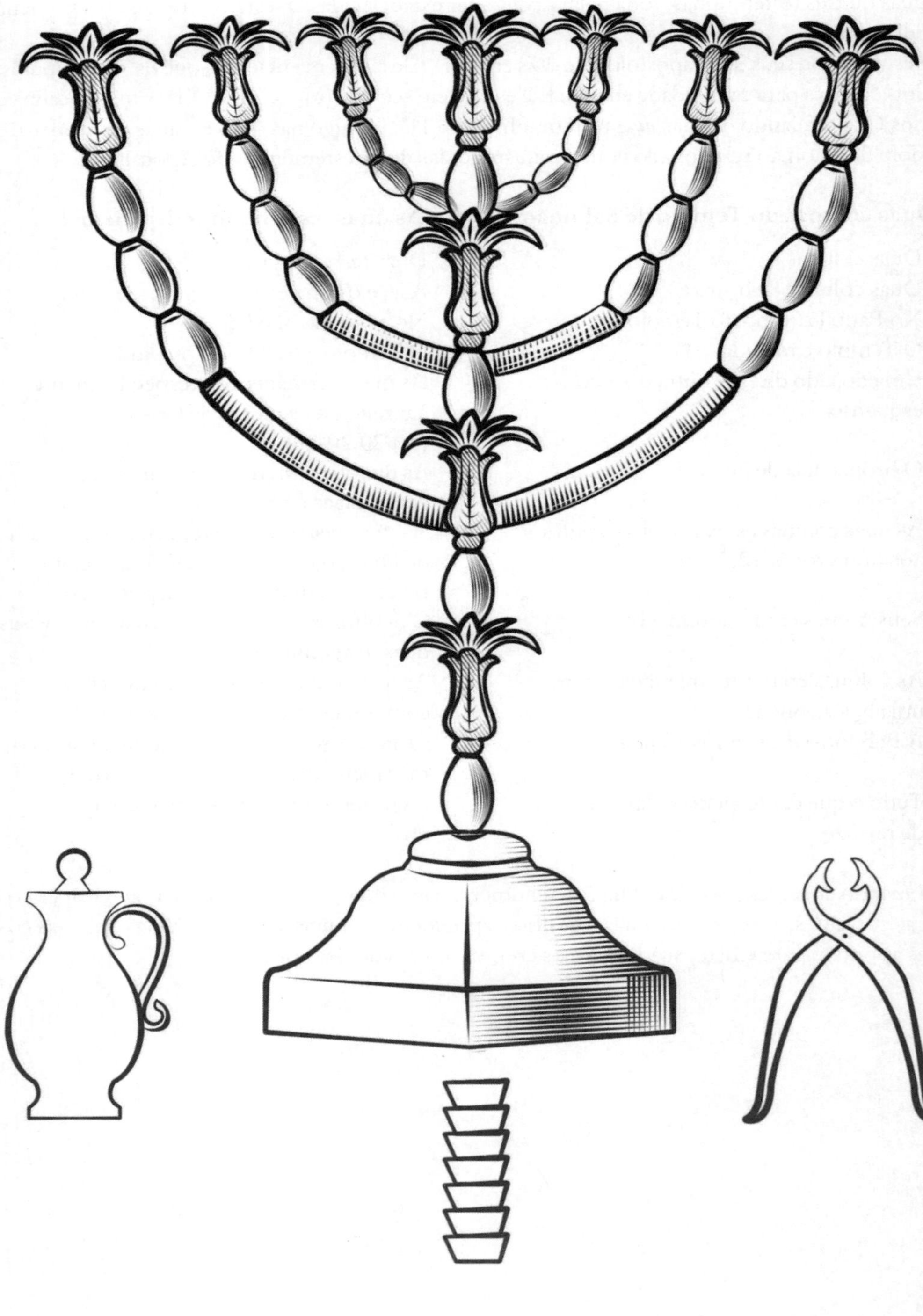

CAPÍTULO 26

OS CANDELABROS DE OURO

Tendo considerado a mobília do Pátio Externo, isto é, o altar de bronze, o mar de fundição e as pias com suas bases, iremos agora, nestes próximos capítulos, fazer uma consideração da mobília do Lugar Santo.

A mobília do Lugar Santo consistia nos castiçais de ouro (mais propriamente, candelabro), as Mesas de pães da Presença e o altar de ouro de incenso. Assim, como tudo era de bronze no Pátio externo, no Pátio dos sacerdotes, assim tudo era de ouro no Lugar Santo, no Santuário do Senhor.

Os candelabros de ouro

Os breves detalhes dos candelabros, ou castiçais de ouro são encontrados em 1 Reis 7.49-52 e 2 Crônicas 4.7; 19-22.

Suas lâmpadas, assim como as do Tabernáculo de Moisés, devem ter sido feitas de acordo com o mesmo modelo dado a Moisés. Em contraste, havia apenas um candelabro no Tabernáculo de Moisés, mas dez candelabros no Templo de Salomão.

Através de um estudo do candelabro no Tabernáculo, temos a descrição geral e o desenho desses candelabros (Êx 25.31-40; Lv 24.1-4).

1. Feitos de ouro puro (1 Cr 28.15)

No hebraico, 2 Crônicas 4.19-22 fala de "ouro perfeito", isto é, o ouro puro. O ouro, como sempre em relação às coisas divinas, fala das perfeições da natureza divina em Cristo, que é a luz do mundo. Sua vida era a luz dos homens (Hb 1.1-4; Jo 1.1-9); Jesus Cristo era a luz de Deus. A luz é pura e perfeita, assim como o ouro é perfeito e puro. Nenhuma impureza foi encontrada em Jesus.

O único candelabro no Tabernáculo de Moisés fala primeiramente de Cristo, e então da Igreja que é o seu corpo, e a luz do mundo.

2. Feitos de acordo com o padrão

Em 2 Crônicas 4.7, 20, lemos que os candelabros foram feitos "de acordo com suas especificações" e "conforme determinado". Deus tinha apenas um padrão em mente. O Templo e toda a sua mobília foram feitos "de acordo com o modelo" dado a Davi pelo Espírito. Isso foi verdade também com relação ao modelo dado a Moisés pelo Espírito. Tanto Moisés quanto Davi escreveram essas coisas sob inspiração do Espírito Santo.

Com relação a esse modelo, consideramos os textos de Êxodo e Levítico, anteriormente citados. Traremos um breve resumo da ornamentação do candelabro de ouro, sendo que os detalhes completos são cobertos pelo autor no livro sobre o Tabernáculo de Moisés. Os candelabros de ouro falam tanto de Cristo quanto de sua Igreja.

a. *Batidos*: falando dos sofrimentos de Cristo e de sua Igreja.

b. *Feitos de uma peça única de ouro*: falando da unidade de Cristo e sua Igreja.

c. *Feitos com sete braços*: isto é, havia um pedestal e seis braços saídos do lado desse pedestal.

Na ornamentação, vemos os braços e o pedestal com seus botões, flores, frutos (amêndoa). A marca do número 9 é vista na ornamentação dos ramos com seus três grupos de botões, flores e frutos. A marca do número doze é vista no próprio pedestal, tendo quatro grupos de botões, flores e frutos.

No total, temos o número 66, apontando para os 66 livros da Bíblia, que são a nossa luz e verdade divina, dados pela inspiração do Espírito de Deus.

No número doze, temos o fundamento dos doze apóstolos do Cordeiro. No número nove, pensamos nas nove partes do fruto do Espírito, nos nove dons do Espírito e nas nove bem-aventuranças. Existem mais outros "nove" nas Escrituras.

Parece, por uma consideração do trecho de Números 17.8 e a ornamentação da vara de Arão que floresceu, que o botão, a flor e o fruto da amêndoa do candelabro de ouro foram elaborados em conformidade com o florescimento da vara de Arão.

O significado disso aponta para o fato de que a Igreja – o candelabro de Deus – deve ter a mesma beleza e padrão que estão em Cristo, como a vara de Deus e sumo sacerdote. A igreja deve ser como Cristo.

d. *Feitos com três botões*: Falam da fundação da Igreja na revelação da divindade: o Pai, o Filho e o Espírito Santo. Esses três botões eram o suporte dos 6 braços que procediam do lado do pedestal no candelabro.

e. *Feitos com sete lâmpadas*: Referem-se à perfeição dos sete aspectos do Espírito de Deus (Is 11.1-4). O Senhor Jesus, como candelabro de Deus, manifestou a sétupla perfeição do Espírito Santo em sua vida perfeita. Sua vida era, de fato, a luz do homem.

Assim eram a beleza e o padrão do candelabro no Tabernáculo de Moisés e, sem dúvida, o mesmo é visto nos candelabros do Templo de Salomão.

3. Dez candelabros de ouro

O significado do número dez é visto aqui também. No Tabernáculo de Moisés havia apenas um único candelabro. No Templo de Salomão havia dez candelabros.

O Templo é destacado com o número dez. Podemos pensar nas dez pias, nas dez Mesas de pães da Presença e mesmo nos dez candelabros.

Isso contrasta com o Tabernáculo de Moisés, com apenas um altar, uma bacia, uma mesa, um candelabro, uma porta, uma entrada, um altar de incenso. Tudo isso fala de apenas um Cristo, o único caminho para o Pai, o único mediador entre Deus e o homem. Havia somente uma arca da aliança tanto no Tabernáculo quanto no Templo. Há somente um único trono de Deus e do Cordeiro.

O Templo, contudo, fala primeiro de Cristo, mas também da Igreja, seu Corpo, a plenitude daquele que enche tudo em todos. Por isso, a ênfase no número 10.

Um é o número do começo, o número da unidade, da origem, da fonte das coisas e de quem todos os números procedem. Assim, Cristo em sua divindade, é o início, a fonte de todas as coisas.

Dez é o número da lei e da ordem, o número da Lei divina. Assim, deve haver uma Lei e uma ordem divina na Igreja, o Corpo de Cristo.

Esses dez candelabros de ouro iluminariam o Lugar Santo do Templo e toda a sua mobília. Sem essa luz, tudo estaria em trevas. Os sacerdotes podiam caminhar à luz das lâmpadas, desfrutar da Mesa dos pães da Presença, queimar incenso no altar, caminhar na beleza das paredes ornamentadas e no chão de ouro do Templo.

Todas as outras mobílias seriam vistas à luz dos candelabros.

Assim, somente "em Cristo", pelo Espírito, é que a beleza divina pode ser vista; como também a beleza da Igreja, que é a sua Casa.

4. As lâmpadas de ouro

Sobre os dez candelabros estavam as lâmpadas douradas queimando o azeite, irradiando uma luz brilhante. O significado é também visto nos números 7 e 70.

a. As lâmpadas
Nas Escrituras, a lâmpada é usada numa aplicação tripla, como é visto nos seguintes versículos:

- O salmista diz que a Palavra de Deus é uma lâmpada para nossos pés e luz para nosso caminho (Sl 119.105).
- O espírito do homem é também a lâmpada do Senhor (Pv 20.27; Pv 6.23; 13.9).
- O Espírito Santo é vinculado a sete lâmpadas queimando diante do trono de Deus (Ap 4.5; 2.1).

A seguir, mostramos outros exemplos do uso divino das lâmpadas:

O exército de Gideão, com 300 homens, carregava lâmpadas queimando dentro dos cântaros, e, ao sinal recebido, as luzes brilhariam quando os cântaros fossem quebrados (Jz 7).
Deus confirmou a aliança abraâmica com a lâmpada da promessa queimando (Gn 15.17).
Os olhos de Cristo são como chamas de fogo queimando com luz (Ez 1.13; Dn 10.6).
A salvação do Senhor é como uma lâmpada queimando (Is 62.1).
Leia também (Is 2.5; 60.1-3, 19, 20; Hc 3.4; Jó 12.5; 41.19).
As lâmpadas do candelabro de ouro deviam estar sempre ardendo; e nunca poderiam ser apagadas, para que sempre houvesse luz diante do Senhor (Êx 25.31-40; 27.20; 35.14; 37.23; 39.37; Êx 40.4,25; Nm 4.9; 8.2,3; e Lv 24.2-4).
As virgens tinham de manter o azeite em suas lâmpadas, enquanto esperavam pelo noivo à meia-noite (Mt 25.1-13). As dez virgens são como os dez candelabros.
As lâmpadas do Templo do Senhor tinham de estar continuamente ardendo diante do Senhor (1 Cr 28.15; 2 Cr 13.11; 29.7; 1 Sm 3.3; 1 Rs 15.4; 2 Sm 22.29). Assim, o crente deve deixar sua luz brilhar diante dos homens (Jo 8.12; 12.35,36).

b. As 70 lâmpadas
No total, havia dez candelabros com suas sete lâmpadas, totalizando 70 lâmpadas.
A seguir, observaremos o significado dos números 7e 70:

Sete
Existem vários números "7" nas Escrituras, muitos dos quais podem ser usados para ilustrar as sete lâmpadas de fogo no Lugar Santo. Destacamos alguns desses "7" como forma de ilustração:

- Os sete princípios da doutrina de Cristo (Hb 6.1,2).
- Os sete espíritos de Deus no Messias (Is 11.1-4; Zc 3.9; 4.10).
- As sete parábolas do reino dos céus em Mateus 13.
- As sete igrejas na Ásia (Ap 1-3).
- Os sete espíritos de Deus como sete lâmpadas diante do trono (Ap 1.4; 3.1; 5.6; 4.5).
- Os sete "um" da unidade em Efésios 4.4-6.
- Os sete dias especiais de festa das festas do Senhor (Lv 23).

Setenta
Há vários "70" nas Escrituras, dos quais destacaremos alguns:

- Os 70 anciãos do Sinédrio nas cortes judaicas (Ez 8.11).
- Os 70 filhos de Jacó que desceram ao Egito (Gn 46.27; Êx 1.5).
- Os 70 anciãos de Israel que viram Deus (Êx 24.1; Nm 11.16-25).
- As 70 palmeiras em Elim (Êx 15.27; Nm 33.9).
- Os 70 anos do cativeiro babilônico (Jr 25.11-12; 29.10).
- Os 70 anos concedidos ao homem (Sl 90.10).

• Os 70 novilhos oferecidos na festa dos tabernáculos (Nm 29.12-40). Os 70 novilhos eram oferecidos no sétimo dia.
• Os 70 discípulos que Jesus enviou (Lc 10.1,17). 70 é o número que antecede o crescimento entre o povo de Deus. Aqui, temos uma luz crescente; a luz, porém, é apenas uma. Deus nunca deixa a si mesmo sem testemunho, sem uma lâmpada.
As sete igrejas e as sete lâmpadas equivalem a 49 lâmpadas (Ap 1.12).
As duas testemunhas são ligadas a dois candelabros brilhando na escuridão da grande tribulação (Ap 11.1-3; Zc 4).
Como Cristo tem sete lâmpadas; a Igreja, 49 lâmpadas; e as duas testemunhas, 14 lâmpadas, nós temos 70 lâmpadas ao todo.
Uma das maiores profecias da Bíblia é a que diz respeito às 70 semanas profetizadas por Daniel (Dn 9.24-27). Isso também se refere ao Lugar Santo e à limpeza do santuário do Senhor.

O propósito da existência

O propósito pleno da existência do candelabro era iluminar, não apenas embelezar, através da sua ornamentação. Ele era o carregador da luz. Assim, Cristo é a luz do mundo. A igreja também é a luz do mundo, para resplandecer a luz do Senhor em meio a uma geração corrupta e perversa (Jo 7.12; 1 Jo 1.5; Jo 1.4, 9; Ef 5.8).

O candelabro iluminou o Lugar Santo. O candelabro deveria resplandecer diante do Senhor. Ele deveria iluminar as Mesas dos pães da Presença e o altar de incenso. Os sacerdotes poderiam caminhar e ministrar à luz do candelabro. O candelabro iluminava a si mesmo também.

Temos de deixar nossa luz brilhar diante dos homens (Mt 5.15,16; Lc 8.16; 11.33; 12.35; Ap 21.23). Nenhum homem acende uma lâmpada e a esconde, mas acende-a para iluminar toda a casa. A vida do crente, assim como a vida de Cristo, deve ser a luz dos homens que caminham na escuridão.

Ministração diária

As Escrituras mostram que teria de haver uma ministração diária para as sete lâmpadas, isto durante o tempo em que o incenso era queimado (Lv 24.2; 1 Rs 7.49,50). Os pavios das lâmpadas tinham de ser aparados diariamente. Todos os dias, as cinzas tinham de ser removidas. Diariamente, azeite tinha de ser abastecido para que as lâmpadas pudessem brilhar. Isso ocorria de manhã e à tarde. Esse é o propósito para as tenazes de ouro, as tigelas de azeite e os apagadores de pavio durante o acendimento das lâmpadas.

1. Espevitadeiras de ouro

As espevitadeiras eram usadas para cortar os pavios, permitindo que as lâmpadas brilhassem mais forte. Em Apocalipse 1 a 3, vemos Cristo usando as espevitadeiras para aparar os pavios das lâmpadas das sete igrejas. Seu propósito era aparar o pavio, não extinguir a luz (Ap 2.3; 3.19). As espevitadeiras tiravam aquilo que era supérfluo. Elas eram usadas sabiamente pelo sacerdote. O Senhor, nosso grande sumo sacerdote, usa disciplinas, advertências, exortações e admoestações para lidar com nossas lâmpadas (Tt 2.12; 1 Co 5.4,5; 2 Co 13.10).

2. Os apagadores de pavio

Eram usados com as espevitadeiras de ouro. As cinzas eram colocadas nele. Eles mantinham limpo o chão de ouro da casa do Senhor, assim como as mãos dos sacerdotes que cortavam as lâmpadas (Êx 25.38; 37.23; Nm 4.9). O Senhor não quer que as cinzas das nossas experiências passadas venham corromper o chão de sua casa.

3. As tenazes de ouro

Havia várias tenazes de bronze e de ouro usadas no Tabernáculo e no Templo.

As tenazes eram usadas sobre o altar de bronze a fim de manter o fogo em ordem. As tenazes eram usadas para levar o fogo do altar e iluminar os candelabros de ouro. No Tabernáculo de Moisés, o fogo original veio do altar, aceso pelos céus, mas mantido por um suprimento diário de azeite pelos sacerdotes na terra (Lv 9.24; 2 Cr 7.1; Êx 40.24,25; Lv 24.2,3; Nm 8.3).

As tenazes eram usadas para o altar de incenso.

4. As taças de azeite

As tigelas ou bacias continham o suprimento diário de azeite para as lâmpadas. O azeite era derramado nas lâmpadas de manhã e à tarde para que elas pudessem manter-se sempre acesas diante do Senhor.

Tudo isso fala do fato de que os crentes precisam acender diariamente sua vida espiritual através dos instrumentos do Senhor. Todos precisam do suprimento diário do Espírito Santo, o azeite do Senhor, com o objetivo de deixar suas lâmpadas manifestarem a luz da vida de Cristo.

A posição no Lugar Santo

Assim como no Tabernáculo, no Templo os candelabros eram colocados no Lugar Santo. No Tabernáculo de Moisés, o candelabro era colocado do lado sul. No Templo, os candelabros eram colocados no norte e no sul, cinco candelabros de cada lado.

Isso é bastante semelhante às dez pias de bronze no Pátio dos sacerdotes, que também sendo colocadas cinco ao norte e cinco ao sul do Templo.

Como vimos, dez é também o número da responsabilidade. Nós pensamos nas dez virgens, cinco sábias e cinco tolas. Todas eram responsáveis pela manutenção do azeite em suas lamparinas, aparando-as para manterem a luz. Contudo, cinco permitiram que suas lâmpadas se apagassem e perceberam a necessidade do azeite tarde demais!

Candelabros nas Escrituras

Uma observação dos candelabros nas Escrituras nos dá uma revelação progressiva da verdade do Senhor com relação a esse belíssimo artigo da mobília e suas verdades específicas:

- No Tabernáculo de Moisés havia um único candelabro de ouro (Êx 25.31-40).
- No Templo de Salomão havia dez candelabros de ouro (1 Cr 28.15; 1 Rs 7.49,50).
- Na Babilônia, Deus usou o candelabro de ouro para trazer uma visão da queda da Babilônia através das línguas e da interpretação de uma escritura na parede (Dn 5.1-5). Nos últimos dias, a Igreja será usada pelo Senhor para, através dele, trazer uma visão da queda da Babilônia dos últimos dias (1 Pe 5.13).
- O candelabro de ouro é visto relacionado com a restauração de Judá da Babilônia e em conexão com a grande bacia abastecedora de azeite (Zc 4).
- As duas testemunhas são vinculadas a duas oliveiras e a dois candelabros (Ap 11.1-4 e Zc 4.1-14).
- As sete igrejas locais são vinculadas aos candelabros de ouro (Ap 1.12-20). Cristo alerta a Igreja do perigo de seu candelabro ser removido após a perda do primeiro amor. Cada igreja local é responsável diante do Senhor em ser uma luz na cidade na qual é colocada.
- Em 1 Crônicas 28.1, há uma menção do candelabro de prata em relação ao Templo de Salomão. Como veremos, parece que tal candelabro foi usado nas câmaras dos sacerdotes.

Assim, os candelabros de ouro representam uma bela figura de Cristo e de sua Igreja como a luz do mundo. Paulo escreveu aos crentes de Filipos, encorajando-os "a tornar-se puros e irrepreensíveis, filhos de Deus inculpáveis no meio de uma geração corrompida e depravada, na qual vocês brilham como estrelas no universo" (Fp 2.15).

MESA DE PÃES DA PRESENÇA

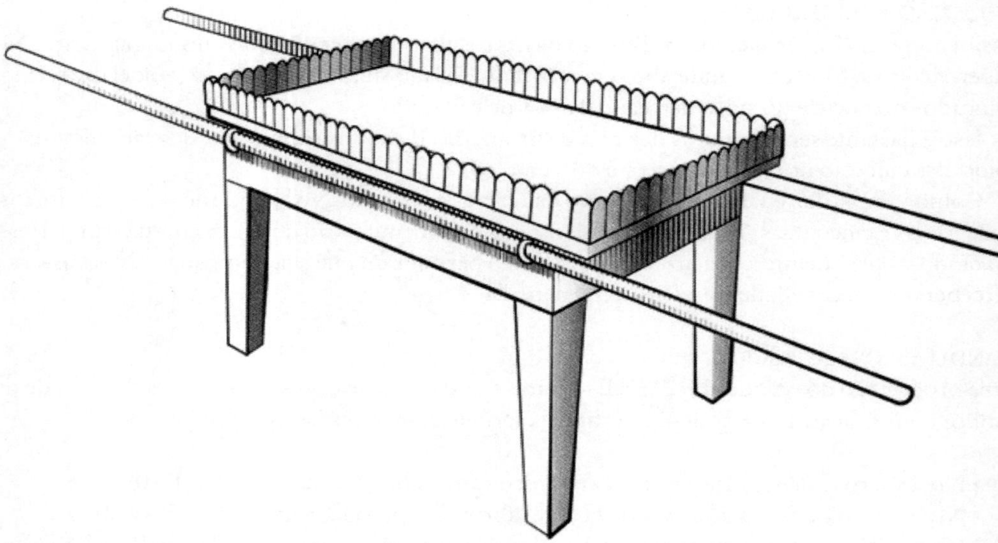

CAPÍTULO 27

AS MESAS DE PÃES DA PRESENÇA

Neste capítulo, trataremos do segundo grupo da mobília do Lugar Santo, ou seja, das Mesas de pães da Presença.

Nos estudos do Templo, vimos as dez pias de bronze no Pátio Externo, e, depois, os dez candelabros de ouro do Lugar Santo. Agora, temos as dez Mesas de pães da Presença diante do Senhor.

As passagens que falam a respeito delas são encontradas em 1 Reis 7.48; 1 Crônicas 28.16 e 2 Crônicas 4,8,19.

Novamente, vemos que o Tabernáculo de Moisés tinha apenas uma Mesa de pães da Presença que falava de Cristo e das doze tribos de Israel, no Antigo Testamento, e dos doze apóstolos do Cordeiro, no Novo Testamento (Êx 25.30).

O Templo de Salomão tinha dez Mesas de pães da Presença que falam da plenitude de Cristo em sua Igreja como o pão da vida.

Nós olharemos as verdades significativas nos breves detalhes fornecidos. Sem dúvida, a razão para a brevidade dos detalhes a respeito dessas mesas é a mesma que diz respeito aos candelabros, pois todos seguem o padrão dado a Moisés no Monte Sinai.

As mesas de ouro dos Pães da Presença

Essas mesas podiam ser vistas somente à luz dos candelabros de ouro. Assim, é a verdade da Palavra de Deus, o pão da vida, que pode ser vista apenas à luz da revelação do Espírito de Deus.

1. Feitas de ouro puro (1 Rs 7.48)

Como sempre, o ouro fala do que é divino, aquilo que é totalmente de Deus, a natureza divina.

A revelação da mesa originou-se no coração de Deus. O ouro puro fala da divindade pura: Jesus Cristo como o Deus encarnado. Ele se torna nossa mesa de comunhão.

2. Dez mesas de ouro

Como já vimos, dez é o número da lei, da ordem e da responsabilidade diante de Deus. Tudo na casa do Senhor está de acordo com a ordem divina. Ali deve haver ordem na mesa do Senhor através dos sacerdotes do Senhor.

3. Feitas de acordo com o modelo

Embora não mencionado especificamente, podemos deduzir, com segurança, que essas mesas, como os candelabros de ouro, foram feitas "segundo o padrão" do Tabernáculo de Moisés.

A mesa no Tabernáculo de Moisés era feita de madeira de acácia e revestida com ouro. As mesas do Templo devem ter sido feitas de madeira de cedro e revestidas com ouro, assim como o altar de incenso (1 Rs 6.20); ou podem ter sido feitas apenas de ouro.

Se foram feitas com madeira de cedro, então nós temos Cristo como o Homem real, o Rei dos reis e Senhor dos senhores. Isso fala de incorruptibilidade, de realeza. A natureza e o caráter incorruptível de Cristo são vistos nos quatro evangelhos em sua caminhada terrena como o pão da vida.

O ouro, certamente, fala da sua natureza divina e da sua deidade. Jesus Cristo é o Deus homem, a deidade e a humanidade unidas em uma só pessoa.

Outros detalhes relacionados ao padrão da mesa vistos no Tabernáculo de Moisés são os relacionados a seguir:

a. *Medidas da mesa* – 2 côvados de comprimento, 1 côvado de largura, e 1 ½ côvado e meio de altura. Tudo deveria ajustar-se ao padrão divino. Jesus Cristo ajustou-se ao padrão de Deus.

b. *As mesas tinham quatro pés* – Falam dos quatro evangelhos que apresentam Cristo como Pão da vida e apresentam Cristo em seu ministério terreno, sua caminhada terrena.
Assim como os 4 pés sustentavam o pão na mesa, esses quatro evangelhos confirmam Cristo como o pão de Deus.
Os 4 pés também falam do fato de que o evangelho deve ser pregado nos quatro cantos do mundo, levando o pão da vida a todas as nações (Mt 28.18-20; Mc 15.15-20; At 1.8; Ap 5.8-10).

4. Os nomes das mesas
- A mesa de madeira de acácia no Tabernáculo de Moisés (Êx 25.23 – NVI).
- A mesa pura (Lv 24.6 – ARC).
- A mesa (Êx 39.36 – NVI).
- A mesa de ouro (1 Rs 7.48 – NVI).
- A Mesa dos pães da Presença (Êx 25.30 – NVI).

Em 1 Crônicas 28.16, fala-se das mesas de prata, possivelmente para uso das câmaras sacerdotais assim como os candelabros de prata.

As mesas apontam para a mesa da nova aliança do Senhor, ao redor da qual os sacerdotes crentes se unem para comunhão e relacionamento (1 Co 11.23-34; Mt 26.26-28).

Na mesa, há vida, saúde, cura, relacionamento, comunicação, comunhão e a participação de todos os sacerdotes do Senhor.

Os Pães da Presença

Considerando que as Mesas dos pães da Presença deveriam ser de acordo com a ordem dada no Tabernáculo de Moisés, teríamos doze filões de pães em cada mesa.

Nas Escrituras, o pão nos fala invariavelmente (1) do próprio Cristo (Jo 6); ou (2) dos doze apóstolos do Cordeiro, representando o povo de Deus, partindo o pão de Cristo para eles; ou (3) da Igreja, o corpo de Cristo, sendo muitos, porém um só pão (1 Co 10.16,17).

Cristo nasceu em Belém, que significa "a casa do pão". A oferta de cereais era de fina flor de farinha (Lv 2). Cristo prometeu ao crente o "maná escondido" que fala do pão do céu, o pão de Deus também (Ap 2.17).

Consideremos alguns detalhes relativos ao pão do Senhor.

1. Nomes do pão
- Pão da sua Presença (Êx 25.30; 35.13; 39.36 – KJV). Davi comeu desse pão (Mt 12.4; Mc 2.20; Lc 6.4).
- Pães da Presença – Nm 4.7.
- Pães da proposição – Lc 6.4; Mt 12.4; Mc 2.26 (ARA)
- Exposição de pães – Hb 9.2 (ARA)
- Pães que eram postos sobre a mesa – 1 Cr 9.32; 23.29; Ne 10.33; 2 Cr 13.11 (NVI).

- Pães consagrados – 1 Cr 28.16; 2 Cr 2.4; 29.18 (NVI).
- O pão contínuo – 2 Cr 2.4; Nm 4.7.
- O pão de seu Deus – Lv 21.22.

Tudo isso fala das várias facetas da verdade com relação a Cristo como o Pão da vida, e também pode ser aplicado à mesa do Senhor, onde os crentes se reúnem para a comunhão. Paulo fala que, quando comemos desse pão e bebermos desse cálice, anunciamos a morte do Senhor até que Ele venha (1 Co 11.26).

2. Pão de flor de farinha

Jesus foi o grão triturado que caiu no solo e morreu para que a igreja nascesse (Jo 12.24).

Jesus foi esmagado como o trigo é esmagado, para tornar-se o pão da vida por nós (Is 53.2-5; 28.27-29).

Jesus experimentou o sofrimento do fogo do Calvário para tornar-se o pão da vida. Sua vida inteira foi de fina flor, nada áspero ou bruto podia ser visto nele.

3. Pão sem fermento

O fermento se refere ao pecado, à corrupção e ao que incha. Não havia o fermento do pecado nele. Não existia nada de orgulho ou de soberba em alguma área de sua vida. Não se viu nele corrupção, seja na vida ou na morte. Ninguém poderia culpá-lo de pecar (Hb 4.15).

4. Incenso sob o pão

Incenso foi colocado sob o pão. Isso fala da vida de oração, intercessão e comunhão ininterrupta que Cristo experimentou com o Pai. A fragrância desse relacionamento subia continuamente ao céu, agradando a Deus Pai.

5. Doze filões de pão

Doze filões de pão eram colocados em cada mesa. Ao todo, deveria haver 10 x 12 = 120 filões de pães da Presença. O significado dos números 12 e 120 é observado novamente, de forma resumida.

a. Doze

Como já mencionado previamente, 12 é o número do governo, o governo apostólico. O estudante pode se reportar aos doze bois de bronze no capítulo sobre o mar de fundição.

Aqui novamente os doze filões falam, primeiro, das doze tribos do Antigo Testamento em Israel; e, depois, do Israel de Deus no Novo Testamento, a Igreja. Eles também falam dos doze apóstolos do Cordeiro. E, finalmente, apontam para a cidade noiva de Deus e para o Cordeiro com seus numerosos "12" (Lc 6.13; Ap 21,22).

b. Cento e vinte

Cento e vinte é o número do final de toda carne e o começo da vida no Espírito. Os exemplos desses números podem ser vistos nas seguintes referências das Escrituras:

- Durante os 120 anos da pregação de Noé, o Espírito de Deus agiu para convencer os homens, antes que toda carne impiedosa fosse destruída (Gn 6.1-13; 1 Pe 3.21).
- Moisés viveu 120 anos na vida carnal e, no final, foi levado à glória depois de sua ressurreição (Dt 34.7; Jd 9; Lc 9.30; At 7.23,30,36,42).
- Na dedicação do Templo, 120 sacerdotes soaram 120 trombetas, e isso se consumou com a descida do Espírito de Deus e da glória-fogo de Deus (2 Cr 5. 11-14).

- No dia de Pentecostes, 120 discípulos de Jesus em unidade, em um só lugar, foram cheios do Espírito Santo e começaram a falar uma nova língua e a viver a nova vida do Espírito como nunca haviam conhecido (At 1.15; 2.1-4; Zc 4.6).
- Num sentido dispensacionalista, os 120 pães poderiam ser vinculados aos 120 jubileus (120 x 50 = 6.000 anos), em que o pão da vida esteve disponível à humanidade crente. O maná caía por seis dias. Não caía nenhum maná no sétimo dia. Na terra de Canaã, eles comeram das novidades da terra (Js 5.12; Êx 16).

Portanto, os 120 filões de pão representavam alimentar-se da vida do pão de Deus, em sua Presença e diante de sua face, em comunhão sacerdotal e relacionamento. A igreja primitiva perseverava na doutrina dos apóstolos, na comunhão, no partir do pão e nas orações (Mc 2.42).

Mesa para os sacerdotes

A mesa era estritamente para os sacerdotes da casa do Senhor. Duas grandes verdades são vistas.

1. Os sacerdotes do Novo Testamento

Da mesma forma que apenas os sacerdotes do Antigo Testamento podiam comer dos pães da Presença, somente os sacerdotes do Novo Testamento podem participar da mesa do Senhor. Todos devem comer por si mesmos. Ninguém pode comer por outro.

Os crentes são reis e sacerdotes, segundo a ordem de Melquisedeque e, como tais, podem comer da mesa do Senhor (Ap 1.6; 5.9,10; 1 Pe 2.5-9; Lv 24.9).

O pão somente podia ser comido no Lugar Santo, no Santuário do Senhor.

2. Pães partidos semanalmente

O pão era colocado na mesa semanalmente, isto é, a cada sétimo dia. Ele era comido semanalmente pelos sacerdotes do Senhor (Lv 24.6-9).

Assim, parece que os sacerdotes do Novo Testamento partilhavam semanalmente da mesa do Senhor, no primeiro dia da semana na nova aliança, não no sétimo e último dia da semana, conforme a antiga aliança (At 20.7).

3. O cálice

Em Números 28.7; Êxodo 25.29; 29.40 e Levítico 23.13,18,27, temos a menção da libação de vinho (oferta derramada – NVI). A libação de vinho era também associada à mesa do Senhor. Contudo, o vinho era derramado diante do Senhor. Os sacerdotes não podiam partilhar dele.

Os utensílios associados à mesa eram "tigelas" e "taças" (ou "jarras" e "cálices") – Nm 4.7; Êx 25.29. Essas jarras eram para o vinho, ou algo semelhante.

O fato de o vinho ser derramado provavelmente simboliza o fato de que a vida não poderia ser disponibilizada sobre a aliança da Lei. Jesus mudou isso e disse a seus discípulos para tomarem o cálice e beberem dele, pois seu corpo e sangue traziam vida (Jo 6; Mt 26.26-28; Lc 22.14-20).

4. A comunhão do pão e do vinho

Melquisedeque ministrou pão e vinho a Abraão, o pai de todos que crêem, enquanto recebia dízimos de Abraão (Gn 14.18). A mesa e os dízimos estão conectados aqui, assim como a fé e a ordem sacerdotal.

Os crentes devem comer pão do reino de Deus com seu Senhor ressurrecto (Lc 14.15).

O pão de Deus provê cura, saúde, vida, nutrição, força, relacionamento e comunhão. Quando partilhamos o pão e o cálice, recebemos a vida de Cristo, o cabeça da Igreja.

Posição das mesas

Essas dez mesas, assim como os dez candelabros, eram colocados no Lugar Santo, cinco de cada lado (2 Cr 4.8). Os sacerdotes comeriam dos pães da Presença à luz dos candelabros.

Os cantores e a mesa

Os cantores do Templo de Salomão se regozijavam ao preparar a mesa dos pães da Presença (1 Cr 9.27,32-33). Música e cantores sempre estiveram conectados com a mesa do Senhor. Isso é verdadeiro também na Igreja do Novo Testamento (Mt 26.26; Mc 14.26).

O pão considerado "o sustento da vida". Através da história de Israel, vemos muitas figuras proféticas do pão da vida. Todas apontam para Cristo como sustentador da vida da Igreja, que é o Israel espiritual:

- O pão não-fermentado foi usado na festa da Páscoa (Êx 12.14-20,34).
- Israel teve o maná por 40 anos no deserto (Êx 16).
- A oferta de cereais era o pão no altar de Deus (Lv 2).
- A arca da aliança continha o maná escondido, nas jornadas do deserto (Hb 9.4; Ap 2.17).
- Davi, o rei, recebeu força dos pães da Presença que o sacerdote lhe deu para comer (1 Sm 21.6; Mt 12.1-4).
- Jesus alimentou 5.000 homens e, mais tarde, 4.000 homens com as multiplicações dos pães no deserto. Com isso, Ele apontava para si mesmo como o verdadeiro pão e sustentador da vida (Mt 14.14-21; 15.32-38; Jo 6).

Em Cristo, temos alimento e bebida espiritual, conforme demonstrado no milagre do maná e no milagre do abastecimento de água da rocha (1 Co 10.1-4,15-21).

O ALTAR DE INCENSO

CAPÍTULO 28

O ALTAR DE INCENSO

Se compararmos e contrastarmos o altar de incenso no Tabernáculo de Moisés, o qual tem cerca de quatorze versículos em sua descrição, ao altar de ouro de incenso do Templo de Salomão, veremos que ele é descrito com apenas quatro versículos.

Essas referências são encontradas em 1 Reis 6.20-22; 7.48 e 2 Crônicas 4.19. Sem dúvida, isso é porque esse altar segue o mesmo padrão dado a Moisés no Monte Sinai, assim como as outras mobílias do Lugar Santo.

A seguir, destacamos algumas das verdades espirituais relativas ao altar de ouro diante do Senhor.

O Altar de ouro de incenso

1. Nomes do altar

O altar do Templo foi chamado de:

- O altar (1 Rs 6.22)
- O altar de ouro (1 Rs 7.48; 2 Cr 4.19)
- O altar de incenso (1 Cr 28.18)
- O altar de cedro (1 Rs 6.20)

Observe também os nomes desse Altar no Tabernáculo de Moisés (Êx 30.27; 31.8; 35.15; Lv 4.7; Ap 8.3).

2. O modelo dado pelo Espírito

Como Moisés recebeu o padrão do altar de incenso para o Tabernáculo no deserto, da mesma forma o rei Davi recebeu o padrão do altar de ouro para o Templo. Ele o recebeu pelo Espírito. Ele escreveu os detalhes do modelo sob a inspiração do Espírito (1 Cr 28.11,12,19).

Possivelmente, as medidas eram as mesmas daquelas do Altar de Ouro do Tabernáculo de Moisés, sendo este o artigo mais alto do Lugar Santo.

O padrão dado a Moisés é encontrado em Êxodo 30.1-10, do qual resumidamente destacamos o seguinte, sendo que maiores detalhes são encontrados no livro sobre o Tabernáculo de Moisés. Nós destacamos o que diz respeito ao Altar de Incenso também.

a. Feito de madeira de acácia

Isso fala da humanidade incorruptível do Senhor Jesus Cristo como nosso intercessor.

Em contraste, o altar de incenso no Templo era feito de madeira de cedro (1 Rs 6.20).

A madeira de acácia fala de Cristo em sua jornada no deserto, sua caminhada terrena, suas orações e intercessões na terra. A madeira de cedro no altar de incenso fala de Cristo em seu ministério celestial, seu ministério como rei-sacerdote, assim como o Templo era uma casa de cedro, tudo isso falando de realeza.

Nesses dois tipos de madeira, vimos o ministério de Jesus do ponto de vista terreno e celestial.

b. Revestido com ouro

O altar no Tabernáculo de Moisés e no Templo de Salomão era revestido com ouro (1 Rs 6.22).

O ouro novamente fala da natureza divina de Cristo, sua perfeita deidade. Assim, temos a madeira e o ouro, dois materiais distintos, mas inseparáveis. Isso fala das duas naturezas do único Cristo, de sua deidade e humanidade, distintas, mas inseparáveis no único mediador entre Deus e os homens, o Homem Jesus Cristo. A madeira nunca se torna ouro, nem o ouro se torna madeira. Assim, as duas naturezas em Cristo são distintas, contudo absolutamente unidas em sua personalidade como Deus-Homem. Deus encarnou a perfeita humanidade. Ele foi e sempre será o Deus-Homem, o sacerdote e intercessor celestial.

O altar de incenso do Tabernáculo de Moisés permaneceu num chão de terra. O altar de incenso do Templo de Salomão permaneceu num chão de ouro. O primeiro fala do ministério de oração e intercessão terreno de Cristo; e o segundo, de suas orações e intercessões celestiais pela Igreja, seu Corpo.

c. Medidas do altar

Suas medidas eram de um côvado de comprimento e largura e dois côvados de altura (Êx 30.2). Em relação aos outros artigos da mobília, este era o artigo mais alto. Isso se refere ao fato de que o ministério intercessório de Cristo é o mais alto ministério em favor do seu povo agora. Ele vive para interceder (Hb 7.26).

d. Um altar quadrangular

O altar era quadrangular, assim como o altar de bronze e o Lugar Santíssimo. Quatro é o número da terra. As intercessões de Cristo são pelo mundo todo, pelos redimidos.

E novamente, todos os locais quadrangulares tanto do Tabernáculo quanto do Templo apontam, no final das contas. para a cidade quadrangular de Deus, a cidade-noiva, a Nova Jerusalém (Ap 21,22). Todos só poderão entrar ali através do ministério mediador e intercessor de Cristo, nosso grande sumo sacerdote.

O evangelho deve ir a todo o mundo, aos quatro cantos da terra (Mt 28.18-20; Mc 16.15-20; At 1.8; Ap 5.9,10).

As orações dos santos sobem dos quatro cantos da terra para o santuário celestial aceitável a Deus, à medida que são oferecidos em nome de Cristo.

e. Os quatro chifres

O altar tinha também quatro chifres em seus quatro cantos. Nas Escrituras, os chifres são sempre significativos de poder, autoridade e reinado. Isso já foi observado na descrição dos chifres do altar de bronze no Pátio, num capítulo anterior.

Chifres saindo de suas mãos falam do seu poder oculto (Hc 3.4; Gn 22.13). Todo poder é dado a Jesus, nos céus e na terra.

f. A coroa de ouro

Considerando-se que o altar do Templo foi confeccionado nos mesmos moldes daquele do Tabernáculo de Moisés, deveria haver uma coroa (moldura) nele também. As coroas falam de Cristo como rei, e, devido ao altar de incenso, falam de Cristo como rei e sacerdote, como legislador e intercessor (Sl 2,1-6; 110.1,2; 45.1,2; Hb 7.1-4; 2.9).

3. Um altar de ouro

Em contraste com os outros utensílios do Pátio e do Lugar Santo, havia apenas um altar de incenso. Havia um único mar de bronze, um altar de incenso e uma arca da aliança.

De fato, a verdade simbolizada é evidente. "Um" fala do Senhor Jesus Cristo, o único caminho para Deus Pai, o único Salvador do pecado, o único mediador entre Deus e os homens (Jo 14.16; 2 Tm 2.5; Hb 7.26,27).

Os "dez" dos candelabros de ouro, das Mesas de pães da Presença e das pias de bronze apontam para a plenitude de Cristo em sua Igreja e a ordem divina trazida para a casa do Senhor através da limpeza, da luz e do relacionamento simbolizados nesses utensílios.

E um único altar fala daquele que é o único lugar de oração, a única Pessoa através da qual todas as orações podem subir ao Pai, e esse é Cristo Jesus, o eterno Deus-Homem.

4. A posição do altar de ouro

O altar de ouro ficava colocado no Lugar Santo, imediatamente antes do véu no Oráculo Santo. A fragrância de incenso subia além do véu para a própria presença de Deus. Isso aponta para o fato de que as orações dos santos também sobem para além do véu do santuário celestial, onde Cristo, nosso grande sumo sacerdote, intercede pelo seu Povo redimido diante do Pai.

5. O incensário de ouro

Hebreus 8.1-4 e Apocalipse 8.1-6, juntamente com Levítico 16.1-12, fazem menção ao incensário de ouro.

O incensário era de ouro, não de bronze como o incensário da rebelião de Core e de seu grupo em Números 16. Eles se insurgiram contra Arão, o sumo sacerdote ungido de Deus e designado por Ele e, como castigo, foram feridos pelo Senhor, sendo engolidos pela terra. Isso se torna profético de todas as religiões rebeldes que desprezam a Cristo, o ungido de Deus e sumo sacerdote designado por Ele.

O incensário era usado especialmente no grande dia da expiação, quando o sumo sacerdote adentrava além do véu no Lugar Santíssimo com o sangue. Assim Cristo entrou além do véu como o precursor, levando o próprio sangue ao trono do Pai, e com base em seu sangue sacrificial, Ele pode agora fazer intercessão por todo o seu povo (Jo 17).

O INCENSO SUAVE

Embora não haja menção dos ingredientes do incenso no Templo, nós sabemos que Deus tem apenas um padrão. O incenso deve ter sido feito segundo o padrão dado a Moisés. Não podia haver nenhum substituto ou alguma imitação do incenso e de seus ingredientes.

Os ingredientes do incenso estão descritos em Êxodo 30.34-38. Mais uma vez, destacamos brevemente o significado desses ingredientes e a verdade espiritual para a Igreja de Jesus Cristo:

Estoraque – é uma seiva perfumada ou goma extraída de uma árvore. Ela tinha de ser bastante triturada.

Ônica – era um molusco tirado do fundo do Mar Vermelho, e tinha de ser moído para que pudesse exalar sua fragrância.

Gálbano – era uma seiva ou goma que vinha de uma planta ou de uma espécie de arbusto. Tratava-se de uma goma amarga usada para expelir insetos. Também tinha de ser bastante triturada.

Incenso puro – era branco e provinha da seiva de uma árvore. Branco nos fala de pureza e de justiça.

Sal – age tanto como tempero quanto como conservante. O sal representa um falar cheio de graça e de verdade. O sal possui a qualidade de algo durável. Isso fala de aliança (2 Cr 13.5; Mt 5.13).

Cada um desses ingredientes tinha de ser bastante triturado e misturado para formar o incenso santo.

Havia outros fatores mencionados sobre esse incenso que falam de Cristo em sua perfeita intercessão e também apontam para o tipo de oração que deveria subir do coração dos crentes.

O incenso deveria ser:

Doce (aromático) – o ministério de Cristo era cheio de doçura e de perfume.
Puro – Cristo era absolutamente puro e santo.
Santo – Cristo ministrou em absoluta santidade e sem nenhum pecado (Hb 7.26).
Perpétuo – Jesus ministra no poder de uma vida eterna. Ele agora vive para interceder por nós (Hb 7.25,26).
Perfumado – Toda a vida de Cristo foi uma fragrância para o Pai (Ef 5.2).

Assim como a nuvem de incenso subia para além do véu, o Senhor prometeu que Ele apareceria na nuvem, tanto na glória-nuvem quanto na nuvem de incenso formada pela oração de seu povo (Lv 16.1-12).

De 1 Timóteo 2.1 e Salmo 104.34, podemos vincular os cinco ingredientes do incenso com os cinco ingredientes da verdadeira oração, biblicamente falando:

Súplicas – pedidos ao Senhor.
Orações – fazer conhecidas nossas necessidades.
Intercessões – saídas do coração de Deus e devolvidas a Ele.
Ações de graças – apreciação, gratidão, louvor.
Meditação – contemplação, adoração, reflexão.

Uma mistura apropriada desses elementos forma uma nuvem de incenso para Deus Pai, e isso chega a Ele através de seu Cristo e nosso Mediador.

Ministrações diárias

Havia certos aspectos relativos aos serviços do santuário que eram conhecidos como ministrações diárias.

Existia o "sacrifício diário", "acendimento diário" e aqui o "incenso diário". Essas ministrações ocorriam de manhã e à tarde. Havia uma contínua ascensão de sacrifício, luz e incenso, ao Senhor em seu santuário celestial, assim como em seu santuário terreno.

Os crentes-sacerdotes devem cumprir esses serviços diários ao apresentarem-se a Deus como um sacrifício diário, todos os dias aparando suas lâmpadas e abastecendo-se com o azeite do Espírito, em uma diária ascensão de orações e seus ingredientes diante do Senhor. Nossa vida de oração deveria ser revelada em pensamento, palavras e atitudes. Deveria haver um espírito de oração e uma vida de oração continuamente diante do Senhor.

O incenso de oração

Não há como errar na interpretação do que simboliza o incenso. O incenso, com seus ingredientes, sempre fala da oração dos santos e dos ingredientes da oração.

A oração deve ser apresentada diante de Deus como incenso (Sl 141.1,2). Ao Anjo do Senhor foi dado muito incenso para que pudesse oferecer com as orações de todos os santos diante do altar de ouro e diante do Trono de Deus (Ap 8.1-5).

A multidão de pessoas permanecia em pé, orando do lado de fora, no Pátio, enquanto Zacarias oferecia o incenso (Lc 1.5-11).

Os 24 anciãos, como reis-sacerdotes, têm vasos cheios de incenso, os quais são asorações dos santos (Ap 5.8).

Incenso estranho

Vários versículos das Escrituras falam de Israel, assim como de outras nações, oferecendo "incenso estranho" a Deus.

O Senhor, através de Moisés, proibiu qualquer imitação, substituição ou uso indevido dos ingredientes do incenso (Êx 30.9 – ARA).

"Incenso estranho" é aquele incenso que é desconhecido para Deus e contrário à sua Palavra. Isso fala da substituição ou da imitação de coisas divinas. Nadabe e Abiu ofereceram fogo estranho diante do Senhor e foram mortos por tal presunção (Lv 10.1-3. Observe também Números 16 e os incensários de bronze de Core e seu grupo como "pecadores contra sua própria alma"). Eles trouxeram juízo contra si mesmos e suas famílias por tal presunção, devido ao orgulho e à vontade egoísta.

Desde que o véu do Templo foi rasgado através da obra consumada no Calvário, incenso estranho e todo tipo de incenso são uma abominação ao Senhor (Is 1.13; 66.3). Eles falam de adoração falsa, adoração estimulada pela sensualidade, como acontece nas religiões e cultos pagãos, tanto dentro quanto fora da cristandade (Dt 18.9-14).

Isso fala hoje do fato de que todas as orações, intercessões e meditações contrárias à Palavra de Deus, que se desviam de Jesus Cristo e pretendem chegar a Deus sem a mediação de Seu Filho, são como "incenso estranho". Tais orações são totalmente inaceitáveis diante de Deus e são uma abominação a Deus. Tais pessoas serão "aparadas" pelos juízos do Senhor (Sl 66.18,19; Pv 28.9; Is 66.3).

Presunção no altar de ouro

É como se, às vezes, um espírito de orgulho, obstinação e presunção viessem sobre alguns reis de Judá. Sem dúvida isso era instigado por Satanás, a personificação do orgulho, da obstinação e da presunção.

Acaz atreveu-se a remover o altar de bronze de sua posição e colocar em seu lugar um altar substituto, conforme os moldes do altar assírio, e agir presunçosamente como sacerdote, tentando ser um rei-sacerdote.

Ele também removeu o fundamento dos 12 bois do grande mar de fundição e colocou em seu lugar um pavimento de pedras.

Acaz também tirou as dez pias de bronze de suas bases, tudo isso num ato de orgulho, obstinação e presunção. Esses eram utensílios do Pátio Externo.

E em 2 Crônicas 26, temos o piedoso rei Uzias, num momento de orgulho, movendo-se em presunção e obstinação, do Pátio Externo para o Lugar Santo. Aqui, ele ousou menosprezar o sumo sacerdote ungido e designado por Deus, juntamente com outros 84 sacerdotes e ousou oferecer incenso diante do Senhor. Ele tentou unir os ofícios de rei e sacerdote. E, enquanto encolerizava-se contra os sacerdotes que tentavam se opor ao seu ato presunçoso, ele foi ferido com lepra em sua fronte. Esse foi o tempo em que o profeta Isaias viu o "Senhor sentado em seu trono" no Templo celestial. Enquanto reis da terra podem ser privados e depostos de seus tronos, há o eterno trono de Deus, o qual nunca será desocupado. Deus e o Cordeiro estão no trono eterno.

Toda essa cena tornou-se profética de todos os líderes que se levantam em presunção sacerdotal, buscando menosprezar o Cristo de Deus e sua obra mediadora. Tais líderes serão feridos pelo castigo divino. Que contraste entre a lepra na fronte de Uzias e a mitra de linho com a frase "Santidade ao Senhor" na fronte do sumo sacerdote!

O altar de ouro no Apocalipse

O significado final do altar de ouro de incenso é visto no livro do Apocalipse.

Em Apocalipse 8.1-5, vemos o Anjo no altar de ouro de incenso, e, depois, após receber o incenso – as orações dos santos – entornar o incensário de ouro sobre a terra, liberando a ação de Deus nos acontecimentos da terra.

Em Apocalipse 9.13, há uma voz vinda do altar de ouro diante do trono.

Em Apocalipse 11.1, o altar de incenso é medido, juntamente com o Templo de Deus, enquanto o Pátio Externo é deixado sem medir, para ser pisado pelos gentios por 3 ½ anos de juízo.

Em Apocalipse 14.18 e 16.7, é possível que a voz viesse do altar de ouro aqui também, em meio aos grandes castigos na terra.

É evidente que as orações e intercessões dos santos terão pleno cumprimento nos dias finais que antecedem a vinda de Cristo e durante esse evento. A fragrância encherá o Templo dos céus. Sua casa deve ser chamada casa de oração para todas as nações (Mt 21.13; Mc 11.17; Is. 52.6-8).

A doçura do incenso só seria conhecida quando a ação do fogo o fizesse subir a Deus (Fp 4.18).

O espírito de oração e intercessão crescerá na casa do Senhor e no seu povo nos tempos finais.

A igreja primitiva perseverava na doutrina dos apóstolos, na comunhão, no partir do pão e nas orações (At 2.42).

Nós devemos orar sempre com toda oração e súplica no Espírito (Ef 6.18). Temos de perseverar em oração (Cl 4.2; Rm 12.12). Cristo é o nosso supremo exemplo de oração.

Concluindo, vemos que hoje o altar de ouro de incenso é o coração do crente; o incenso é a vida de oração e seus ingredientes; e o fogo é o poder do Espírito Santo fazendo a oração subir ao santuário celestial, para Deus através de Cristo.

Tal é a beleza do altar de ouro de incenso no Templo do Senhor.

CAPÍTULO 29

AS JANELAS DA CASA

Em 1 Reis 6.4, encontramos referência às janelas da casa do Senhor.

"Ele fez para o templo janelas com grades estreitas."
"Para a casa, fez janelas de fasquias fixas superpostas" (ARA).

Parece que essas janelas ficavam provavelmente no topo da casa, nas paredes que tinham 30 côvados de altura.

As Escrituras nos dizem que ao menos 15 côvados de altura das paredes exteriores da casa eram tomados pelas câmaras sacerdotais que ficavam ao redor do Templo, deixando assim 15 côvados acima delas onde poderiam estar estas janelas.

Então, observamos que o Santo dos Santos tinha 20 côvados de altura (e talvez também o Lugar Santo). Por isso, essas janelas poderiam estar no topo da casa ou nas câmaras sacerdotais. De qualquer, essas janelas parecem ter algum propósito divino que consideraremos aqui.

Essas janelas eram feitas de grades estreitas.

Nas Escrituras, as janelas são importantes, assim como as janelas em nossas casas hoje.

A arca de Noé tinha uma janela no terceiro andar. Noé não conseguia olhar para fora e para baixo, somente para o que era celestial. Ele não podia ver a desolação que veio sobre os ímpios através do dilúvio (Gn 6.16; 8.6).

Quando o dilúvio do juízo veio sobre a terra, as janelas do céu se abriram, e as chuvas desceram (Gn 7.11).

As Escrituras falam das "janelas dos céus" sendo abertas ou fechadas de acordo com a obediência ou a desobediência do homem (2 Rs 7.2,19; Is 24.18; 60.8; Ml 3.10). Deus disse a Israel para prová-lo quanto aos dízimos e ofertas, e Ele abriria as janelas dos céus e derramaria bênçãos que eles não poderiam conter.

Houve uma janela com um fio de escarlate nela, o qual era um sinal de salvação para Raabe e sua família (Js 2.15-21). O sinal dos três dias e o sinal do fio escarlate foram libertação para ela e toda a sua casa. Isso ocorreu através de uma janela.

Daniel orava com a janela aberta em direção a Jerusalém, três vezes ao dia, enquanto ele estava no cativeiro babilônico (Dn 6.10). Como a fumaça de incenso subia do altar através das janelas para os céus, assim as orações de Daniel subiam de sua janela para o santuário celestial.

O noivo mostrou-se através das grades da janela para atrair a noiva para si (Ct 2.9). As janelas do Templo tinham grades estreitas.

Salomão edificou uma casa no Líbano com janelas de três em três, uma em frente da outra (2 Rs 7.2-5).

Outras passagens relativas às janelas são: 2 Rs 13.17; Ez 40.16-26; Sf 2.14; Is 54.12; 1 Cr 15.29; 2 Sm 6.16; At 20.9.

A linguagem usada com relação às janelas é significativa também. Elas eram "largas por dentro" e estreitas por fora. Jesus disse: "Largo é o caminho da perdição... estreito é o caminho para a vida..." (Mt 7.13,14). Para o mundo, Cristo é "estreito", mas para o crente, Cristo é "largo". Em Cristo, os crentes conhecem a verdade.

Sem dúvida, o principal propósito das janelas era permitir que a fragrância do incenso subisse até o céu, enquanto ascendesse e enchesse o Lugar Santo.

Simbolicamente, isso aponta para as orações de Israel subindo do altar de ouro para o trono de Deus nos céus. Como o incenso subia das janelas do santuário terreno do Senhor, assim o Senhor abriria as janelas dos céus e derramaria suas bênçãos sobre seu povo.

Também existia o pensamento de janelas com treliças, as quais regulavam a luz no alto do Templo. Contudo, a plenitude da luz no Lugar Santo é vista nos dez candelabros de ouro.

No Oráculo Santo, a própria luz da glória-Shekinah e a presença de Deus iluminavam aquele lugar que ficaria em absoluta escuridão sem a luz de Deus.

Deus regula a luz para seu povo. Deus recebe as orações de seus santos. Dizem que os "olhos são a janela da alma" do homem.

O Senhor Jesus Cristo, o noivo amado, mostra-se para seu povo, enquanto permanece por trás do muro, (como o muro do Templo), olhando através das janelas (como as janelas do Templo), mostrando-se através das frestas (como nas janelas com treliças do Templo) enquanto atrai os corações após si.

Verdadeiramente tudo no Templo fala de sua glória (Sl 29.9).

O SUMO SACERDOTE COM O INCENSÁRIO DE OURO

Sumo Sacerdote com Incensário de Ouro

Um Incensário de Ouro

Incenso Puro

CAPÍTULO 30

O ORÁCULO SANTO

Uma preciosa verdade é vista no Lugar Santíssimo ou Oráculo Santo.

Nós destacamos alguns dos diferentes nomes do Lugar Santíssimo na casa do Senhor:

Nomes do Lugar Santíssimo

A casa mais santa (2 Cr 3.10 – KJV)
A casa de dentro (1 Rs 6.27 – ARC)
O Santo Lugar (1 Rs 6.17 – ARA)
O Lugar Santíssimo (1 Rs 6.16 – NVI; 2 Cr 3.8 – NVI)
O Santo dos Santos ((1 Rs 6.16 – ARC, ARA; 2 Cr 3.10 – ARA)
O Oráculo Santo
O lugar mais santo (1 Rs 6.16 – KJV)
O Oráculo (1 Rs 6.16,19-23 – ARC)

O oráculo

A interpretação da palavra oráculo é muito significativa. Literalmente, "o oráculo" significa "o lugar de onde se fala".

O Lugar Santíssimo era o Oráculo, o próprio lugar da voz de Deus, falando ao sumo sacerdote a partir do trono de misericórdia (propiciatório), aspergido com o sangue na arca da aliança (Nm 7.89). Essa voz falava entre os querubins, através do sangue, para o sumo sacerdote, e, então, ele transmitia sua Palavra ao povo de Deus. Assim, Deus comunicava seus pensamentos ao seu povo.

Uma vez por ano, no Dia da Expiação, o sumo sacerdote entrava e via essa glória flamejante em meio à nuvem de incenso.

Observem também Êxodo 25.22 e Números 7.89 novamente.

A mesma verdade é manifesta no peitoral do sumo sacerdote. Ali, Deus falava e comunicava seus pensamentos através dos misteriosos Urim e Tumim, as duas pedras preciosas no peitoral do sumo sacerdote (Êx 28; 2 Sm 16.23).

Inquirir através do Urim e Tumim significava o mesmo que o homem inquirir no Oráculo (no hebraico, *dabar*, ou "Palavra"). Em todos os outros textos no Antigo Testamento em que são traduzidas por "oráculo", vêm da palavra hebraica *debir*, ou "Lugar onde se fala". No Novo Testamento, a palavra grega equivalente é *logion*, que significa "palavra", da qual vem o Logos, *a Palavra* (Jo 1.1-3, 14-18).

Nós observamos algumas das belas referências ao Oráculo e percebemos como Deus cumpriu tudo em Cristo. Cristo é o lugar em que Deus fala com o homem. Deus não tem nada a dizer ao homem à parte de Cristo:

O Lugar Santíssimo era o Oráculo de Deus, o lugar em que Deus falava com Israel no Templo (1 Rs 6.5-31; 7.49; 8.6-8; 2 Cr 3.16; 4.20; 5.7-9).

O salmista diz: Levantarei minhas mãos ao teu Oráculo Santo (referência de rodapé, hebraico: "Diante do oráculo do teu santuário") (Sl 28.2).

Os Dez Mandamentos que Moisés recebeu do Senhor foram proferidos como sendo "os oráculos vivos", dados à Igreja no deserto, pelo mediador Moisés (At 7.38).
A Israel foram entregues os oráculos de Deus, sua bênção principal, e isso está em harmonia com as Sagradas Escrituras (Rm 3.2).
Os princípios elementares da doutrina de Cristo são também referidos como os oráculos de Deus (Hb 5.12).
Pedro exortou que, qualquer um que falasse, deveria falar como um oráculo de Deus (1 Pe 4.11).

Tudo a respeito dessa verdade é cumprido no Senhor Jesus Cristo. Ele é "O Lugar Santíssimo" de Deus, Ele é "o oráculo" de Deus, o lugar onde Deus fala. Agora, o lugar onde Deus fala é através de seu Filho, o *Templo* de Deus.

Ele é o Templo de Deus (Jo 2.19-21), Deus falou a Ele, através dele, e por Ele. Deus nos tem falado através da pessoa do seu Filho (Hb 1.1-3). Cristo é também o trono de misericórdia de Deus, aspergido com sangue. Deus não tem nada a dizer ao homem fora de Cristo; apenas palavras de juízo.

O estudante dever ler estas passagens: Dt 18.15-21; Jo 1.1-4,14-18; 3.31-36; 5.7-17; 8.43,47; 10.37,38; 12.44-50; 14.10). As palavras que Jesus falou não eram somente suas Palavras. Elas eram as Palavras do Pai. Ele falou conforme o Pai lhe dava os comandos do que falar. Ele falou o que o Pai falou. Ouvi-lo é ouvir o Pai.

É por essa Palavra, a Palavra do Pai, que seremos julgados "naquele dia".

Agora, a Igreja deve ser o oráculo de Deus. Deus fala ao homem hoje através da sua Igreja, sua casa e através do seu povo (Jr 15.19). Se apartarmos o precioso do vil, então poderemos ser sua boca, seus porta-vozes.

Nós falamos por Cristo como Cristo falou por Deus. Essa é a riqueza da verdade vista no Oráculo Santo do Templo de Salomão.

A ARCA DA ALIANÇA

CAPÍTULO 31

A ARCA DA ALIANÇA

Nos capítulos anteriores, abordamos a mobília do Pátio Externo, a mobília do Lugar Santo. Agora, vamos à mobília do Lugar Santíssimo, o Oráculo Santo. Esse artigo é a magnífica arca da aliança.

A arca da aliança era o mais importante artigo da mobília. Todos os outros artigos se tornavam significativos à luz dessa peça. A arca dava caráter espiritual e importância a todos os outros artigos. Era sobre a arca que a manifestação visível da glória e da Presença de Deus habitava, e era entre os querubins, sobre o trono de misericórdia, que a audível voz de Deus soava e era ouvida pelo sumo sacerdote.

Em nosso estudo, abordaremos a plena significância do maravilhoso projeto da arca do Senhor, o próprio trono de Deus na terra, em meio a Israel, seu povo escolhido.

É significativo haver três arcas nas Escrituras, cada uma delas relacionada às águas do juízo e da libertação do povo de Deus.

Essas arcas eram as seguintes:

1. A arca de Noé carregou-o acima das águas de juízo do dilúvio e testemunhou a morte de toda carne ímpia (Gn 6.24).
2. A arca de Moisés o carregou através das águas da morte do Rio Nilo enquanto outras crianças eram mortas (Êx 2.3-5).
3. A arca de Deus abriu as águas do Jordão para Israel passar à terra prometida (Êx 25.22; Js 3,4).

A Arca da Aliança

Houve somente uma arca da aliança. Davi não recebeu uma revelação para fazer outra arca. Existiu apenas uma arca, dada por revelação a Moisés no Monte Sinai, colocada no Tabernáculo de Moisés, e, depois, no devido tempo, transferida para o Tabernáculo de Davi; e. finalmente. colocada no Templo de Salomão, seu último lugar de descanso. A arca foi o único artigo da mobília trazido do Tabernáculo de Moisés para o Templo de Salomão.

Novamente, isso fala do fato de que há somente um Cristo de Deus, um único mediador entre Deus e o homem. Ele será eternamente o único e mesmo Salvador e sacrifício pelo pecado (Jo 14.1,6; 1 Tm 2.5; Hb 10.12-14).

Um altar de bronze, com uma bacia de bronze, um candelabro, uma mesa e um altar de incenso foram vistos no Tabernáculo de Moisés. Um altar de bronze, um mar, um altar de incenso foram vistos no Templo. Dez pias de bronze, dez candelabros, dez Mesas de pães da Presença são vistos no Templo. Mas há apenas *uma arca da aliança,* tanto no Tabernáculo quanto no Templo. E há somente *um* eterno *trono* de Deus e do Cordeiro (Ap 22.1,2).

Do livro *O Tabernáculo de Moisés*, destacamos o breve projeto da arca e seus detalhes simbólicos, relacionando-os às posteriores verdades reveladas na arca no Templo de Salomão:

1. Sua revelação (Êx 25.1-22)

A arca foi dada por revelação a Moisés no Monte Sinai. Em sua concepção, ela não é fruto da imaginação do homem. A arca originou-se no coração de Deus e no desejo dele de ter um lugar para habitar entre seu povo redimido.

2. Sua construção (Êx 37.1-9)

A arca foi feita pela sabedoria e a habilidade do Espírito de Deus, de acordo com o padrão divino dado a Moisés no monte.

3. Suas medidas

Em sua forma, a arca era como uma caixa retangular ou uma arca com uma tampa. Suas medidas eram de dois côvados e meio de comprimento, um côvado e meio de largura e um côvado e meio de altura.

O significado dessas medidas é o mesmo da grade do altar de bronze do Tabernáculo de Moisés (sacrifício de sangue), da Mesa dos pães da Presença (comunhão), do trono de misericórdia aspergido pelo sangue da arca da aliança (expiação, propiciação, reconciliação) que possuíam a mesma altura.

Assim, Cristo é o nosso Salvador sacrificial, nosso pão da comunhão e nosso trono de misericórdia aspergido com sangue. Tudo isso está conectado na pessoa de Jesus Cristo. Somente quando somos redimidos pelo sacrifício de sangue, é que podemos ter comunhão à luz de sua Presença e de sua misericórdia.

4. Seus materiais

A arca era de madeira de acácia revestida com ouro por dentro e por fora. A madeira fala de sua humanidade incorruptível e o ouro fala da sua divindade. Dois materiais, mas uma arca; duas naturezas, porém, uma pessoa, o Deus-Homem.

Esse foi o único artigo do Tabernáculo de Moisés colocado no Templo. A madeira de acácia lembrava Israel de suas jornadas do deserto por cerca de 40 anos e sua entrada na terra da promessa onde o Reino foi estabelecido, simbolizado no Templo pela madeira de cedro.

5. Seu conteúdo

Havia quatro artigos pertencentes à arca, três dos quais estavam dentro dela, e um colocado ao seu lado, embora não seja especificado claramente como foi colocado. Esses artigos eram:

> *As Tábuas da Lei* (Êx 25.16-17; Dt 10.5; 31.26) – Essas tábuas eram símbolo da lei do Pai, a fonte de toda ordem, autoridade e governo. Por essas leis, a nação era governada e protegida moral, social e espiritualmente, enquanto eles as guardassem. Isso também aponta para o fato de que a Lei do Pai estava no coração de Cristo que foi o único homem que guardou tais leis de forma perfeita (Sl 40.8; Hb 10.7). O Pai é o doador da Lei.
>
> *O pote de ouro com maná* (Êx 16; Hb 9.4; Jo 6; Ap 2.17) – O maná era o símbolo do abençoado Filho de Deus, o pão celestial de Deus, sem o qual todos os homens morrerão.
>
> *A vara de Arão que floresceu* (Nm 17.10; Hb 9.4) – A vara nos fala do Espírito Santo, que é o único doador da vida, selando o sacerdócio do Senhor Jesus Cristo pela vida ressurrecta e poder. Assim como a vara florescendo confirmou o sacerdócio ungido e designado de Arão através da manifestação da vida, o mesmo ocorreu pela ressurreição de Jesus Cristo.
>
> *O livro da aliança* (Dt 31.26; 1 Rs 22) – O livro da aliança foi colocado ao lado da arca, embora não seja claramente especificada a sua posição. Contudo, isso nos fala da Bíblia, o livro que trata dos relacionamentos de aliança de Deus.

Assim, temos quatro artigos específicos relativos à arca da aliança. Por outro lado, podemos ver todos esses artigos da arca falando do que é cumprido "em Cristo".

Cristo é *o caminho* (a Lei de Deus), *a verdade* (o pão de Deus), e *a vida* (a vara de Deus – Jo 14.1,6). Tudo encontra cumprimento pessoalmente em Cristo.

Cristo é também a *nova* aliança de Deus (a Palavra viva, a Bíblia viva) personificada (Is 42.1-8; 49.6-8).

A arca envolvia os três aspectos da Lei de Deus, isto é, a lei moral nos Dez Mandamentos, a lei civil no livro da Lei, e a lei cerimonial envolvida no sangue sacrificial no trono de misericórdia (propiciatório). A Lei foi dada através de Moisés, mas a graça e a verdade vieram por meio de Jesus Cristo (Jo 1.17; Is 42.21).

6. Seus nomes

A arca era conhecida por vários nomes e designações, cada um deles trazendo um diferente aspecto da verdade que o Senhor queria imprimir sobre Israel, seu povo. Ela era chamada de:

- A arca do testemunho (Êx 25.22 – ARA).
- A arca da aliança do Senhor (Nm 10.33 – NVI).
- A arca do Senhor Deus (1 Rs 2.26 – ARA).
- A arca do Senhor, o soberano de toda a terra (Js 3.13 – NVI/ARA).
- A arca de Deus (1 Sm 3.3 – NVI).
- A arca sagrada (2 Cr 35.3 – NVI).
- A arca de tua fortaleza (Sl 132.8 – ARA).
- A arca da aliança de Deus (Jz 20.27 – ARA).
- A arca da aliança (Js 3.6 – NVI).
- A arca do Senhor (Js 4.1 – NVI).
- A arca do Deus de Israel (1 Sm 5.7 – NVI).
- A arca de madeira de acácia (Êx 25.10 – NVI).

7. Sua moldura

A arca tinha uma moldura (coroa) de ouro ao redor de sua parte superior. Sem dúvida, isso também servia como um apoio para a tampa da arca chamada de trono de misericórdia. A coroa fala do reinado de Cristo. O Lugar Santíssimo era realmente o trono de Deus para a nação de Israel. Ele é o Rei dos reis e Senhor dos senhores. Ele é o Rei dos judeus. O Evangelho de Mateus revela-o como Rei em seu reino (Mt 2.2). Ele é também o rei-sacerdote eternamente (Sl 110.1,2; Hb 7.1-12; Sl 2.6).

8. Seu transporte

Para o transporte da arca, havia quatro anéis de ouro em seus quatro cantos. Esses deveriam ter estacas de madeira de acácia revestidas com ouro e eram usados para transportar a arca nas jornadas do deserto para a terra prometida.

Essas varas nunca foram tiradas da arca, até sua entrada no Templo. A arca era carregada nos ombros dos sacerdotes durante os dias do deserto.

Contudo, uma vez que a arca foi levada para o Templo do Senhor, as varas foram removidas. Suas jornadas haviam terminado. As varas foram colocadas em tal posição que os sacerdotes pudessem ver suas extremidades, não os deixando se esquecer do seu passado como peregrinos e das promessas de Deus agora cumpridas na terra do descanso (1 Rs 8.8; 1 Cr 15.15).

9. Sua cobertura

Em seu transporte nos dias de jornadas e peregrinações do deserto, a arca foi sempre oculta dos olhos humanos com o véu, couro e um tecido azul. Simbolicamente nós podemos ver nessas coberturas:

O véu – simbolizando a humanidade do Filho, o véu de aua carne partido no Calvário (Nm 4.5,6; Hb 10.19-21).

Peles de animais marinhos (couro) – simbolizando Deus-Pai, que está sobre tudo e todos.

O tecido azul – simbolizando o Espírito Santo e a autoridade celestial.

Relacionando-os ao próprio Cristo, podemos dizer que esses três artigos de cobertura falam da humanidade do Filho (o véu), a submissão do Filho à autoridade (o azul), e enquanto estava no Calvário, não havia nele beleza que pudéssemos desejar (as peles de couro). Somente aqueles que tinham a revelação de quem Cristo realmente era, enxergaram sua beleza como o Deus da aliança, mas os olhos irregenerados não podiam ver coisa alguma, pois os homens andavam segundo a carne e, assim, perderam a oportunidade de ver o Cristo de Deus em sua jornada terrena.

10. Seu trono de misericórdia

A cobertura ou a tampa da arca era o trono de misericórdia com a magnificência dos querubins em cada extremidade e o Trono entre eles. Tudo isso foi confeccionado de uma única peça de ouro puro. Esse trono funcionava como uma tampa e era ajustado na moldura da arca da aliança.

O trono de misericórdia e os querubins protegendo o trono aspergido com sangue foram confeccionados de uma única peça de ouro. Essa trindade torna-se uma magnífica representação simbólica da divindade com o Pai, o Filho e o Espírito Santo:

Um querubim – simbolizando o Pai.

O trono de misericórdia – simbolizando o Filho; aspergido com sangue, nossa propiciação (do grego *hilasterion*, trono de misericórdia (Rm 3.25).

O outro querubim – simbolizando o Espírito Santo.

Da mesma forma que as faces dos querubins estavam uma diante da outra, mas olhando em direção ao trono de misericórdia e sangue, assim, o Pai e o Espírito Santo estão, um ao lado do outro, olhando com satisfação para o sangue sacrificial de Jesus Cristo no Calvário. "Quando eu vir o sangue passarei sobre vocês" (Êx 12).

No Templo, havia dois grandes querubins adicionais feitos de madeira de oliveira e revestidos com ouro e colocados no Oráculo Santo, observando a arca da aliança. Portanto, o tratamento do tema dos querubins será coberto mais detalhadamente num capítulo posterior.

O nome do Senhor

Um estudo dessas passagens revela que a arca da aliança era o artigo da mobília sobre o qual *o nome do Senhor* habitava. Esse é o lugar onde o redentivo nome habitava. Aqui entre os querubins, a glória-presença de Deus, foi manifestada (2 Sm 6.1,2; 2 Cr 5.14; 13.6).

De um capítulo anterior, nos lembramos de que o propósito da edificação do Templo era para que Deus tivesse um lugar onde seu nome pudesse habitar, onde seu nome pudesse ser feito conhecido para todas as nações. O nome do Senhor em revelação redentora é visto no Antigo Testamento compondo os redentores nomes de Jeová. Tudo encontra seu pleno cumprimento no nome redentor da nova aliança composto pelo Senhor Jesus Cristo.

Esse é o principal nome composto redentor já revelado nessa dispensação e nas dispensações por vir, pois ele compreende no nome trino todos os nomes redentores de Deus no Antigo Testamento (At 2.34-37; Ef 1,19-23).

A história da Arca de Deus

Não dúvida alguma de que a história da arca prefigurava a história do Senhor Jesus Cristo. A história dessa arca é de fato a história de Jesus! Tudo o que a arca era para Israel, Cristo é para sua Igreja.

O leitor suportará alguma repetição, enquanto resumimos tanto quanto possível a história da arca do Senhor. Contudo, devemos nos lembrar de que há mais detalhes sobre a arca do Senhor do que sobre qualquer outro artigo da mobília, pois a arca do Senhor para Israel representa seu trono, sua Presença, sua glória entre seu povo.

Em nossa breve exposição, vamos nos esforçar para levantar todos os pontos que indicam que Cristo é a personificação da arca da aliança:

1. A arca foi feita de acordo com o modelo pela capacitação do Espírito de Deus em sabedoria (Êx 35.31; 36.2; 25.10-22). Isso era profético da encarnação de Cristo.
2. A arca era feita pela sabedoria e pelo Espírito de Deus. Assim, Cristo foi concebido do Espírito na sabedoria de Deus (Mt 1.18-21; Lc 1.30-33).
3. Ela era a arca do testemunho (Êx 26.33,34; 30.6). Cristo é o testemunho de Deus à humanidade.
4. A arca do testemunho foi ungida com óleo santo (Êx 30.26). Cristo é o ungido de Deus.
5. A arca nunca foi exposta aos olhos humanos nas jornadas do deserto (Nm 4.44,45). Em sua caminhada terrena, Cristo nunca foi visto na plenitude de sua glória pelos olhos humanos irregenerados.
6. A voz de Deus era ouvida a partir da arca da aliança (Êx 25.22; Nm 7.89). Deus falou através de Cristo, que é o trono de misericórdia de Deus (Lv 16.2)
7. A arca era a arca da força dos israelitas (Sl 132.6-8). Cristo é a força de Deus para seu povo.
8. A arca foi colocada no Lugar Santíssimo. Deus colocou Jesus no Lugar Santíssimo do céu, além do véu (Êx 40.3-5, 20,21; 39.35; Hb 6.18-20).
9. A Arca tinha a lei, o maná, e a vara que floresceu dentro dela (Hb 9.4) Da mesma forma Cristo guardou a lei de Deus. Ele é o pão dos céus e ressuscitou (floresceu) da morte para a vida como eterno sumo sacerdote de Deus.
10. A arca tinha o livro da Lei ao seu lado (Dt 31.9,25,26). Assim, Cristo é a nova aliança de Deus disponível a toda a humanidade que se arrepende e crê.
11. A nuvem cobria a arca da aliança no Tabernáculo (Êx 40.34-38). Assim, a glória envolveu Jesus no Monte da Transfiguração (Mt 17.1-5). A voz falou de dentro da nuvem.
12. Quando, a arca entrou na cidade, houve júbilo e alegria. O mesmo ocorreu quando Cristo entrou na cidade, montado sobre um jumento (Mt 21.1-11; 2 Sm 6.12-18).
13. Aqueles que desprezaram a arca de Deus e as expressões de alegria foram castigados com esterilidade física (2 Sm 6.20-23; 1 Cr 15.29). A esterilidade espiritual vem para as igrejas que desprezam as manifestações do Espírito de Deus sobre seu povo por causa de sua Presença.
14. A arca esteve no Tabernáculo de Davi por muitos anos em meio à música contínua, cânticos e instrumentos com sacrifícios de louvor (1 Cr 16.4,37,42). Assim há cânticos no meio da igreja (Hb 2.12).
15. A arca foi levada ao cativeiro pelos gentios filisteus. Eles queriam saber o que fazer *para* a arca, e o que fazer *com* a arca (1 Sm 6.2; 5.8). Quando a arca foi levada, Israel fugiu derrotado (1 Sm 4.10).
Da mesma forma, os discípulos fugiram quando Cristo foi levado pelos gentios para a crucificação. Eles queriam saber o que fazer *para* Cristo e *com* Cristo (Mt 27.22; Lc 6.11).
16. A arca de Deus foi carregada através do Vale de Cedrom com o rejeitado Rei Davi (2 Sm 15.23,24). Desse modo, Cristo passou pelo ribeiro de Cedrom (Jo 18.1). Ele estava prestes a ser rejeitado e desprezado pelos homens.
17. A arca experimentou uma jornada de três dias buscando descanso para o povo de Deus. Nesse tempo, o Tabernáculo foi desmontado, e a glória se moveu, enquanto buscava descanso para Israel. Mas a glória retornou quando o Tabernáculo foi novamente levantado (Nm 10.33-36). Assim, Cristo foi retirado da cruz, e três dias mais tarde ressuscitou num corpo glorificado enquanto trazia descanso do pecado e de Satanás para a Igreja, o povo de Deus do Novo Testamento (Mt 12.38-40).
18. A arca guiou o povo pelo caminho do Jordão, o rio do juízo, 2.000 côvados à frente do povo de Israel, e manteve as águas divididas para que o povo atravessasse (Js 3.3-15). Assim, Cristo venceu as águas da morte cerca de 2.000 anos atrás, abrindo o caminho para que a Igreja o seguisse.

19. A arca era aspergida com sangue, no grande dia da expiação, quando o sumo sacerdote entrava além do véu (Lv 16). Assim Cristo é tanto o nosso sumo sacerdote quanto é aspergido pelo sangue do Calvário, entrando além do véu do santuário celestial (Hb 9,10; Rm 5.11).
20. A posição da Arca era "em meio" ao acampamento de Israel nos períodos de jornada, enquanto eles marchavam (Nm 2.17; 10.14-28). Cristo está sempre "em meio" ao seu povo quando eles se reúnem em seu nome (Mt 18.18-20).
21. A ousadia de lutar sem a arca de Deus significava derrota (Nm 14.44,45). Sem Cristo há derrota nas batalhas contra o reino de Satanás.
22. A arca significava bênção para Israel, mas juízo para os inimigos (1 Sm 4.1-22; 1 Sm 5; 2 Sm 6.11). Assim, o evangelho de Cristo é vida para aqueles que crêem e morte para aqueles que o rejeitam (2 Co 2.15,16).
23. A arca era o lugar onde o sumo sacerdote e as pessoas buscavam a orientação do Senhor (Js 21.1,2). Cristo é o oráculo de Deus, a pessoa que nós buscamos para conhecer a orientação de Deus, o Pai (1 Tm 2.5; Hb 7.26,27).
24. Nenhum deus falso podia permanecer de pé diante da arca do Deus verdadeiro (1 Sm 5.1-4). Da mesma forma, os falsos deuses dos homens e os demônios se prostrarão diante de sua glória (Jo 18.6; Fp 2.1-10).
25. Sete sacerdotes com sete trombetas precederam a arca quando a cidade de Jericó caiu. Na sétima vez, no sétimo dia, ao som da sétima trombeta, houve um grande grito, e a cidade desabou. O reino foi conquistado pelo Israel de Deus (Js 6; Hb 11.30). No Apocalipse, vemos sete anjos com sete trombetas. Ao som da sétima (e última) trombeta, os reinos do mundo se tornarão os reinos do nosso Deus e de seu Cristo. Ele virá com um grande sonido na última trombeta (1 Ts 4.16).
26. A arca é colocada "em meio" a dois grupos das tribos de Israel, uma no Monte Ebal, o monte da maldição; e a outra no Monte Gerizim, o monte da bênção (Js 8.30-35; Dt 11.29). Chegará o dia em que todas as nações estarão diante de Cristo. Aqueles à sua direita entrarão na bênção, e os à sua esquerda entrarão em maldição e juízo (Mt 25.32-46).
27. A arca finalmente foi removida do Tabernáculo de Davi e colocada no Templo de Salomão, seu lugar final de descanso (1 Rs 8). Portanto, isso nos leva ao pensamento final neste capítulo.

Em nossa visão geral da história da arca, vemos as verdades da encarnação de Cristo; sua unção, sua rejeição, sua humilhação na mão dos gentios e de Israel, sua ressurreição, ascensão, exaltação, glorificação e entronização à direita do Pai. A história da arca também mostra a posição de Cristo em meio ao seu povo, e nos leva à sua segunda vinda e ao juízo final para todas as nações.

Que tremendas verdades são vistas na revelação bíblica e na história da arca da aliança! Verdadeiramente, sua história é a história de Cristo!

O Tabernáculo de Moisés mostra a humilhação de Cristo, enquanto o Templo de Salomão fala mais a respeito da sua exaltação. Ambos, porém, ambos completam um ao outro na revelação simbólica.

A Arca de Deus no Templo de Deus

Havendo traçado um breve resumo da história da arca desde sua revelação e confecção, e suas jornadas no deserto em direção à terra de Canaã, vamos agora para o lugar de descanso final da arca, no Templo do Senhor.

O Templo foi realmente edificado para abrigar a arca de Deus. O rei Davi expressou esse peso que sentia por habitar numa casa de cedro enquanto a arca de Deus estava em uma tenda. E foi este cuidado pelo trono de Deus na terra que fez nascer nele o desejo de edificar uma casa para o Senhor. Esse desejo de Davi foi cumprido através do seu filho Salomão, que edificou o Templo de acordo com o padrão dado a Davi (1 Cr 28.1,2; 17.1-27; 2 Cr 6.41; 2 Sm 7.1-29).

O Senhor habitou numa tenda até esse tempo. O Templo seria o descanso de Deus.

Ao completar o Templo, Salomão foi ao Monte Sião, ao Tabernáculo de Davi, onde a arca de Deus tinha estado por trinta anos ou mais, para trazê-la para seu lugar de descanso (1 Rs 8.1-11). Do Monte Sião, ela foi levada ao Monte Moriá, ou do Tabernáculo de Davi para o Templo de Salomão.

No Templo, ela foi colocada no Lugar Santíssimo, o qual era chamado de "O Oráculo Santo", ou "O lugar onde Deus fala". O Oráculo Santo era "o seu lugar" (2 Cr 6.7).

É significativo que a arca tenha sido o primeiro artigo feito para o Tabernáculo, mas fosse a última peça a entrar no Templo. Cristo é também "o primeiro e último", o início e o fim, o alfa e ômega (Gn 1.1; Ap 22.21). No livro está escrito a seu respeito (Sl 40.7,8; Hb 10.5-8).

1. O conteúdo da Arca (1 Rs 8.9; 2 Cr 5.10)

Quando a arca foi colocada no Templo, seu único conteúdo era as duas tábuas da Lei de Deus. O pote de ouro de maná tinha sido removido. A vara de Arão que floresceu, também. Somente a lei de Deus permaneceu.

Talvez o significado disso possa ser visto nas seguintes considerações: O maná era o resultado das murmurações de Israel nos dias do deserto. O maná também foi uma comida do deserto. Quando Israel entrou na terra de Canaã, eles partilharam do fruto da terra (Js 5.12). Isso parece também ter um significado profético no livro do Apocalipse. Ali o vencedor recebe a promessa de comer do maná escondido (Ap 2.17). O maná escondido fala da vida eterna. Isso corresponde à árvore da vida eterna, a qual será restaurada para aqueles que são redimidos (Ap 22.1-4).

A vara de Arão que floresceu também foi resultado das murmurações de Israel no deserto. Deus confirmou o sacerdócio de Arão através do sinal da vara florescendo. Arão foi o sumo sacerdote dos dias do deserto. Desde que Israel entrou em Canaã, Eliazar foi o sumo sacerdote no primeiro momento. Nos tempos da nova aliança, Cristo é o nosso eterno e grande sumo sacerdote, não tendo sucessor algum em Seu ministério. Ele vive no poder de uma vida sem fins segundo a ordem de Melquisedeque. Assim, não há necessidade da vara que floresceu para todos que entram no reino eterno de Deus. O sacerdócio de Cristo está para sempre firmado, devido à sua ressurreição e à ascensão ao céu.

A lei permanece. A lei de Deus é eterna, espiritual, santa, justa e boa. A lei do Senhor é perfeita. É a lei eterna de amor e obediência amorosa. Seres angelicais ou a humanidade redimida viverão eternamente de acordo com a santa lei de Deus. Todos conservarão a lei do amor; amor a Deus e amor um pelo outro. Todas as outras leis são cumpridas na lei do amor. O egoísmo é a falta da lei. Naquele dia, todos conhecerão a lei do Senhor e a conservarão no coração perfeitamente, assim como Cristo fez (Hb 8.10-12; Sl 40.8; Hb 10.7; Dt 10.5; 31.26).

2. A remoção das varas (1 Rs 8.1-11; 2 Cr 5. 1-10)

As varas nunca foram removidas enquanto a Arca esteve no Tabernáculo no deserto, ou nos períodos das jornadas (Êx 25.15). Isso nos fala do fato do que não havia uma tenda permanente, enquanto peregrinando pelo deserto. Esse era um o período das peregrinações. Cristo, como Filho do homem, não tinha onde reclinar Sua cabeça em Sua jornada terrena. O Templo seria o lugar de descanso. Assim Cristo entrou no Santuário Celestial, o Templo celestial, e encontrou descanso de Sua obra consumada da expiação. Esse descanso é para o crente, agora não mais numa terra, e sim numa Pessoa (Mt 11.28-30).

O salmista fala da Arca entrando no descanso do Templo de Deus (Sl 132.8; leia também essas Escrituras relativas à Arca de Deus no Templo santo: 1 Rs 3.15; 6.19; 1 Cr 6.31; 13.3-14; 15. 1-29; 16.1-6,37; 17.1; 22.19; 28.2,18; 2 Cr 1.4; 5.1-10; 6.11,41; 8.11; 35.3; Hb 9.4).

O estágio da tenda foi um símbolo da peregrinação do povo de Deus. Eles viviam em tendas nas jornadas do deserto. Agora, em Canaã, casas substituíram as tendas. A permanência tomou lugar sobre as jornadas.

O estágio do Templo fala de descanso, permanência e vitória sobre todos os inimigos. O Templo é o lugar de descanso de Deus, Seu lugar de habitação entre o Israel redimido. Tal é a verdade simbolizada na remoção das estacas da Arca do Senhor.

A sala do Trono do Senhor

Já vimos que o Lugar Santíssimo, tanto no Tabernáculo quanto no Templo, era quadrangular em suas medidas. Essa sala quadrangular é simbolizada na própria sala do trono de Deus entre seu povo.

Isso aponta, como todos as figuras quadrangulares, tanto no Tabernáculo quanto no Templo, para a suprema figura quadrangular do Apocalipse, a quadrangular cidade de Deus. João viu a santa cidade, a Nova Jerusalém vinda do céu como uma noiva adornada para seu marido. A cidade era quadrangular. Suas ruas eram de ouro. Nela estava o trono de Deus e do Cordeiro (Ap 21, 22).

Nessa cidade não haverá véu. Todos os redimidos terão acesso junto a Deus, como reis e sacerdotes.

Conclusão

Ao encerrar este capítulo é adequado observar a própria menção final da arca de Deus tanto no Antigo quanto no Novo Testamento.

No Antigo Testamento, a menção final da arca é encontrada em Jeremias 3.16. Ali, o Senhor disse a Israel que chegaria o tempo em que eles não mais se lembrariam da arca, não falariam sobre a arca do Senhor, nem mesmo pensariam nela. Essa era uma profecia extraordinária, já que a arca era a mais importante peça de mobília de toda a história da nação, para o Tabernáculo de Moisés, o Tabernáculo de Davi e o Templo de Salomão.

Naquele tempo, eles buscariam o Senhor e o seu trono em Jerusalém. Isso é, o eterno trono da eterna Jerusalém, não coisas terrenas que já teriam passado.

A menção final da arca no Novo Testamento é encontrada em Apocalipse 11.19. Ali, João vê o Templo celestial aberto e a arca de Deus enviando trovões da atividade divina para a terra. Essa é a eterna arca ou trono de Deus. A arca da terra é apenas uma sombra passageira da arca eterna. Essa é a arca, ou o trono de Deus, à qual os crentes se reunirão ao redor nas eras por vir, por toda a eternidade em adoração a Deus, o Pai e ao Cordeiro redentor, seu Filho.

O contraste entre o Tabernáculo de Moisés, o de Davi e o Templo de Salomão é significativo também:

Tabernáculo de Moisés	Tabernáculo de Davi	Templo de Salomão
Pátio	Nenhum Pátio Externo	Pátios Interno e Externo
Altar de bronze	Nenhum altar de bronze	O grande altar de bronze
Bacia de bronze	Nenhuma bacia de bronze	Dez pias de bronze
Lugar Santo	Nenhum Lugar Santo	Lugar Santo
Um candelabro de ouro	Nenhum candelabro de ouro	Dez candelabros de ouro
Uma Mesa de pães da Presença	Nenhuma Mesa de pães da Presença	Dez Mesas de pães da Presença
Um altar de incenso	Nenhum altar de incenso	Um altar de incenso
Lugar Santíssimo	Lugar Santíssimo	O Oráculo Santo
O véu	Nenhum véu	As portas e o véu
Arca da aliança	Arca da aliança	Arca da aliança
		Dois querubins de madeira de oliveira
Adoração silenciosa	Cantores e músicos	Cantores e músicos

Ao revelar-se a seu povo, Deus se move de maneira progressiva. Assim foi a história de Israel e assim é a história da Igreja. A vida eterna é conhecer a Deus e a Jesus Cristo, a quem Ele enviou. Por toda a eternidade, Deus estará desvendando e revelando a si mesmo para seus redimidos, enquanto nos movemos de “glória em glória”.

CAPÍTULO 32

OS DOIS GRANDES QUERUBINS DE OLIVEIRA

Uma das obras mais maravilhosas no Templo eram os dois grandes querubins colocados no Oráculo Santo, ou Lugar Santíssimo, protegendo a arca da aliança. Os detalhes dados por revelação ao rei Davi podem ser encontrados em 1 Crônicas 28.18; 1 Reis 6.23-28 e 2 Crônicas 3.10-13; 5.7-8.

Os expositores têm interpretações variadas sobre quem os querubins representam. Existem três formas pelas quais os querubins são vistos:

1. Alguns sugerem que os querubins representam os anjos que são espíritos ministradores enviados a favor daqueles que irão herdar a salvação (Hb 1.13,14).
Ezequiel fala do querubim protegendo o trono de Deus (Ez 28). Ele foi chamado também de querubim da guarda ungido (ARA; querubim guardião – NVI). Então, o mistério da iniqüidade começou e ele foi lançado fora da imediata presença de Deus (Ez 28.12-19). A maioria dos expositores entende que esse texto fala também de Satanás, o príncipe caído e arcanjo do trono de Deus antes de sua queda. Em conseqüência, eles interpretam que esses querubins do Templo seriam representativos de seres angelicais.
2. Alguns sugerem que os querubins representam os redimidos da humanidade, especialmente os querubins e os seres viventes mencionados em Ezequiel, capítulo 1 e Apocalipse 4.
3. Outros dão a entender que os querubins representam as pessoas divinas da Trindade.

Para este autor, parece haver facetas da verdade em cada uma dessas opiniões. Contudo, a ênfase neste capítulo segue a interpretação de que a maioria das referências aos querubins está relacionada mais diretamente à divindade.

O grande tema bíblico dos "*querubins*" e sua revelação progressiva parecem confirmar esse pensamento desenvolvido aqui.

Primeiramente, consideraremos os detalhes com relação aos dois grandes querubins de oliveira e as verdades simbolizadas neles.

Os dois grandes querubins de oliveira

1. Feitos de madeira de oliveira

Os dois grandes querubins foram feitos de madeira de oliveira. A madeira de oliveira vem da árvore do azeite, a fonte do óleo da unção. As duas testemunhas em Zacarias e Apocalipse são vinculadas às oliveiras. Nelas, está a plenitude da unção do Espírito Santo, o azeite ungido. Essas duas oliveiras são chamadas de "os ungidos" (Zc 4; Ap 11.4).

O Pai e o Espírito Santo estão ligados na unção do Filho do Deus vivo. O Pai ungiu o Filho com o óleo do Espírito Santo que é a unção (Lc 4.18; At 10.38; Is 61.1-3; 1 Jo 2.20-27).

O azeite ungido é o crisma divino.

2. Dois grandes querubins

Os dois grandes querubins de oliveira falam do Pai e do Espírito Santo. Juntos, eles protegem a arca da aliança. Quão belo é ver esses dois grandes querubins de oliveira protegendo a pequena arca da aliança quando ela foi colocada no Oráculo, após as jornadas do deserto terem terminado.

Assim, o Pai e o Espírito Santo protegiam o abençoado Filho de Deus em toda a sua peregrinação terrena até a entrada no Templo celestial de Deus. Dois é também o número do testemunho. O Pai e o Espírito Santo testemunharam tudo o que o Filho era, tudo o que Ele disse e tudo o que Ele fez. O próprio Jesus reconheceu e recebeu o testemunho do Pai e do Espírito Santo em sua vida e no seu ministério.

3. Dez côvados de altura

Cada um dos grandes querubins de oliveira tinha 10 côvados de altura. Dez é o número da lei, da ordem divina e da responsabilidade. Tudo estava debaixo da Lei e da ordem perfeita no Oráculo. O Pai, o Filho e o Espírito Santo demonstram a ordem divina em sua essência.

4. As asas dos querubins

A largura e a altura eram as mesmas para os dois querubins, isto é, 10 côvados de altura e 10 côvados de largura. As asas dos querubins equivaliam a 20 côvados em sua largura total. As pontas das suas asas tocavam as paredes do Oráculo, e tocavam uma na outra sobre a arca. Cada asa tinha cinco côvados de largura.

A arca da aliança estava "em meio" a essas asas dos dois grandes querubins. Jesus Cristo é aquele que está "em meio" à divindade eterna (Mt 18.20).

Em Ezequiel 1 a 10, os querubins têm asas. Os seres viventes em Apocalipse 4 e 5 também têm asas. Em Ezequiel, eles têm quatro asas cada um. Em Apocalipse, cada um deles tinha seis asas.

Nas Escrituras, asas falam de vôo, segurança e proteção do pássaro. Elas representam as asas do Deus altíssimo para o seu próprio povo. O Senhor tirou Israel do Egito para si mesmo com asas como de águia (Êx 19.1-6). O Senhor relaciona a si mesmo com uma grande águia despertando sua ninhada para si (Dt 32.11).

Rute, a gentia, veio procurar refúgio debaixo das asas do Senhor (Rt 2.12). O salmista clama ao Senhor pela proteção debaixo de suas asas (Sl 17.8; 36.7; 57.1; 61.4; 63.7; 91.4).

Jesus clamou a seu povo para que viesse e se abrigasse debaixo de suas asas, mas eles não quiseram (Mt 23.37; Lc 13.34).

À Igreja são dadas duas asas de uma grande águia para voar a seu lugar de segurança diante do Senhor em tempos de tribulação e perseguição do grande dragão vermelho (Ap 12.14).

No Tabernáculo de Moisés, os sacerdotes caminharam e ministraram debaixo da sombra das asas dos querubins entrelaçados nas cortinas e na cobertura de linho. No Templo de Salomão, os sacerdotes também caminharam e ministraram sob a sombra das asas dos querubins esculpidos nas paredes do Templo. Tudo isso fala de segurança, proteção, e abrigo do Senhor, nosso Deus. O profeta Malaquias disse que o sol da justiça se levantará trazendo cura em suas asas (Ml 4.2 – NVI).

5. Uma única medida e tamanho

Os dois grandes querubins de oliveira tinham uma única medida e tamanho. Isso fala simbolicamente da unidade do Pai e do Espírito Santo. Pai e Espírito Santo iguais, ambos eternos, trabalhando juntos num único plano, com uma única mente, uma vontade; distintos, mas indivisíveis como pessoas da eterna Trindade.

6. Revestidos com ouro

Os dois grandes querubins de oliveira eram revestidos com ouro. Isso contrasta com os dois querubins no trono de misericórdia da arca da aliança que foram confeccionados de uma única peça de ouro puro. Aqui, os dois grandes querubins são de madeira de oliveira e revestidos com ouro puro.

Na arca da aliança, a verdade da trindade é vista devido aos dois querubins e ao trono de misericórdia, confeccionados de uma única peça de ouro puro. Aqui, a distinção entre o Pai, o Espírito e o Filho é vista nos dois querubins de oliveira e na humilde arca da aliança.

Os dois querubins falam das duas pessoas da divindade, o Pai e o Espírito. A oliveira fala do ministério do Pai e do Espírito com relação à unção. O ungidor e a unção são revelados no Pai e no Espírito. O ouro fala da deidade, da natureza divina, do caráter e da justiça do Pai e do Espírito.

Nessa cena simbólica, a arca da aliança fala da plenitude da divindade manifestada no Filho de Deus em sua humanidade (Cl 1.19; 2.9; Rm 1.20).

7. Os pés dos querubins

Os querubins permaneciam em pé. Isso fala do fato de que Deus caminha em meio de Seu povo e fala com seu povo. Ele prometeu caminhar conosco, caminhar em nós, assim como caminhar diante de nós (2 Co 6.16-18).

8. Feitos de forma móvel

Em 2 Crônicas 3.10 e 1 Crônicas 28.18, vemos que os querubins eram na forma móvel (na forma de andantes – ARC). A palavra hebraica *tsaatsuim* significa obra móvel (2 Cr 3.10).

1 Crônicas 28.18 menciona os "carros dos querubins". A palavra hebraica *merkabah* significa "carruagem" (BLH; carro – NVI, ARA, ARC).

Então, o conceito aqui é que havia os carros dos querubins com rodas de carruagem como aqueles das dez pias de bronze no Pátio dos sacerdotes (1 Rs 7.33).

Davi disse: "Montou sobre um querubim e voou" (2 Sm 22.11).

Elias foi levado ao céu de maneira sobrenatural em carros do Senhor, carros de fogo (2 Rs 2.11, 12; 6.17).

O salmista fala dos carros de Deus que são incontáveis (Sl 68.17). Os querubins, na versão de Ezequiel, são envolvidos num transporte divino do trono de Deus. Esse transporte era como de "uma roda dentro da outra" (ARA). Onde quer que o Espírito fosse, o espírito dos seres viventes também iam. Havia uma grande unidade de movimento e direção ali. Essas rodas dentro das outras parecem ser o carro do trono do Senhor da visão de Ezequiel (Ez 1)

O Senhor caminha com o seu povo e, no final, o transportará para a glória.

9. Os rostos dos querubins

Os rostos dos querubins estavam voltados para o Lugar Santo (2 Cr 3.13). A casa estava virada para o oriente.

Em Ezequiel, os seres viventes também tinham asas, pés, rostos e rodas de uma carruagem.

Na arca da aliança, os querubins tinham o rosto frente a frente, contudo observando o trono de misericórdia, aspergido com sangue. Eles olhavam o sangue redentor com satisfação, mas com misericórdia.

No Templo, os querubins olhavam em direção à casa, em direção ao oriente. Eles contemplavam os sacerdotes ministrando no Lugar Santo e em suas ministrações diárias. Eles olhavam para as portas e para o véu bordado. E, juntos, protegiam a humilde arca da aliança.

Assim, o Pai e o Espírito Santo olham a casa, "e esta casa somos nós" (Hb 3.1-6). A divindade observa enquanto os crentes sacerdotes ministram diariamente, mantêm comunhão à mesa, caminham à luz das lâmpadas e oferecem o incenso diário no altar de ouro.

As Escrituras falam de Caim sendo lançado da face do Senhor porque era mentiroso, assassino e por ter rejeitado o sangue do Cordeiro (Gn 4). Aqueles que são redimidos pelo sangue do Cordeiro verão eternamente "sua face", e seu nome estará em suas frontes (Ap 22.4).

O pão da mesa do Senhor era conhecido como "o pão de sua face", ou "o pão das faces" (Êx 25.30 – texto hebraico). Na vinda de Cristo, deveremos vê-lo face a face, e não obscuramente.

10. O Lugar Santíssimo

Os dois grandes querubins de oliveira foram colocados dentro do Oráculo Santo, ou Lugar Santíssimo. Este lugar, como já observamos, era quadrangular. O chão era revestido com ouro e a própria glória Shekinah encheu esse lugar.

De uma forma plena, isso aponta para a quadrangular cidade de Deus, com suas ruas de ouro, e essa cidade está cheia da glória-luz e da Presença da eterna divindade (Ap 21,22).

A PROGRESSIVA REVELAÇÃO DOS QUERUBINS

Um estudo do tema bíblico dos querubins traz a revelação divinamente progressiva dos mesmos. Isso parece confirmar que os querubins são relacionados mais especificamente as pessoas da divindade, mais do que à humanidade redimida ou às hostes angelicais. Contudo, essa declaração não invalida tais idéias.

Nós seguimos o tema dos querubins nas Escrituras de acordo com o aspecto da Trindade, isto é, que os dois grandes querubins representam o Pai e o Espírito Santo em conexão com a obra redentora do Filho, nosso Senhor Jesus Cristo. Nós apenas relatamos os pontos de maneira breve.

1. Os querubins e a espada flamejante (Gn 3.21-24)

No jardim do Éden, após a queda do homem, vemos os querubins e a espada flamejante colocados (literalmente "tabernaculando", habitando) na porta do Éden, do lado oriental. Os querubins e a espada flamejante guardavam o caminho para a árvore da vida eterna.

Os querubins representam o Pai e o Espírito. A espada flamejante representa a Palavra de Deus. O Tabernáculo de Moisés e o Templo de Salomão são representados potencialmente aqui.

Isso significava a morte para quem passasse pela espada para tentar acessar a árvore da vida. Jesus teve de passar pela morte do Calvário, e Ele oferece a árvore da vida para aquele que vencer e guardar os mandamentos do Senhor (Ap 2.1-6; 22.14).

2. Os querubins e o véu (Êx 26.31; 36.35; Hb 10.19-20)

Como é visto no véu, tanto do Tabernáculo quanto do Templo, os querubins estão bordados no próprio material de linho fino com suas respectivas cores. O véu era um divisor que, ao esconder a glória de Deus em sua parte interna, mantinha do homem separado de Deus.

Novamente, vemos os querubins bordados representando o Pai e o Espírito, juntamente com o Filho, envolvidos no plano da redenção. Assim como Jesus morreu na cruz, e o véu da sua carne foi partido, também o véu do Templo terreno foi partido de alto a baixo. O caminho para o Lugar Santíssimo é agora aberto para todos aqueles que entram através do corpo e do sangue de Jesus.

A glória Shekinah brilhou através do véu de sua carne no Monte da Transfiguração (Mt 17.1-9).

3. Os querubins e o trono de misericórdia (Êx 25.18-22; 37.7-9; Hb 9.5)

Aqui, na arca da aliança, vemos os dois querubins, um querubim de cada lado do trono de misericórdia, contudo confeccionados com a mesma peça de ouro. O sangue é aspergido sobre o trono de misericórdia.

O Pai e o Espírito são um com o Filho na obra redentora. Os anjos não podem tomar parte da obra da redenção. Eles são apenas espíritos ministradores. O Pai e o Espírito olham com satisfação o sangue de Jesus derramado por nossa redenção.

Aqui, temos a magnífica revelação da trindade da divindade, o Pai, o Filho e o Espírito Santo, como já vistos no capítulo da arca da aliança.

4. Os querubins e a voz (Nm 7.89)

Dentre os querubins e o trono aspergido de sangue, o sumo sacerdote ouvia a voz audível de Deus. O Senhor falou a Israel através do seu sumo sacerdote com base no sangue da expiação.

Assim, todas as comunicações de Deus para a humanidade hoje podem vir apenas através do sangue da expiação, por meio do sangue de Jesus. De qualquer outra maneira, há um juízo divino, não misericórdia. Deus fala através da glória da obra redentora de seu Filho.

5. Os querubins e as cortinas (Êx 26.1; 36.8)

No Tabernáculo de Moisés, as cortinas e coberturas de linho eram bordadas com os querubins e suas asas. Sacerdotes caminhavam e ministravam debaixo da sombra de suas asas. Estas eram a sua cobertura, sua proteção: as asas do Altíssimo (Sl 91.1,2; Êx 19.1-6; Ap 12.6).

Assim, como já vimos, o crente está sob a sombra e a proteção das asas do Altíssimo. Sob suas asas, podemos habitar seguros.

6. Os querubins e a habitação de Deus (1 Sm 4.4; 2 Sm 6.2; Sl 80.1)

A real presença do Senhor, sua perfeita glória, habitava entre os dois querubins da arca da aliança. Esse era o esconderijo do Altíssimo (Sl 91.1,2). Assim, a plenitude da divindade habita em Cristo. A plenitude da divindade está manifestada corporalmente nele (Cl 1.19; 2.9).

7. Os querubins e o pastor (Sl 80.1; Jo 10; Hb 13.20,21; 1 Pe 5.1-5)

O salmista orou para que o pastor de Israel, que habita entre os querubins, resplandecesse. Ele orou para que houvesse uma manifestação de sua glória e que Ele visitasse a vinha que trouxe do Egito.

Certamente, nós vemos aqui o Senhor Jesus Cristo como o pastor de Israel. Ele resplandeceu na encarnação para a videira de Israel. Ele é o único que leva seu rebanho como um pastor. Ele é o bom pastor, o grande e principal pastor. Ele habita na eterna divindade, tendo dado sua vida por suas ovelhas.

Nós observamos que a revelação central sempre se relaciona com a pessoa central da divindade, o eterno Filho de Deus.

Ele é o pastor. Ele passou pela espada do Calvário. Ele derramou seu sangue. Sua carne-véu foi rasgada para abrir um caminho até a presença de Deus. Ele deu a vida por suas ovelhas. Seu sangue é a evidência da morte, de que Ele passou pela espada. Este é o sangue da aliança eterna.

8. Os querubins e os nomes redentores (2 Sm 6.2; Is 37.16)

Sobre a arca da aliança, estava o próprio nome do Senhor. Ali se encontrava o nome redentor. O Senhor Jeová dos exércitos, o Elohim (Deus) de Israel habitando entre os querubins. Esse é o redentor nome de Deus. Seu nome era clamado ou invocado sobre a arca da aliança. Esse é um nome redentor de aliança.

Assim, no nome do Senhor Jesus Cristo nós temos o mais abrangente nome redentor de aliança já revelado. É o nome da eterna divindade. É o trino nome do trino Deus (At 2.36).

O nome do Pai, do Filho e do Espírito Santo está contido no nome do Senhor Jesus Cristo. Interpretando o nome, interpretamos as pessoas por trás desse glorioso nome. É o maior nome já revelado, tanto neste mundo como no vindouro.

9. Os querubins e o rei (Sl 99.1)

O salmista diz: "O Senhor reina! Ele está sentado entre os querubins". No Salmo 80.1, vimos o pastor. Aqui, vemos o rei. Cristo é tanto pastor quanto rei, mas primeiramente é o pastor, e, depois, o rei. Ao ser rejeitado e humilhado, Ele foi o pastor. Em sua exaltação e entronização, Ele é o rei. Nós meditamos em muitos salmos reais (Sl 72.24; 110; Zc 6.12,13).

Ele é o rei-sacerdote sobre seu trono, pois os dois ofícios agora estão unidos em sua única pessoa. Ele não está apenas assentado entre os querubins, mas está assentado no trono da eterna divindade (Ap 22.1-2).

10. Os querubins e o Trono (Ezequiel 1; 9.3; 10; 11.22)

Na visão, temos os quatro rostos dos querubins. Eles representam os quatro estandartes sob os quais as doze tribos de Israel se juntavam. Havia o rosto do homem, do leão, do boi e da águia. O homem é o rei da criação. O leão é o rei das feras. O boi é o rei dos animais domésticos. A águia é a rainha das aves.

Tudo isso simboliza, primeiramente, a Cristo, e, depois, aos crentes.

No meio dos quatro querubins estava o *Homem* no trono. Isso nos fala de Cristo, o Deus-Homem no trono do Senhor, habitando entre o Pai e o Espírito Santo.

11. Os querubins e o transporte (Sl 18.10; 2 Sm 22.11)

O Senhor cavalgava sobre os querubins e, depois, voou. Isso simboliza o transporte divino, conforme vimos anteriormente. O Senhor se compara a uma grande águia. Ele levou Israel a aninharse em Gósen, e então estendeu suas asas sobre eles e, como águia, os gerou para si mesmo (Êx 19.1-6). Elias experimentou essas "asas de águia" ao ser transportado para o céu, assim como aconteceu com Filipe em Atos. Da mesma forma, os santos serão sobrenaturalmente transportados da terra para os novos céus e nova terra no devido tempo.

12. Os querubins e o oráculo do Templo

A menção dos querubins no Templo é bastante ressaltada. Eis algumas passagens que falam disso: (1 Rs 6.23-25; 7.29, 36; 8.6-9; 2 Cr 3.10-13; 5.7,8; 1 Cr 13.6; Hb 9.5).

Aqui, temos a revelação final dos querubins do Antigo Testamento. Os dois grandes querubins de oliveira foram colocados no Lugar Santíssimo, protegendo a arca da aliança.

Além dos dois grandes querubins, encontramos os querubins nas gravações das paredes do Templo, sobre as pias de bronze.

No Templo de Ezequiel, vemos querubins gravados nas paredes, junto com a face do homem, a face do leão e as palmeiras (Ez 41.18-25).

João 14-17 nos revela claramente a divindade.

Nos dois querubins de oliveira e na arca, encontramos uma das mais ricas simbolizações da obra da divindade.

No Tabernáculo de Moisés, vemos a arca da aliança guardada pelos querubins, simbolizando o Senhor Jesus Cristo, em quem a plenitude da divindade habita corporalmente (Jo 3.33,34; Jo 14.1-10; Cl 1.19; 2.9). Isso fala da caminhada terrena de Cristo.

No Templo, percebemos os dois querubins de oliveira representando o Pai e o Espírito protegendo a arca, o Filho de Deus em sua perfeita humanidade. Isso fala do ministério celestial de Cristo.

Ambos apresentam diferentes aspectos da verdade com respeito à divindade do Senhor Jesus Cristo. Um representa o que é terreno; o outro, o que é celestial. Um é o ministério de Cristo na terra; o outro representa o ministério de Cristo nos céus.

A glória de Deus é vista sobre a arca, assim como é vista na face de Jesus Cristo. Ele é o nosso sumo sacerdote, nosso sacrifício, nosso redentor, nossa aliança, nosso Deus-Homem. Ele vive no poder de uma vida eterna, intercedendo por nós.

Resumo

Verdadeiramente, a progressiva revelação dos querubins demonstra a glória da divindade no plano da redenção. O Pai e o Espírito atuam com o Filho na obra redentora, e o Filho é visto em sua humildade e humilhação e, finalmente, em sua exaltação.

Ele é a arca de Deus. Ele é o pastor que habita entre os querubins. Ele é o rei assentado no trono de Deus. Nele, a plenitude do nome da divindade é visto. Ele habita, em sua glorificada humanidade na divindade, entre o Pai e o Espírito. Ele é o único que é adorado pelos anjos e pela humanidade redimida. Ele é o eterno Deus-Homem.

CAPÍTULO 33

AS CÂMARAS (SALAS) SUPERIORES E AS CÂMARAS (SALAS) DE TESOUROS

O PADRÃO DAS CÂMARAS E SALAS DE TESOUROS

1 Crônicas 28.11,12 e 2 Crônicas 3.9 falam das salas superiores. A Bíblia se refere a elas como "tesourarias" e "câmaras superiores" da Casa do Senhor. São, às vezes, traduzidas como "depósitos" ou "salas", e essas salas tinham compartimentos.

Não há detalhes específicos ou instruções registradas nas Escrituras com relação a essas câmaras do tesouro, exceto o que temos nos versículos acima. Contudo, as medidas do Templo dão a entender onde essas câmaras superiores deviam estar. A palavra "câmaras" está no plural e, assim, haveria ao menos duas câmaras principais, e sem dúvida, essas seriam divididas em salas menores. Essas câmaras tornaram-se as câmaras do tesouro do rei, do Senhor e da nação.

Como já vimos, a Casa do Senhor tinha 60 côvados de comprimento, 20 côvados de largura e 30 côvados e altura (2 Cr 3.3; 1 Rs 6.1,2). Com relação ao Lugar Santíssimo, ou Oráculo, temos as medidas específicas fornecidas. Esse era um cubo perfeito, com 20 x 20 x 20 côvados (2 Cr 3.8; 1 Rs 6.16-20).

Isso deixa uma área incontável acima do Oráculo, medindo dez côvados de altura, 20 côvados de largura e 20 côvados de comprimento. Embora não seja especificamente mencionado, é esse fato das medidas das Escrituras que sugere o único lugar para tais "câmaras superiores" e "salas do tesouro", que seria acima do Lugar Santíssimo. Também pode ser que existissem câmaras mesmo acima do Lugar Santo, assim como em todas as outras áreas consideradas.

Comparando 1 Reis 6.2 e o versículo 20, descobrimos que há uma ampla sala para uma grande câmara acima do Oráculo, tendo seus vários compartimentos internos para os vários tesouros do Senhor. As câmaras superiores também eram revestidas com ouro (2 Cr 3.9).

AS CÂMARAS DO TESOURO

Espalhadas através das Escrituras, encontramos algumas indicações dos vários tesouros que foram colocados nessas câmaras. Como veremos posteriormente, o Senhor Jesus parece se referir a eles em seu ensino. Nós consideraremos algumas das passagens que falam dos vários tesouros nas câmaras da Casa do Senhor, seu santo Templo.

1. O tesouro dos reis

Os tesouros dos reis, que foram dedicados ao Senhor, foram colocados nessas câmaras do Templo (1 Rs 7.51; 1 Cr 22.14; 2 Sm 8.9-15). Esses tesouros consistiam em ouro e prata, e eram os despojos das vitórias de Davi e de outros reis nas guerras.

A lei dos despojos de guerra implicava a purificação desses despojos pelas águas de purificação, e, então, eles poderiam ser dedicados ao serviço do Senhor (Nm 31.21-54; Ec 2.8).

Davi mencionou os vários materiais que ele conquistara nas batalhas. Esses passaram pelo fogo ou pela água e foram apresentados ao Senhor como tesouros. O piedoso rei Asa também trouxe coisas dedicadas para a casa do Senhor e as colocou nas câmaras superiores. Vários outros tesouros foram trazidos de tempos em tempos (1 Rs 15.15).

2. Os despojos das batalhas

Os despojos das batalhas já foram mencionados com relação aos tesouros dos reis. Mas outras passagens também falam desses despojos. Quando Israel saiu da escravidão do Egito, o Senhor permitiu que eles "despojassem" os egípcios. Eles tomaram sua prata, seu ouro e suas pedras preciosas.

Esses "despojos" foram dedicados ao Senhor para o serviço no Tabernáculo (Êx 12.36). O mesmo é verdadeiro para a edificação do Templo. Os inimigos de Israel foram despojados, e as coisas dedicadas foram usadas para a Casa do Senhor (1 Cr 26.20-28; 2 Sm 8.9-14).

Cristo despojou Satanás, principados e potestades, e nos associamos à sua vitória e usamos todas as coisas para a dedicação de sua casa espiritual, a Igreja (Cl 2.14,15).

3. Purificados pelo fogo e pela água (Nm 31.21-24)

Mais uma vez, observamos o fato de que a lei do Senhor ordenou que todos os despojos de guerra fossem purificados pelo fogo ou pela água, de acordo com o material. Após a purificação, eles poderiam ser dedicados aos serviços do Senhor. Parece que Paulo faz referência a essa purificação pelo fogo (pelo menos) em 1 Coríntios 3.9-15, em que ele disse aos crentes que todas as suas obras passariam pelo fogo. O ouro, a prata e as pedras preciosas suportarão o fogo, mas a madeira, o feno e a palha serão reduzidos a cinzas pelo fogo. Ouro, prata e pedras preciosas – todos materiais usados no Templo – falam daquelas obras feitas de acordo com a Palavra de Deus, inspiradas pelo Espírito de Deus e motivadas pelo amor de Deus. Tudo o mais é madeira, feno e palha e serão reduzidos a cinzas em um instante, no tempo do Senhor.

As obras do crente diante do Senhor – as vitórias conquistadas nas batalhas – estarão entre os tesouros do Senhor em sua cidade celestial. Tudo em nossa vida deve ser dedicado ao Senhor e, para ser aceitável a Ele, deve passar pela purificação através do fogo e da água.

4. Os instrumentos musicais de Davi

Davi fez cerca de 4.000 instrumentos musicais com os quais se deveria louvar ao Senhor. Eles foram destinados à orquestra do Templo. Parece que esses instrumentos musicais eram mantidos nas câmaras do tesouro da Casa do Senhor (2 Cr 7.6; 1 Cr 23.5; 2 Cr 29.25-30).

O cumprimento disso no Novo Testamento está na Igreja, o Templo santo de Deus. Ali os crentes se tornam os instrumentos do Senhor para fazer melodias em seus corações ao Senhor. Eles ali cantam salmos, hinos e cânticos espirituais (Ef 5.18,19; Cl 3.16).

Vemos os instrumentos musicais na adoração celestial também em Apocalipse 5.8; 14.2,3 e 15.2. No céu haverá música perfeita. Nenhuma nota dissonante desafinará a perfeita harmonia do céu.

5. O Tabernáculo no seserto

Ao ler 2 Crônicas 5.1,5, parece-nos que havia ainda algumas lembranças do Tabernáculo de Moisés com Israel. O Tabernáculo e seus utensílios foram colocados nas câmaras de tesouro do Templo.

O único artigo de mobília que entrou no Templo foi a arca da aliança.

As outras reminiscências foram aparentemente colocadas nessas câmaras do tesouro. Essas coisas lembrariam ao povo de Israel a da preservação do Senhor através dos anos no deserto.

O Tabernáculo de Moisés fornece tesouros espirituais para o crente na Igreja do Novo Testamento também, tesouros das redentoras verdades divinas. As roupas e os sapatos de Israel no deserto foram miraculosamente preservados através dos 40 anos de jornadas (Dt 8). Assim, o Senhor preservou algumas coisas do Tabernáculo que foram colocadas nas câmaras do tesouro, seja o que fosse.

Os tesouros do Templo saqueados

Uma das coisas mais trágicas da história de Israel é vista no fato de que, muitas vezes, os inimigos de Deus saqueavam as câmaras de tesouro do Templo.

Por causa do pecado e da idolatria do povo, a glória de Deus deixava o Templo, e, portanto, as câmaras do tesouro eram saqueadas. Elas foram roubadas pelos inimigos várias vezes, e isso trouxe vergonha e desgraça para o povo de Deus.

O rei da Assíria foi apaziguado pelos tesouros tirados do Templo (2 Rs 12.18).

Os perversos filhos de Atália arrombaram a casa do Senhor e tomaram tesouros do Templo (2 Cr 24.7).

O perverso rei Nabucodosor também saqueou os tesouros do Templo e levou-os para a Babilônia (2 Cr 36.18,19; 2 Rs 24.8-17; 2 Cr 25.23,24). No devido tempo, o juízo de Deus veio sobre a Babilônia por causa dessas coisas (Dn 5.1-5, 23).

O livro de Provérbios diz que as riquezas desaparecem, assim que você as contempla; elas criam asas e voam como águias pelo céu (Pv 23.5).

Israel descobriu essa verdade em tempos de idolatria e apostasia contra o Senhor e ao abandonar a Casa de Deus.

Tudo isso fala do fato de que, se o povo de Deus cair em idolatria ou voltar as costas ao Senhor e abandonar sua casa, o inimigo da Igreja roubará e despojará os tesouros de Deus. A Babilônia espiritual tem feito isso, mas será julgada pelo Senhor nos últimos dias (Ap 17,18).

Essas passagens sugerem a vasta quantia de riqueza que foi armazenada nas câmaras do tesouro do Templo. Ali, estava a incontável riqueza da casa do Senhor. Isso fala da necessidade de guardar as câmaras do tesouro da casa do Senhor (Pv 25.3-5).

Acumulando tesouros no céu

Sem dúvida, o Senhor Jesus estava se referindo a essas câmaras do tesouro (Mt 6.19-21; 19.21).

Ele exortou seus discípulos a acumularem tesouros no céu, onde o ladrão não arromba nem rouba e onde a traça e a ferrugem não destroem. Tal aconteceria, e aconteceu, a Israel no Templo terreno e nas câmaras do tesouro terrenas. As câmaras de tesouros celestiais são seguras e protegidas de qualquer inimigo que tente roubá-las, matá-las, ou destrui-las.

Os tesouros dos céus são incorruptíveis. Onde está o nosso tesouro, também estará o nosso coração (Mc 10.21; Mt 13.44).

Os tesouros de Israel eram guardados acima do Oráculo de Deus, o lugar quadrangular. Da mesma forma, os tesouros dos santos devem estar na cidade quadrangular de Deus.

A palavra "tesouro" significa "uma coisa acumulada". O Senhor prometeu a Israel que Ele abriria seu bom tesouro (Dt 28.12).

Jesus queria que sacrificássemos os tesouros terrenos, preferindo os tesouros celestiais e eternos.

A seguir, destacamos algumas das preciosas passagens com relação às riquezas das câmaras do Senhor:

- O rei leva a noiva à sala de banquete (câmaras), e sua bandeira sobre ela é o amor (Ct 2.4)
- Entre em seus quartos (câmaras) e escondam-se até que passe a sua ira (Is 26.20)
- Jesus teve a ceia da nova aliança numa câmara superior (cenáculo) com seus discípulos (Mc 14.15; Lc 22.12).
- O dia de Pentecostes ocorreu numa câmara superior (cenáculo) (At 1.13; 2.1-4).
- O ensino de Jesus com relação ao ministério do Espírito Santo aconteceu numa câmara superior, onde Ele também lavou os pés dos discípulos (Jo 14-17).

Leia também: Is 33.6; 45.3; Pv 15.6; 2.4; 10.2; Mt 2.11; 12.35; 13.52; Lc 12.33,34; Cl 2.3; Hb 11.26; Mc 12.41,42).

O crente recebe as riquezas da graça divina e as riquezas da glória do Senhor (Ef 1.7,18; 2.4,7; 3.16).

O crente aprende, dos tesouros e câmaras do Templo, que ele deve acumular riquezas espirituais, tesouro espiritual e eterno nos céus. Há riqueza que é eterna; riquezas eternas e incorruptíveis. O Senhor tem dado seu nome, sua Palavra, seu amor, sua graça, sua glória, seu tudo, como as verdadeiras riquezas tanto nesta vida quanto na vida vindoura (1 Tm 6.6-11; 17-19).

AS CÂMARAS DO TEMPLO

AS TRINTA CÂMARAS

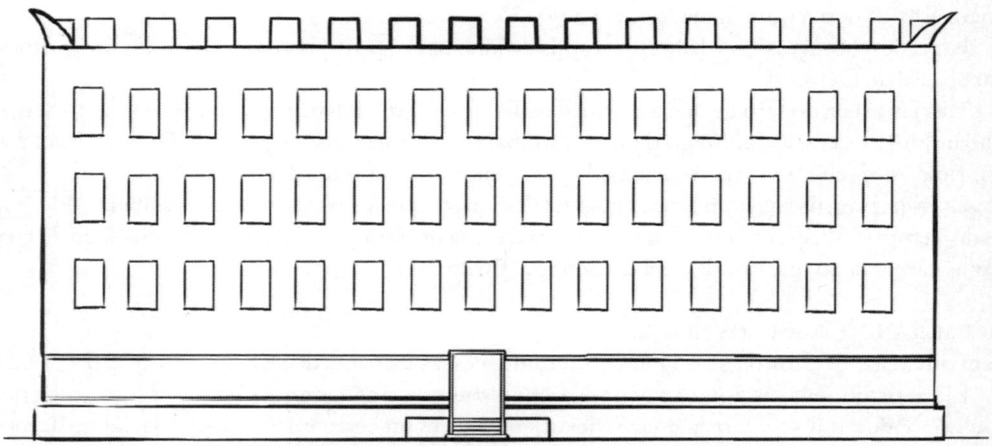

As Câmaras Apoiadas Sobre os Muros do Templo

AS CÂMARAS LATERAIS PARA OS SACERDOTE

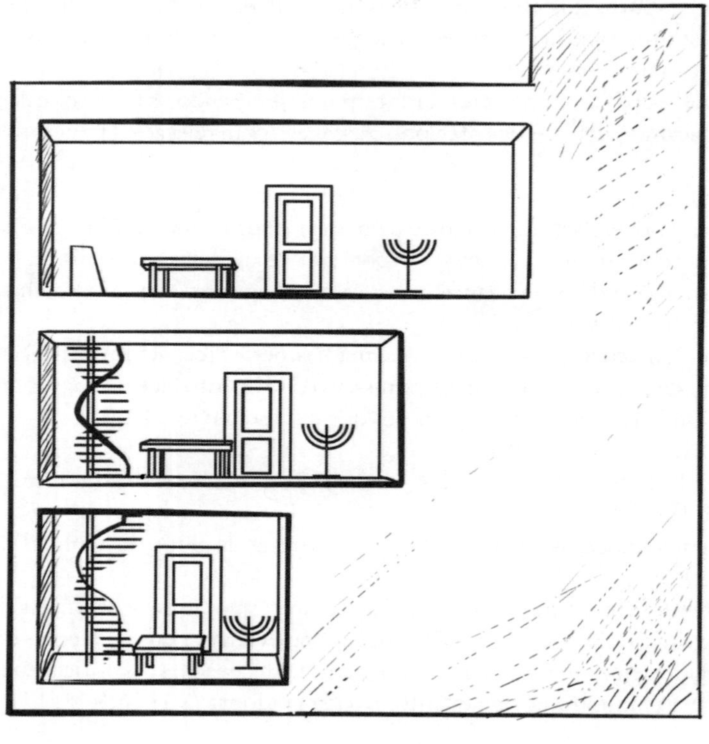

CAPÍTULO 34

AS CÂMARAS (SALAS) DOS SACERDOTES

O Tabernáculo no deserto era uma tenda para o Senhor. Ali, Ele habitou no meio do seu povo, Israel, que também vivia em tendas. O deserto falava das jornadas de Israel e de Deus com eles, guiando-os nessas jornadas. Ali, os sacerdotes do Senhor viviam em tendas e cumpriram seus serviços diários como peregrinos.

Em contraste, *o Templo* fala do descanso, o descanso prometido, tanto para Deus quanto para seu povo. As jornadas e peregrinações haviam terminado. Aqui, os sacerdotes cumpriam suas ministrações diárias no Templo. No Templo, eles também encontrariam descanso. É isso que nos leva às câmaras dos sacerdotes, que foram edificadas ao redor do Templo, especialmente nos lados norte e sul da edificação do Templo.

As câmaras para os sacerdotes (1 Rs 6.5-10)

Ao redor das paredes do Templo, isto é, no Lugar Santo e no Oráculo, foram construídas câmaras para os sacerdotes. Essas câmaras deveriam ser separadas das câmaras (salas) superiores, onde os tesouros do Senhor e da nação eram guardados, conforme vimos no capítulo anterior.

1. Trinta câmaras

As Escrituras não especificam claramente quantas câmaras havia, mas, de acordo com as medidas dadas e os respectivos tamanhos, é possível que houvesse aproximadamente 30 câmaras, distribuídas nos três andares. Em "*A História dos Hebreus*", livro 7, capítulo 3, o historiador hebreu Josefo sugere trinta câmaras.

O Templo mencionado em Ezequiel também fala de trinta câmaras dos sacerdotes (Ez 41.5,6; 40.7). Essas câmaras estavam nos lados norte e sul do Templo.

Como já vimos, trinta é o número da consagração ao ministério. José tinha 30 anos de idade quando começou a governar. Davi tinha 30 anos de idade quando subiu ao trono. Os sacerdotes deveriam ter trinta anos de idade para serem consagrados ao ofício sacerdotal e ao ministério. O próprio Jesus tinha cerca de 30 anos de idade quando foi batizado nas águas do Jordão e ungido com o Espírito Santo para ministrar. E, aqui, as câmaras sacerdotais totalizavam 30, para os sacerdotes que eram consagrados à obra da casa do Senhor.

2. Três andares superiores

Em 1 Reis 6.6-8, lemos que as câmaras sacerdotais tinham três andares de altura. O primeiro andar possuía cinco côvados de largura; o andar intermediário, seis côvados de largura; e o terceiro, sete côvados de largura.

Esses três andares variavam em suas medidas; um menor, outro maior, e outro mais alto.

Essas câmaras ficavam apoiadas junto às paredes do Templo (1 Rs 6.5-7). As câmaras foram construídas para ficarem recostadas ao Templo, não propriamente fixadas nele (1 Rs 6.10).

Não há dúvida de que algo significante vincula as câmaras com a arca de Noé. Em Gênesis 6.14-16, encontramos os detalhes das medidas da arca de Noé. A arca também tinha três andares de altura. Ela foi construída com madeira de cipreste, revestida com betume por dentro e por fora. O andar central tinha a única porta de entrada. Todos tinham de entrar através dessa porta, senão pereceriam. O terceiro andar possuía a janela. As medidas da arca eram as seguintes: 300 côvados de comprimento por 50 côvados de largura e trinta côvados de altura. Esses três andares possuíam "salas" (ou "ninhos"), ou câmaras para os vários animais que foram salvos do dilúvio.

O profeta Amós fala de "câmaras nos céus" (Am 9.6). Uma nota de rodapé se refere a elas como "esferas" ou "ascensões". As Escrituras revelam que existem três céus; sendo esses, o céu atmosférico, planetário e o terceiro céu, que é o próprio paraíso de Deus.

Assim, os três andares na arca de Noé, as três divisões do Tabernáculo de Moisés, e os três andares das câmaras sacerdotais relativas ao Templo são vistos vinculados às mesmas verdades divinas.

Jesus é "o caminho, a verdade e a vida" (Jo 14.1,6).

O nome Noé significa "descanso". A arca trouxe descanso, segurança e proteção para Noé, sua família e os animais da arca. A terra foi purificada de toda impiedade e da carne corrompida, através do juízo pelas águas, quando as janelas dos céus se abriram neste dilúvio.

A carne pecaminosa e impiedosa também foi julgada no Pátio Externo do Templo, pelo altar de bronze e o mar de fundição, pelo sangue e pela água. Agora, os sacerdotes podiam entrar no ministério do Templo em seus respectivos turnos e encontrar descanso nas câmaras sacerdotais ao redor do Templo.

Três é o número de Deus na divindade, com o Pai, Filho e o Espírito Santo. Havia somente uma arca, mas três andares. As câmaras eram para o único Templo, contudo em três andares. Isso fala do descanso que é encontrado na divindade e no plano redentor escrito pelo Pai, pelo Filho e pelo Espírito Santo.

Outros números nas câmaras sacerdotais eram os números 5, 6 e 7. O número 5 fala da graça de Deus, é o número da expiação, o número da vida. Seis é o número do homem. Sete é o número da plenitude e da perfeição.

Para os sacerdotes nos serviços do Templo, através do significado desses números, eles encontrariam a graça de Deus, como homens redimidos, e desfrutariam da plenitude do descanso que vem através da redenção.

3. A porta

Como havia uma porta na arca de Noé, existia também uma porta para as câmaras sacerdotais.

Como sempre, a única porta fala de Cristo (Jo 10.9). Somente através dele, podemos encontrar acesso para descanso como sacerdotes junto a Deus (Ap 1.6; 5.9,10).

Cristo é a porta de acesso para toda a plenitude da divindade. Ele é a porta para o Templo do Senhor, para sua casa, cuja casa somos nós.

4. A escada em espiral

Em 1 Reis 6.8, verificamos que esses três andares se tornavam acessíveis primeiramente pela porta, e, depois, já do lado de dentro, por escadas em formato espiral. As escadas começavam no andar mais baixo, numa espiral e passavam pelo andar médio, e então para o terceiro andar. Verifique também Ezequiel 41.7.

A idéia de "escadas em espiral" é "pelas quais subimos". Em Gênesis 28.12, encontramos um relato do sonho de Jacó, no qual ele viu "uma escada", ou, literalmente, "uma ladeira", levando da terra ao céu. O Senhor estava no topo da escada. Essa foi a experiência de Jacó em Betel; a casa do Senhor, fundada sobre a rocha ungida.

O noivo e a noiva falam de estar "pelas fendas das penhas, no oculto das ladeiras" também (Ct 2.14 – ARC).

A escada fala da caminhada dos crentes. Nós vamos "de fé em fé", de "glória e glória" e de "graça em graça" nas coisas do Senhor.

O Senhor tem degraus e escadas no caminhar espiritual dos seus sacerdotes. Hebreus 6.1,2 lista um breve resumo dos passos para a perfeição e a plena maturidade. O crente sacerdote deve partir do arrependimento das obras mortas para a fé em Deus, e, depois, para as águas do batismo e o batismo do Espírito Santo, passando para a imposição de mãos, ressurreição dos mortos, juízo eterno e, então, para a perfeição. Nós começamos aos pés do Senhor e subimos nesses degraus espirituais em direção ao Senhor.

5. Feitas de cedro

As câmaras do Templo para os sacerdotes eram também feitas de madeira de cedro com tábuas e vigas, Como sempre, o cedro fala da incorruptibilidade, da realeza, tanto de Cristo quanto dos santos. Cristo foi incorruptível em sua natureza humana, e majestoso em seu ofício como Rei dos reis e Senhor dos senhores. Os santos são chamados para um estilo de vida incorruptível, a fim de serem reis e sacerdotes junto a Deus e ao seu Cristo.

É adequado notar, sob forma de comparação, a conexão precisa entre a arca de Noé e o Templo de Salomão. A maravilhosa verdade aqui, conforme notamos no início deste livro, é que o Templo incluiu em si mesmo, simbolicamente, não apenas o Tabernáculo de Moisés e o Tabernáculo de Davi, mas também a arca de Noé.

A arca de Noé		**O Templo de Salomão**
Uma arca	—	Um Templo
Dada por revelação divina	—	Dado por revelação divina
Feita com madeira de cipreste	—	Feito principalmente com madeira de cedro
Três andares de altura	—	Câmaras sacerdotais em três andares
30 côvados de altura	—	Trinta câmaras sacerdotais
Aposentos para os ocupantes	—	Aposentos para os sacerdotes
Uma porta	—	Uma porta e uma escada em espiral
Uma janela no alto	—	Uma janela no alto

A MOBÍLIA NAS CÂMARAS SACERDOTAIS

Em 1 Crônicas 28.11,12, as "câmaras superiores" do Templo são separadas das "câmaras ao redor do Templo", ou a casa e as câmaras do sacerdotes.

Também em 1 Crônicas 28.11-21, temos vários utensílios mencionados por Davi, os quais foram destinados ao uso dos serviços do Templo. Entre essas coisas, temos candelabros de ouro, candelabros de prata, mesas de ouro e mesas de prata.

Já nos referimos à vasta quantidade de prata que foi dada para o uso do Templo. Esta era dez vezes maior do que a quantidade de ouro que foi dada. Da prata ofertada, o único uso possível que nós temos dela era para o revestimento das pedras do Templo como reboco, ou a prata para o encaixe das pedras. Não há absolutamente outra referência à prata no Templo propriamente dito. Tudo no Templo era de ouro, o que fala da glória. Tudo nos pátios era de bronze, o que fala do juízo. Mas, aqui nas câmaras temos a prata, que fala da redenção, a qual é para os sacerdotes.

Portanto, a idéia que temos aqui é de que esses candelabros de *prata* e as mesas de *prata* compunham a mobília das câmaras dos sacerdotes.

É bastante claro que os candelabros de *ouro* e as mesas de *ouro* foram colocadas no próprio Lugar Santo. Então, para qual propósito os candelabros de prata e as mesas prata serviriam, a não ser para as câmaras sacerdotais?

Em 2 Reis 4.8-17, encontramos uma evidente alusão às câmaras dos sacerdotes, através do aposento construído pela generosa mulher sunamita em sua casa para o homem de Deus. Uma comparação mostra que a mulher construiu o aposento conforme o padrão das câmaras dos sacerdotes no Templo. Vejamos a comparação:

O aposento do homem de Deus		**As câmaras para os sacerdotes**
Ela construiu uma pequena câmara	—	Templo tinha suas câmaras
Na parede da casa	—	Ao redor do muro da casa
Uma cama para descanso e restauração	—	Possivelmente o mesmo aqui
Uma mesa e cadeira, para sentar-se e comer	—	Mesa de prata
Um candelabro para iluminar	—	Candelabros de prata

Essa comparação certamente assume maior relevância pelo fato de que as câmaras sacerdotais tinham esses artigos de mobília para serem usados pelos sacerdotes. A prata usada na câmara dos sacerdotes fala do ministério da redenção. Que privilégio ser um sacerdote do Templo do Senhor, e tocar nas realidades espirituais dessas coisas materiais!

A seguir, destacaremos os utensílios e o seu significado espiritual para os sacerdotes:

Uma mesa de prata – A prata fala da expiação, da redenção, o preço de uma alma. O sacerdote deveria tocar na verdade da prata antes de poder tocar a verdade do ouro. A redenção precede a glória.

A mesa fala de comunhão, de nutrição espiritual. A mesa de prata fala também da mesa do Senhor, assim como da redenção. Todos os sacerdotes podem comer e beber com o Senhor, comungando com Ele, dia após dia e através de suas ministrações sacerdotais.

Os sacerdotes podiam também partilhar dos pães da Presença na mesa de ouro no Lugar Santo, semana após semana. Mas aqui eles podiam comer das coisas santas do Senhor, partilhando das comidas sacerdotais dos sacrifícios. Aqui, eles se tornavam participantes do altar do Senhor (1 Co 10.1-17; 11.23,24; Mt 26.26-28; Sl 23). O Senhor preparou uma mesa para eles. Tudo isso fala da redenção deles.

Um candelabro de prata – O candelabro de prata (ou candeeiro) falava da luz e da iluminação. Sua ornamentação talvez fosse a mesma dos candelabros de ouro do Lugar Santo. Não há menção de outra luz nas câmaras sacerdotais. Deus lhes dava luz através do azeite do candelabro. O Senhor tem fornecido a luz da sua Palavra aos sacerdotes para que estes meditem de dia e de noite em seus serviços a Ele. Novamente, a luz tem sido fornecida através do preço da redenção, conforme simbolizado na prata.

Uma cama e um banco – Embora não seja especificamente mencionado no registro do Templo, conclui-se através do aposento que a sunamita construiu para Eliseu, e também por implicação, que a cama e o candelabro estavam ambos nas câmaras dos sacerdotes.

Uma mesa precisa de um banco para que alguém se assente. O candelabro deveria estar também na mesa para fornecer luz. 1 Crônicas 9.26-34 fala a respeito dos sacerdotes em seus turnos, em que eles estavam diante do Senhor "dia e noite".

Isso implicaria uma cama para descanso, e um banco para a mesa seria necessário para as câmaras sacerdotais, enquanto eles servissem em seus respectivos turnos.

Em todos esses artigos, temos a idéia de comunhão, iluminação, descanso e posicionamento. Essas são as coisas que o Senhor fornece também para seus sacerdotes do Novo Testamento em seus serviços para Ele em sua casa.

Os aposentos de descanso do serviço

Um estudo de 1 Crônicas 9.26-34 juntamente com Ezequiel 42.13,14 nos dá o conceito do serviço dos sacerdotes em seus turnos, após descansarem nos aposentos (salas) sacerdotais. A seguir, destacamos alguns dos serviços desses sacerdotes e levitas, relativos ao Templo:

- Alguns preparavam o óleo da unção com os condimentos (v. 30).
- Alguns cuidavam dos utensílios para a ministração (v. 28).
- Alguns preparavam o pão para a mesa a cada sábado (v. 32).
- Alguns eram os cantores que ficavam nas câmaras e eram livres de outras tarefas (v. 33).

CAPÍTULO 35

A DEDICAÇÃO DO TEMPLO

A dedicação do Templo foi uma data marcante na história da nação de Israel. Coisas significantes ocorreram nesse grandioso dia, e isso se tornou o selo do favor de Deus sobre a casa edificada para seu nome. A casa foi coroada com a glória e a Presença divinas.

Neste capítulo, consideramos alguns dos fatos mais importantes que ocorreram no dia da dedicação, pois tudo aponta profeticamente para algo que encontra seu cumprimento em Cristo e na Igreja.

A FESTA DOS TABERNÁCULOS (1 Rs 8.1,2; 2 Cr 5.2,3)

A dedicação do Templo aconteceu na festa do sétimo mês, a festa dos tabernáculos. Esse é o primeiro importante aspecto a considerar. Salomão poderia ter dedicado o Templo na festa da Páscoa ou dos pães asmos no primeiro mês do 12.º ano do seu reinado. Ou poderia ter dedicado o Templo no terceiro mês, no qual se comemorava a festa dos Pentecostes. Mas, sem dúvida, ele foi dirigido pelo Senhor para dedicá-lo na festa do sétimo mês, a grande festa dos tabernáculos.

A revelação do Tabernáculo de Moisés se relacionava com a festa de Pentecostes. Mas foi a festa dos tabernáculos que selou a dedicação do Templo de Salomão:

> *Páscoa* – Pães asmos ou primícias ocorria no primeiro mês do ano sagrado (Êx 12). Ela comemorava a libertação de Israel da escravidão do Egito pelo poder de Deus. Esse é o início dos meses, o primeiro mês de suas experiências com o Senhor Seu Deus.
>
> *Pentecostes* – Acontecia no terceiro mês do ano sagrado. Esse dia comemorava o recebimento, por parte de Israel, da Lei de Deus, da lei moral, civil e cerimonial, no Monte Sinai (Êx 19-40; Lv 1-27).
>
> *Tabernáculos* – Ocorria no sétimo mês do ano sagrado. Ela comemorava a libertação de Israel do Egito, suas jornadas através do deserto rumo à terra da promessa. Essa era a consumação dos meses. Nesse mês, acontecia a festa das trombetas, no primeiro dia do mês e o grande dia nacional da expiação no décimo dia. Então, se encerrava com a festa dos tabernáculos propriamente dita, do 15° ao 21° dia, com o 22° dia como um dia solene para coroar essa festa.

Êxodo 12 e Levítico 16 e 23, juntamente com Deuteronômio 12 e 16, devem ser estudados com relação aos detalhes dessas ocasiões festivas. (Nota: O estudante deve se reportar ao livro deste autor, *The Feasts of Israel*, para uma plena compreensão desse glorioso assunto).

A festa dos tabernáculos era a última dessas três festas, e encontramos mais detalhes a respeito dessa festa do que sobre qualquer outra. Parece que as coisas mais significativas ocorriam durante essa festa do sétimo mês:

- Israel guardou a festa dos tabernáculos somente na terra de Canaã, e não no Egito ou no deserto.
- Salomão dedicou o Templo nesse mês festivo.

- O Templo restaurado também foi dedicado na festa dos tabernáculos (Ag 2.9; Ne 8.17; Ed 3).
- Cristo ensinou verdades significativas nesse mês também (Jo 7.37-39).

O NÚMERO SETE

Considerando a dedicação do Templo nesse mês, descobrimos que a festa do sétimo mês é marcada com o número 7. Um estudo destas passagens confirma esse fato (2 Cr 7.8-10; 1 Rs 8.65,66):

- Salomão dedicou sete anos à edificação do Templo. Ele começou a edificá-lo no segundo dia do segundo mês, no quarto ano do seu reinado (1 Rs 6.1; 2 Cr 3.1,2).
- O Templo foi concluído no oitavo mês do 11º ano do seu reinado (1 Rs 6.37,38).
- As Escrituras dizem que a casa foi "terminada" e "aperfeiçoada" (2 Cr 8.16 – ARC; 1 Rs 6.37,38). Isso aponta para a Igreja, a casa de Deus, a qual um dia será uma obra concluída e aperfeiçoada (Jo 17.1-3; 19.30; Hb 6.1,2; Ef 4.9-16).
- O Templo foi dedicado no sétimo mês, na festa dos tabernáculos, no 12º ano do reinado de Salomão, após um intervalo de cerca de 11 meses (2 Cr 5.3; 1 Rs 8.2).

1. Sete dias de preparação das pessoas

O primeiro dia do sétimo mês era o dia do soar das trombetas (Lv 23.23-25; Nm 29.1-6). Esse era um tempo de preparação para o povo, até o final dos 7 dias.

2. Sete dias da dedicação do altar

Durante os sete dias da dedicação do Altar, ocorreu o grande dia da expiação, no décimo dia do mês (Lv 23.27-32; Nm 29.7-11). Um estudo das ofertas desse período, de acordo com a Lei, revela que o número 7 marcava todos os sacrifícios levíticos (Nm 29.12-34; Lv 23.23-39). O pecado tinha de ser limpo pelo sangue da expiação durante sete dias.

3. Sete dias da dedicação do Templo

Nesses sete dias, o Templo foi dedicado ao Senhor Deus de Israel. Tudo foi selado pela descida da glória-fogo e da Presença de Deus.

Assim, temos 21 dias, ou 3 x 7 dias, ao todo.

Essa festa, tanto no tempo de Moisés quanto no mês de dedicação de Salomão, era consumada com um sábado extra, um dia de júbilo enquanto as pessoas retornavam para as próprias habitações (Lv 23.39-44; Nm 29.35-40; 1 Rs 8.65,66; 2 Cr 7.10,11).

O número sete é o número da plenitude, da totalidade e da perfeição. Ele aponta para o final dos tempos relativos ao plano da redenção. Ele é profético em relação ao fato de que o povo de Deus, sua Igreja, alcançará totalidade, a plenitude da maturidade e da perfeição, à medida que a igreja entra e experimenta tudo o que foi profeticamente simbolizado na festa dos tabernáculos.

A ARCA DE DEUS NO LUGAR SANTÍSSIMO (1RS 8. 1-9; 2 CR 5.1-10)

Em um capítulo anterior, detalhamos completamente tudo isso foram tratados em um capítulo anterior. É suficiente aqui lembrar-se de que, após a dedicação do grande Altar através dos sacrifícios de sangue, a arca de Deus seria levada para o Lugar Santíssimo, o Oráculo Santo.

Em sua caminhada, a pequena arca foi tirada do Monte Sião, do Tabernáculo de Davi e levada ao Templo no Monte Moriá e colocada em "seu lugar" no Lugar Santíssimo. O rei abriu o caminho, seguido pelos sacerdotes, os cantores e os músicos. É possível que tenham cantado o Salmo 24.9,10. O chamado era claro: "Levantai, ó portas, as vossas cabeças. Levantai-vos, ó portais eternos", ou seja, as próprias portas do Templo.

Os sacerdotes receberiam a arca dos levitas nessas portas do Templo e a levariam ao Lugar Santíssimo. Ali, a arca foi colocada entre os dois grandes querubins de madeira de oliveira, protegendo-a com suas asas estendidas. As varas foram retiradas. As jornadas haviam acabado. Somente a Lei de Deus nas tábuas de pedra do Monte Horebe permaneceram na arca do Senhor. Assim, a ordem de Moisés e de Davi foram unidas na ordem do Templo com a arca e a adoração. Tudo estava agora pronto para a glória do Senhor descer e habitar entre seu povo. Enquanto os sacerdotes se retiravam do Lugar Santíssimo, a nuvem de glória desceu e encheu a Casa.

Os cantores e os músicos (2 Cr 5.11-14)

Na dedicação do Templo, encontramos uma ordem davídica de cantores e músicos funcionando. Gloriosas lições são vistas de forma prática para os crentes do Novo Testamento na Igreja.

1. A ordem davídica

No Tabernáculo de Davi, aproximadamente trinta anos antes, a ordem dos cantores e músicos foi estabelecida. Aqui, na dedicação do Templo, essa ordem é vista e ouvida em sua melhor atuação sob a unção do Espírito de Deus.

2. Linho branco

Os cantores e músicos estavam trajados de linho branco. Estes eram levitas e estavam sob direção dos chefes Asafe, Heman e Jedutum. Eles tinham instrumentos de címbalos, saltérios (alaúdes) e harpas, assim como trombetas, instrumentos musicais de Davi (2 Cr 7.6). O linho branco é sempre o símbolo de justiça e pureza. Os sacerdotes e os adoradores do Senhor devem se vestir com a justiça de Cristo (Ap 19.8).

3. O lado oriental do altar

As cinzas eram armazenadas no lado oriental do altar. Depois, no tempo apropriado, eram levadas para fora do acampamento no tempo apropriado. Cinzas sempre falam de uma obra acabada, um sacrifício consumado (Lv 1.16; 6.11; Hb 13.11-13). Assim, os sacerdotes apresentavam a si mesmos como sacrifício vivo, e essa verdade foi simbolizada em sua permanência do lado oriental do altar de sacrifício.

4. Os 120 tocadores de trombetas

Nessa dedicação, havia 120 sacerdotes que tocavam as trombetas. O número 120 é significativo do final de toda carne e o início da vida no Espírito.

Nos dias de Noé, o Espírito advertiu o homem durante 120 anos (Gn 6.1-13; 1 Pe 3.20,21).

Moisés viveu 120 anos neste mundo e, depois, foi levado para a glória (Dt 34.7; Jd 9; Lc 9.30; At 7.23-42).

No dia de Pentecostes, quando o Espírito Santo desceu, havia 120 discípulos no cenáculo. Essa foi a dedicação da Igreja do Novo Testamento, a Casa do Senhor (At 1.15).

Saul, Davi e Salomão no total reinaram 120 anos sobre um reino unido em Israel, cada qual tendo 40 anos de reinado (At 13.21; 1 Rs 2.11; 11.42).

Havia 120 filões de pão nas mesas de ouro do Templo de Salomão.

E aqui temos 120 sacerdotes que tocavam as trombetas em uníssono e unânimes quando a glória do Senhor desceu sobre a Casa.

Significativamente, também temos 120 jubileus (120 x 50) que equivalem a 6.000 anos de tempo com um desígnio redentor dados ao homem na carne. O sétimo dia do Senhor leva todos em Cristo à vida total no Espírito, ou seja, à própria vida eterna.

5. Em uníssono

De forma antinatural, quase sobrenatural, os cantores e tocadores de trombetas tornaram-se um, fazendo um único som de louvor e gratidão a Deus, juntamente com os outros instrumentos musicais.

Seu refrão era "Pois o Senhor é bom e a sua misericórdia dura para sempre". Com tal unidade o Senhor comandou a bênção de sua nuvem de glória.

As Escrituras enfatizam a unidade do povo de Deus para que o Senhor possa ordenar sua bênção e sua vida para sempre (Sl 133).

Antes do Pentecostes, e também no dia de Pentecostes, os 120 discípulos estavam orando unânimes em um mesmo lugar (At 1.15; 2.1-4). Ali, o Espírito Santo desceu sobre aaquela unidade, e todos eles falaram em línguas. O resultado final da pregação de Pedro foi visto quando 3.000 almas se voltaram para o Senhor e foram acrescentadas à Igreja (At 2).

A nuvem de glória (1 Rs 8.10,11; 2 Cr 5.14; 7.1-3)

Após a dedicação do Altar do sacrifício e a colocação da arca do Senhor no Oráculo Santo em meio à unidade dos cantores e músicos, parece que a nuvem glória do Senhor desceu e encheu a casa do Senhor.

Por causa da glória do Senhor, os sacerdotes não podiam permanecer em pé para ministrar. Ali, ocorreram a interrupção do ministério do homem e o inicio da revelação da glória de Deus. O Espírito reinou de forma soberana naquele período de tempo:

- Foi essa nuvem de glória que guiou Israel como a Igreja no deserto por 40 anos (Êx 13.21,22; At 7.38).
- Foi essa nuvem que deu luz e fogo a Israel à noite e forneceu uma nuvem de proteção contra o calor durante o dia.
- A nuvem significava trevas para os egípcios, mas luz para Israel como povo de Deus (Êx 14.19-31).
- Paulo diz que Israel foi batizado no Mar Vermelho e na nuvem (1 Co 10.1-4).
- Aquela nuvem esteve sobre o Monte Sinai, quando o Senhor revelou a Lei, o sacerdócio e o Tabernáculo de Moisés (Êx 24.15-18; 34.5-7).
- O Senhor deixou o Monte Sinai e apareceu nessa nuvem sobre o trono de misericórdia aspergido de sangue no Tabernáculo de Moisés (Êx 40.34-38; Nm 7.89; Lv 16.1,2).
- A vida de Israel foi governada pelos movimentos da nuvem em conexão com as trombetas de prata (Nm 9.15-23; 10.1-36; Dt 1.33; Ne 9.19; Sl 78.14). Todos tinham de seguir a nuvem.

Com o passar dos anos, por causa da idolatria de Israel na terra de Canaã, aquela nuvem retirou-se. Mas, agora, na dedicação do Templo do Senhor, a nuvem retornou em glória e encheu a casa de Deus. Aqui, ela novamente tomou seu lugar entre os dois grandes querubins de oliveira, no trono de misericórdia da arca da aliança, o trono de Deus na terra.

O pleno cumprimento da nuvem de Deus é vista no Monte da Transfiguração, onde o verdadeiro Tabernáculo e o Templo foram revelados. Ali, o Senhor Jesus Cristo foi envolvido pela nuvem brilhante, e a voz do Pai falou da nuvem: "Este é o meu Filho amado, em quem me comprazo; escutai-o" (Mt 17.1-9; Lc 9.28-36; Mc 9.1-7).

Uma nuvem recebeu Jesus de volta ao céu, e Ele virá numa nuvem novamente (At 1.9; Ap 10.1; Lc 21.27).

A plataforma (tribuna – ARA) de bronze de Salomão (2 Cr 6.12,13)

Outro aspecto importante da dedicação do Templo é a consagração pessoal e simbólica de Salomão ao Senhor.

Salomão colocou a plataforma de bronze no meio do grande Pátio, subiu nela, e, então, se ajoelhou diante do Senhor e do povo, enquanto fazia uma oração de dedicação ao Senhor. Aqui estava o rei de Israel, orando ao Rei dos reis e Senhor dos senhores. Verdades significativas são vistas aqui.

1. A plataforma de bronze

Como sempre, o bronze é o símbolo do juízo contra o pecado e o "eu". Aqui, Salomão permitiu que o pecado e o eu fossem tratados de uma forma simbólica. Se ele apenas tivesse mantido tal atitude através dos anos, seu reinado não teria terminado em tragédia.

2. As medidas da plataforma

As medidas da plataforma eram de cinco côvados de comprimento por cinco de largura, ou seja, um móvel quadrangular, e também com três côvados de altura.

O significado dessas medidas é visto em Êxodo 27.1-8, pois lá o altar de bronze no Tabernáculo de Moisés media exatamente o mesmo.

O altar de bronze era o altar de sacrifício e da purificação do pecado. Assim, Salomão está apresentando a si mesmo como "um sacrifício vivo" ao Senhor nessa plataforma de dedicação. Como já foi dito, se somente ele tivesse mantido essa atitude através de todo seu reinado, o fim de sua vida não teria sido tão trágico.

3. Posição da plataforma

A plataforma foi posicionada no meio do Pátio que tinha sido santificado por numerosos sacrifícios de animais (1 Rs 8.64; 2 Cr 7.7). Embora os sacrifícios de animais (não pela vontade destes) tivessem sido oferecidos ao Senhor, voluntariamente pelos sacerdotes, Salomão apresentou-se como sacrifício vivo, voluntário e humilde diante do Senhor. Verdadeiramente, o sacrifício agradável a Deus é um coração quebrantado e contrito. Só então Deus se agradaria do sacrifício de animais. O externo deve simbolizar o interno, senão tudo não passará de ritualismo.

4. A posição de Salomão

Antes de mais nada, Salomão colocou-se em pé em sua plataforma, e, depois, com as mãos estendidas, ajoelhou-se diante do Senhor e de Israel enquanto fazia sua notável oração (1 Rs 8.54,55; 2 Cr 6.12,13). De pé, e em seguida ajoelhado, e com as mãos levantadas, isso tudo fala da rendição absoluta e total de coração ao Senhor.

A oração dedicatória de Salomão (1 Rs 8.12-61; 2 Cr 6.1-42)

Salomão começa sua oração, reconhecendo o fato de que o Senhor disse que habitaria em "densas trevas". Parece contraditório porque o próprio Deus é luz (2 Cr 6.1; Êx 20.21; 1 Jo 1.7; Jo 1.5-8; 1 Ts 5.5; Ef 5.8).

Fala-se das "densas trevas" do Lugar Santíssimo, mas Deus iluminou esse lugar com sua glória e presença. Sem a presença de Deus ali, haveria trevas espessas, pois o Lugar Santíssimo era quadrangular, e mantido fechado com as portas e o véu, vedado aos olhares humanos.

Espiritualmente falando, os crentes vêem o Senhor "obscuramente", mas um dia nós o veremos "face a face" (1 Co 13).

As palavras-chaves a serem observadas nessas passagens têm a ver com "oração", "seu nome", "este lugar", "confissão de pecados" e "esta casa". A oração é bastante longa para que possamos tratar de todos os detalhes. Segue-se um breve resumo para o estudante observar:

- Salomão pede o constante cuidado de Deus (1 Rs 8.22-30; 2 Cr 6.12-21).
- Votos podem ser feitos no altar de Deus (1 Rs 8.31,32; 2 Cr 6.22,23).
- Oração na derrota (1 Rs 8.33,34; 2 Cr 6.24,25).
- Oração na época da seca (1 Rs 8.35,36; 2 Cr 6.26,27).
- Oração na fome e na pestilência (1 Rs 8.37-40; 2 Cr 6.28-31).
- Oração em terras distantes (1 Rs 8.41-43; 2 Cr 6.32,33).
- Oração durante tempos de guerra (1 Rs 8.44,45; 2 Cr 6.34,35).
- Oração no cativeiro (1 Rs 8.46-53; 2 Cr 6.36-39).
- Final da oração (2 Cr 6.40-42).

A oração cobre todos os aspectos da vida pessoal e da nação. Essa casa deveria ser uma casa de oração para todas as nações, não apenas para Israel.

Os reis piedosos sempre foram homens de oração.

Nós nos lembramos da oração de Josafá em tempos de batalha (2 Cr 20).

Ezequias orou contra a invasão de Judá pela Assíria (Is 37.15).

Ezequias orou na purificação do Templo e na restauração da adoração davídica (2 Cr 29,30).

A oração de Salomão foi uma oração poderosa, tendo todos os ingredientes da verdadeira oração a Deus. O rei foi um homem de oração dedicatória. Assim deve ser toda liderança.

A glória-fogo de Deus (2 Crônicas 7.1-3)

A passagem aqui indica que, quando Salomão chegou ao final da oração, desceu fogo do céu e consumou as ofertas do grande altar. A glória do Senhor encheu a casa, e nenhum sacerdote pôde permanecer em pé para ministrar por causa dessa glória. Quando Israel viu a glória e o fogo na casa, eles se prostraram com suas faces no chão, adorando e louvando ao Senhor por sua bondade e misericórdia.

É possível que a ordem da descida de Deus tenha sido a seguinte:

1. A descida da nuvem da Presença de Deus sobre a casa.
2. A glória do Senhor colocou-se sobre a arca da aliança no Oráculo Santo entre os querubins.
3. A consagração pessoal e a oração dedicatória do rei Salomão.
4. O fogo vindo da nuvem de glória para consumir o sacrifício do grande altar no Pátio.
5. A prostração da congregação em adoração e louvor nos pátios da Casa do Senhor.

Isso parece semelhante à ordem da descida do Senhor na dedicação do Tabernáculo de Moisés no Monte Sinai (Êx 40.34-38; Lv 9.22-24; 10.1-3).

O Tabernáculo foi concluído de acordo com o padrão divino. Os sacrifícios dedicatórios foram oferecidos no altar, que havia sido dedicado durante 12 dias (Nm 7).

A nuvem-glória de Deus veio do Monte Sinai e encheu o Tabernáculo do Senhor. Fogo veio da glória e consumiu os sacrifícios. O povo prostrou-se sobre o rosto diante do Senhor.

Assim, parece ter havido a mesma ordem na dedicação do Templo de Salomão e na descida da nuvem de glória e fogo.

Na história de Israel, *"glória"* e *"fogo"* estão geralmente associados:

- A coluna de nuvem de glória e fogo guiou o povo de Israel no deserto (Êx 13).
- O fogo de Deus caindo sobre o sacrifício foi o selo da aceitação de Deus.
- É possível que o fogo tenha selado o sacrifício de Abel e sua aceitação (Gn 4; Hb 11.4).
- O fogo selou os sacrifícios na dedicação do Tabernáculo de Moisés (Lv 9.22-24).
- O fogo selou o sacrifício de Davi na eira de Araúna (1 Cr 21.26).
- O fogo selou o sacrifício de Elias na restauração do altar de Israel no Monte Carmelo (1 Rs 19).
- O fogo selou os sacrifícios de Salomão na dedicação do Templo (2 Cr 7.1-3).

O mesmo ocorreu no dia de Pentecostes. "Línguas como de fogo" selaram os 120 discípulos enquanto eles apresentavam a si mesmos como sacrifícios vivos ao Senhor Jesus Cristo no dia da dedicação da Igreja e da casa do Senhor da nova aliança (At 2.1-4).

Os sacrifícios dedicatórios (1 Rs 8.62-64; 2 Cr 7.4,5)

Com a glória do Senhor enchendo a casa e o fogo de Deus queimando no altar, Salomão e Israel ofereceram ao Senhor numerosos sacrifícios no mesmo dia. Foram 22.000 bois e 120.000 ovelhas, fazendo um total de 142.000 ofertas.

Havia holocaustos e ofertas pacíficas com ofertas de cereais. Estas eram ofertas voluntárias.

A oferta pelo pecado e pela culpa não foram mencionadas. Elas teriam de ser oferecidas pelos sacerdotes, não pelo rei Salomão.

Assim, Cristo como nosso sacerdote, ofereceu a si mesmo no Calvário por nosso pecado e culpa.

Na edificação da casa do Senhor, os crentes se oferecem a si mesmos como ofertas voluntárias (Sl 110). O povo de Deus é uma oferta voluntária no dia do poder do Messias.

Salomão apresentou-se como um "sacrifício vivo".

Salomão e todo o Israel apresentaram milhares de sacrifícios de animais.

Tudo aponta para o fato, primeiramente, de que Cristo entregaria a si mesmo como sacrifício vivo e voluntário uma vez por todas pelo pecado (Dn 9.24-27; Hb 9,10). Mas o que eram todos os sacrifícios do Antigo Testamento comparados com a glória do sacrifício sem pecado e perfeito de Cristo (Ef 5.2; Is 53)? Nenhuma oferta de animal poderia ser comparada à sua oferta divino-humana.

Os crentes também devem se apresentar como "sacrifícios vivos" completos, santos e aceitáveis a Deus, que é o seu culto racional e sacerdotal (Rm 12.1,2).

Os crentes também apresentam "sacrifícios espirituais" a Deus como um sacerdócio real. Salomão oficiou como rei-sacerdote naquele dia. Sob a nova aliança, os crentes são reis e sacerdotes, chamados para oferecer sacrifícios ao Senhor, aceitáveis a Deus, através de Jesus Cristo (1 Pe 2.5-9; Ap 1.6; 5.9,10).

A bênção

O rei Salomão abençoou o povo no final do dia da dedicação (2 Cr 6.4-11).

Melquisedeque, como rei-sacerdote, abençoou o pai Abraão (Gn 14.19).

O rei Davi, como rei-sacerdote, também abençoou a nação (2 Sm 6.18).

O rei Salomão, como rei-sacerdote (no sentido figurativo) abençoou a nação aqui também.

É significativo que o sumo sacerdote não é mencionado em nenhum momento dessa dedicação do Templo. A ênfase está sobre o *rei*, o rei Salomão.

Tudo isso aponta para Cristo que sacrificou como *sacerdote*, mas que está agora no céu como *o rei*, o rei-sacerdote, Rei dos reis e Senhor dos senhores, e agora abençoa sua Igreja (Zc 6.13).

Resumo

A seguir, destacamos as principais comparações entre a dedicação do Tabernáculo de Moisés e o Templo de Salomão.

Dedicação do Tabernáculo de Moisés		Dedicação do Templo de Salomão
Monte Sinai	—	Monte Moriá
O sacerdote Moisés	—	O rei Salomão
Edificado por revelação divina	—	Edificado por revelação divina
Preparação de materiais	—	Preparação de materiais
Nenhum músico ou cantor	—	Cantores e músicos
Adoração silenciosa e temor	—	Adoração davídica e alegria
Festa de Pentecostes	—	Festa dos tabernáculos
Sacerdotes com linho branco	—	Sacerdotes com linho branco
A nuvem de glória desce	—	A nuvem de glória desce
O fogo da glória no altar	—	O fogo da glória no altar
Altar de bronze medindo 5 x 5 x 3 côvados	—	Plataforma de bronze medindo 5 x 5 x 3 côvados
Sacrifícios de animais	—	Sacrifícios de animais no grande altar
Selados pelo fogo	—	Selados pelo fogo
Moisés e Arão diante de Deus	—	Salomão apresenta a si mesmo
A bênção de Moisés	—	A bênção de Salomão

A cerimônia de dedicação é repleta de lições para a Igreja. A Igreja, o povo de Deus, é agora o Templo de Deus. O Espírito Santo é a glória Shekinah no meio do seu povo. O nome, a Lei, a Presença e a glória do Senhor permanecem em sua Igreja. Ali, os crentes fazem sacrifícios espirituais ao Senhor no sacerdócio da nova aliança, um sacerdócio real. O Senhor deseja que mantenhamos um templo puro e santo para seu lugar de habitação (1 Co 3.16; 1 Tm 3.15,16; 1 Pe 2.5-9).

VESTES DO SUMO SACERDOTE E DO SACERDOTE LEVITA

CAPÍTULO 36

OS VINTE E QUATRO TURNOS E AS ORDENS DO TEMPLO

Com a dedicação do Templo concluída e selada pela descida da glória-Presença do Senhor, agora a ordem divina dos turnos sacerdotais e seu ministério poderiam começar a funcionar conforme revelado a Davi.

Os detalhes desses diversos turnos são exibidos em vários capítulos de Crônicas (1 Cr 23-27). Esses capítulos são dedicados aos detalhes básicos dos turnos pertencentes aos serviços do Templo e aos serviços do rei. (Ver também 2 Cr 8.14).

A verdade predominante é encontrada no uso significativo do número 24, conforme estabelecido nesses turnos, ou do número doze. O número doze, como já foi visto, é o número do governo apostólico. O número 24 é o número dos turnos sacerdotais e suas ministrações. Combinados, temos o conceito do governo divino e apostólico nas ministrações sacerdotais na casa do Senhor.

Era em seu serviço ao Senhor, em seus turnos, que os sacerdotes podiam atuar segundo a ordem divina, contemplar a beleza do Senhor e meditar em seu Templo.

OS TURNOS DOS LEVITAS EM RESUMO (1 CR 23.1-32)

Um resumo desse capítulo fornece as seguintes informações com relação ao serviço dos levitas.

1. Vv. 1,2

Os levitas da idade de trinta anos para cima totalizavam 38.000. A lei de Moisés proibia que os levitas fossem numerados com Israel, pois toda essa tribo foi dada como um presente para Arão e seus filhos, à casa dos sacerdotes, e em serviço a eles. Os levitas foram dados para a obra do Tabernáculo, ao Santuário e agora para os serviços do Templo. 30 era a idade para o serviço no sacerdócio, a idade da consagração (Observe: Nm 1-4, e também Lc 2.23; Hb 7.28).

Jesus, como nosso sumo sacerdote, tinha 30 anos de idade quando foi ungido para o serviço junto ao Pai.

2. V. 3

Ao todo, temos 38.000 levitas que foram separados para o serviço do Templo.

3. Vv. 4,5

Esses versículos relatam como os levitas foram divididos para os serviços no Templo. 24.000 deveriam supervisionar a obra da casa do Senhor. 6.000 eram oficiais (escribas) e juízes (magistrados). 4.000 eram porteiros (observe 1 Cr 26.1). 4.000 eram músicos que deveriam louvar ao Senhor com os instrumentos de Davi (observe 1 Cr 25.1; Am 6.5).

4. V. 6

Eles foram repartidos em turnos de acordo com os três filhos de Levi e divididos em rodízios em seu serviço da casa de Deus.

5. Vv. 7-23

Aqui as três divisões são resumidas de acordo com a casa de seus pais:

O turno de Gerson (vv. 7-11. Observe Lc 1.5 – O turno de Abias) – Esses estavam em suas divisões de acordo com a casa de seus pais. Ao todo temos 18 casas mencionadas.
O turno de Coate (vv. 12-20 com 24.20-31) – Novamente, esses foram agrupados pela casa de seus pais. A família de Moisés era geralmente contada entre os levitas como de uma mesma tribo. No capítulo 24.20-31, temos maiores detalhes das sortes lançadas diante do rei Davi, Zadoque e Aimeleque para seus serviços na Casa de Deus.
*O turno de Merari (*vv. 21-23) – Aqui seis são nomeados de acordo com a casa de seus pais.

Assim, os turnos foram determinados de acordo com os três filhos de Levi (1 Cr 6.1-3). Ao todo, temos 9 + 9 + 6 = 24 turnos. Esses tinham de trinta anos para cima, e serviam nas tarefas sacerdotais.

6. Vv. 24-27

É significativo notar que, embora Moisés tivesse determinado a idade de 30 anos para o ministério dos levitas, Davi baixou a idade do serviço para 20 anos de idade ou acima (Nm 1.3; 4.3; 8.24).

Com a nação no ápice de sua glória, sob o governo de Davi e Salomão, havia necessidade de aumentar o número de trabalhadores da casa do Senhor. Assim, Davi baixou a idade para o serviço dos levitas de trinta para vinte anos de idade.

7. Vv. 28-32

Nesses versículos, temos o ministério dos levitas. Seu ofício seria apoiar os filhos de Arão para os serviços da casa do Senhor. Aqui eles deveriam servir:

1. Nos Pátios, Externo e Interno.
2. Nas câmaras, sacerdotais e do tesouro.
3. Na purificação das coisas santas.
4. Os serviços na casa de Deus.
   Para os pães da Presença.
   Para as ofertas de cereais.
   Para os bolos sem fermento de todos os tipos.
5. Nas ofertas de ações de graça e de louvor ao Senhor de manhã e à tarde.
6. Nos sacrifícios para:
   Os sábados;
   As luas novas;
   Os dias de festa.
7. Na manutenção da ordem da casa do Senhor, do Lugar Santo e da ordem dos filhos de Arão na casa do Senhor.

Todos tinham sua função e responsabilidade individuais como sacerdotes da Casa do Senhor. O sacerdócio era um corpo em funcionamento e cada membro do sacerdócio atuava como um membro para cumprir o serviço ao Senhor e ao Israel de Deus. Tudo encontra cumprimento no sacerdócio da nova aliança, no qual todos os crentes atuam como muitos membros do Corpo de Cristo (1 Co 12).

A divisão dos filhos de Arão (1 Cr 24.1-19)

Nesse trecho, temos um resumo dos turnos para a casa de Arão, a casa do sumo sacerdote.

1. V. 1

Arão e seus filhos são nomeados aqui.

2. V. 2
Nadabe e Abiú morreram diante do Senhor e não tinham descendência; assim, Eleazar e Itamar executaram os ofícios sacerdotais.

3. Vv. 3,4
Dos filhos de Eleazar e Itamar nós temos 16 chefes das famílias e 8 chefes das famílias, respectivamente, totalizando 24 homens.

4. Vv. 5-19
Sortes foram lançadas diante do Senhor, do rei, dos príncipes e dos principais sacerdotes para saber qual dos turnos serviria. Tudo foi escrito em um livro pelo escriba.

As Escrituras tornam claro que, no lançamento das sortes nos tempos do Antigo Testamento, a soberania divina era evidenciada. "A sorte se lança no regaço, mas do SENHOR procede toda decisão" (Pv 16.33; Lv 16.8-10; Mt 27.35; At 1.26; Js 18,19).

Assim, temos vinte e quatro sortes lançadas para os 24 turnos da casa de Arão, a casa sacerdotal da tribo de Levi, que foram os governadores da casa de Deus (v. 5). Não podemos nos esquecer de que os levitas serviam aos sacerdotes como "diáconos".

É Deus quem decide onde, quando e como seus redimidos servirão em seu Templo. O lançamento de sortes removeria toda a inveja, o temor de favoritismo ou fraude, e assim todos reconheceriam a escolha do Senhor para o serviço. Assim é no Corpo de Cristo dos tempos do Novo Testamento. Deus estabelece no corpo os membros, os dons, os ministérios e as funções como melhor lhe apraz.

Os turnos dos cantores e músicos (1 Cr 25.1-31)

Em 1 Crônicas 23.4,5, observamos que 4.000 foram escolhidos para louvar ao Senhor com os instrumentos que Davi fizera.

Nesse capítulo, Davi resume os quatro turnos dos cantores e músicos. O ministério de música e instrumentos desempenhou um importante papel nos serviços do Templo, assim como os hinos e a música encontram um importante lugar no Templo da nova aliança, a Igreja.

Nos turnos dos cantores e músicos, existem lições espirituais para a Igreja. A seguir, observaremos algumas.

1. Vv. 1-5
Os filhos de Asafe, Hemã e Jedutum foram separados para o serviço de instrumentos e música:

Asafe, quatro filhos (v. 12). Asafe significa "ajuntador".
Jedutum, seis filhos (v. 3). Jedutum significa "louvor".
Hemã, 14 filhos (vv. 4,5). Hemã significa "confiável" ou "fiel".
Ao todo, temos 24 filhos.

2. V. 6
Todos estavam sob a direção de seus pais para os hinos e a música na Casa do Senhor, de acordo com a ordem do rei Davi.

Observe as significativas expressões relativas a seu ministério:

Eles profetizavam com instrumentos (vv. 1-3 com 2 Rs 3.15).
Eles davam ações de graças e louvor ao Senhor (v. 3).
Eles erguiam o chifre com as palavras de Deus (v. 5).

Eles eram separados para este serviço (v. 1).
Eles estavam sob as mãos de um instrutor (vv. 2,3,6).
Eles foram habilitados e adestrados em seu ministério (v. 7).
Eles ministravam em seus respectivos turnos (v. 8).
Eles eram mestres (mestres de música) e discípulos (v. 8).
Eles foram instruídos nos cantos do Senhor (v. 7).
Eles tinham instrumentos musicais de harpas, saltérios e címbalos (v. 1 com Am 6.5 e 1 Cr 23.5).

3. V. 7
Eles totalizavam 288 (ou 12 x 24 = 288, ou 2 x 144).

4. Vv. 8-31
Esses versículos estabelecem as 24 sortes dos 12 que ministrariam em seus respectivos turnos.

No livro deste autor, *Os Segredos do Tabernáculo de Davi*, esses fatos são tratados com mais detalhes. A ordem de música e instrumentos em Israel, estabelecida no Tabernáculo de Davi, é agora incorporada à ordem do Templo, no coral do Templo e na sua orquestra (Am 8.3).

Cânticos e música têm sempre desempenhado um papel importante na história de Israel, assim como na da Igreja. O levantamento e a queda espiritual da nação estavam refletidos em sua música, assim como é hoje na vida de um crente de forma pessoal, e na Igreja, de maneira coletiva:

- O cântico de Moisés é a primeira canção registrada na Bíblia, após a grande libertação da escravidão do Egito (Êx 15).
- O cântico de Débora também surgiu da vitória sobre os inimigos de Israel (Jz 5).
- Os cânticos de Davi cobrem uma vasta gama de temas, conforme visto no livro dos Salmos (2 Sm 23.1,2).
- Os cânticos de Sião não poderiam ser cantados no cativeiro babilônico (Sl 137; Sl 126; Is 44.23; 42.11).
- Continuamente, através da história de Israel, havia novos cânticos (Sl 33.3; 40.3; 96.1).

Assim como a revelação final do que pertence ao Templo encontra seu cumprimento no livro de Apocalipse, o mesmo ocorre com o ministério da música e dos cânticos. Aquilo que é visto, tanto no Tabernáculo de Davi quanto no Templo de Salomão, é combinado na revelação da ordem de adoração como mostra nosso contraste e comparação:

Tabernáculo e Templo		**Apocalipse**
Davi e três cantores principais	—	Quatro seres viventes
24 turnos	—	24 anciãos
Os 288 (2 x 144) cantores	—	Os 144.000 cantores
Novos cânticos	—	Novo cântico
Harpas de Deus	—	Harpas de Deus
Vestidos com linho branco	—	Vestidos com linho branco
Coral do Templo	—	Coral celestial
Cânticos da criação e redenção	—	Cânticos da criação e redenção
Os milhares de Israel	—	Milhares de redimidos
A nação escolhida	—	Pessoas de toda tribo, língua, povo e nação

Quem deseja se aprofundar, deve considerar as seguintes passagens relativas a esses assuntos: 1 Cr 15.22,27; 16.37-43; 25.1-7; 2 Cr 29.26-28; Sl 47.6, 7; 68.25; 134.1,2; Cl 3.16; Ef 5.18,19; Mt 26.30; Ap 4.1-11; 5.1-14; 7.1-4; 14. 1-11.

O ministério de música e de cânticos encontra sua expressão perfeita e mais rica na cidade de Deus, ao redor do trono de Deus e do Cordeiro, por toda a eternidade. Aquilo que ocorreu no Templo de Salomão foi uma figuração profética da música e dos cânticos eternos, provenientes do coração dos redimidos da terra, de cada povo, língua, tribo e nação, o Israel espiritual de Deus.

Os turnos dos porteiros (1 Cr 26.1-32)

Em 1 Crônicas 23.5, temos o relato de que 4.000 dos levitas foram também separados para serem porteiros do serviço da casa do Senhor. Eles eram filhos de Gérson, Coate e Merari (1 Cr 23.6 com 26.1, 10,21).

Nesse capítulo, vemos que esses porteiros guardavam as portas do Templo e havia os que guardavam as câmaras do tesouro.

1. Os porteiros nas portas (vv. 1-19)

a. Meselemias (vv. 1-3,9)

Sete filhos mais 18 descendentes: 25 ao todo.

b. Obede-Edom (vv. 4-8)

72 descendentes citados aqui. Deus abençoou a casa de Obede-Edom por causa do seu fiel cuidado para com a arca de Deus (2 Sm 6.11,12; Sl 127.5).

Todos eram homens fortes, poderosos, de valor e capazes para o serviço da casa de Deus. Tal era necessário para guardar as portas dos Pátios e do Templo do Senhor.

A vigilância das portas era também designada por sortes. Ao todo, temos 24 guardas das portas, vigiando diariamente as portas do norte, sul, leste e oeste (vv. 10-19; 1 Cr 9.18; 25; 2 Cr 8.14).

Esses seriam responsáveis pelas divisões de 4.000 porteiros, supervisionando o Templo, tanto de dia quanto de noite.

A tarefa desses porteiros implicava vários serviços relativos à Casa do Senhor. As tarefas impostas a eles eram semelhantes às dos levitas definidas por Moisés para o serviço do Tabernáculo (Nm 3):

- Eles deveriam guardar as portas da casa do Senhor, as portas dos Pátios Interno e Externo, e as portas do Templo de Deus (2 Cr 35.15).
- Eles deviam impedir que qualquer pessoa não autorizada entrasse por esses portões, para que ninguém imundo profanasse a habitação do Senhor (2 Cr 23.19).
- Eles deveriam resistir a qualquer insolente, tal como o rei Uzias, que tentou entrar na casa do Senhor para queimar incenso. Ele pecou contra si mesmo na Casa de Deus (2 Cr 26.20-21).

Por isso, Deus tem em sua Igreja hoje aqueles que são "os guardas das portas", guardando a porta e mantendo fora aqueles que tentam tocar nas coisas divinas, mesmo estando em pecado.

2. Os porteiros dos tesouros consagrados (vv. 20-32)

Certo número de levitas estava encarregado dos tesouros da Casa de Deus e dos tesouros das coisas consagradas. Observe o uso da palavra "tesouro" nos versículos 20, 22, 24, 26, e o uso da palavra "consagrado" nos versículos 20, 26, 27 e 28.

Os tesouros do Senhor são as dádivas dedicadas por seu povo para manter sua casa. Vários deles são mencionados pelo nome de quem os dedicou ao Senhor:

- Davi, o rei, consagrou tesouros para a casa do Senhor (v. 26).
- Os principais chefes de família e capitães fizeram o mesmo (v. 26).
- Samuel, o profeta, dedicou tesouros (v. 28).
- Até mesmo o rei Saul dedicou tesouros (v. 28).
- Abner também (v. 28).
- Joabe também (v. 28)
- Outros da nação de Israel (v. 28).

Essas dádivas consagradas vinham dos despojos de guerra e foram usadas para manter a casa do Senhor (v. 27).

Igualmente, hoje, os membros do corpo de Cristo dedicam a si mesmos e todas as coisas ao Senhor para seu serviço. E esses são os tesouros do Senhor em sua casa.

Juntos, os guardas das portas e os guardas do tesouro eram os porteiros para guardar o Templo e seus tesouros dia e noite.

3. Os porteiros das coisas santas (1 Cr 9.18-34)

O estudante deve se reportar ao capítulo das câmaras do Templo, pois parece que alguns dos porteiros tinham o encargo de outras coisas na casa do Senhor. Nessa porção das Escrituras, temos o seguinte:

- Porteiros sobre as portas do rei.
- Porteiros sobre as portas do Tabernáculo (isto é, a habitação do Senhor)
- Porteiros nas portas, totalizando 212.
- Porteiros sobre as câmaras e os tesouros da casa de Deus.
- Porteiros cuja tarefa incluía:
  Os depósitos na casa do Senhor
  Os tesouros da casa de Deus
  Os utensílios da casa
  Os ingredientes das ofertas de cereais
  Os ingredientes do azeite ungido
  A preparação dos pães da Presença
  Os cantores empregados em seu ministério
  As ofertas para a preparação da casa do Senhor (2 Cr 34.9; 31.14; 2 Rs 12.9-11; 22.4).

Todos tinham seu ministério particular a cumprir com relação à casa do Senhor.

A IMPORTÂNCIA DOS PORTEIROS

Os porteiros eram como vigias, ministros do Senhor, em suas diversas posições de responsabilidade na casa do Senhor. Eles foram consagrados ao ministério (Ne 13.22).

Da mesma forma, os ministros de hoje são os vigias do Senhor (Ez 3.17; 33.7; Is 21.11).

O porteiro abre a porta para o verdadeiro pastor (Jo 10.3). O vigia precisa vigiar para impedir que pessoas e coisas profanas entrem na Casa do Senhor (At 20.27-31; 2 Tm 4.5; Ap 3.2,3).

Os porteiros precisam ser vigilantes, esforçados e de valor para resistirem a qualquer um que queira entrar pelas portas do Senhor de forma insolente.

O vigia precisa guardar os tesouros do Senhor, as coisas que têm sido preparadas na casa do Senhor (1 Co 4.1; 2 Co 4.7; 1 Pe 4.10; Ef 4.11-13).

O perverso rei Acaz tomou os tesouros da casa do Senhor e enviou-os à Assíria (2 Rs 16.8). É responsabilidade da verdadeira liderança vigiar sobre a casa do Senhor, seu povo, seus tesouros. Ao fazer isso eles serão verdadeiros porteiros.

Mais uma vez, salientamos os 24 "porteiros" da cidade de Deus em Apocalipse. Havia os doze apóstolos do Cordeiro, cujos nomes estavam na fundação da cidade. Há os doze mensageiros anônimos (anjos) nos portões da cidade. Juntos, são dois grupos de 12, totalizando 24. E todos os que entram pelos portões da cidade passarão por esses porteiros e por aquilo que eles representam. Nada que é profano entrará na santa cidade de Deus (Ap 21,22).

Os oficiais e juízes (1 Cr 26.29-32)

Em 1 Crônicas 23.4, Davi também designou 6.000 oficiais e juízes para a obra do Senhor. Nessa passagem, o trabalho desses homens é especificado. Eles seriam designados para os negócios externos sobre Israel, os negócios do Senhor e o serviço do rei.

Nesse lado do Jordão, havia um chefe sobre 1.700 oficiais para os negócios do Senhor (v. 30), e um chefe sobre 2.700 legisladores para as coisas do Senhor e do rei (v. 32). Talvez o remanescente de 1.600 servisse em outras áreas dos negócios do rei, embora não seja especificado aqui.

A lição a ser aprendida é que os negócios do Senhor requerem uma liderança responsável e capaz, tanto no Antigo Testamento quanto na igreja do Novo Testamento.

Os doze príncipes de Israel (1 Cr 27.1-34)

Em nossa parte final lidando com os turnos de Israel, vemos que Davi estabeleceu os doze capitães ou príncipes de Israel que serviam nos doze meses do ano em seus turnos particulares.

Cada príncipe tinha um turno de 24.000 homens. Esses deveriam permanecer no exército de Israel, todos alistados no serviço do rei. Provavelmente haviam regimentos de 1.000 cada um, totalizando 24 regimentos de 24.000, as companhias de 100 homens tendo 240 centuriões. Esses compunham doze legiões de acordo com o número das doze tribos de Israel.

Cada legião consistia de 24.000 homens servindo em cada mês através de rodízio, estabelecidos em Jerusalém e em outros lugares que o rei designasse. A vontade deles deveria ser a vontade do rei.

Um resumo do capítulo traz o seguinte:

V. 1 – Os chefes de família, capitães e oficiais dos milhares e centenas de Israel servindo ao rei mês após mês, tendo cada um seu turno de 24.000 homens.
Vv. 2-15 – Os doze capitães são nomeados com seus turnos de 24.000 homens.
Vv. 16-22 – As tribos foram nomeados aqui com seus doze chefes também (Aser não é mencionado, mas é provavelmente representado em outra tribo).
Vv. 23,24 – Apenas aqueles de vinte anos para cima foram contados em Israel para a guerra (Observe Nm 1.1-4).
Vv. 25-34 – Nesses versículos, temos aqueles que estavam supervisionando as possessões do rei. Observe os doze príncipes de Salomão que forneciam mantimentos para o reino (1 Rs 4.7,1-19).

Assim, todo o Israel era observado pelo Senhor em seus 24 turnos, ou 24.000 com doze líderes sobre eles, representando a todos diante do Senhor. Dessa forma, o sumo sacerdote tinha os doze nomes das doze tribos de Israel em seu peitoral e representava a todos diante do Senhor em suas ministrações.

O significado espiritual na Igreja

Concluímos este capítulo destacando as mais significativas verdades na ordem de Israel.

Os números ou múltiplos dos mesmos eram os doze chefes, 24 turnos, os 24.000 em seus turnos e também no número 144.

1. No Tabernáculo

Esses mesmos números foram mencionados previamente conforme vistos no Tabernáculo de Moisés.

Pensemos nos doze pães da Presença, o número doze nas hastes do candelabro de ouro, os doze príncipes e suas dádivas na dedicação do altar de bronze, com os doze bois e os 6 vagões.

Consideremos as 24.000 almas representadas nas quatro bases de prata nas colunas do véu.

Pensemos nas 4 x 144.000 = 576.000 almas redimidas representadas nas 96 bases de prata das tábuas do santuário. Novamente, pense nas cortinas de pêlo de cabra, especialmente nas 6 sobre o Lugar Santo e a área das cortinas de pêlo de cabra com 5 x 144 côvados.

2. No Templo

Os muitos números "12" e seus múltiplos já foram mencionados no próprio Templo. Havia os 12 pães da Presença nas mesas. Então, temos os 12 príncipes, os 24 sacerdotes em operação, os 24 porteiros nas portas, representando os 24.000 e os milhares de Israel diante de Deus. Então, temos 2 x 144 = 288 cantores e 12 x 24.000 = 288.000 em seus turnos.

As medidas do Templo, especialmente do Lugar Santo, também representavam múltiplos de 12.

3. No Apocalipse

O livro do Apocalipse revela a plenitude do número doze e de seus múltiplos.

Aqui, temos as doze estrelas na coroa da noiva de Cristo (Ap 12.1).

Vemos 24 anciãos ao redor do trono de Deus e do Cordeiro. Então, temos os doze apóstolos no fundamento da cidade-noiva e os doze mensageiros nos doze portões, totalizando 24.

O muro da cidade tem uma altura de 144 côvados. Ali, estão os 12.000 escolhidos de cada uma das doze tribos de Israel, totalizando 144.000 que são os redimidos da terra. Estes têm harpas e cantam um novo cântico no Monte Sião.

Doze tipos de frutos vinham da árvore da vida para os doze meses do ano. A cidade de Deus media 12.000 estádios (Ap 4,5,21,22 – ARC/ARA).

Os números 12 e 24 têm sido considerados números do governo apostólico e das ministrações sacerdotais. Múltiplos de cada um deles intensificam essa verdade. O governo completo e perfeito de Deus será manifesto em seu povo que está numa ordem eterna de reis e sacerdotes, redimidos de todas as épocas da terra.

O Novo Testamento mostra que todos os crentes são reis e sacerdotes do Corpo de Cristo. Todos têm um lugar, e possuem uma função a cumprir. Todos têm a responsabilidade de servir ao Senhor em seus ministérios distintos em sua casa.

Essas são as maiores lições que nós aprendemos dos turnos do templo, que Davi determinou segundo a revelação divina.

CAPÍTULO 37

A VISITA DA RAINHA DE SABÁ

O Templo de Salomão foi uma das maravilhas do mundo então conhecido. As Escrituras dizem como os reis e as rainhas de todas as nações vinham ouvir da sabedoria de Salomão e ver a casa que ele tinha edificado ao Senhor, assim como a glória de seu reino (1 Rs 4.29-34).

Um dos mais detalhados relatórios desse fato é dado em Reis e Crônicas com relação à visita de uma rainha gentia, a rainha de Sabá. Ele veio dos confins da terra para ouvir e testemunhar da sabedoria de Salomão. Esse fato foi tão importante que o próprio Senhor Jesus Cristo falou a respeito dele. O Senhor disse à sua geração como a rainha de Sabá veio dos confins da terra para ouvir da sabedoria de Salomão, e "aqui está quem é maior do que Salomão" (Mt 12.38-42).

A visita dela, assim como as outras visitas dos reis, rainhas e povos gentios, eram proféticas da vinda dos gentios, juntamente com Israel, para ver a sabedoria de Deus na Igreja, a casa da nova aliança do Senhor.

Destacamos algumas das coisas que impressionaram a rainha de Sabá, relativas ao reino e à sabedoria de Salomão, e a casa do Senhor e o seu reino. Na igreja devemos ver a multiforme sabedoria de Deus. Ali, deve estar a excelência que glorifica a Deus e não ao homem. Os estrangeiros que não conhecem ao Senhor devem ver na Igreja a sabedoria do Senhor.

Quem deseja se aprofundar deve pesquisar cuidadosamente os detalhes encontrados em 1 Reis 10.1-10 e 2 Crônicas 9.1-9. A rainha de Sabá "viu" e "ouviu" a excelência do reino de Salomão.

1. A excelência da fama do nome do Senhor

1 Reis 8.16-21, 29-35, 42,43. O Templo havia sido edificado no nome do Senhor. Reis pagãos edificavam templos para suas deidades, mas o Templo foi edificado para o verdadeiro Deus.

Ele deveria ser sempre um lugar para seu nome (Dt 12,16).

A Igreja é a habitação do nome do Senhor, no nome do Senhor Jesus Cristo (Mt 28.18-20; 18.15-20; 2 Tm 2.19).

2. A excelência da casa que Salomão edificara

Salomão foi um sábio construtor. Paulo foi um sábio construtor. A Igreja é a casa espiritual de Deus para ser cheia com sua glória. A casa do Senhor será estabelecida nos últimos dias, consagrada ao seu Nome (1 Co 3.9,10; 1 Pe 2.5-9; Hb 3.1-5; 1 Tm 3.15; Sl 127.1; Is 2.1-5; Ag 1.7,8).

3. A excelência do banquete em sua mesa

A rainha de Sabá viu a comida na mesa. A Igreja deve ter boa comida na mesa para o faminto (Hb 5.12-14; Ml 3.8-10; 1 Co 3.1-3; Jo 4.32-34).

4. A excelência no assentar de seus criados

O crente está assentado com Cristo nos lugar celestiais em Cristo Jesus, na mesa do rei (Ef 2.6; Ap 3.21; 2 Sm 9.1-13).

5. A excelência no serviço de seus criados

O serviço fala de seus ofícios, seu lugar, sua posição e permanência na presença do rei (Sl 134). O crente deve se portar na casa do Senhor de forma adequada a quem serve a um rei.

6. A excelência do vestuário dos criados

A rainha de Sabá ficou impressionada com o vestuário deles. A Igreja deve se vestir com o linho fino da justiça, que é a única veste aceitável a Deus (Is 52.1; 61.3,10; Ap 19.7,8).

7. A excelência dos copeiros

Os copeiros eram os mordomos. Essa era uma posição de responsabilidade diante do rei. Eles tinham de provar qualquer coisa antes de ser dada ao rei. Assim, são aqueles na Casa do Senhor que cumprem sua função (Ne 2.1; Gn 40.9-13).

8. A excelência da subida de Salomão à casa do Senhor

A rainha de Sabá ficou impressionada com a subida de Salomão à Casa do Senhor. Muito mais deveria o incrédulo ficar impressionado com nossa entrada na Casa do Senhor (Sl 100.4; 24.3,4; 122.1,2). Ao irmos à casa do Senhor, devemos ficar alegres.

9. A excelência na alegria de seus servos

Os servos de Salomão estavam felizes em servir-lhe. Eles serviam com alegria, alegria na presença de seu rei. A alegria é um sinal infalível da presença do Senhor. A alegria do Senhor é a nossa força (Sl 1.1-3; Mt 5.1-12; Sl 144.12-15; Jo 13.17).

10. A excelência de sua sabedoria divina

Sabedoria, conhecimento e entendimento caracterizavam tudo o que Salomão dizia e fazia. Através da sabedoria, uma casa é edificada. Os principados e potestades nas regiões celestiais devem contemplar a multiforme sabedoria do Senhor na Igreja e no crente (Pv 1.1-6; 24.3,4; Ef 3.10).

A rainha de Sabá ficou admirada com tudo que viu e ouviu. Ela quase desfaleceu. Ela bendisse ao Senhor e a Salomão por tudo o que vira e ouvira. Uma rainha gentia reconheceu o verdadeiro Deus de Israel por causa da sabedoria que ela tinha visto. Ela deu presentes a Salomão, e voltou ao seu país com um grande testemunho da grandeza do Deus de Israel e de seu rei.

Que grandes lições podemos encontrar aqui, para os crentes individualmente e para a Igreja como um todo. Em vez de tolice e ignorância, o homem irregenerado deveria contemplar a glória, a sabedoria e o conhecimento de Deus em sua Igreja. Eles deveriam ser capazes de reconhecer que Deus está no meio de sua Igreja e ser convencido das coisas divinas.

Um maior do que Salomão está aqui, o justo Rei dos reis e Senhor dos Senhores, o próprio Senhor Jesus. Ele reina em sua casa, em sua Igreja, e deseja manifestar a plenitude da sabedoria de Deus. Desse modo, os gentios verão a glória do reino de Deus.

O servo etíope de Candace, rainha da Etiópia, encontrou o Senhor Jesus Cristo como seu próprio Salvador pessoal sob o ministério e a sabedoria de Filipe, o evangelista. Isso prefigurava a vinda dos gentios à Igreja, à casa de Deus, nestes últimos dias (At 8; Is 2.1-4).

A Igreja deve almejar a excelência sem extravagância!

O SUMO SACERDOTE EM SUAS VESTES DE GLÓRIA E BELEZA

CAPÍTULO 38

ALGUÉM MAIOR DO QUE O TEMPLO

O Senhor Jesus Cristo disse que havia alguém "maior que o templo" (Mt 12.6). Ele também afirmou: "Eis aqui está quem é maior do que Salomão" (Mt 12.42).

Nós sabemos que esse não é outro senão o próprio Senhor Jesus Cristo. Ele é *o* Tabernáculo, *o* Templo de Deus. Tudo o que foi tipificado, simbolizado e profetizado no material do Templo apontou e encontrou cumprimento pessoalmente em Cristo.

No tempo em que todo o Templo externo foi devastado, o profeta Ezequiel disse às pessoas: "Assim diz o SENHOR Deus... lhes servirei de *santuário*, por um pouco de tempo, nas terras para onde foram" (Ez 11.16). O Santuário não é mais um *lugar*, mas uma *pessoa*!

É absolutamente significativo o fato de que a glória de Deus nunca mais retornou a um Templo material, reconstruído sob o ministério dos profetas da época da restauração.

Contudo, no Monte da Transfiguração, Jesus Cristo é visto como *o Templo* de Deus. E a luz-glória Shekinah e a nuvem o envolveram, enquanto a voz do Pai falou da nuvem: "Este é o meu Filho amado, em quem me comprazo; *a ele ouvi*" (Mt 17.1-5; Jo 1.14-18; 2.20,21).

Nós adoramos aquele que é o Tabernáculo e o Templo, não como um lugar, mas como uma pessoa. Ele é o cumprimento pessoal de tudo aquilo que foi simbolizado e tipificado materialmente. Ele é o Templo puro e santo de Deus, incorruptível e cheio da glória do Pai, em quem a plenitude do nome de Deus habita. Adorar no Templo hoje é adorar a Deus em Cristo que é *o Templo* (Jo 2.19-21; Cl 2.6.19).

Nesse lugar, está *um* maior do que o Templo. Como ou de que forma Cristo é maior do que o Templo?

- O Templo foi edificado pela sabedoria de Deus.
- Cristo é a sabedoria de Deus personificada.
- O Templo foi edificado de acordo com o padrão dado pelo Espírito.
- Cristo tornou-se carne de acordo com o padrão dado pelo Espírito.
- O Templo era belo por dentro e por fora.
- Cristo é totalmente desejável, no seu interior e no exterior.
- O Templo era a atração para toda a adoração de Israel.
- Cristo aproxima-nos de Deus, o Pai, com toda a nossa adoração.
- O véu do Templo foi partido quando a plenitude dos tempos chegou.
- Cristo morreu por nossos pecados na plenitude dos tempos.
- O Templo era rico em glória e riqueza inexprimíveis.
- Cristo é a riqueza da glória de Deus Pai.
- O Templo foi profanado e destruído pela Babilônia.
- Cristo era santo, inocente e puro, mesmo assim foi crucificado pelos homens. O Pai o ressuscitou dos mortos.
- O Templo estava num local geograficamente determinado.
- Cristo está universalmente presente pelo Espírito em todo o seu povo.
- O Templo foi edificado por um rei para ministrações sacerdotais.
- Cristo é tanto rei quanto sacerdote, segundo a ordem de Melquisedeque, e constituiu todos os crentes como reis e sacerdotes junto a Deus.

- O Templo era a habitação temporal de Deus, para os sacrifícios.
- Cristo é a habitação eterna de Deus e o sacrifício definitivo.

Conclusão

Nosso estudo chega ao final. O estudo do Templo foi considerado sob um aspecto quádruplo: como um tipo de Cristo, *o* Templo de Deus; em seguida, dos crentes como templos individuais de Deus; da Igreja, como Templo coletivo; e, finalmente, da cidade de Deus, o eterno lugar de habitação dos redimidos.

Com tudo o que foi escrito, em que de fato "cada parte de seu Templo fala de sua glória" (Sl 29.9 – KJV), somente podemos concluir nosso estudo com uma palavra do rei e dos profetas sobre o Templo.

O rei Salomão, que edificou o Templo, reconheceu que o templo material que ele edificou não podia conter a Deus, e que Deus não estava limitado a essa casa. O próprio Salomão disse: "Quem é capaz de construir um templo para ele, visto que os céus não podem contê-lo e nem mesmo os mais altos céus?" (2Cr 2.6; 1 Rs 8.27; 2 Cr 6.18; At 7.47-50).

O profeta Isaías também traz uma pergunta do Senhor: "O céu é o meu trono, e a terra, o estrado dos meus pés. Que espécie de casa vocês me edificarão? É este o meu lugar de descanso?" (Is 66.1,2; Mt 5.34; At 17.24).

O triste fato, tanto nos dias de Jeremias quanto nos dias do Messias, é que os judeus adoraram o Templo de Deus e se esqueceram do Deus do Templo. No ano 70 D.C. Deus permitiu que o Templo fosse totalmente destruído, não mais sendo restaurado, nessa era ou em nenhuma outra (Jr 7.1-7; Mt 23.37,38; 24.1-3).

Habitaria Deus com os homens? Ele o fez na pessoa de Jesus Cristo (Jo 1.14; 2.19-21). Deus habita em Cristo. Cristo habita em seu povo. Nós adoraremos eternamente a Deus e ao Cordeiro no eterno lugar de habitação, do qual todos os lugares de habitação terrenos são proféticos.

Nessa cidade de Deus, não há Templo, pois o Senhor Deus e o Cordeiro são o Templo ali, e a luz é a própria glória de Deus (Ap 21.22-23)!

AMÉM E AMÉM.

CAPÍTULOS COMPLEMENTARES SOBRE O TEMPLO

Os capítulos seguintes tratam dos outros templos nas Escrituras. Contudo, não podemos nos esquecer de que esses templos subseqüentes foram apenas restaurações ou reconstruções do templo original, o Templo de Salomão.

Os capítulos apresentados aqui falam resumidamente desses templos e extraem algumas lições práticas e conclusivas para o crente e para a Igreja hoje. Esses capítulos buscam a resposta para algumas questões válidas, em relação à restauração ou à reconstrução dos templos materiais nesta era ou nas eras por vir. Isso é verdadeiro especialmente com relação à visão do templo da profecia de Ezequiel.

Após estudar esses capítulos, o crente deve alegrar-se eternamente por ser agora o verdadeiro Templo de Deus, do qual todos os templos materiais foram sombras temporais e transitórias.

1. O templo de Salomão – a história do templo 239
2. O templo de Zorobabel 241
3. O templo de Herodes 245
4. O ministério de Cristo e da Igreja com relação ao templo 249
5. O templo na visão de Ezequiel 253
6. O templo em Tessalonicenses 267
7. O templo em Apocalipse 271
8. Problemas de um templo na tribulação 275
9. O tabernáculo e o templo em Hebreus e no Apocalipse 277
10. Os tabernáculos de Moisés e de Davi, o templo de Salomão e a Igreja 279
11. O significado dos números nas Escrituras 281
12. Bibliografia das Escrituras sobre o templo 285

Bibliografia 287

CAPÍTULO 1

O TEMPLO DE SALOMÃO – A HISTÓRIA DO TEMPLO

A história do Templo de Salomão revela a condição espiritual da nação, dos seus reis, sacerdotes e líderes. Sua glória resplandecia ou desaparecia sob lideranças piedosas e impiedosas.

Através dos anos, a casa do Senhor foi saqueada e profanada por reis impiedosos de Judá, Israel ou reis gentios. Sob reis piedosos, houve grandes purificações e novas dedicações nos serviços do Templo. Seus dias finais, contudo, revelam a glória de Deus apartando-se do Oráculo Santo, por causa das grandes abominações que haviam sido trazidas a ele. Os capítulos finais dão um relato de sua destruição sob comando do rei da Babilônia.

Da dedicação do Templo sob o reinado de Salomão em Jerusalém até sua destruição e desolação sob o rei Nabucodosor da Babilônia, temos uma triste história.

A lição aprendida dessa história é resumida por escrito nas cartas de Paulo para os crentes em Corinto: "Vocês não sabem que são santuário de Deus e que o Espírito de Deus habita em vocês? Se alguém destruir o santuário de Deus, Deus o destruirá; pois o santuário de Deus, que são vocês, é sagrado" (1 Co 3.16,17).

A seguir, apresentamos um breve resumo e uma visão geral da história do Templo, desde a sua dedicação até à sua profanação, desolação final e destruição.

1. O Templo foi construído e dedicado à glória do Senhor sob o reinado de Salomão em Jerusalém (1 Rs 3-10; 2 Cr 1-9).
2. O Templo foi saqueado de seu ouro, prata e tesouros por Sisaque, rei do Egito, sob ordem do perverso rei Roboão (1 Rs 14.25-28).
3. Os tesouros do Templo foram levados pelo rei Asa e enviados para Ben-Hadade, rei da Síria, para que este se unisse a Asa na guerra entre Judá e Israel (1 Rs 15.16-24).
4. O Templo teve seu Pátio Externo renovado sob a supervisão do piedoso rei Josafá e tornou-se lugar de oração e adoração (2 Cr 20.5; 20.1-22).
5. As brechas do Templo foram reparadas sob a liderança do piedoso rei Joás, sob a supervisão do sacerdote Jeioada (2 Cr 24.1-14; 2 Rs 12.1-16). Contudo, Joás apartou-se do Senhor, e os tesouros do Templo foram dados a Hazael, rei da assíria, para apaziguá-lo (2 Cr 24.15-22; 2 Rs 12.17,18).
6. O Templo foi destruído por uma mulher perversa, a rainha Atalia, e seus utensílios consagrados foram transformados em ídolos (2 Cr 24.7).
7. Os tesouros do Templo foram destruídos e saqueados pelo rei Jeoás de Israel e levados para Samaria (2 Rs 14.14).
8. A porta de cima da Casa do Senhor foi reconstruída pelo piedoso rei Jotão (2 Rs 15.35; 2 Cr 27.3).
9. O perverso rei Acaz profanou os utensílios do templo. Ele removeu os doze bois de debaixo do mar de metal fundido e colocou um pavimento de bronze em seu lugar. Ele também removeu as pias de suas bases. Ele deslocou o altar de bronze do pátio e colocou-o ao lado do altar assírio que fizera, agindo presunçosamente como um rei sacerdote (2 Rs 16.10-17). Ele também saqueou os tesouros do Templo para custear o rei da Assíria, para que o ajudasse contra o rei da Síria (2 Rs 6.8).
10. O rei Ezequias também deu ao rei da Assíria tesouros de prata da casa do Senhor para apaziguá-lo no tempo da invasão de Israel, e do cativeiro do reino do norte. Ele também cortou o ouro das

portas do templo. A prata e o ouro foram usados para pagar tributos aos inimigos do povo de Deus (2 Rs 18.13-16)

11. O perverso rei Manassés, filho de Ezequias, nascido nos 15 anos de extensão de vida de Ezequias, profanou a ordem do Templo. Altares de todos os tipos foram colocados nos pátios do Templo para adoração ao exército dos céus. Todas as espécies de abominações foram trazidas à casa do Senhor, até mesmo casas para os sodomitas (2 Rs 21.1-16; 23.5-14).

12. O piedoso rei Josias expurgou do Templo as corrupções e abominações de seus pais (2 Rs 22-23.1-25).

13. A desolação e a destruição do Templo ocorreram sob Nabucodonosor, rei da Babilônia. O Templo foi destruído. Por causa das abominações de Israel e de Judá, os utensílios foram quebrados ou levados para os tesouros da Babilônia (2 Rs 25; Jr 52).

Nesse breve resumo, vimos a triste história do Templo. Duas das maiores razões para que Deus permitisse a destruição do Templo foram encontradas nos escritos dos profetas Jeremias e Ezequiel.

Jeremias repreendeu o povo de Judá porque eles idolatravam o Templo de Deus. Eles adoraram o Templo e se esqueceram do Deus do Templo. Isso é idolatria. Eles criam que Deus nunca permitiria que o Templo que Ele mesmo projetou fosse destruído. Tal era a sua cegueira e falsa segurança, que o Senhor os lembrou do que havia feito em seu Tabernáculo em Siló, e disse que faria o mesmo em seu Templo por causa das abominações do seu povo. Ele fez isso através das mãos da Babilônia. Sua casa havia se tornado um covil de ladrões.

As mesmas maldades ocorreram nos tempos do Messias. Os judeus adoraram o Templo de Deus e crucificaram o Messias do Templo. Deus permitiu à "Babilônia" do Novo Testamento, ou seja, Roma, que destruísse todo o sistema do Templo em 70 d.C. por causa das grandes abominações (Mt 23.38; 24.1,2).

Tal tem sido a história de Israel. Eles adoravam o símbolo e se esqueciam daquele para quem o símbolo apontava. Eles adoraram a serpente de bronze e se esqueceram daquele que trazia a cura. Eles adoraram a arca de Deus e se esqueceram do Deus da arca. Eles adoraram o ouro do Templo e se esqueceram do Deus do Templo. Eles adoraram o símbolo, a sombra, o tipo e se esqueceram da substância, da realidade e do antítipo (Jo 3.14-16; 2 Sm 6.3).

No cativeiro da Babilônia, Ezequiel deu as mesmas razões de Jeremias para a destruição do Templo. Em Ezequiel 1-10, ele observou as terríveis abominações sendo trazidas à Casa do Senhor. Gradual e relutantemente, a glória de Deus se levantou da arca da aliança. Passo a passo, ela deixou a casa e, finalmente, subiu aos céus. Com a desolação do Templo, o lugar se tornou "Icabode", ou "Foi-se a glória de Israel". O Templo, então, somente poderia cair em destruição. Sem habitantes, a casa será destruída. Assim ocorreu com a Casa do Senhor sob o comando do rei da Babilônia (Is 66.1-4; Jr 7.1-7; Ez 9.3; 10.4, 18; 11.23).

O Senhor Jesus Cristo, no final de seu ministério, disse aos judeus: "Sua casa ficará deserta" (Mt 23.38). Quando Ele se apartou do Templo, a glória afastou-se com Ele. O Senhor então profetizou a respeito da destruição do Templo sob o Império Romano (Mt 24.1,2).

Concluindo: Quem não pode ver as lições da história do Templo, aplicáveis pessoal e corporativamente? Os crentes são o Templo de Deus (1 Co 3.16,17; 6.16; Ef 2.19-22). Somos a casa de Deus, dedicados à santidade. O Espírito Santo é a glória Shekinah de Deus em nós. Qualquer crente ou igreja que trouxer abominações para profanar o Templo de Deus será destruído. Tão certo como a glória de Deus se apartou e o Templo material foi levado à destruição, certamente o mesmo ocorrerá com o crente ou igreja que profanar o Templo Santo de Deus. Essa era a preocupação do apóstolo Paulo ao falar da igreja como o templo de Deus. Essa é a lição extraída da dedicação, profanação, desolação e destruição da história do Templo.

CAPÍTULO 2

O TEMPLO DE ZOROBABEL

O Templo de Zorobabel se refere ao Templo no período da restauração, após o cativeiro da Casa de Judá, na Babilônia.

Os livros históricos de Esdras, Neemias e Ester cobrem esse período de tempo, assim como os livros proféticos de Ageu e Zacarias.

Podemos aprender muitas lições com esses livros, em relação ao Templo do Senhor. A seguir, resumimos os importantes detalhes desse Templo restaurado.

1. O decreto de Ciro

Cerca de 536-538 A.C., Ciro deu o decreto para a libertação dos cativos e o seu retorno a Judá, a fim de reedificarem a cidade de Jerusalém e o Templo do Senhor (2 Cr 36.23; Ed 1.1-4).

Esse decreto tinha sido predito cerca de 100 anos antes pela palavra do Senhor através do profeta Isaías (Is 44,45). Ciro não apenas emitiu esse decreto, mas também restaurou os utensílios sagrados do Templo e estabeleceu uma ordem sobre algumas das suas províncias a fim de fornecerem materiais para a restauração da casa do Senhor, além das ofertas voluntárias do povo (Ed 1.6-11).

Apenas um pequeno remanescente de Judá retornou para se envolver na obra da restauração. Os principais líderes da restauração foram Jesua, o sumo sacerdote, e Zorobabel, o governador da casa de Judá. Nesses dois líderes, juntos, temos a união de Levi (sacerdotal) e Judá (real) na restauração da Casa do Senhor (Ag 1.1).

2. O altar restaurado

O primeiro utensílio restaurado por Jesua e Zorobabel foi o altar de sacrifício em seu local original (Ed 3). Isso foi feito na festa do sétimo mês, a festa dos tabernáculos.

A Casa do Senhor só poderia ser restaurada sobre o sangue sacrificial e de expiação.

3. A fundação do Templo

A seguir, trabalharam na fundação do Templo. Pedreiros e carpinteiros se empenharam na restauração da Casa do Senhor. No segundo ano, os fundamentos foram completados em meio a choro e gritos do povo de Judá, que relembrou a glória da antiga casa.

4. Oposição e conclusão

Contudo, a obra sofreu grande oposição da população mista de samaritanos. Com as pressões das autoridades, a obra parou por alguns anos até o reinado de Dario (520 A.C.). Dario, porém, confirmou e reeditou o decreto para o Templo ser concluído (Ed 4). O Templo foi concluído com muito mais rapidez do que a obra anterior, agora sob a inspiração dos profetas Ageu e Zacarias (Ed 5,6).

5. A estrutura do Templo

Muito poucos detalhes foram fornecidos com relação ao Templo restaurado. O Templo de Zorobabel tinha 60 côvados de altura, 60 côvados de largura e 100 côvados de comprimento (Ed 6.3). Ele foi colocado em seu lugar original e parecia seguir o modelo do Templo de Salomão e algo da visão do Templo de Ezequiel.

Contudo, por causa da falta de materiais preciosos, o Templo era bastante inferior ao de Salomão em sua beleza interior e exterior. A "grande glória" do Templo anterior deveria trazer-lhes à memória os adornos do Templo e dos artigos específicos de mobília que estavam ausentes dessa nova edificação (Ed 3.12; Ag 2.3).

O Templo era dividido, assim como o Templo de Salomão, no Lugar Santo e no Lugar Santíssimo. O livro apócrifo de Macabeus fala de um véu nesse Templo (1 Macabeus 1.21,22).

6. Os "cinco ausentes"

Sem dúvida, a coisa mais triste nesse Templo restaurado, lamentada pelos líderes e pelo povo de Judá, eram os "cinco ausentes". O Talmude fala desses cinco itens que estavam ausentes no Templo restaurado, e que o Templo de Salomão possuía. Esses itens eram:

A Arca da Aliança – A menção final à arca da aliança é encontrada em Jeremias 3.16. Ali, o profeta disse que a arca não mais seria lembrada, e nem viria à mente, nem eles procurariam por ela. A arca nunca mais foi vista desde os tempos de Jeremias. Um Templo sem a arca é uma casa sem habitantes, por isso os judeus estavam tão aflitos. Nenhum Templo desde Salomão teve a arca de Deus nele. Isso é algo bastante significativo.

Em seu lugar, eles puseram uma pedra na qual o sumo sacerdote colocava o incensário, no grande dia da expiação, após aspergir o sangue da expiação.

A glória Shekinah – O outro item ausente do Templo reconstruído era a glória-presença do Senhor, ou o que os hebreus chamam de "Shekinah". Sem a arca do Senhor não haveria Shekinah, pois a arca era o trono de Deus em Israel. Ele habitou sobre o trono de misericórdia aspergido com sangue. Nenhum trono, nenhum trono de misericórdia aspergido com sangue, significam nenhuma glória-presença do Senhor.

O fogo sagrado – O fogo divino também estava ausente do Templo restaurado. O fogo veio da glória do Senhor na dedicação do Tabernáculo de Moisés e na dedicação do Templo de Salomão. Aqui, contudo, não há arca, não há glória, não há fogo sagrado no altar de sacrifício para selar todas as coisas. Certamente, os judeus devem ter percebido um grande significado na ausência dessa manifestação no Templo material reconstruído.

O Urim e o Tumim – A quarta coisa notável pela sua ausência era a operação do Senhor através das pedras misteriosas do peitoral do sumo sacerdote chamadas "Urim e Tumim", ou "luzes e perfeições". Através dessas pedras misteriosas, o sumo sacerdote recebia a orientação de Deus para as pessoas (Êx 28,29; Ed 2.63).

Os profetas do Espírito Santo – Ageu, Zacarias e também Malaquias foram os últimos profetas inspirados pelo Espírito Santo no Antigo Testamento. A nação dos judeus entrou no que chamamos de "400 anos de silêncio", quando não houve voz profética a ser ouvida. Nós temos livros não inspirados, ou "apócrifos" desse período, mas nenhuma revelação bíblica.

Se os judeus não ouviam "Moisés e os profetas", que necessidade haveria de enviar outros profetas? João Batista recepcionou o próprio Messias de quem Moisés e os profetas falaram. Se os judeus não os ouvissem, não haveria esperança de salvação ou redenção prometida para a nação.

Contudo, o propósito divino em permitir que o Templo fosse restaurado era manter a nação na terra até a vinda de João e do Messias, embora esses cinco itens faltassem no centro religioso da nação.

7. A mobília do Templo

Havia outras diferenças no Templo restaurado quanto à sua mobília. De acordo com os Macabeus, eles tinham um altar de pedra, não um altar de bronze no pátio externo (1 Macabeus 4.43-46).

Também havia apenas um candelabro de ouro, uma Mesa de pães da Presença e, como sempre, um altar de incenso (1 Macabeus 4.41-61).

8. A história do Templo

A história mostra que esse Templo foi saqueado por Antioco Epifânio. Ele o profanou com sua adoração idólatra.

Judas Macabeu removeu o altar profanado e construiu outro. O santuário foi purificado e o Templo dedicado ao Senhor novamente, e a festa da dedicação foi mantida anualmente desde então (Jo 10.22; 1 Macabeus 4).

Mais tarde, o Templo foi tomado por Pompeu no dia da expiação, após três meses de cerco. E anos depois, por Herodes, o Grande. Roma nomeou Herodes como rei da Judéia cerca de 39 a. C., e este estava no poder quando o Messias de Deus "veio a seu Templo" subitamente!

A enigmática profecia de Ageu foi cumprida em Cristo. "A glória da última casa" era maior que a primeira (Ag 2.9). O Messias, em cuja face está a luz da glória de Deus, disse "Aqui está alguém maior do que o Templo" (Mt 12.6). E este era Ele mesmo!

Muitas lições são evidentes no Templo de Zorobabel, o Templo do período de restauração. A Igreja, como Templo de Deus, está sendo restaurada hoje, após o cativeiro babilônico espiritual. Contudo, toda restauração é incompleta sem o trono de Deus, sua Presença, seu fogo-glória, sua mente e seu Espírito. O próprio Cristo deve estar no Templo, pois sem Ele, o Senhor Jesus Cristo, tudo se torna formalidade e ritualismo idólatra!

A RECONSTRUÇÃO DO TEMPLO DE HERODES

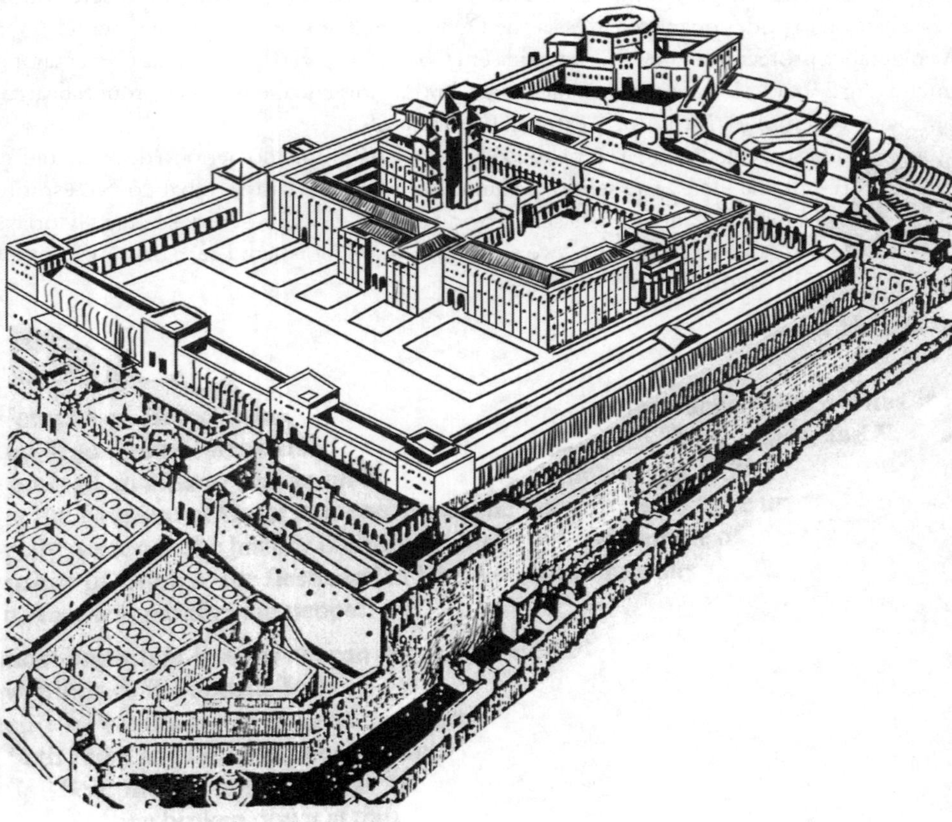

Reconstrução do Templo de Herodes em Jerusalém (40 - 4 a.C)

CAPÍTULO 3

O TEMPLO DE HERODES

O Templo de Herode foi apenas uma reforma e extensão do Templo anteriormente restaurado.

Herodes tornou-se, de fato, rei da Judéia pela captura de Jerusalém sob o Império Romano cerca de 37 a. C. Temos um débito para com o historiador hebreu Josefo pela maioria das informações que temos a respeito do Templo de Herodes.

Herodes formou o projeto de reconstrução do Templo de Zorobabel numa maior escala e tentou fazer cumprir a palavra de Ageu 2.9 com relação à glória da última casa ser maior do que a primeira.

Cerca de 1.000 sacerdotes foram treinados para serem pedreiros e carpinteiros na obra do santuário, enquanto cerca de 10.000 trabalhadores capacitados foram também envolvidos na obra.

A edificação começou cerca de 20-19 A.C. A edificação total levou cerca de 46 anos (Jo 2.20). A obra foi totalmente concluída cerca de 64 d.C., ou seja, 6 anos antes de sua destruição por Roma. O Templo foi edificado com mármore branco, coberto com pesadas placas de ouro em sua frente, e surgia imponente acima de seus pátios, formando uma visão deslumbrante em todas as direções.

Esse Templo era maior do que aquele de Salomão e tinha pátios adicionais ao seu redor. Embora houvesse muita semelhança entre os Templos de Salomão e o de Herodes, neste havia importantes particularidades com seus significados específicos, como observaremos a seguir. O Templo consistia, como seu antecessor, de uma casa com o Lugar Santíssimo e o Lugar Santo. Ele tinha um pórtico imediatamente na sua frente com o altar de holocaustos, um pátio para Israel, e, então, na frente, um pátio para as mulheres, e, ao redor desse, o pátio destinado e aberto aos gentios. Cada pátio era acessado através de escadas. Cada pátio tinha paredes de divisão e suas respectivas portas.(Quem quiser se aprofundar deve se reportar ao diagrama do Templo em Jerusalém para ter alguma idéia desses pátios). Nós observaremos esses pátios particulares e suas mensagens distintas. Consideraremos a abordagem de fora para dentro, de acordo com a condição de uma pessoa diante do Senhor.

1. O pátio dos gentios

No pátio dos gentios, qualquer gentio, estrangeiro ou prosélito poderia vir e orar ao Senhor Deus de Israel. Sua Casa deveria ser a casa de oração para todas as nações, de acordo com a oração de Salomão anos antes. Observe a oração do publicano que, provavelmente, ocorreu nesse local (Lc 18.10-14). Os gentios estavam "distantes" de Deus.

2. O muro de separação

O muro de separação era um espaço entre o Pátio dos gentios e outros Pátios reservados. Ele dizia a qualquer gentio "Entrada proibida". Uma pedra foi descoberta com uma inscrição em grego, dizendo o seguinte: "Nenhum estrangeiro deve entrar além da cerca ao redor do Templo e do muro; quem for pego será responsável por sua própria morte" (Observe: At 21.28). Também é dito que esse era um muro triplo separando o Pátio dos gentios de todos os outros Pátios. Havia nove portas nesse muro de divisão. A mensagem aos gentios era clara.

3. O pátio das mulheres

Sem dúvida, foi a esse Pátio das Mulheres que a mulher pecadora foi levada pelos judeus para ser apedrejada (Jo 8.1-12). Ali, ela encontrou misericórdia e verdade no Senhor Jesus Cristo, seu Salvador. No Pátio das mulheres, havia 13 caixas de ofertas para a coleta do dinheiro ofertado pelos adoradores. Ali, a viúva colocou sua dracma (duas pequenas moedas de cobre – NVI) e foi abençoada pelo Senhor (Mc 12.41-44; Lc 21.1,2). O tesouro do Templo se originava aqui.

4. O pátio de Israel

Esse pátio era estritamente destinado aos homens judeus. Sem dúvida, aquele fariseu orava nesse local enquanto observava o homem publicano no Pátio dos gentios (Lc 18.10-14). Na caminhada terrena de Cristo, era nesse local que Ele entrava como um homem judeu.

5. O pátio dos sacerdotes

Esse pátio era exclusivo dos sacerdotes da tribo de Levi, a tribo sacerdotal. Nenhuma outra pessoa ousaria entrar nesse Pátio. Ali ocorriam ministrações sacerdotais enquanto os sacrifícios eram oferecidos a Deus. Esses sacrifícios deveriam preceder os sacerdotes que entrassem para as ministrações do Templo. Uma referência ao Templo e ao seu altar pode ser vista em Mateus 23.35; 5.23,24.

6. O Templo do Senhor

Essa casa era apenas para os sacerdotes. Os sacerdotes levíticos podiam ministrar no Lugar Santo, mas somente o sumo sacerdote poderia entrar além do véu no grande dia da expiação, uma vez por ano. Esse véu foi partido na morte de Cristo no Calvário (Mt 27.51; Mc 15.38).

7. O pórtico de Salomão

Esse era um remanescente do Templo de Salomão, e era onde os cambistas e vendedores tinham as bancas para os peregrinos que vinham ao Templo oferecer sacrifícios nas festas anuais (Mt 21.12; Jo 2.14-16; 10.23; Mc 11.27; Lc 2.46; 19.47; At 3.11,12).

No próximo capítulo, trataremos do ministério do Senhor no Templo de Herodes, pois, em princípio, Ele ainda considerava esse Templo como "a casa de seu Pai".

O Templo de Herodes foi destruído pelos exércitos de Roma sob o comando do imperador Tito em 70 D.C. como foi predito por Jesus cerca de 40 anos antes (Mt 24.1,2). Anos mais tarde, sob o Império Romano, Adriano erigiu um altar para Júpiter no lugar do Templo (130 D. C.).

Tempos depois, a Mesquita de Omar foi erigida no lugar do Templo e está lá até hoje.

Que tragédia é vista na história desse local! Em vez do Templo de Deus para o Deus de Israel habitar, a Mesquita de Omar, da semente carnal de Ismael, é que permanece em seu lugar, uma evidência do juízo de Deus sobre seu povo incrédulo.

As lições mais importantes que podemos aprender do Templo de Herodes e de seus pátios parecem se referir ao que está nos escritos do apóstolo Paulo.

Sem dúvida, Paulo faz alusão aos vários pátios que eram a evidência das divisões entre judeus e gentios quando ele fala as seguintes verdades:

Ele escreve aos crentes efésios que "o muro da inimizade", que uma vez existiu entre judeus e gentios, foi destruído na cruz, e ambos os grupos étnicos eram agora um só corpo através do corpo e do sangue de Cristo (Ef 2).

Ele escreveu aos gálatas também e lhes disse que: "Não há judeu nem grego, escravo nem livre, homem nem mulher; pois todos são um em Cristo Jesus" (Gl 3.28).

Homem e mulher são um em Cristo, judeus e gentios são um em Cristo. Todos os crentes, quer judeus ou gentios, homem ou mulher, são sacerdotes junto ao Senhor e todos podem entrar além do véu. O véu foi partido em dois. Os muros de divisão e separação foram derrubados. Juntos, somos habitação de Deus pelo seu Espírito.

RESTAURAÇÃO DO TEMPLO DE SALOMÃO

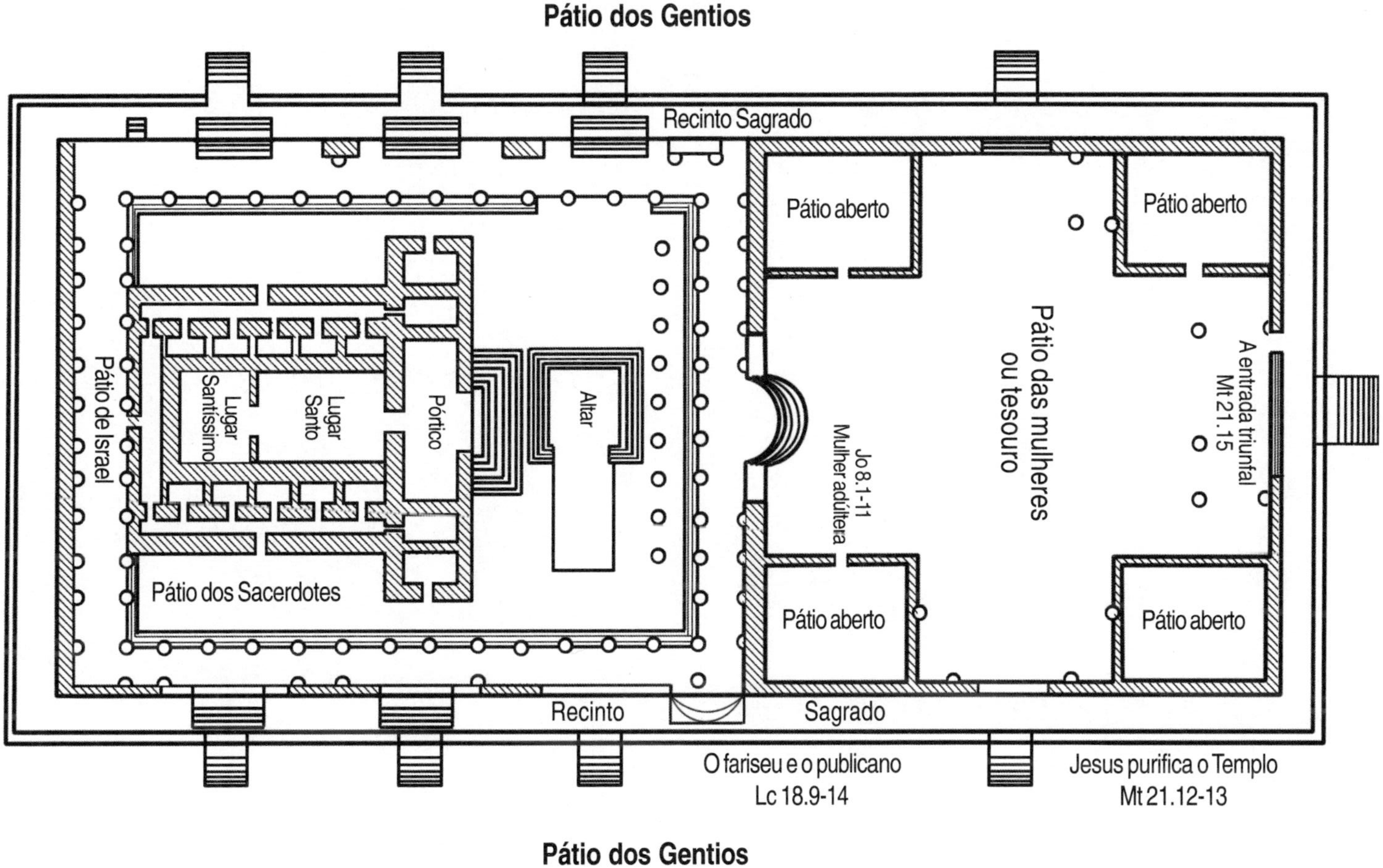

CAPÍTULO 4

O MINISTÉRIO DE CRISTO E DA IGREJA COM RELAÇÃO AO TEMPLO

Ligados ao capítulo anterior sobre o Templo de Herodes, estão os respectivos anos do ministério de Cristo e também o Novo Testamento com relação a esse Templo em Jerusalém. Ainda que o Templo seja referido como de Salomão, Zorobabel ou Herodes, a verdade fundamental disso tudo era que, de acordo com Cristo, ele ainda simbolizava "a casa de meu Pai" (Jo 2.16; Mt 21.12,13). O padrão original era do Senhor.

Nos Evangelhos e em Atos, notamos algumas das importantes ministrações relativas a esse Templo. O profeta Malaquias profetizou que o "mensageiro" da aliança e "o Senhor que vocês buscam" viriam subitamente ao seu Templo (Ml 3.1-6). Foi essa profecia, de uma forma especial, que manteve os judeus em Jerusalém, pois eles buscavam pelo Messias que viria subitamente ao Templo material. O Messias veio para seu Templo, mas não da forma que eles esperavam.

A seguir, consideraremos o ministério nesse Templo, ou em suas cercanias, que ocorreu nos três anos e meio do ministério de Cristo e no livro de Atos, nos anos probatórios até a sua destruição.

O ministério no Templo e o Messias

1. O Messias viria subitamente para seu Templo com grande poder purificador (Ml 3.1-6). Ninguém seria capaz de resistir nesse dia de poder.

2. O arcanjo Gabriel veio ao Templo e predisse a Zacarias o nascimento de João Batista, bem como a vinda do Messias. Isso ocorreu no tempo em que o incenso subia, do lado direito do altar de ouro, no Lugar Santo, enquanto Zacarias servia em seu turno sacerdotal, conforme a ordem de Davi (Lc 1). Isso se ajustava com o que disse o arcanjo a Daniel nas notáveis 70 semanas proféticas com relação ao ministério de Cristo.

3. Satanás levou Cristo ao cume do Templo e o tentou a atirar-se num ato presunçoso, para que os o protegessem. Os judeus esperavam que o Messias viesse ao seu Templo. A tentação de Satanás era que a cruz fosse desprezada e que algo espetacular fosse feito para os judeus aceitarem a Cristo como seu ansiado Messias (Mt 4.5,6; Lc 4.9-11).

Mas essa não foi a forma pela qual o Pai quis que o Filho viesse a seu Templo.

4. Ali, nos pátios do Templo, foi que a mulher Maria levou Jesus para ser circuncidado e apresentado. Ali também o piedoso Simeão e a profetisa Ana deram suas declarações proféticas (Lc 2).

5. Com a idade de 12 anos, Jesus foi encontrado no Templo, confundindo os estudiosos rabinos por sua compreensão das Escrituras (Lc 2.46).

6. Cristo veio ao Templo "subitamente", de uma forma que eles não esperavam, e purificou o Templo dos corruptos cambistas e vendedores. Ele disse que aquela era a casa de seu Pai, e isso significava ser uma casa de oração, não um covil de ladrões (Jo 2.13-22).

7. No período de cerca de três anos e meio de seu ministério, Cristo ensinou muitas vezes nos pátios do Templo:

- Aqui, após a purificação do Templo, Ele profetizou a respeito de sua morte, os três dias e três noites (Jo 2.19,20).
- Jesus encontrou o homem no Templo, após tê-lo curado no tanque de Betesda (Jo 5.14).
- Jesus ensinou no Templo sobre os rios de água viva, na festa dos tabernáculos. Ele veio ao Templo em segredo (Jo 7).
- Jesus ensinou na área de tesouro do Templo sobre ser a luz do mundo com relação à cura do homem cego, na festa da dedicação (Jo 8.2,20; 10.23).
- Jesus ensinou sobre o verdadeiro espírito de dar, enquanto Ele se sentava naquela área do tesouro (Mc 12.4-44).
- Jesus lhes disse que havia alguém maior do que o Templo, e que alguém maior do que Salomão estava ali, falando de si mesmo (Mt 12.6,42). Os judeus falharam em receber a mensagem.
- Cristo contou muitas parábolas do reino nas áreas do templo (Mt 21-23. Observe também Lc 19.45-47; 20.1; 21.37,38).

8. No final de seu ministério, pela segunda vez, Jesus purificou o Templo de seus serviços corruptos para os peregrinos (Mt 21.1,12; Mc 11.15-17; Is 56.7). Novamente, Ele lhes lembrou de que sua casa deveria ser uma casa de oração para todas as nações, não um covil de ladrões.

9. A mensagem final de Cristo para a nação com relação ao Templo era de sua destruição iminente sob o exército romano. Quando os discípulos lhe mostraram a glória do Templo, Cristo profetizou que chegaria um tempo quando não seria deixada pedra sobre pedra (Mt 24.1,2; Lc 21.5).

10. O ato de coroação de Deus, o Pai, ocorreu ao partir o véu desse Templo, enquanto Jesus era partido na cruz. Para os judeus, isso significa que uma nova dispensação estava aberta e que aquele acesso à presença do Pai estava disponível a todos os homens através de Cristo, o sacrifício perfeito, sem pecado e definitivo (Mt 27.51; Lc 23.45; Mc 15.38).

Os judeus escarneceram de Jesus quando ele falou sobre a destruição e a edificação do Templo em três dias. Contudo, eles observavam o Templo material e não compreenderam que Ele falava do templo do seu corpo. A "destruição" e a "edificação" em três dias falava do período de tempo de sua morte até à sua ressurreição (Mc 14.58; Mt 27.40; Jo 2.19,20).

Desse modo, Cristo ministrou no Templo em seus anos de ministério. Ele veio subitamente ao seu Templo. Ele buscou limpá-lo e torná-lo tudo o que ele deveria ser. Os judeus rejeitaram a purificação de Cristo. Eles adoraram o Templo de Deus e se esqueceram do Deus do Templo. Quando Jesus partiu e se afastou do Templo, Ele profetizou a destruição dele.

O Pai e o Filho não estão mais interessados em templos materiais. O templo da nova aliança é a Igreja, o Corpo de Cristo, composto de judeus e gentios, pedras vivas feitas para a habitação de Deus pelo Espírito.

O ministério no Templo e a Igreja

No período de transição da aliança da Lei para a aliança da graça, do antigo para o novo, a igreja primitiva continuou a relacionar-se com a ordem do Templo.

1. Após a ascensão de Jesus, os discípulos permaneciam no Templo louvando e bendizendo ao Senhor (Lc 24.53).

2. No dia de Pentecostes, o Espírito Santo desprezou a liturgia desse dia festivo e veio ao encontro dos discípulos no cenáculo, mantendo o espírito de Pentecostes (At 1,2). Contudo, os novos convertidos ficavam no Templo diariamente e também partiam o pão de casa em casa (At 2.42-47).

3. Os apóstolos Pedro e João curaram o homem paralítico na porta chamada Formosa, enquanto subiam ao Templo, na hora da oração (At 3.1-10).

4. Os apóstolos ensinavam diariamente nas áreas do Templo (At 4.1). Mesmo após serem presos pelos sacerdotes e capitães do Templo e depois de sua libertação da prisão pelo Senhor, receberam a ordem divina de que continuassem a falar as palavras "desta vida" no Templo (At 5).

5. O apóstolo Paulo ainda ia ao Templo para os rituais que ele não mais seguia, mas com a esperança de poder testificar do Messias. Contudo, ele foi preso e sua vida correu perigo (At 21.20-30; 22.17; 24.1-18; 25.8; 26.21). Eles pensavam que o apóstolo havia trazido um crente grego para além do pátio dos gentios, o que profanaria a área do Templo.

6. O Sinédrio não entendeu o discurso de Estêvão nem a declaração dele a respeito do que Salomão disse quando edificou o Templo original: "Todavia, o Altíssimo não habita em casas feitas por homens" (At 7.48; leia também 17.24).

A destruição do Templo

Em sua graça e misericórdia, o Senhor deu à nação judaica 40 anos "de tempo para o arrependimento", mas eles não se arrependeram.

Eles não reconheciam os sinais miraculosos dados a eles no ministério de Cristo e na morte dele. O terremoto miraculoso, o véu partido, o escurecimento do sol, os túmulos abertos, a ressurreição de Jesus de Nazaré, o derramar do Espírito sobre os discípulos, os sinais e maravilhas tanto de Cristo quanto da igreja primitiva, tudo parecia desaparecer sob os olhos cegos e os ouvidos surdos.

O sacerdócio manteve o sistema sacrificial do Antigo Testamento no Templo. O véu foi aparentemente colocado novamente e todo o sistema tornou-se abominação a Deus. Quarenta é o número da provação. Quarenta anos de graça foram dados à nação, contudo eles ouviram mas não entenderam. Eles fizeram aos apóstolos e crentes o que tinham feito aos seus próprios profetas em gerações anteriores.

Em 70 D.C., de acordo com a palavra profética de seu próprio Messias, o exército romano veio e destruiu a cidade e o Templo. Desde então, os judeus têm estado desolados, sem um Templo, sem um sacerdócio, sem sacrifício, sem Deus, sem o seu Messias, sem o Espírito Santo. Sobre o local do Templo foi construída a abominável mesquita de Omar.

A mensagem clara é de que a divindade, ou seja, o Pai, o Filho e o Espírito Santo acabaram com esses Templos materiais. Deus nunca mais retornará para habitar numa construção material. O fato de sua glória-presença Shekinah nunca retornar para o Templo reconstruído de Zorobabel é bastante significativa em si mesma.

O Pai encerrou a dispensação do Templo quando partiu o véu em dois, de alto a baixo. O Filho encerrou a dispensação do Templo quando buscou purificá-lo no início e no fim do seu ministério, uma purificação que foi rejeitada por eles. Ele também profetizou de sua total destruição sob o império romano.

O Espírito Santo encerrou a dispensação do templo material quando Ele o desprezou e veio habitar em seu templo da nova aliança, a Igreja, que é o Corpo de Cristo. O Espírito Santo sempre quis habitar em corações redimidos, pedras vivas de um Templo vivo. Ele nunca voltará para um templo material, mesmo que os judeus edifiquem algum!

CAPÍTULO 5

O TEMPLO NA VISÃO DE EZEQUIEL

O Livro de Ezequiel fornece vários capítulos para uma visão de um templo. Os primeiros dez capítulos de sua profecia se referem ao progressivo afastamento da glória de Deus do templo material em Jerusalém por causa das grandes abominações que haviam profanado o Templo (Ez 1-10).

A maioria dos comentaristas bíblicos concorda com a interpretação desses capítulos, de que eles se referem à profanação, à desolação e à destruição do Templo de Salomão.

Contudo, nos capítulos finais de sua profecia, Ezequiel recebe uma outra visão com relação a um novo Templo (Ez 40-48). É aqui que os comentaristas da Bíblia se dividem em sua interpretação sobre esse Templo. Trata-se de um templo literal e material que deve ser edificado nessa era ou em alguma era futura? Ou é um simbolismo de realidades espirituais, revestido do simbolismo do Templo material anterior? Existem questões básicas que precisam ser consideradas em qualquer abordagem interpretativa dessa visão de Ezequiel. Trata-se de um templo material ou espiritual? Essa é a questão.

Uma simples visão geral da profecia de Ezequiel, relativa aos templos "antigo" e "novo", é apropriada aqui.

O Livro de Ezequiel

O Antigo Templo Capítulos 1-10	Profecias sobre o futuro da nação Capítulos 11-30	O novo Templo Capítulos 40-48
Templo material		????Templo?
A glória se afasta		A glória retorna
Abominações		Purificações

Com relação ao templo de Ezequiel, existem quatro diferentes escolas de interpretação.

1. O ponto de vista profético-literal

De acordo com esse ponto de vista, o Templo de Ezequiel é o padrão de um templo que deveria ser edificado quando os exilados de Judá retornassem para restaurar e edificar Jerusalém, em cumprimento à profecia de Daniel (Dn 9.24-27).

2. O ponto de vista dispensacionalista

Esse ponto de vista tem sido popularizado através da escola dispensacionalista de intérpretes bíblicos. Ele é propagado através da Bíblia de Referências Scofield, na qual esses capítulos são intitulados "Israel na Terra Durante a Era do Reino" (Ez 40-48). Essa visão é literal e futurista. Ela sustenta aquilo que seria uma restauração do sistema da aliança mosaica, com um templo literal, sacrifícios literais, sacerdócio levítico, assim como outros cerimoniais da aliança da Lei. Alguns expositores desse assunto dizem que os sacrifícios seriam memoriais do sacrifício de Cristo.

3. O ponto de vista apocalíptico messiânico

Essa interpretação defende que a visão de Ezequiel era messiânica e apocalíptica. Eles crêem que ela representa tudo o que Deus fará por seu povo na era que está por vir. Ela é idealista, em vez de materialista.

4. O ponto de vista simbólico-cristão

Essa interpretação defende que a visão de Ezequiel é simbólica da era cristã e encontra cumprimento em Cristo e na Igreja. Ela contém fortes objeções tanto materiais quanto teológicas contra a visão do templo de Ezequiel como algo literal, uma restauração material do Templo nesta era, ou em qualquer era por vir.

Este escritor acreditava que esse Templo era uma edificação literal e material para a era do milênio.

Agora, após muito estudo e pesquisa, o escritor deste texto crê na quarta interpretação acima e defende o pensamento de que o Templo é visionário e simbólico e encontra cumprimento em realidades espirituais, especialmente nesta era da dispensação cristã.

O propósito deste capítulo é um esforço para provar que essa visão e interpretação são corretas e fundamentadas em princípios bíblicos de interpretação. Descobriremos que, ao lidar com esse assunto, temos de levar em conta o princípio do ministério duplo de Jeremias.

O Senhor ordenou a Jeremias para "arrancar, despedaçar, arruinar e destruir", antes que ele pudesse "edificar e plantar" (Jr 1.10).

Desse modo, as tradições dos homens e as falsas interpretações das Escrituras têm de ser "arrancadas, despedaçadas, arruinadas e destruídas" antes que alguém possa "edificar e plantar" aquilo que deve ser aceito como verdade. Essa é a abordagem que adotamos aqui.

As questões consideradas aqui tratarão de assuntos, tais como: É um templo literal e material? Trata-se de um templo a ser edificado pelos judeus na futura era do milênio? Ou é um templo real da época da restauração dos judeus após o cativeiro da Babilônia, e eles falharam em tornar a visão uma realidade, e perderam para sempre a oportunidade de construi-lo?

Por que existem tantos capítulos e detalhes fornecidos, se não há um templo material? Ou a visão é simplesmente um símbolo que encontra cumprimento na Igreja?

Uma interpretação e uma exposição detalhadas do Templo de Ezequiel não podem ser plenamente analisadas aqui, pois essas merecem um livro. No entanto, como o Templo de Ezequiel segue basicamente o mesmo projeto do Templo de Salomão, as verdades trazidas ali são também aplicáveis aqui, embora com outras verdades adicionais.

Em busca da resposta para as questões acima, apresentamos as duas maiores escolas de pensamento com relação às profecias de Ezequiel, especialmente com relação ao Templo.

Na segunda escola de pensamento, consideramos as duas maiores objeções ao templo material e, então, buscamos trazer algumas lições espirituais do mesmo em nossas conclusões. Para distinção, nós falamos dessas 2 escolas como (a) a escola literal/ material e (b) a escola simbólica/ espiritual.

A escola literal/material

É evidente que o Templo de Ezequiel não se trata de um templo anteriormente edificado, nem se refere ao Templo de Zorobabel ou Herodes. Os judeus não tiveram templo algum desde 70. d.C., portanto, o Templo de Ezequiel deve se referir a um Templo futuro, seja material ou simbólico, nesta era ou em alguma era vindoura. Pelo processo de eliminação, ele não pode estar na era eterna, pois não há templo na Nova Jerusalém, pois "o Senhor Deus Todo Poderoso e o Cordeiro são o seu Templo" (Ap 21.2).

Em *Dispensational Truth* (pp. 93,94), Clarence Larkin, ao lidar com esse assunto do milênio, faz um comentário com relação às profecias de Ezequiel (Ez 40-48), do qual observamos tão brevemente quanto possível o trecho a seguir.

Ele escreve que o trono de governo estará em Jerusalém. A presente Jerusalém deve ser pisada até que o tempo dos gentios tenha se cumprido (Lc 21.24). Então, ela será reconstruída. Ele escreve que o profeta Ezequiel dá uma descrição detalhada de uma terra e uma cidade restauradas (Ez 48.1-35). De seus comentários, destacamos seis aspectos dessa escola literal/ material de pensamento:

1. A terra

Com relação à terra, ele escreve: A "concessão real" da terra que Deus deu a Abraão e a seus descendentes estende-se desde o "rio do Egito" até o "Grande Rio Eufrates" (Gn 15.18). Ezequiel fixa o limite ao norte em Hamate, cerca de 160km ao norte de Damasco (Ez 48.1), e o limite sul em Cades, a cerca de 160km ao sul de Jerusalém (Ez 48.28). Esta "concessão real" não era condicional e nunca foi revogada. Ela é oito vezes maior que a área anteriormente ocupada pelas doze tribos. Essa "concessão real" deve ser dividida entre as doze tribos restauradas em partes horizontalmente paralelas, começando em Hamate, no norte, com uma parte para Dã; a próxima para Aser, e então para Naftali, Manasses, Efraim, Rúben e Judá. E então vem "a porção sagrada". O sul da porção sagrada será das tribos de Benjamin, Simeão, Issacar, Zebulom e Gade.

2. A porção sagrada

Com relação à porção sagrada, C. Larkin escreve: A "porção sagrada" era uma área quadrangular a oeste do Jordão, com 25.000 canas (ARC) ou cerca de 80km de comprimento. De acordo com Ezequiel 40.5, uma "cana" possuía 6 côvados de comprimento (1 côvado = 53cm, assim 6 côvados = cerca de 3m – NVI). A porção sagrada era dividida em três partes horizontais. A sessão norte teria 25.000 canas de comprimento, de leste a oeste, e 10.000 canas de largura. Ela é chamada "A porção dos levitas". O lado sul é a "porção dos sacerdotes" de igual tamanho. O sul da porção dos sacerdotes é a parte da "cidade" com suas casas e pastagens. Essa parte tem 25.000 canas de comprimento, de leste a oeste, e 5.000 canas de largura (Ez 48.15-19).

3. O Templo

Com relação ao Templo, ele escreve o seguinte: O Templo ou Santuário não será reconstruído na "nova cidade", mas no centro da "porção sagrada" (Ez 48.10,20,21). Essa se localizará *na* antiga Siló ou *próxima* a ela, onde o Tabernáculo descansou após Israel conquistar a terra, e onde permaneceu até o templo de Salomão ser construído. Uma estrada, com cerca de 19km de comprimento, ligará o santuário à cidade (Is 35.8). Esse "novo Templo" ocupará uma área quadrangular, cujo lado é de 500 canas, ou aproximadamente 1.500m de lado (Ez 42.15-20 – ARC/NVI). O antigo Templo não tinha 1.500m nem em seu perímetro.

4. A cidade

C. Larkin disse que a cidade (Jerusalém) estará localizada no centro dessa terceira parte e se situará no lugar da antiga. Essa "nova cidade" será muito maior que a antiga. Ela terá 14,5km de lado, além de 800m restantes para as habitações, totalizando 15,2km de lado. Ela terá um muro ao redor com três portões de cada lado como a Nova Jerusalém (Ez 48.15-18, 30-35). As portas serão nomeadas de acordo com os doze filhos de Jacó. O nome da cidade será Jeová-Shamá, o Senhor está ali (Ez 48.35).

5. As águas vivas

C. Larkin usa Zacarias 14.8, juntamente com Ez 47.8-12 e Ap 22.1,2, para falar das "águas vivas" fluindo, não de Jerusalém, mas do "santuário". Em sua visão, Ezequiel observou essas águas fluindo do limiar da porta; passando pelo altar de holocaustos, no lado sul até o rio que era tão profundo que só seria atravessado a nado.

Esse autor observa que, para tais coisas acontecerem de fato, grandes mudanças físicas terão de ocorrer na superfície da terra da Palestina e ele menciona Zacarias 14.4,10,11 e Miquéias 1.3,4 como suporte para essa idéia. Tais mudanças físicas nivelariam a superfície da terra da Palestina e dariam lugar para a "nova cidade", e teriam de elevar o Mar Morto para as águas fluírem até o Mar Vermelho e o Mediterrâneo.

6. A adoração no Templo

Finalmente, o escritor fala do Templo e a adoração nesse período de tempo.

O Templo ou Santuário será localizado no centro da "porção sagrada" e a plena descrição do Templo e de seus pátios é dada em Ezrquiel 40.1-44.31. Nenhum templo como o Templo de Ezequiel já foi construído. Ele não se refere aos templos de Zorobabel ou Herodes, e não há templo algum em Jerusalém no presente. De acordo com C. Larkin, ele deve estar se referindo a um Templo no milênio. Ele não pode se referir aos novos céus e à nova terra, pois não haverá Templo e nem mar ali. Clarence Larkin menciona especificamente as seguintes características como pertencentes a esse Templo:

- O sacerdócio araônico será restabelecido.
- Os filhos de Zadoque deverão oficiar e oferecer sacrifícios (Ez 44.15-31).
- O novo Templo não terá os seguintes artigos de mobília:

A arca da aliança
O pote de ouro com maná
A vara de Arão que floresceu
As tábuas da Lei
Os querubins
O trono de misericórdia
Os candelabros de ouro
Os pães da Presença
O altar de incenso
O véu
O Santo dos Santos em que somente o sumo sacerdote podia entrar
O sumo sacerdote para oferecer expiação pelos pecados e fazer intercessão (a menos que Zacarias 6.12,13 fale de Cristo ocupando tanto o ofício de rei quanto o de sacerdote).

- Os levitas realizarão os serviços do Templo, mas não sacerdotalmente por causa dos seus pecados do passado (Ez 44.10-14).
- Os sacrifícios diários da manhã serão oferecidos, mas não os sacrifícios da tarde (Ez 46.3-15).
- O holocausto, as ofertas de cereais, libação, oferta pelo pecado, oferta pacífica e pela culpa serão oferecidas (Ez 45.17; 42.3).
- As festas da Páscoa e tabernáculos serão observadas. Contudo, nenhum cordeiro pascal será oferecido, pois Jesus já cumpriu isso (Ez 45.21-24). A festa dos tabernáculos será observada por todas as nações, sob pena de secas e pragas (Zc 14.16-19).
- A festa de Pentecostes estará ausente porque já foi cumprida (At 2.1-4).
- O derramar do Espírito, ao menos sobre os judeus, para cumprir Joel 2.28-32 ocorrerá.
- Uma única fé, e o conhecimento do Senhor será universal por causa dos judeus (Zc 8.22, 23; Ml 1.11).
- A "glória Shekinah" que se apartou do Templo no tempo do cativeiro na Babilônia, novamente tomará lugar nesse novo Templo (Ez 10.18-20; 11.21-23; 43.1-5).

Como vimos previamente, essa é a visão geral dispensacionalista da visão de Ezequiel nos capítulos 40-48.

A seguir, mencionamos a descrição do Templo de Ezequiel, tirada da *Internacional Standard Bible Encyclopaedia* (pp. 2935,6, edição de 1915). Devemos considerá-la em sua literalidade como de um templo material.

Descrição do templo

"O próprio templo é bastante semelhante à descrição do templo de Salomão, contudo em alguns aspectos prevê as plantas do templo de Zorobabel e Herodes."

Contudo, embora haja essa relação histórica, o templo de Ezequiel é único, apresentando características não encontradas em nenhum outro templo.

1. Os pátios

O Templo ficava anexo a 2 pátios, um interno e outro externo, contudo, bastante diferentes em caráter e disposição daqueles do primeiro Templo.

O *Pátio Externo* era um grande quadrado de 500 côvados, limitado por uma parede de seis côvados de espessura e seis côvados de altura. Essa parede tinha do lado norte, leste e sul portas maciças, estendendo-se para o lado interno do pátio por uma distância de 50 côvados, com uma largura de 50 côvados (40.5,27).

De um e de outro lado da passagem dessas portas, havia as salas dos guardas (Ez 40.7), cada uma com seis côvados de lado, e cada porta terminava num pórtico com 8 côvados de extensão e 20 côvados de lado a lado (40.6, 22,26).

A subida para as portas era através de sete degraus, mostrando que o nível do pátio era mais alto do que o lado exterior. Ao redor dos pátios, nos três lados mencionados, havia um "pavimento", cujas extremidades se alinhavam com o fim das portas, sobre o qual foi edificado, contra a parede, câmaras (quartos), trinta ao todo. Nos quatro cantos, havia pátios fechados onde os sacrifícios eram cozidos; um fato que sugere que esses locais eram mantidos principalmente para cozinhar os sacrifícios (46.21-24).

O Pátio Interno era um quadrado com 100 côvados de lado, situado exatamente no centro do Pátio Externo. Ele também era cercado por um muro, e tinha portas, com as salas para os guardas, etc., semelhantes àquelas do pátio externo, exceto que as portas eram projetadas externamente, e não internamente (40.47,19,23,27). As portas dos pátios externo e interno eram opostas umas às outras ao norte, leste e sul, separadas por 100 côvados, sendo o espaço todo, portanto, de parede a parede de 50 + 100 + 50 = 200 côvados.

Nesse caso, a subida para as portas era por oito degraus, indicando outra subida de nível para o Pátio interno (40.37).

Havia duas câmaras nos lados das portas norte e sul, respectivamente; uma para os levitas, outra para os sacerdotes. Nas portas também (talvez somente na porta norte) havia tábuas de pedra para executar os sacrifícios (40.44-46; 39-43).

2. O Altar de Bronze

No centro desse Pátio Interno, havia um grande altar para holocaustos, com 18 côvados de lado em sua base e subindo em quatro estágios (1, 2, 3 e 4 côvados de altura, respectivamente), até que formasse um quadrado com doze côvados de lado no topo da lareira com quatro chifres em suas extremidades (43.14-17). Degraus davam acesso a ele do lado oriental.

3. O Templo

O Pátio Interno se estendia para o lado ocidental por um segundo quadrado de 100 côvados, dentro do qual havia uma plataforma de seis côvados de altura, onde estava o Templo propriamente dito e suas construções relacionadas (41.8).

Essa plataforma, ou pavimento, é mostrada pelas medidas de 60 côvados de largura (norte-sul), e 105 côvados de comprimento (leste-oeste) e cinco côvados, projetando-se para o oriente. A subida para o Pórtico do Templo era por dez degraus (40.49).

O próprio Templo era um edifício como o de Salomão, de três partes: um Pórtico de entrada; com 20 côvados de largura por 12 côvados de profundidade; o Lugar Santo com 40 côvados de comprimento e vinte côvados de largura; e o Lugar Santíssimo com 20 côvados por 20 côvados; as medidas são internas (40.48,49; 41.1-4).

4. As colunas

Ao lado do Pórtico, permaneciam duas colunas, correspondentes àquelas de Jaquim e Boaz do Templo antigo (40.49).

5. O véu

O Lugar Santo era separado por uma repartição de dois côvados de espessura (41.3). O Lugar Santíssimo estava vazio.

6. O Lugar Santo

A única mobília mencionada para o Lugar Santo era de um altar de madeira (41.22).

As paredes e as portas eram ornamentadas com querubins e palmeiras (41.18,25).

7. As Câmaras

A parede do Templo edificado tinha seis côvados de espessura (41.5) no lado norte, sul e leste, e, assim como no Templo de Salomão, havia câmaras laterais em três andares, trinta ao todo (41.6, talvez 30 em cada andar), com uma parede externa com cinco côvados de espessura (41. 9).

Essas câmaras tinham na base quatro côvados de largura; e no segundo e no terceiro andares, propriamente, assim como no templo antigo, tinham reduções nos muros, de talvez 5 ou 6 côvados de largura, respectivamente (41.6,7; no Templo de Salomão as câmaras laterais tinham 5,6 e 7 côvados – 1 Rs 6.6).

Essas dimensões dão uma largura total externa para a casa de 50 côvados (com comprimento de 100 côvados), deixando cinco côvados de cada lado e em frente, como uma passagem para o canto da plataforma na qual a edificação permanecia (41.9-11).

O lado oriental, assim como a parede externa, era ocupado, na totalidade da largura do pátio interno, por uma grande edificação (41.12), quase uma passagem de vinte côvados entre a parede e o Templo pertencendo ao chamado "o lugar separado" (41.12, 13).

A plataforma do Templo tinha somente 60 côvados de largura, restando um espaço de vinte côvados no norte e sul, ocupando o restante da largura da plataforma. Essa, continuando até a parte de trás, formava o "lugar separado", mencionado acima. Além desse "lugar separado" por 50 côvados, havia outras câmaras, aparentemente, em duas filas, tendo as câmaras internas 100 côvados, e as externas 50 côvados, e um espaço de dez côvados de largura entre elas (42.1-14. Contudo, esse texto é obscuro, com relação ao lugar de "passagem" do lado de fora das câmaras. Essas câmaras eram designadas para os sacerdotes comerem "as coisas santas" (42. 13).

Tal é a descrição do templo de Ezequiel da I. S. B. E. e nos ajuda, ao menos, a compreender o que estava envolvido na edificação de tal templo, se ele tivesse uma natureza material. (O estudante deve se reportar à bibliografia para outros dicionários e descrições do templo de Ezequiel).

A ESCOLA SIMBÓLICA/ESPIRITUAL

A escola simbólica/ espiritual defende a idéia de que a visão de Ezequiel não pode ser interpretada numa base literal como falando de um templo material a ser edificado nesta era ou nas eras futuras.

Juntamente com esse comentário do autor, nós observamos uma maior autoridade representada nessa escola de pensamento e interpretação, novamente reconhecendo que pode haver algumas variações de interpretação e aplicação.

J. Sidlow Baxter, em "*Explore The Book*", o livro de Ezequiel (pp. 31-35), traz algumas das maiores objeções para a interpretação literal/ material dos capítulos de Ezequiel. O estudante deve analisar cuidadosamente os argumentos apresentados aqui contra aqueles da escola dispensacionalista, à medida que elas são estabelecidas aqui, seguindo a ordem geral colocadas por essa escola.

1. Objeções geográficas e materiais

a. A área da terra

A área da terra para as doze tribos, distribuída em porções iguais, sem considerar os números, e estas em partes paralelas correndo de leste a oeste, apresenta grandes problemas. As porções separadas de cada tribo teriam de 6 a 8 km de território, sete das tribos sendo ao norte e cinco tribos para o sul da terra concedida. Essa certamente é uma área muito pequena para a herança, se observarmos apenas o aspecto geográfico. Se Israel deve ser incontável como a areia e as estrelas, então essa é uma terra bastante limitada, e assim apresentam objeções geográficas.

b. A área sagrada

A área sagrada ou triplamente sagrada destinada ao Templo, sacerdotes e os levitas cobre uma vasta área de terra (Ez 42.15-20; 45.2; 48.20). Ela mede 25.000 por 25.000 canas laterais, ou cerca de 76km de lado. Cerca de 31km da mesma é reservada ao sacerdócio, e, novamente, cerca de 31km é a porção para os levitas (45.3-5; 48.10-13). Essa é uma porção de terra bastante ampla apenas para uma tribo, a tribo sacerdotal de Levi, e assim também apresenta outra objeção geográfica.

c. A área do Templo

A área concedida para o templo propriamente dito cobre toda a área da antiga cidade de Jerusalém, isto é, cerca de 1,6km de lado. Em outras palavras, o Templo é tão grande quanto a totalidade da antiga cidade de Jerusalém (45.6; 48.15-19).

O Pátio Externo do Templo é de 500 varas de comprimento por 500 varas de largura (42.15-20; 45.2). Esse Templo não poderia estar limitado ao Monte Sião ou ao Monte Moriá, na área de Jerusalém.

J. Sidlow Baxter, em "*Explore the Book*" (o Livro de Ezequiel, pp. 31-35) diz o seguinte com relação ao Templo e à área sagrada relativa a ele:

> "Tome o tamanho do *templo* e o tamanho da *área sagrada* com ele. O 'Pátio externo' do templo possui 500 canas de largura por 500 canas de comprimento (42.15-20; 45.2); e como as canas possuem cerca de 6 côvados, esse pátio possui cerca de 1,5km de comprimento por 1,5km de largura, o que significa que o templo cobre um espaço tão grande quanto o de toda a cidade incluída dentro dos muros da antiga Jerusalém. Certamente, não seria possível que esse Templo estivesse contido no Monte Sião, dentro de Jerusalém. Mas, quando passamos do Templo para a área sagrada, ou porção sagrada, descobrimos que esta

tinha 25.000 canas de comprimento por 25.000 canas de largura (48.20), isto é, 76km do norte ao sul, e o mesmo de leste a oeste, cobrindo uma área de seis a sete vezes maior do que Londres! Desta, uma área de 76km por 31km era reservada apenas para o sacerdócio (45.3,4; 48.10), e uma área do mesmo tamanho para os levitas (45.5; 48.13). Há também uma terceira área, na qual, embora menor se comparada com a área total sagrada, está uma "cidade", com um perímetro de 20.000 canas, ou aproximadamente 61km (45.6; 48.15-19), sendo que Josefo registrou o perímetro de Jerusalém nesse tempo com apenas 6,5km! Agora, é razoável pensar que haja um templo literal que seja tão grande quanto toda a Jerusalém, e uma área sagrada com cerca de 5.625 quilômetros quadrados?

Além disso, essa área sagrada torna-se *fisicamente impraticável*, a menos que o Rio Jordão seja movido mais para o oriente! Os limites da terra são o Mediterrâneo do lado oeste e o Rio Jordão no leste (47.18), e essa grande área de 76km de lado não pode estar entre os dois, pois a distância entre esses lugares mal chega a 64km. Mesmo se transformássemos esse quadrado num losango para ajustá-lo ao declive da costa, não seria possível contê-lo, ainda mais porque em cada lado do quadrado, na visão de Ezequiel, há uma margem *adicional* chamada de 'A porção do príncipe' (45.7; 48.21,22). Admitamos, Deus poderia mover o Jordão, mas é razoável que nós venhamos a pensar assim?"

d. A área da cidade

A terceira porção da área sagrada é reservada à nova cidade. A cidade tinha um perímetro de 20.000 canas, ou aproximadamente 61km (45.6; 48.15-19). A antiga cidade de Jerusalém tinha um perímetro de aproximadamente 6km. Isso significa que essa nova cidade é muito maior do que toda a extensão de terra entre o Jordão e o Mediterrâneo. A área da cidade alcança o Mar Morto.

Novamente, mencionamos J. S. Baxter e suas declarações sobre essa nova cidade e o templo, das mesmas páginas já mencionadas:

> "Há uma dificuldade adicional, pois, embora seja uma grande área, de 76km por 76km, ela *não inclui a área de Jerusalém*; portanto, essa "cidade" a qual Ezequiel vê não é Jerusalém. Se, então, nós considerarmos essa visão literalmente, que faremos com todas aquelas outras profecias que falam de Jerusalém como centro glorificado da nova ordem vindoura?
>
> A visão de Ezequiel também coloca um novo templo afastado 500 canas além do norte da cidade, de fato, 23km afastado do centro da cidade. Assim sendo, a conexão entre o Templo e Jerusalém é tão fortemente apresentada, tanto nas Escrituras quanto nos pensamentos dos judeus, que interpretar literalmente uma visão que os separa, sem dar a menor razão para isso, parece ser impensável. Como C. J. Ellicott diz: "Um templo em qualquer outra localidade que não o Monte Moriá dificilmente seria o Templo da esperança judaica". Mais difícil do que imaginar o enorme Templo de Ezequiel abrangendo uma área espalhada sobre os diversos montes e vales que o país apresenta, é realmente mais difícil pensar nessa nova cidade quilômetros distantes de Jerusalém, e o novo Templo a 23km ao norte, de fato, no próprio caminho de Samaria."

e. As águas vivas

Um outro problema adicional (e dificuldade) tem a ver com o rio que flui do limiar do Templo pelo caminho do altar de sacrifício. Um rio real fluindo de um templo material pelo caminho de um altar de sacrifício material num grande e alto monte, dirigindo-se para o Mar Morto, apresenta um problema também. Esse rio se divide em dois rios principais e se torna bastante profundo com 4.000 côvados de extensão.

Uma menção final dos comentários de J. S. Baxter, com relação às águas do Templo, são suficientes neste assunto:

> "Um outro problema na forma de uma interpretação literal é encontrado nas águas que Ezequiel viu do lado oriental do limiar da porta do templo (47.1,2). Para mencionar C. J. Ellicott novamente, 'Essas águas correm do 'lado oriental' e descem 'para o mar', o qual somente pode ser o Mar Morto. Contudo tal curso seria fisicamente impossível sem mudanças na superfície da terra, já que o templo da visão está no lado ocidental do derramar das águas do país. Além do mais, elas tinham o efeito de 'curar' as águas do mar, um efeito que não poderia ser produzido naturalmente sem haver uma saída do mar. Nenhum suprimento de água fresca poderia remover a salinidade, a permanecer o atual estágio de evaporação, e Ezequiel (47.11) exclui a idéia de uma saída. Mas, acima de tudo, o caráter das próprias águas torna-se impossível sem um milagre contínuo. Sem falar na dificuldade de uma fonte dessa magnitude sobre o topo de uma alta montanha (40.2) nessa localidade, há também o fato de que, na distância de 1.000 côvados de sua fonte, as águas sofriam um grande crescimento de volume, e isso se repetia em sucessivos 1.000 côvados, até o final dos 4.000 côvados (cerca de 2,4km) tornando-se um rio de profundidade tal, que só poderia ser atravessado a nado, ou, em outras palavras, comparável ao Jordão. Tal crescimento de volume, sem que houvesse outros afluentes desaguando, é claramente antinatural. Mas, além disso, a descrição das águas claramente as mostra com um ideal. Elas são doadoras de vida e cura, há árvores de folhagem perene e frutos crescendo de seus ramos, a folha sendo para "cura" e o fruto, apesar de ser para comer, nunca acaba."

f. Os materiais do Templo

Outra objeção para ser mencionada é com relação aos materiais desse suposto novo templo.

Em contraste com o Tabernáculo de Moisés e o Templo de Salomão, não há praticamente menção alguma com relação aos materiais do templo. Assim, muitos capítulos e detalhes são dados para este templo. Contudo há quase total silêncio com relação aos materiais para o Templo ou a cidade. A única menção específica de materiais está nas seguintes referências:

A aparência do "homem" é como de *bronze* (40.3).
As quatro mesas para a preparação dos holocaustos são de *pedras* lavradas (40.42).
As portas, postes, janelas e galerias eram de *madeira* (41.16).
O altar de incenso era de *madeira* (41.22).

Não há menção de ouro, prata, bronze ou madeira específica como no Tabernáculo de Moisés ou no Templo de Salomão. Alguém teria de assumir que esse novo templo deve ser edificado com os mesmos materiais do Templo de Salomão. Mas a falta de menção dos materiais certamente tem o seu significado, pois o templo de Ezequiel é predominantemente visionário!

g. A mobília do Templo

Uma objeção final, no que diz respeito ao aspecto material, tem a ver com a falta de menção ou a ausência da maioria da mobília do Templo.

Se o templo era um templo material, e tão importante que excede em glória e beleza os templos de Salomão, Zorobabel e Herodes, então por que não há menção da maioria de sua mobília? Ele se parece muito com uma casa sem mobília. Essas discrepâncias tornam difíceis de aceitar um templo material por causa da importância que tinham no antigo Templo, sem que alguém novamente assuma a idéia da mesma mobília sendo reconstruída. Não há menção do seguinte:

1. A arca da aliança (contudo, "a glória" retorna para encher a casa).
2. O pote de ouro com maná.
3. A vara de Arão que floresceu (assim como o item anterior também não estava no Templo de Salomão).
4. As tábuas da lei (no entanto, estavam no Templo de Salomão).
5. Os querubins e o trono de misericórdia.
6. O candelabro de ouro.
7. A mesa e os pães.
8. O altar de ouro de incenso (altar de madeira mencionado).
9. O véu no Santo dos Santos (Lugar Santíssimo e divisões mencionados).
10. O sumo sacerdote (Zadoque e o sacerdócio levítico são mencionados).
11. Sacrifício da tarde (o holocausto, as ofertas de cereais, a libação, a oferta pelo pecado, culpa e sacrifício da manhã são mencionados).
12. Festa de Pentecostes (Páscoa e tabernáculos são mencionados).

A arca da aliança, sobre a qual a glória de Deus habitava, não era vista desde o tempo de Jeremias (Jr 3.14,15), nem a glória de Deus retornou a qualquer templo material, seja de Zorobabel ou Herodes. Ela retornará para um templo do milênio? Nós cremos que não!

Essas objeções lidam com os problemas geográficos e materiais, no caso de o templo de Ezequiel ser um templo real a ser edificado no milênio.

Certamente, Deus pode fazer tudo o que quiser, até mesmo mudar toda a terra para isso. Mas essa é a vontade de Deus, e é isso que a Bíblia ensina? Nós pensamos que não! Nossas razões são mais especificamente vistas na parte seguinte.

2. Objeções de aliança e teológicas

Nesta parte final, vamos abordar aquilo que chamamos de objeções da aliança e teológicas para o templo literal/ material nesta era ou na era por vir.

Se as objeções geográficas e materiais não convenceram o estudante, ou eles são muito racionais, então as objeções da aliança e as teológicas devem ser consideradas e devem convencê-lo.

Num capítulo anterior, observamos alguns dos princípios hermenêuticos que devem ser usados com relação à interpretação do templo de Salomão. Um dos mais importantes princípios é o *princípio da aliança,* no qual é vital que o crente compreenda a diferença entre as alianças da Lei e da graça, ou as alianças nova e antiga, em particular.

Portanto, essa seção usa um princípio hermenêutico muito importante da interpretação bíblica. Isto é, nós não usamos o Antigo Testamento para interpretar o Novo Testamento, mas usamos o Novo Testamento para interpretar o Antigo Testamento, *convergindo tudo para a cruz*! A cruz é a chave. A cruz se torna aquilo que chamamos de "o filtro hermenêutico" do sistema do Antigo Testamento, especialmente aquelas coisas que pertencem à Lei ou à aliança mosaica.

Novamente, devemos nos lembrar de que os apóstolos do Novo Testamento são os intérpretes infalíveis dos *profetas* do Antigo Testamento. Ezequiel é um desses profetas do Antigo Testamento. Os apóstolos do Novo Testamento, especialmente o apóstolo Paulo, lida especificamente com questões mencionadas na visão de Ezequiel, assim como também com outros profetas do Antigo Testamento.

Passaremos, agora, para a consideração dessas questões que se tornam objeções de peso para um templo material da visão de Ezequiel.

a. A aliança mosaica

Como já mencionamos, a maior dificuldade de tudo com relação à visão de Ezequiel sendo interpretada real ou materialmente está no fato de que isso envolveria uma restauração do sistema mosaico, a aliança da lei.

C. Larkin, em *Dispensational Truth* (p. 151), diz: "A nova aliança ainda não foi realizada. Ela deve ser feita com Israel, depois que o povo voltar para a própria terra. Vemos essa promessa em Jeremias 31.31-37. A nova aliança é incondicional e cobrirá o milênio e os novos céus e a nova terra. Ela é baseada na obra consumada de Cristo (Mt 26.28). Ela não está relacionada à Igreja e não diz respeito a essa dispensação".

Em minha compreensão a respeito da Bíblia e das alianças, esse é um exemplo de erro hermenêutico. E é o tipo de interpretação que causa uma interpretação errônea das visões de Ezequiel. Um erro hermenêutico produz uma exposição incorreta. Essa é uma mostra da confusão com relação ao assunto da aliança!

Este escritor discorda totalmente da declaração de C. Larkin. Jesus estabeleceu a nova aliança em Mateus 26.26-28. Ela foi confirmada pelos outros escritores do Novo Testamento em 1 Coríntios 11.23,24 e Hebreus 8. Os crentes na Igreja sempre participam da mesa do Senhor, demonstrando no pão e no cálice, os simbolismos da nova aliança. Se a nova aliança não foi ainda feita e ela nada tem a ver com a Igreja, e é somente para Israel, então por que a Igreja tem partilhado da mesa da nova aliança por cerca de 2.000 anos? A obra da cruz foi consumada e o crente hoje está sob a nova aliança "em Cristo", seja ele um crente judeu ou gentio.

Demonstramos uma série de fatos mencionados na visão de Ezequiel, que, ao passarem pela cruz, e serem considerados à luz da nova aliança, mostram claramente que o templo de Ezequiel não é material, mas sim uma visão idealista das realidades espirituais. Ezequiel, como a maioria dos profetas e escritores do Antigo Testamento, assim como os escritores do Novo Testamento, usam a linguagem do Antigo Testamento para descrever realidades da nova aliança, convergindo tudo para a cruz:

O Templo – Os escritores do Novo Testamento ensinam que, agora, o Templo da nova aliança são os crentes como indivíduos, e que a igreja coletivamente é o verdadeiro Templo. Ezequiel, assim como Isaías, apontam para Cristo como "Um pequeno santuário" para seu povo, no local para onde eles mesmos foram espalhados (Ez 11.16; Is 8.14-18; Ap 21.22). O Senhor Deus e o Cordeiro são o eterno Templo. Nos Evangelhos e em Atos, o Pai, o Filho e o Espírito Santo confirmam a rejeição de um templo material. A divindade nunca retornará a qualquer templo material quando a realidade agora está em Cristo e em sua Igreja (Mt 21.12-14; 23.38; 24.1; 27.51; At 2.1-4; Is 66.1-4; 1 Co 3.16).

O sacerdócio – O sacerdócio de Melquisedeque aboliu para sempre o sacerdócio araônico e levítico. Na antiga aliança, apenas uma tribo foi escolhida para ser a tribo sacerdotal. Na nova aliança, todos os crentes são sacerdotes junto a Deus, sejam homens ou mulheres (Ap 1.6; 5.9,10; 1 Pe 2.5-9). Deus nunca restabelecerá o sacerdócio da antiga aliança nesta era ou em qualquer era por vir.

Os altares – Nessa visão, Ezequiel também menciona "altares" nessa visão. A cruz de Jesus para sempre cumpriu e revogou todos os altares, sacrifícios e incenso da antiga aliança. A mesa do Senhor Deus é o símbolo da eterna eficácia do sacrifício. O único incenso que Deus aceita agora são as orações e intercessões do coração do crente.

O sacrifício e a oblação – Ezequiel também menciona o sacrifício e a oblação. Daniel 9.24-27 e Hebreus 9,10 mostram que o sacrifício definitivo de Cristo e a oblação no Calvário causaram o final de todos os sacrifícios de animais e oblação. Nem é preciso dizer que sacrifícios não serão oferecidos pelo pecado, mas somente como "um memorial" do sacrifício de Cristo. Agora, o pão e o cálice da mesa do Senhor são nosso "memorial" de sua morte e ressurreição. Abandonará Deus a mesa do Senhor, o pão e o cálice e voltará para o derramamento de sangue e o corpo de um animal como memorial? O corpo e o sangue de Jesus repudiaram para sempre o corpo e o sangue de animais. Qualquer outro sacrifício negaria a total suficiência do sacrifício de Jesus. Temos de dizer: "Aquele que sacrificava antes confessava a Cristo, mas aquele que sacrifica agora solenemente nega a Cristo". Qualquer retorno ao sacrifício de animais é um insulto ao sacrifício de Jesus Cristo.

As Festas do Senhor – Todos os dias de festa foram cumpridos em Cristo e também encontram cumprimento na Igreja. Cristo é o nosso Cordeiro pascal. O Espírito Santo veio em cumprimento ao Pentecostes. Em Cristo, os crentes desfrutarão da plenitude da festa dos tabernáculos. O livro de Hebreus mostra que Cristo cumpriu as cerimônias do dia da expiação.
Deus não restabelecerá o formalismo e o ritualismo dessas festas, pois elas foram abolidas na cruz e encontraram cumprimento espiritual na experiência do verdadeiro crente (Cl 2.14-17).

Os sábados e as luas novas – Ezequiel também menciona os sábados e as luas novas. O sábado é o sinal e o selo da aliança mosaica. O sábado e as luas novas pertenceram a essa aliança. Tudo foi cravado na cruz, com outras ordenanças. Então por que elas deveriam ser desencravadas para serem restabelecidas no futuro? (Cl 2.14-17; Hb 8-10). Não voltemos aos pobres elementos da aliança da Lei.

O ritual da circuncisão – Ezequiel também fala do ritual da circuncisão (Ez 44.7-9). A circuncisão da nova aliança é, agora, de coração, do espírito, não na carne e da letra (Rm 2.24-29; Cl 2.12-17). Por que então reintroduzir esse rito, que é sinal e selo da aliança abraâmica, a um povo de uma era futura em que tal ritual também foi abolido na cruz?

A glória Shekinah – Ezequiel também menciona o retorno da glória de Deus a esse Templo, apesar a arca da aliança não ser citada. Como já mencionamos, a glória de Deus nunca mais retornou a qualquer templo material reedificado. Por que deveria ela então retornar numa época futura? Deus abandonará a Igreja, seu Templo, para a qual todas as habitações materiais de Deus apontavam, e retornará a uma construção material? Outrora, esta glória abandonou o Templo de Salomão e nunca mais foi vista em um templo material. Agora, a glória é "Cristo em vós, a esperança da glória"; no crente, na Igreja.

A adoração – Em João 4.20-24, Jesus predisse a verdade de que a adoração não mais seria aceitável somente em Jerusalém, como um lugar. A verdadeira adoração seria em Espírito e em verdade, em qualquer lugar em os verdadeiros crentes se encontrassem. Essa declaração de Jesus rejeitou para sempre toda a adoração externa e formal em Jerusalém. Como então as nações podem ser forçadas a adorar a Deus e ao seu Cristo na era milenar a menos que nasçam no Espírito? A menção específica final de Jerusalém se encontra em Apocalipse 11.8, que se refere à cidade que é "espiritualmente Sodoma e Egito".

b. A nova aliança

Os escritores do Novo Testamento confirmam abundantemente o fato de que a antiga aliança ou a aliança mosaica foi cumprida e abolida na Cruz, assim como o ritualismo e o formalismo dela. A aliança nunca mais será restituída nesta era, nem em nenhuma outra. Deus nunca "apostatará" da cruz para restaurar o sistema mosaico que Ele mesmo aboliu.

Em Cristo, o crente está eternamente sob a nova aliança (Jr 31.31-34; Hb 8; 2 Co 3).

Tomar essas coisas mencionadas no Templo de Ezequiel e ver tudo restaurado num templo material é prejudicar o ensino e a revelação dos escritores do Novo Testamento e insultar a cruz do Calvário.

Os escritores do Novo Testamento são os intérpretes infalíveis dos profetas do Antigo Testamento. Os escritores do Novo Testamento não fazem nenhuma menção a qualquer retorno ao sistema mosaico. As coisas do Antigo Testamento eram temporais. As verdades espirituais são eternas (2 Co 3.18; 1 Co 15.46,47).

Conhecer a verdade é ser livre de toda a confusão em relação à aliança.

Lições espirituais sobre as verdades do Templo

Se não fornecêssemos pelo menos algumas breves lições espirituais e diretrizes das verdades encontradas no Templo, este capítulo seria incompleto.

Essas lições espirituais podem ser desenvolvidas, exatamente como as lições vistas no Tabernáculo de Moisés, no Tabernáculo de Davi e no Templo de Salomão. Os mesmos princípios de interpretação bíblica e exposição aplicam-se na interpretação do Templo de Ezequiel, assim como nas estruturas anteriores.

Segue-se um breve resumo das principais verdades encontradas no Templo da visão de Ezequiel, as quais o estudante diligente pode desenvolver.

1. As medidas do Templo

Em Ezequiel 40,41, o pensamento-chave está no abundante uso da palavra "medida". Tudo no templo deveria ajustar-se ao padrão divino. A lição espiritual está confirmada no Novo Testamento para a Igreja, que, como habitação de Deus pelo Espírito, deve também se ajustar ao Homem Cristo Jesus (1 Co 3.16; 6.16; 2 Co 6.16; 10.12; Ap 11.1,2; Ef 4.9-16).

2. O homem com a medida de linho

Através dos capítulos da medida do Templo, vemos "o homem" com a medida de linho (Ez 40.1-4). O Senhor Jesus Cristo é o Deus Homem, o Homem padrão; sua Palavra é a cana de medir, a qual tudo em seu Templo deve se ajustar.

3. A glória do Templo

Como a glória Shekinah partiu do Templo antigo e material (Ez 1-10) e retornou para o Templo novo e espiritual (Ez 43.1-3), isso se torna profético de Cristo deixando o Templo antigo e material do Antigo Testamento, e fazendo sua habitação, pelo Espírito, na Igreja, o Templo da nova aliança (Ef 2.19-22; 1 Pe 2.5-9).

4. As festas do Senhor

Os crentes em Cristo podem desfrutar espiritualmente de tudo o que foi previsto nas festas do Senhor na antiga aliança. Em Cristo, temos a Páscoa. No Espírito Santo, temos o Pentecostes. No Pai, temos os tabernáculos. Na plenitude da divindade, desfrutamos dos verdadeiros tempos de festa (1 Co 5; At 2.2; 2 Co 3; Hb 8-10).

5. Os rios de Deus

Ezequiel 47 mostra o rio de Deus. Onde quer que o rio fluísse haveria vida, cura, saúde e uma grande multidão de peixe. Jesus levantou-se no Templo e falou dos rios na festa dos tabernáculos (Jo 7.37-39). Os rios do Espírito trazem vida, cura e saúde, e multidões de almas são salvas quando o rio está fluindo da Casa de Deus pelo caminho do altar da cruz de Jesus (Ap 22.1,2; Sl 46; Jl 3.18; Zc 14.8). Esse rio substitui as águas do mar de fundição e das pias de bronze.

6. O sacerdócio de ordenanças

Ezequiel fala do sacerdócio de Zadoque e Levi (Ez 44). Há muitas lições espirituais que podemos aprender tanto dos sacerdotes quanto dos reis do Antigo Testamento. Hoje os crentes são reis-sacerdotes junto a Deus, segundo a ordem de Melquisedeque. Existem as ordenanças divinas estabelecidas na Igreja do Novo Testamento para todos os que se mantêm segundo o Espírito (Ap 1.6; 5.9,10; 1 Pe 2.5-9).

7. Heranças da terra

As heranças da terra para as doze tribos, mencionadas por Ezequiel, apontam para a nossa herança em Cristo, assim como as heranças das tribos do livro de Josué (Ef 1.3). Por fim, os santos herdarão o mundo e o reino de Deus (Rm 4.13). Todos os crentes encontram seu lugar no Israel espiritual de Deus (Rm 9.1-6).

8. O príncipe do portão oriental

O misterioso príncipe do portão oriental aponta para o Messias, o Príncipe (Dn 9.24-27; At 5.31). Ele é o nosso Príncipe e Salvador. Ele veio para o oriente, morreu e ressuscitou no oriente e retornará para o oriente em glória resplandecente para estabelecer o seu reino (Mt 24.27; 2 Pe 3.11-14; Ml 4.2).

9. A cidade Jeová-Shamá

Ezequiel 48 fala da cidade de Deus, e ela é chamada de Jeová-Shamá. O Senhor está ali.

No fim, tudo aponta para a cidade de Deus que João viu (Ap 21,22). Ali, as doze tribos do Israel espiritual entrarão através das portas da cidade. O Senhor Deus e o Cordeiro estarão ali eternamente (Mt 18.20). Sua Presença e sua glória eternas habitarão ali para sempre.

Essas são algumas das grandes lições que encontram comprimento espiritualmente em Cristo e em sua Igreja, aqui e agora, e também nas eras por vir e por toda a eternidade.

CAPÍTULO 6

O TEMPLO EM TESSALONICENSES

Ao escrever aos tessalonicenses, Paulo falou da vinda do homem do pecado, que "se assentaria no Templo de Deus, fazendo-se como Deus". Este personificaria o "mistério da iniqüidade" e buscaria a adoração que pertence somente a Deus. Paulo alertou-os de que esse seria revelado "em seu tempo" e predisse aos crentes que ele seria destruído pelo brilho da vinda de Cristo (2 Ts 2.1-12; em especial o versículo 4).

A maioria dos expositores das Escrituras acredita que essa passagem se refere à vinda de um anticristo pessoal, a consumação do mistério da iniqüidade que já estava em operação nos dias de Paulo.

Diferenças de opinião surgiram com relação a esse anticristo; se ele seria um espírito, um sistema ou uma pessoa. Um estudo de todas as Escrituras sobre esse assunto sugere que todos os três aspectos estão envolvidos na manifestação do anticristo.

Contudo, a questão aqui é "o templo de Deus" no qual esse homem do pecado é revelado.

Paulo disse que a vinda de Cristo e o ajuntamento dos santos com Ele, só ocorreria depois que dois grandes eventos ocorressem. O primeiro é a vinda de uma grande queda da fé, a apostasia entre os crentes e mestres da fé. O segundo é o homem do ecado sendo revelado como o filho da perdição. Esse homem do pecado se oporia ao verdadeiro Deus e se exaltaria acima de tudo o que é chamado Deus ou adorado como Deus. Ele se colocaria no *Templo de Deus*, mostrando-se como Deus. Ele seria destruído pelo brilho da segunda vinda de Cristo.

Naturalmente, a questão é: "Que Templo de Deus é esse? Ele se refere a uma reconstrução literal do Templo judaico e ao restabelecimento do sistema e da aliança mosaicos? Ou se refere a um templo espiritual e, portanto, usado num sentido simbólico?".

Temos duas opiniões a considerar.

Paulo, como apóstolo e judeu, estivera, durante anos, dominado pelo Templo judaico e seu sistema. Durante esses anos, ele estivera em Jerusalém a fim de participar de várias ocasiões festivas. Sem dúvida, nesse tempo, ele conhecia a profecia de Cristo com relação à destruição do templo de Jerusalém.

Na ocasião da crucificação de Cristo, o véu do Templo foi partido ao meio e de alto a baixo. Isso testificava que Deus havia encerrado o tempo do Templo material e toda a aliança e sistema mosaicos.

Contudo, o Templo ainda estava funcionando na época em que Paulo escreveu essas epístolas. Isso ocorreu cerca de 15 anos ou mais, antes que Deus permitisse que Tito e o exército romano destruíssem aquele que, desde a cruz de Cristo, tinha se tornado um sistema abominável.

A experiência de Paulo no Templo de Jerusalém, conforme relata o livro de Atos, certamente não foi nada agradável para ele.

A história mostra que o Templo de Jerusalém foi destruído e que nenhum "homem do pecado" colocou-se como Deus ali naquele templo material para ser adorado como Deus. Portanto, o templo mencionado deve apontar para outro templo que não seria aquele presente em Jerusalém.

Um estudo dos escritos de Paulo, assim como de outros escritores do Novo Testamento, mostram o uso da palavra "Templo". Paulo, em especial, usa a palavra "Templo" para falar da Igreja, o Templo da nova aliança.

A palavra é usada várias vezes por Paulo. E sem exceção (a menos que 2 Ts 2.4 seja uma exceção), ela é sempre usada como a igreja sendo o Templo de Deus.

Vamos considerar as principais referências:

1. O crente é o Templo de Deus, e o Espírito de Deus habita nele. Se algum homem destruir o Templo de Deus, que é santo, ele será destruído (1 Co 3.16,17). Isso seria mais significativo para os crentes de Corinto à luz dos templos pagãos em sua cidade, especialmente na montanha de Acra-Corinto. Ali estava um templo pagão, cheio de idolatria e imoralidade, com seu sacerdócio corrupto e corrompido.

2. O corpo do crente é o Templo do Espírito Santo. Nós devemos glorificar a Deus em nosso espírito e em nosso corpo, os quais pertencem a Deus (1 Co 6.19,20).

3. A Igreja, composta de judeus e gentios, deve crescer para tornar-se um templo santo no Senhor, para uma habitação de Deus através do Espírito (Ef 2.19-22). Isso significava muito para os efésios, pois a cidade de Éfeso tinha o grande templo dedicado à deusa Diana.

4. De acordo com o apóstolo Pedro, os crentes também são pedras vivas, sendo edificados para serem uma casa espiritual, a fim de oferecer sacrifícios espirituais aceitáveis a Deus por Jesus Cristo (1 Pe 2.4-9).

Os escritos de Paulo desviam os olhos dos crentes do templo terreno e material, seja ele pagão, gentil e idólatra ou um templo em Jerusalém e dos judeus. Ele aponta para a igreja como Templo de Deus. Os crentes, individual e coletivamente, constituem o Templo de Deus na nova aliança. O Espírito Santo é a "glória-Shekinah" nele. Deus nunca deixará a Igreja, o Templo do Espírito Santo para retornar a algum templo material.

E então? É o templo de 2 Tessalonicenses 2.4, um templo material a ser edificado por e para os judeus no final dos tempos, no qual o anticristo deificará a si mesmo? Certamente, essas coisas são possíveis, mas este escritor considera isso uma hipótese bastante questionável. A Mesquita de Omar, "A Igreja da Rocha", permanece no antigo local sagrado do templo. Ela possivelmente teria de ser destruída para que o templo fosse edificado em seu local original. Ou então, o templo seria edificado em qualquer outro lugar. Mas o local permanece importante.

Existem vários problemas na consideração de um templo literal sendo edificado nos últimos dias. O escritor, portanto, acredita que "o templo" no qual o homem do pecado é revelado fala da igreja na qual a grande apostasia ocorre. A seguir, mostramos um significativo padrão revelado nas Escrituras com relação ao "*anticristo e ao templo*".

1. O Anticristo e o Templo celestial

As Escrituras revelam claramente que há um Templo celestial ou Tabernáculo (Ap 11.19; 15.5-8; 16.1,17; Hb 9). Este é o Templo original, e todos os templos terrenos são apenas sombras dele.

Nas eternidades passadas, Satanás (Lúcifer) levantou-se como o "anticristo" original. Ele se opôs a Deus e à sua Palavra. Ele se exaltou para ser Deus, e colocou-se no Templo celestial para ser adorado como Deus.

Os anjos caíram com ele, e no céu vemos a primeira queda, a apostasia original. Satanás e seus anjos constituíram "o anticristo, a apostasia no templo celestial" (Is 14.12-14; Ez 28; 2 Pe 2.4; Jd 6).

2. O Anticristo e o Templo terreno

Esse espírito do anticristo e da apostasia original manifestou-se no céu e agora se manifesta na terra.

Nos templos pagãos das nações, líderes sempre se colocaram como Deus, para serem adorados como Deus. Manifestaram-se a auto-exaltação e a auto-deificação. "Eu serei como deus" e "Vocês são deuses" eram as expressões desse espírito satânico.

Também no Templo de Jerusalém, esse espírito do anticristo manifestou-se. Reis que saquearam e profanaram o Templo, tinham uma atitude de auto-deificação. O orgulho levou à presunção, e a presunção levou ao castigo.

A apostasia dos sacerdotes, dos governantes e da nação israelita foi manifestada. Várias tribos apostataram, caindo em malignas práticas idólatras e tudo isso à luz e à vista do Santo Templo de Deus.

Os atos idólatras e presunçosos de Salomão, Acaz e Uzias ilustram esses fatos. As profanações de Antíoco Epifânio no Templo também exemplificam essa atitude. A apostasia de Israel e de Judá revela uma grande queda que ocorreu na nação escolhida, o povo de Deus. O estudo dos livros históricos bíblicos fornece essa evidência.

3. O Anticristo e a igreja-templo

O padrão deve ser evidente. O Templo celestial teve seu anticristo e apostasia revelados. O Templo terreno, tanto gentio quanto judaico, segue o mesmo padrão de anticristos e apostasia. É, portanto, coerente esperar e ver a apostasia e o anticristo revelados no templo do Novo Testamento, a Igreja.

Os escritos de Paulo profetizavam, mesmo em seus dias, o afastamento da fé, a profanação do Templo de Deus, e a vinda do homem do pecado, o espírito da iniqüidade e sua operação entre o povo de Deus (leia 1 Tm 4.1-3; Hb 6.1-6; 10.26-31; 2 Tm 3.1-5; 2 Ts 2.1-4).

O apóstolo João confirma o fato de que o anticristo viria e também que haveria muitos anticristos. Qual seria a origem deles? De onde eles viriam? Da igreja! Eles saem do nosso meio para que eles possam manifestar que não são um de nós (1 Jo 2.18-22; 4.1-6; 2 Jo 7).

O irregenerado não tem para onde cair. Ele já está caído "em Adão". A queda e a apostasia ocorrem na Igreja, assim como o anticristo é revelado na Igreja, o Templo de Deus.

Assim, o tema do "anticristo e a apostasia" procedem do Templo celestial para o Templo terreno do Antigo Testamento, chegando à sua manifestação final no Templo do Novo Testamento, a casa espiritual do Senhor, a Igreja. Nela é revelado o espírito do anticristo, assim como a pessoa e o sistema do anticristo. Esse é o mistério da iniqüidade que opera até a sua destruição na segunda vinda de Cristo.

Isso é o que o escritor compreende a respeito de 2 Tessalonicenses 2.4! Contudo, esse ponto de vista não descarta a possibilidade de um templo material. Somente o tempo poderá dizer!

CAPÍTULO 7

O TEMPLO EM APOCALIPSE

Em Apocalipse 11.1,2, João recebe uma visão. Aqui, o Anjo do Senhor vem a ele com uma vara de medir em nas mãos e lhe diz para levantar-se e "medir o templo, e o altar, e aqueles que adoram dentro dele".

A visão do Templo recebida por João aqui nesse capítulo tem instigado o pensamento de estudiosos da Bíblia durante anos.

A princípio, a interpretação desse Templo levanta duas simples questões. Estaria ele falando de um templo material e reconstruído literalmente, ou se referia a um templo espiritual e simbólico (ou seja, a Igreja)?

Devemos nos lembrar de que o templo material de Jerusalém havia sido destruído cerca de vinte e cinco anos antes de João receber a visão da ilha de Patmos. Assim, nós nos perguntamos novamente: Esse templo, medido aqui, com seu altar e adoradores e seus pátios não medidos, está se referindo a um templo material ou simbólico, literal ou espiritual?

Antes de considerarmos essa visão de João em plenos detalhes, será proveitoso observar cada uso específico da palavra "Templo" nesse livro profético e simbólico. Será proveitoso observar se essas referências dizem respeito a um templo literal ou espiritual, pois novamente temos duas opiniões a considerar:

1. O vencedor será feito como uma coluna no Templo de Deus, tendo o nome de Deus sobre si (Ap 3.12). Isso certamente não fala de um templo material ou literal, mas se refere ao crente no sentido espiritual e simbólico.

2. Na tribulação, os santos devem estar diante do trono de Deus, servindo-o dia e noite em seu Templo (Ap 7.14-17). Isso certamente não se refere a um templo material, mas ao Templo espiritual no céu.

3. Ao som da sétima trombeta, o Templo de Deus é aberto no céu, e ali é vista a arca da aliança (Ap 11.19). Sem dúvida, isso se refere ao Templo celestial, ao Lugar Santíssimo celestial e a Deus vindo agir em favor do seu povo.

4. O anticristo blasfema de Deus, de seu nome, seu Tabernáculo e daqueles que habitam no céu (Ap 13.6). Novamente, João está vendo o Tabernáculo celestial, do qual o Tabernáculo terreno é apenas uma sombra passageira. Ele está vendo o protótipo, o original celestial de todas as sombras terrenas.

5. Em Apocalipse 15.5-8, o Templo do Tabernáculo do Testemunho no céu é aberto, e a fumaça da glória de Deus enche o lugar. Nenhum homem podia entrar no Templo até que as sete pragas finais da ira de Deus fossem derramadas sobre a terra.
Uma vez mais, vemos que esse é o Templo celestial, do qual o Templo terreno é apenas uma sombra.

6. Conforme Apocalipse 16.1,17, João ouve a voz de Deus do Templo, vinda do Trono de

Deus, em meio a grandes juízos.

7. menção final do Templo é encontrada em Apocalipse 21.22. João não vê templo algum (material, terreno), mas o Senhor Deus Altíssimo (o Pai), e o Cordeiro (o Filho) são o próprio Templo, a cidade de Deus. Certamente não há um templo material aqui.

Assim, em Apocalipse, temos cerca de 16 referências à palavra "Templo". A palavra "Tabernáculo" também é usada várias vezes.

Quatorze dessas 16 menções falam do Templo celestial, e *não* de um templo material, não de um templo terreno ou literal.

Como isso foi confortante para o apóstolo João! Ele estivera com Cristo em seus 3 ½ de ministério no Templo literal e real em Jerusalém. Ele ouvira a profecia de Cristo com relação à destruição do Templo sob o comando de Tito e os exércitos romanos. Ele vivera para ver a sua destruição em 70 D. C., na sedição de Jerusalém. E aqui está ele, na Ilha de Patmos, cerca de 25 anos depois da destruição do Templo de Jerusalém.

Aqui, ele teve uma visão do Templo real, o Templo espiritual, o Templo celestial. Templos terrenos podem ser saqueados, profanados e destruídos, mas há um Templo celestial que nunca será destruído. Templos terrenos podem ser vistos e são temporais, mas o Templo celestial é invisível (exceto pelo Espírito) e eterno (2 Co 4.18).

Retornemos à visão do Templo em Apocalipse 11.1,2. Esse é um Templo literal/ material ou é simbólico/ espiritual?

A questão poderia ser colocada assim: "Por que todas as outras referências ao 'Templo' no Apocalipse são espirituais e celestiais, e essa única menção seria interpretada como uma reedificação material ou literal do Templo em Jerusalém? Por que quando toda a visão de João é de um Templo espiritual, ele retornaria para um Templo material, o qual ele sabia que fora destruído no passado?"

Em nenhum lugar do Novo Testamento, os escritores falam da reconstrução do templo material para a nação judaica nos tempos finais, antes da vinda de Cristo.

A idéia de Apocalipse 11.1,2 sendo uma reedificação do Templo judaico surgiu de uma equivocada interpretação das "70 semanas proféticas" de Daniel 9.24-27. Ela declara que o anticristo é aquele que faz uma aliança com os judeus e então se coloca como deus no meio do período de tribulação de 7 anos. Isso ocorreria no "Templo de Deus", de acordo com 2 Tessalonicenses 2.1-4, que já foi comentado num capítulo anterior.

O conceito total de uma reedificação do Templo é baseada nessa má interpretação das 70 semanas proféticas, e a mesma má interpretação de 2 Tessalonicenses 2.4 e Apocalipse 11.1,2.

Há somente esses dois versículos em todo o Novo Testamento que poderiam se referir a um templo literal sendo edificado pelos judeus.

Contudo, os escritores do Novo Testamento que estiveram sob todo o sistema do Templo e o viram ser destruído, falariam ou buscariam o restabelecimento do Templo novamente no final de sua era ou numa era futura? O escritor pensa que não!

Qual é, então, a interpretação dessa visão do Templo de Apocalipse 11.1,2?

Devido a tudo que temos observado neste capítulo, este escritor acredita que o Templo é simbólico e espiritual – que ele fala da Igreja, o povo de Deus.

Se os judeus reedificassem um Templo de alguma maneira, seja no lugar da Mesquita de Omar, "A Igreja da Rocha", ou em qualquer outro lugar, Deus nunca endossaria o retorno ao ritualismo da antiga aliança e do sistema mosaico. Sua glória-Presença nunca retornará a esse Templo material. A glória de Deus nunca retornou a nenhum templo material reedificado desde a destruição do Templo de Salomão sob o império babilônico. Qualquer Templo reedificado seria apenas mais um templo que o Senhor destruirá em sua segunda vinda!

A visão de João mostra, então, que ocorre uma medida tripla. João, representando o ministério apostólico, recebe uma vara de medir. O Anjo do Senhor lhe disse para se levantar e medir três coisas:

- O Templo de Deus
- O altar
- Os adoradores

O Pátio Interno não é medido e deve ser pisado por três anos e meio.

A verdade espiritual simbolizada aqui pode ser compreendida, pelo menos em parte, da seguinte forma:

A Igreja, o povo de Deus, experimentará a vara de medir de Deus, as Escrituras, aplicadas a eles nesses últimos dias.

Como tudo no Antigo Testamento se ajustava ao padrão de Deus, assim os crentes como pedras vivas devem ser ajustados à Igreja de Deus, seu Templo da nova aliança (Ef 4.9-16; 1 Co 3.16; Ef 2.19-22). A Igreja deve chegar à medida da estatura da plenitude de Cristo, à perfeição e à maturidade.

O altar de oração e intercessão dos santos também será medido, assim como o altar de ouro no Templo da antiga aliança tinha medidas divinas sobre si, e também o incenso que queimava sobre ele.

O povo de Deus, como adoradores, também será medido, pois o Pai está procurando verdadeiros adoradores que o adorem em espírito e em verdade (Jo 4.20-24).

Infelizmente, porém, existem crentes que estão no "Pátio Externo", em seu relacionamento com o Senhor. Eles falham em serem ajustados (medidos) ao padrão divino. Jesus disse, Se o sal perder seu sabor, como ele poderia ser salgado? Para mais nada serve do que ser lançado fora, e ser pisado pelos homens (Mt 5.13).

Assim, esses crentes não são medidos, mas sim lançados fora, pisados nesses três anos e meio de tempo. Eles são os santos do "Pátio externo" que, embora não percam a sua salvação, perdem a vida no período final da tribulação, nos tempos finais, imediatamente antes da vinda do Senhor.

Independentemente de qual seja o pleno significado da "visão do Templo" de João, é evidente que algumas pessoas são medidas pela vara de Deus, e outras não são medidas, mas pisadas. Mesmo se essa visão foi aplicada aos judeus, essas verdades ainda são verdades!

Certamente há o suficiente nessa visão para desafiar todos os crentes a se ajustarem (serem medidos) ao padrão divino, à vara de Deus, a Jesus Cristo, nosso Senhor!

CAPÍTULO 8

PROBLEMAS DE UM TEMPLO NA TRIBULAÇÃO

À luz dos capítulos anteriores, parece não haver necessidade alguma de este capítulo ser escrito. Contudo, considerando-se a situação nos dias modernos, alguns pontos adicionais confirmam as dificuldades em buscar a reedificação de um templo material, em especial a daquele que alguns escritores chamam de "O templo da tribulação".

Conforme mencionamos, alguns expositores afirmam que haverá um templo na tribulação, assim como o templo de Ezequiel no milênio. Esses expositores crêem que o templo deve ser edificado para o anticristo entrar e declarar-se Deus. Isso ocorrerá quando ele quebrar a aliança que fará com os judeus durante a 70ª semana da profecia de Daniel.

Contudo, esse ponto de vista apresenta sérios problemas e também obstáculos em nossos dias para a reedificação de um templo de qualquer espécie para esse período da tribulação.

Em *Bibliotheca Sacra* (janeiro 1972, pp. 75-80), Thomas S. McCall, embora sustente que o templo será reedificado, apresenta os cinco principais problemas na segunda de suas séries a respeito desse templo. Nós adaptamos esses cinco obstáculos apresentados a seguir.

1. O problema da mesquita no local do Templo

Provavelmente, um dos mais sérios obstáculos para a edificação ou reedificação de um templo seja a mesquita muçulmana situada no local do antigo Templo. Essa mesquita teria de ser removida antes de qualquer templo ser edificado nesse local.

Os muçulmanos edificaram essa mesquita em 691 D.C., e ela tem passado por várias reformas e restaurações. Durante as Cruzadas, a mesquita foi usada como santuário cristão, mas foi retomada pelos muçulmanos. Esse é um dos locais mais sagrados do mundo para os árabes. Removê-la seria criar uma guerra santa. Além disso, as leis israelitas proíbem tumultos em qualquer local sagrado ou religioso. O judaísmo não permite um Templo sendo edificado em nenhum outro lugar. A Lei do Senhor escolheu o local para seu nome habitar (Dt 12.10-12). Alguns judeus crêem que um terremoto pode ser usado para destruir essa mesquita, abrindo caminho para o Templo ser edificado.

2. Problemas do Messias-edificador

As posições teológicas de muitos rabinos judeus também apresentam problemas adicionais. Os judeus ortodoxos sustentam que o Messias é o único que pode edificar o Templo. Eles afirmam que o primeiro Templo foi edificado pelo rei Salomão, e o segundo sob o comando dos profetas Ageu, Zacarias e Malaquias. O terceiro templo deve ser edificado pelo rei-Messias quando este estabelecer seu reino novamente. Eles defendem que o Urim e o Tumin devem ser usados novamente, e o Sinédrio deve confirmar a santificação do Templo. Isto tudo seria feito com a reunião das doze tribos de Israel.

Ainda hoje, os judeus vão ao Muro das Lamentações orar e adorar, mas não ao local do Templo. O argumento rabínico é que, já que o Messias é o único que pode edificar o Templo, e como o Messias ainda não veio, eles não podem edificar o Templo. Contudo, alguns líderes judeus acreditam que a era messiânica já começou com a criação do novo estado de Israel e crêem que esse é o sinal para a reedificação do Templo.

3. Problemas do sacerdócio extinto

Outro problema apresentado por Thomas McCall tem a ver com o extinto sacerdócio levítico. Se um Templo é edificado, então deveria haver um sacerdócio para ministrar ali. Onde está o sacerdócio? Ele foi extinto há 1900 anos. De onde ele viria?

Alguns judeus nomeados Cohen (que significa "sacerdote" em hebraico) reivindicam ser os descendentes diretos da casa do sumo sacerdote Arão. Eles declaram estar na linhagem sacerdotal, tendo certos privilégios e responsabilidades nas sinagogas no sábado. Uns sugerem que um tipo de sacerdócio pode ressurgir através deles.

4. Problemas do sistema sacrificial

Outro obstáculo para a reedificação do Templo tem a ver com o sacrifício de animais. Os rabinos do movimento da Reforma acreditam que o sacrifício de um animal e a adoração a Deus através desse ato é, agora, impensável. Sacrifícios são repudiados como "uma religião do matadouro".

O judaísmo moderno não aceita o pensamento de re-instituir os sacrifícios de animais como um sistema de aproximação a Deus. Eles vêem que Deus, gradualmente, reeducou Israel para que entendessem que Ele não queria sacrifícios e que isso nada significa para Ele. Eles ensinam que Deus quer arrependimento, oração, boas obras, justiça e misericórdia. É certo que os judeus teriam de ser fortemente reeducados para pensar em tal sistema, abandonando os numerosos sacrifícios de animais requeridos para cumprir a lei das ofertas. Esse é, certamente, um grande obstáculo para a reedificação do templo.

5. Problemas da teologia cristã

Além dos obstáculos muçulmanos e judaicos para a reedificação do Templo, Thomas McCall reconhece o problema da teologia cristã.

Como vimos em capítulos anteriores, existem escolas de pensamento que acreditam que o Templo nunca será edificado, e nem deve ser reedificado. Os sacrifícios, festas e ordenanças da aliança mosaica foram cumpridos em Cristo e abolidos na cruz, para nunca mais serem restaurados em nenhum templo, em época alguma.

Já escrevemos o suficiente sobre isso; então, não temos necessidade de repetir os argumentos novamente.

Assim, nessas coisas nós temos os obstáculos muçulmanos, judeus e cristãos para considerarmos na reedificação de um templo antes ou durante o período de tribulação. O ponto de vista deste escritor tem sido expresso claramente nesses capítulos complementares. Mesmo se os judeus reedificassem um templo, Deus nunca habitará no mesmo, mas o destruirá assim como aos templos anteriores.

Deus não habita em templo feito por mãos humanas, mas mora num alto e sublime lugar e também habita num coração humilde.

CAPÍTULO 9

O TABERNÁCULO E O TEMPLO EM HEBREUS E NO APOCALIPSE

Tanto no Tabernáculo de Moisés, como no Tabernáculo de Davi e no Templo de Salomão, a plenitude de toda a verdade é vista no livro do Apocalipse – "O Livro dos Finais". O livro de Hebreus interpreta o Tabernáculo de Moisés e o Tabernáculo de Davi de forma mais específica, enquanto o Apocalipse interpreta a ambos, além do Templo do Senhor.

Hebreus 5 a 10 lida especificamente com maiores detalhes do Tabernáculo do Senhor, sua aliança, seu sacerdócio, seus sacrifícios e seu santuário.

Em Hebreus 12.18-29, vemos o contraste e a comparação finais do Tabernáculo de Moisés no Monte Sinai e, então, o Tabernáculo de Davi pertencendo ao Monte Sião. Um simboliza a Lei; o outro, a graça.

Contudo, em Apocalipse, tanto os Tabernáculo de Moisés e de Davi, como o Templo de Salomão são vistos em suas partes em comum.

Neste capítulo, a ênfase é sobre a revelação suprema do Templo vista no livro do Apocalipse, embora os outros Tabernáculos estejam envolvidos aqui.

Moisés, Davi e João contemplavam um único e mesmo padrão celestial das coisas, o protótipo original e celestial.

1.	O altar de bronze	Ap 6.9-11
2.	O mar de vidro, ou mar de fundição	Ap 4.6; 15.2
3.	Os Pátios Internos	Ap 11.1,2
4.	As duas colunas de bronze	Ap 3.12; 11.3
5.	Os candelabros de ouro	Ap 1-3
6.	As vestimentas de glória e beleza do sumo sacerdote	Ap 1
7.	As quatro colunas do véu, ou quatro portas	Ap 4
8.	Os turnos sacerdotais de 24	Ap 4,5. Os 24 anciãos
9.	O Cordeiro de Deus	Ap 5.6-8; 21.22
10.	Os doze príncipes	Ap 12. 1
11.	Os 12.000 de cada tribo, 144.000 cantores	Ap 7.1,8; 14.1-5
12.	Monte Sião, harpas, novo cântico, Tabernáculo de Davi	Ap 14.1-5
13.	O altar de incenso e o sumo sacerdote	Ap 8.1-4; 14.18
14.	Os incensários de ouro dos 24 turnos sacerdotais	Ap 4,5
15.	Os tocadores de trombeta de prata	Ap 8-10
16.	Os doze filões de pão e coroas	Ap 4,5
17.	A arca da aliança	Ap 11.19
18.	A nuvem de glória	Ap 11.12
19.	O Sangue da expiação	Ap 12.11
20.	A purificação do santuário-expiação	Ap 1-3
21.	O bode expiatório no deserto	Ap 12
22.	O Tabernáculo e o Templo no Céu	Ap 13.6; 15.1-4; 21.3
23.	O nome ou selo de Deus	Ap 14.1

24. O coro do Templo e os líderes	Ap 5.8; 14.2
25. O Templo no céu	14.15; 15.6,8
26. O Rei dos reis e Senhor dos senhores	Ap 19.16
27. Os doze bois de bronze sustentando o mar	Ap 21.14
28. Os 2.000 batos	A era da Igreja
29. Os 1.000 batos – Milênio	Ap 20.1-10
30. O pórtico do juízo	Ap 20.11-15
31. A cidade de Deus, o Santo Oráculo quadrangular	Ap 21.22
32. Os 12.000 da cidade quadrangular	Ap 21.16
33. O muro de 144 côvados	Ap 21.17
34. O chão de ouro, ruas de ouro	Ap 21.18, 21
35. As pedras preciosas dos muros	Ap 21.19-21
36. A fundação no Monte Sião	Ap 21 – A alta montanha
37. A glória Shekinah e a luz-Presença	Ap 21.23; 22.5
38. A cidade da Nova Jerusalém, a Sião celestial	Ap 21.2,10; 14.1
39. Os doze portões da cidade	Ap 21.21,25
40. As doze pias de bronze, juízo	O livro dos juízos na terra
41. O trono de Deus – O Oráculo	Ap 22.1-3
42. O Nome de Deus na Fronte	Ap 22.4
43. O rei e os sacerdotes, ordem de Melquisedeque	Ap 1.5,6; 5.9,10; 20.6
44. A glória no Templo – Ninguém pode ministrar	Ap 15

Verdadeiramente, a Bíblia é um drama progressivo da revelação divina do plano de redenção de Deus para o homem caído.

CAPÍTULO 10

OS TABERNÁCULOS DE MOISÉS E DE DAVI, O TEMPLO DE SALOMÃO E A IGREJA

TABERNÁCULO, TEMPLO E IGREJA

	ANTIGA ALIANÇA			NOVA ALIANÇA
	O Tabernáculo de Moisés	**O Tabernáculo de Davi**	**O Templo de Salomão**	**A Igreja e a Cidade de Deus**
1.	Moisés como sacerdote -rei	Davi como rei	Salomão como rei	Crentes como reis e sacerdotes
2.	Recebeu o padrão do Senhor Êx 25.9,40; Hb 8.5	Recebeu a revelação do Senhor 2 Sm 6.17; 2 Cr 1.4	Recebeu o padrão de Davi e do Senhor 1 Cr 28.11,12	A igreja é o padrão do Templo do Senhor Deus. 1 Co 3.9,10; Hb 8.2
3.	Feito através de ofertas voluntárias Êx 25.1,2	Dedicação de sacrifícios de animais 1 Cr 15.26	Feito através de ofertas voluntárias 1Cr 29.6, 7	Sacrifícios ofertados livremente Rm 12.1; 2 Co 9.7
4.	Bezaleel recebeu a sabedoria para edificar pelo Espírito Santo Êx 31.1-7	Davi como homem sábio	Salomão recebeu sabedoria para a obra pelo Espírito Santo 1 Rs 5.12	A Igreja é edificada pela sabedoria do Espírito Santo 1 Co 12.1,2
5.	Tabernáculo do Senhor Js 22.19	Tabernáculo de louvor 1 Cr 16.1-6	Templo, casa do Senhor 2 Cr 5.14; Sl 68.29	Igreja, Templo e casa de Deus 1 Co 3.16
6.	Tábuas unidas e fixadas Êx 26.15	Uma tenda unida e móvel	Pedras encaixadas juntas 1 Rs 6.7	Membros unidos como pedras vivas 1 Pe 2.5; Ef 2.20-22
7.	Tábuas em bases de prata	Pedra de fundação em Sião Is 28.16	Pedras rebocadas em prata	Membros, redimidos, não com ouro e prata corruptíveis 1 Pe 1.19,20
8.	Tábuas revestidas com ouro Êx 36.34	Uma tenda	A casa inteira revestida com ouro 1 Rs 6.22	A cidade de puro ouro Ap 21.18,21. Santos purificados como o ouro Jó 23.10
9.	A arca da aliança e a glória de Deus nas varas da arca	A arca do Senhor	A arca de Deus, a glória de Deus. Varas removidas	Deus e o Cordeiro são a luz e a glória da cidade; as jornadas terminam.
10.	Deus falou do trono de misericórdia, entre os querubins Êx 25.17,22	Comunhão com o Senhor Sl 80.1; 99.1	Trono de misericórdia no Templo, querubins e querubins de oliveira 2 Cr 5.5-10	Deus fala pelo seu Espírito através do Filho Ef 2.13,18

11. O véu Êx 26.33	Nenhum véu. Além do véu	O Véu Mt 27.51; 2 Cr 3.14	O véu do corpo de Cristo partido Hb 10.19-20 Nenhum véu agora
12. Um candelabro Êx 25.31-37	A vara que floresceu	Os dez candelabros 1 Rs 6.49	Os sete candelabros – Igrejas locais Ap 1.12,13,20
13. Mesa dos pães da Presença Lv 24.5,6	O pote de ouro com o maná	Dez Mesas dos pães da Presença 1 Rs 7.10,48.	Cristo, o pão da vida Jo 6.35-48
14. Altar de Incenso Êx 37.25-28	Oração e louvor, harpas, cantores 1 Cr 15.27,28	Altar de Incenso 2 Cr 29.6,7	Orações e louvores, harpas Ap 5.8; 8.1-4
15. A porta do Tabernáculo	A porta da tenda	Portas articuláveis	A saída da cidade de Deus
16. Pátio Externo medido	Nenhum Pátio	Pátio Externo e Interno – nenhuma medida registrada	Pátio externo Ap 11.1,2 Pátio não medido
17. Altar de bronze Bacia de bronze	Purificado pelo sangue. Lavado por água	Altar de bronze-sangue. Pia de bronze-água	Sangue e água do seu lado. Jo 19.33,34; 1 Jo 5.6-8
18. Deus habita no meio do Seu povo Êx 25.8	Presença do Senhor Salmo 16	Glória-Presença 1 Rs 6.12,13	A Igreja como lugar de habitação de Deus e do Cordeiro Ap 21,22
19. Onde Deus coloca seu nome Êx 20.24; Dt 12.5	Nome na arca de Deus 2 Sm 6.1,2	Nome de Deus no Templo 1 Rs 9.3	Nome de Deus em seu povo Mt 28.19,20; Ap 3.12; At 2.34-36
20. Dedicação do Tabernáculo Lv 9.22-24; Êx 40.33-35	Dedicação do Tabernáculo de Davi 1 Cr 15,16	Dedicação do Templo 2 Cr 7.1-3	Dedicação da Igreja At 2.1-4
21. Tabernáculo do testemunho Nm 1.50	Tabernáculo de louvor e adoração	Testemunho do Templo de Israel em Jerusalém Sl 122.4	Crentes da Igreja como suas testemunhas At 1.8
22. O homem-filho do Tabernáculo, Moisés. Hb 11.23	O homem-filho do Tabernáculo, Davi. 2 Sm 7	O Homem-Filho do Templo, Jesus. Mt 1.2-16	O homem filho da Igreja Ap 12.5
23. O Lugar Santo com 10 x 10 x 20 = 2.000 côvados	Nenhuma medida	Volume do mar de fundição = 2.000 batos 1 Rs 7.26	A era da Igreja: 2.000 anos
24. Lugar Santíssimo: 10 x 10 x 10 = 1.000 côvados	Nenhuma medida	Medidas do mar de fundição quando cheio = 3.000 batos 2 Cr 4.5	O reino milenar Ap 20.2, 4
25. Monte Sinai Êx 19.1-6	Monte Sião Is 28.16; 2 Sm 5.4-7	Monte Moriá Gn 22; 2 Cr 3.1	Monte Calvário, Monte do Senhor Ap 21.10

CAPÍTULO II

O SIGNIFICADO DOS NÚMEROS NAS ESCRITURAS

Os números ou figuras, que aparecem na Palavra de Deus nunca são usados fora de propósito, mas tem um significado espiritual que, para o pesquisador da verdade, devem ser descobertos: "A glória de Deus é ocultar certas coisas; tentar descobri-las é a glória dos reis" (Pv 25.2).

Toda a criação é carimbada com o "selo de Deus" em números. Deus tem feito do próprio homem uma criatura do tempo e, portanto, uma criatura de número!

E é coerente com a própria natureza e o ser de Deus que esse livro, a Santa Bíblia, seja carimbado com esse mesmo "selo": *Uma Bíblia em números*!

Deus é coerente em todo o seu Livro. Apesar de a Bíblia ser escrita por vários homens de Deus e em diferentes períodos de tempo e gerações, através de todo o Livro, são manifestados os mesmos maravilhosos propósitos e harmonias no uso dos números. Isso começa em Gênesis e flui através de cada livro e é consumado no Apocalipse. Tudo isso confirma o fato da divina inspiração (2 Tm 3.16; 2 Pe 1.21).

A seguir, mostramos os princípios básicos de interpretação dos números. Se o estudante guiar-se por eles, ficará preservado do erro ou dos extremos:

1. Os números de 1 a 13 têm significado espiritual.
2. Os múltiplos desses números, o dobro ou triplo, carregam basicamente o mesmo significado, somente intensificando a verdade.
3. O primeiro uso do número nas Escrituras geralmente carrega seu significado espiritual.
4. A consistência da interpretação: Deus é coerente, e o significado do número em Gênesis é o mesmo em toda a Bíblia.
5. O significado espiritual nem sempre é declarado, mas é possível que esteja oculto ou pode visto através da comparação com outras passagens.
6. Geralmente há aspectos bons e maus, verdadeiros e falsos, divinos e satânicos, retratados nos números.

Nem todos os números a seguir podem ser encontrados no Tabernáculo ou no Templo, mas encontramos muitos deles, ou os múltiplos deles. Pela constante consulta desta seção do significado espiritual dos números, o leitor se familiarizará com a verdade tipificada neles.

Um	O número de Deus. Começo, fonte, princípio (Gn 1.1; Mc 6.33). O número da unidade composta (Dt 6.4; *Echad*, Jo 17.21-23; 1 Co 12.1-14). O numeral um – *Yacheed*. Unigênito (Gn 22:2; Zc 12.10; Jo 3.16).
Dois	O número de testemunhas, testemunho 1 com 1 = 2. (Jo 8.17, 18; Dt 17.6; 19.15; Mt 18.16; Ap 11.2-4; Lc 9.30-32; 10.1). O número de divisão, separação. 1 contra 1 = 2 (Êx 8.23; 31.18; Mt 7; Gn 19; Gn 1.7,8; Mt 24.40,41; Lc 17.34-36; Am 3.3).

Três	O número da divindade (1 Jo 5.6,7; Dt 17.6; Mt 28.19; 12.40). Número da plenitude divina, testemunho perfeito Triângulo (Ez 14.14-18; Dn 3.23,24; Lv 23). Três Festas (Êx 12.7; Êx 3.6).
Três e Meio	O número de algo incompleto (Tg 5.17,18; Dn 9.24-27).
Quatro	O Número da terra, criação, mundo. Procede do 3, dependente dele. (Gn 2.10; Lv 11.20-27; Mc 16.15; Jr 49.36; Ez 37.9; 1 Co 15.39). Quatro estações. Quatro ventos. Quatro cantos da terra.
Cinco	O Número da cruz, graça, expiação, vida (Gn 1.20-23; Jo 10.10; Lv 1.5). Cinco ofertas (Ef 4.11; Êx 26.3,9,26,27,37; 27.1,18; Êx 13.18; Js 1.14). Os cinco "Eu quero" de Satanás. As cinco feridas de Jesus na Cruz. Observação: cinco no Tabernáculo.
Seis	O Número do homem, da besta, Satanás. (Gn 1.26-31). O sexto dia da criação (Gn 4.6). Seis Gerações, Caim. (1 Sm 17.4-7; 2 Sm 21.20; Nm 35.15). Tempo: 6.000 anos.
Sete	O número da perfeição, plenitude. 3 + 4 = 7. (Gn 2.1-3). O sétimo dia. (Hb 6.1,2; Jd 14; Js 6; Gn 4.15; Lv 14.7,16,27,51). Observem os "sete tempos proféticos". O número do livro de Apocalipse. (Ap 1.4, 12, 20; 4.5; 5.1; 6; 8.2; 10.3; 12.3; 15.1-7; 17.9,10). O número sete é usado cerca de 600 vezes na Bíblia.
Oito	O Número da ressurreição. Um novo começo. Gn 5. "E ele morreu" mencionado oito vezes. (Lv 14.10,11; Êx 22.30). (Gn 17). Circuncisão, oitavo dia. Nomeação. (1 Pe 3.20). Noé, a oitava pessoa. (2 Pe 3.8). Novos céus e nova terra, oitavo dia. Ressurreição de Jesus (Mt 28.1; Jo 20.26). Música: oitava Valor numérico de "Jesus": 888.
Nove	Número do propósito, finalidade. Finalidade dos dígitos: 3 x 3 = 9 (Mt 27.45). Número do Espírito Santo. (Gl 5.22; 1 Co 12.1-12). 9 Frutos. 9 Dons. (Gn 7.1,2; Gn 17.1). Nove meses para o "fruto do ventre".

Dez	O Número da Lei, ordem, governo, restauração. (Gn 1) "Deus disse". (Êx 34.28; Dn 2) 10 dedos (Dn 7) 10 chifres, 10 mesas, 10 candelabros, 10 pias de bronze no Templo. Número da tribulação, provação, responsabilidade. 2 x 5 = 10 (Mt 25.1,28; Lc 15.8; Lc 19.13-25; Nm 14.22; Ap 2.10; 12.3; Lv 27.32; Êx 12.3).
Onze	Número da desorganização, desintegração, algo incompleto. Um além de 10; contudo um a menos que 12. (Gn 32.22. Onze filhos. Gn 37.9). (Mt 20.6; Êx 26.7). Pêlos de cabra, ofertas pelo pecado (Dt 1.2). (Dn 7) O 11º - "Pequeno chifre". O número da iniqüidade, desordem. O anticristo.
Doze	O número do governo divino, plenitude apostólica. (Gn 49.28; Êx 15.27; Êx 28). As 12 Pedras (Êx 24.4; 28.21; Mt 19.28). (Ap 12.1; Ap 21.12, 21; 22.2). Os doze apóstolos. Os doze bois. As doze pedras no peitoral. Os doze pães da Presença. Observação: O número doze na "cidade santa, Jerusalém". (Ap 21,22).
Treze	Número da rebelião, apostasia. (Gn 14.4; Gn 10.10) Ninrode, 13º desde Adão. (Gn 17.25; 1 Rs 11.6; Et 9.1). O número da porção dobrada (Gn 48). Efraim, 13ª tribo. Compare Judas e Paulo.
Quatorze	O Número da Páscoa. 2 x 7 = 14. Epístolas paulinas = 14. (Êx 12.6; Nm 9.5; Gn 31.41; At 27.27-33).
Dezessete	O número da ordem espiritual. 10 + 7 = 17 (Gn 1; Gn 37.2; 1 Cr 25.5; Jr 32.9; At 2.9-11). "Caminhou com Deus". (Gn 5.24; 6.9); Enoque, o Sétimo, e Noé, o décimo. (Gn 7.11; 8.4). A Arca repousou no 17º dia.
Vinte e Quatro	O número do caminho sacerdotal. Perfeição de governo. 2 x 12 = 24. Numerosos 24 no Templo. (Js 4.2-9; Js 4.20; 1 Rs 19.19; 1 Cr 24.3-5; 1 Cr 25). (Ap 4.4-10). Quatro seres viventes (24 asas). 24 anciãos. Tábuas do Tabernáculo 48, bases de prata = 96. Observe na "cidade santa, Jerusalém" (Ap 21,22).

Trinta	Número da consagração, maturidade para o ministério. (Nm 4.3; Gn 41.46; 2 Sm 5.4; Lc 3.23; Mt 26.15).
Quarenta	Número da provação, teste, terminando em vitória ou juízo. (Nm 13.25; 14.33; Mt 4.2; At 1.3; Êx 34.27,28; Ez 4.6; At 7.30; 1 Rs 19.4-8).
Quarenta e Dois	Número da tribulação (Ap 11.2,3; Dn 7.23-25)
Cinqüenta	Número do Pentecostes, libertação, liberdade, jubileu (Êx 26.5, 8; Lv 23.24, 25; 25.10,11; At 2.1-4; 2 Rs 2.7; 1 Rs 18.4, 13; Nm 8.25)
Setenta	O número que antecede o crescimento. (Gn 11.26; Êx 11.5; Gn 46.27; Nm 11.25; Êx 15.27; Lc 10.1; Êx 24.1,9).
Setenta e Cinco	Número da separação, limpeza, purificação. (Gn 12.4; 8.5,6; Dn 12.5-13; Êx 27.1).
Cento e Vinte	Número do fim de toda a carne, o início da vida no Espírito 3 x 40 = 120 (Gn 6.3; Dt 34.7; Lv 25) 120 x 50 = 6.000 anos. (2 Cr 3.4; 7.5; 5.12; At 1.5).
Cento e Quarenta e Quatro	Número da Plenitude de Deus na criação. 12 x 12 = 144. (Ap 21.17; 1 Cr 25.7; Ap 7.1-6; 14.1-3). 288 cantores no Templo, 2 x 24.000 = 288.000 (1 Cr 24-27).
Cento e Cinqüenta e Três	Número do avivamento e dos eleitos. (Jo 21.11) 9 x 17 = 153.
Trezentos	Número do remanescente fiel (Gn 5.22; 6.15; Jz 8.4; 15.4). Observação: As três entradas do Tabernáculo = 3 x 100 = 300 côvados.
Quatrocentos	Número da aflição, sofrimentos (Gn 15.13). 400 x 360 = 144.000 dias de sofrimento da semente de Abraão. 400 litros nas dez pias. 400 romãs nas colunas
Seiscentos e Sessenta e Seis	Número do anticristo, Satanás, os condenados ao inferno. Triplicado. 666. (Dn 3; 1 Sm 17; Dn 7). (Ap 13.18. Relacionado com o número 11). (Ap 14.9-11).

CAPÍTULO 12

BIBLIOGRAFIA DAS ESCRITURAS SOBRE O TEMPLO

Livro recomendado: *Harmony of Samuel, Kings and Chronicles*, William Day Crockett.

A. Os três dias de pestilência		
1. O pecado de Davi ao contar o povo	2 Sm 24.1-9	1 Cr 21.1-6
2. A escolha da punição	2 Sm 24.10-14	1 Cr 21.7-13
3. A pestilência	2 Sm 24.15-17	1 Cr 21.14-17
4. Davi compra a eira de Araúna e ergue o altar	2 Sm 24.18-25	1 Cr 21.18-30
B. Preparações para a edificação do Templo		
1. O local escolhido para o Templo		2 Cr 2.1
2. Plano e visão de Davi		1 Cr 22.2-5
3. O encargo de Davi a Salomão		1 Cr 22.6-16
4. O encargo de Davi aos príncipes		1 Cr 22.17-19
C. A convenção nacional		
1. A convocação		1 Cr 23.1,2
2. Data com relação à reunião dos oficiais		
a. O número e a distribuição dos levitas		1 Cr 23.3-5
b. As 24 casas dos levitas		1 Cr 23.6-23
		1 Cr 24.20-30
c. As tarefas dos levitas		1 Cr 23.24.32
		1 Cr 24.30,31
d. Os 24 turnos dos sacerdotes		1 Cr 24.1-19
e. Os 24 turnos dos cantores		1 Cr 25.1-31
f. Os turnos dos guardas das portas		1 Cr 26.1-19
g. Os oficiais do tesouro da Casa de Deus		1 Cr 26.20-28
h. Os oficiais e juízes para "os negócios internos"		1Cr 26.29-32
i. Os 12 capitães do exército		1 Cr 27.1-15
j. Os supervisores dos tesouros e possessões do rei		1 Cr 27.25-31
k. Os oficiais do estado		1 Cr 27.32-34
3. A convocação para a assembléia dos oficiais seculares		1 Cr 28.1
4. Os atos públicos da convenção nacional		
a. Davi leva Salomão a ser rei (primeira vez)		1 Cr 23.1
b. Declaração de Davi		1 Cr 28.2-8
c. Davi orienta Salomão com relação à edificação do Templo		1 Cr 28.9-21
d. Contribuição de Davi e dos oficiais para a edificação do Templo		1 Cr 29.1-9
e. Ações de graças e louvor de Davi		1 Cr 29.10-19
5. Final da convenção		1 Cr 29.20-33
D. Edificação do Templo por Salomão		
1. Salomão ungido rei pela 2ª. vez (após subjugar toda rebelião e os inimigos)		1 Cr 29.22-5
2. Condição espiritual de Salomão e seu reino	1 Rs 3.1,2	
3. Sacrifício de Salomão em Gibeom	1 Rs 3.4	2 Cr 1.2-6
4. Sonho de Salomão e oração por sabedoria	1 Rs 3.5-15	2 Cr 1.7-13
5. Julgamento das meretrizes	1 Rs 3.16-28	
E. Salomão em toda sua glória — Preparativos Para a Construção do Templo		
1. A aliança com Hirão, rei de Tiro	1 Rs 5.1-12	2 Cr 2.1,3-16
	1 Rs 7.13,14	

2. Recrutamento de trabalhadores por Salomão	1 Rs 5.13-18	2 Cr 2.2,17,18
F. A edificação do Templo		
1. O inicio do Templo	1 Rs 6.1	2 Cr 3.1,2
2. Promessa de Deus a Salomão	1 Rs 6.11-13	
3. Dimensões do Templo	1 Rs 6.2	2 Cr 3.3
4. Materiais do Templo	1 Rs 6.7,9,22	2 Cr 3.5-7
5. O pórtico	1 Rs 6.3	2 Cr 3.4
6. As janelas	1 Rs 6.4	
7. Os andares	1 Rs 6.5, 6, 3, 10	2 Cr 3.9
8. O Lugar Santíssimo	1 Rs 6.16-22	2 Cr 3.8,9
9. O querubim	1 Rs 6.23-28	2 Cr 3.10-13
10. O véu		2 Cr 3.14
11. As paredes	1 Rs 6.15,29	2 Cr 3.7
12. O chão	1 Rs 6.15, 30	
13. As portas	1 Rs 6.31-35	
14. A conclusão do Templo	1 Rs 6.9, 14, 37, 38	
G. A confecção dos utensílios do Templo		
1. Hirão, o artesão de Tiro	1 Rs 7.13,14	
2. As duas colunas	1 Rs 7.15-22	2 Cr 3.15-17
3. O altar de bronze		2 Cr 4.1
4. O mar de fundição	1 Rs 7.23-26, 39	2 Cr 4.2-6, 10
5. Os dez suportes (carrinhos)	1 Rs 7.27-37	
6. As dez pias	1 Rs 7.38,39	2 Cr 4.6
7. Os Pátios	1 Rs 6.36	2 Cr 4.9
8. Resumo das obras de bronze feitas por Hirão	1 Rs 7.40-47	2 Cr 4.11-18
9. Resumo dos utensílios de ouro	1 Rs 7.48-50	2 Cr 4.7,8,19-22
a. O altar de ouro de incenso		
b. As Mesas de pães da Presença		
c. Os candelabros de ouro		
d. Utensílios para serviço		
10. Conclusão da obra	1 Rs 7.51	2 Cr 4.11
H. Dedicação do Templo		
1. Remoção do Tabernáculo de Davi e seu conteúdo do Monte Sião para o Templo	1 Rs 8.1-11	2 Cr 5.2-14
2. Declaração de abertura de Salomão e Bênção	1 Rs 8.12-21	2 Cr 6.1-11
3. Oração dedicatória de Salomão		
a. Invocado o constante cuidado de Deus	1 Rs 8.22-30	2 Cr 6.12-21
b. Quando um juramento é feito no altar	1 Rs 8.31,32	2 Cr 6.22,23
c. Na derrota	1 Rs 8.33,34	2 Cr 6.24,25
d. Na seca	1 Rs 8.35,36	2 Cr 6.26,27
e. Na fome e na pestilência	1 Rs 8.37-40	2 Cr 6.28-31
f. Pelo estrangeiro	1 Rs 8.41-43	2 Cr 6.32,33
g. Na batalha	1 Rs 8.44,45	2 Cr 6.34,35
h. No cativeiro	1 Rs 8.46-53	2 Cr 6.36-39
i. Final da oração		2 Cr 6.40-42
4. Bênção de encerramento de Salomão	1 Rs 8.54-61	
5. A confirmação divina		2 Cr 7.1-3
6. O sacrifício e a festa pública (festa dos tabernáculos)	1 Rs 8.62-66	2 Cr 7.4-10
7. A segunda aparição de Deus a Salomão	1 Rs 9.1-9	2 Cr 7.11-22
8. A adoração de Salomão	1 Rs 9.25	2 Cr 8.12-16
9. A visita da rainha de Sabá	1 Rs 10.1-13	2 Cr 9.1-12

BIBLIOGRAFIA

1. Baxter, J. Sidlow (1972). *Explore The Book* (Explorando o Livro), Michigan, Zondervan Publishing House.

2. Bunyan, John (1969). *Solomon's Temple Spiritualized* (O Templo de Salomão Espiritualizado), Swengal, Pa., Reinver Publications.

3. Conner, Kevin J. (1976). *The Tabernacle of David* (O Tabernáculo de Davi), Blackburn, Victoria, Acacia Press.

4. Conner, Kevin J. (1980). *The Feasts of Israel* (As Festas de Israel), Blackburn, Victoria, Acacia Press.

5. Conner, Kevin J. (1975). *The Tabernacle of Moses* (O Tabernáculo de Moisés), Blackburn, Victoria, Acacia Press.

6. Conner, Kevin J. (1980). *Interpreting the Symbols and Types* (Interpretando os Símbolos e Tipos), Blackburn, Victoria, Acacia Press.

7. Crockett, William Day (1971). *A Harmony of Samuel, Kings and Chronicles* (A Harmonia entre Samuel, Reis e Crônicas), Michigan, Baker.

8. Fausett, A. R. (1963). *Bible Dictionary* (Dicionário Bíblico), Michigan, Zondervan Puyblishing House.

9. Fereday, W. W. *Solomon and His Temple* (Salomão e Seu Templo), Kilmarnock, John Ricthie Ltd. Great Britain.

10. Larkin, Clarence. *Dispensational Truth* (Verdades Dispensacionais), Philadelphia, Clarence Larkin Est. 1920.

11. Orr, James (1915). *The International Standard Bible Encyclopaedia* (Enciclopédia Bíblica Internacional), Wilmington, Delaware, Associated Publishers and Authors, 1915 Edition.

12. Raymond E. (1979). *King Solomon's Temple* (O Templo do Rei Salomão) Thousand Oaks, California, Artisan Sales.

13. Smith, Arthur E. (1956). *The Temple and Its Teaching* (O Templo e Seus Ensinamentos), Chicago, Moody Press.

14. Unger, Merril F. *Unger´s Bible Dictionary* (Dicionário Bíblico de Unger), Chicago, Moody Press.

15. Williams, George (1976). *The Student´s Commentary* (Comentário para o Estudante), Michigan. Kregel Publications.

Impressão e Acabamento

Prol Editora Gráfica